SV

Manfred Riedel

Hören auf die Sprache

Die akroamatische Dimension der Hermeneutik

Suhrkamp

CIP-Titelaufnahme der Deutschen Bibliothek
Riedel, Manfred:
Hören auf die Sprache :
die akroamatische Dimension der Hermeneutik /
Manfred Riedel. –
1. Aufl. – Frankfurt am Main:
Suhrkamp, 1990
ISBN 3-518-58022-1

Erste Auflage 1990

Satz und Druck: Wagner GmbH, Nördlingen
Printed in Germany

Inhalt

Dritter Teil
Rückfragen in den Anfang

Vorwort

Die Studien dieses Bandes befassen sich mit der Dimension des Hörens im Verstehen von Sinn, die auf dem Weg von Husserls ›Logischen Untersuchungen‹ und des ›Tractatus logico-philosophicus‹ zur hermeneutischen Philosophie unserer Zeit freigelegt worden ist: vom späten Heidegger wie vom späten Wittgenstein. Es handelt sich um die Freilegung der *Sache des spekulativen Denkens*, eines Doppelsinnes von »Sein« im Seinsverständnis, das sich immer nur *im Spiegel der Worte* auslegt: im *Hören auf die Sprache*.

Das Bild vom Spiegel ist der Sache freilich so wenig gemäß wie der davon abhängige Vergleich des Denkens mit dem Licht, das sich im Spiegel bricht. Zu viele Vorgriffe sind in diese alte Bilderwelt der abendländischen Philosophie eingegangen, die eine authentische Seinserfahrung und deren Bezug zur Sprache, die wir sprechen, durch Metaphern (des Sehens, der Erleuchtung, der Reflexion) verdecken. Sie abzubauen, dazu hat Heideggers Fragen nach dem »Sinn von Sein« und die in ihr enthaltene Frage nach der Möglichkeit des Sinnverstehens, die in anderer Richtung auch Wittgenstein stellt, entscheidend beigetragen. Wir reden, sagt Wittgenstein in den ›Philosophischen Untersuchungen‹ (531), »vom Verstehen eines Satzes in dem Sinne, in welchem er durch einen andern ersetzt werden kann, der das Gleiche sagt; aber auch in dem Sinne, in welchem er durch keinen andern ersetzt werden kann. (So wenig wie ein musikalisches Thema durch ein anderes.) Im einen Fall ist der Gedanke des Satzes, was verschiedenen Sätzen gemeinsam ist; im andern, etwas, was nur diese Worte, in diesen Stellungen, ausdrükken. (Verstehen eines Gedichts.)«[1] Das so gebrauchte *Verstehen* hat eine zweifache Bedeutung. Wittgensteins Frage war, wie im zweiten Fall das Verständnis *mitgeteilt* werden kann. Es ist die Fragestellung der *Hermeneutik*, diesen Titel so genommen, wie ihn Heidegger für die mitteilende Kund-

1 Schriften, Bd. 1, Frankfurt/M. 1980⁴, S. 452 f.

gabe von *Urmeinungen der Worte* eingeführt hat. »Hermeneut« ist, wer *für Andere und Anderes*, als er *selber vermeint*, spricht: wer an jemand das mitteilend kundgibt, was ein anderer »meint« bzw. solche Mitteilung und Kundgabe ihrerseits vermittelt und nachvollzieht. Er ist »Fürsprecher«, der als solcher hören können muß.

Wittgenstein hat das so gut erkannt wie Heidegger. Er erkennt, daß die Frage nach der Möglichkeit des Verstehens von Sinn *universal* ist und zugleich auf den Fragenden zurücklenkt: »Frage dich: Wie *führt* man jemand zum Verständnis eines Gedichts, oder eines Themas« (533). Die Antwort kann nur lauten: durch Einübung im hörenden Verstehen der Worte eines Textes, die dorthin führt, wo wir immer schon stehen: »Ein Wort in dieser Bedeutung *hören*. Wie seltsam, daß es so etwas gibt!« (534).

Die Verwunderung gilt dem, was uns zuvor gegeben ist, einem sprachlichen Apriori, das sich so unscheinbar gibt, daß sein Gegebensein kaum kenntlich wird: dem Phänomen des Hörens im hermeneutischen Verstehen. Es handelt sich um ein Hintergrundphänomen der Sprache, das den Sinnanspruch der Worte im Ganzen eines Textes wie der von ihm angesprochenen Phänomene betrifft, deren Erscheinungscharakter sich daran auf abgründige Weise bemißt: im Richtungssinn der *Bedeutsamkeit*, jener Bewegung des Verstehens hinaus ins Weite, die über das Befragen des Textes im Hören der verschiedenen Bedeutungen eines Wortes ins Nahe und Nächste des uns möglichen Verständnisses zurückschwingt. Dieser im Offenen schwingende *Hörraum* gleicht keinem *Horizont*, der alles Erscheinende nach Art eines unsichtbaren, in der Annäherung sichtbar werdenden Kreises umgibt; so wenig wie die Worte (nach demselben Muster, worin das traditionell-logische Verfahren des *horizein*, die Lehre von der Definition, undurchschaut fortwirkt) von ihren Bedeutungen gleich einem Hof umgeben sind. Er ist *Dimension*: kein rechnerischer Maßstab im Durchmessungsbezirk des Anschauungsraumes von Körpern in Bewegung oder der Zeit (als »vierter« Dimension), sondern Maßverhältnis für Verstehensmöglichkeiten, die das Hören auf

die zum Sprechen gebrachten, auszulegenden Worte des Textes freigibt. Diese »zwischen« Sprechen und Hören spielende Maßgabe des Verstehens nennen wir die *akroamatische Dimension* (von gr. *akroāsthai*, hören lassen, vernehmen, auf etwas hören im Sinne von »achten«).
Die Öffnung der akroamatischen Dimension durch die hermeneutische Philosophie unseres Jahrhunderts gibt dem spekulativen Denken die ihm eigene Sache zurück. Spekulatives Denken heute ist eines *nach* Gadamer und Rorty, den beiden Nachfahren von Heidegger und Wittgenstein, die der Spiegel-Metaphorik vielleicht am konsequentesten abgesagt haben. Es weiß sich an der Zeit, ohne mit modischen Endzeiterwartungen als »postmodern« oder »postmetaphysisch« zu kokettieren. Zwischen den Zeiten denkend, enthält es sich Konjekturen der Moderne, ohne doch in der Sache »vormodern« sein zu können. Spekulativ denken heißt heute nicht mehr, was die Schultradition der *speculatio* auf dem Weg der »ersten« (theoretischen) Philosophie darunter verstand: die anschauende Betrachtung der göttlichen Ur-sache des Seienden im Spiegel der Natur oder, in neuzeitlicher Übersteigerung, des Unendlichen im Endlichen, unter Einschluß der Geschichte. Es besagt, in der Erfahrung der Endlichkeit aller möglichen Denkerfahrung Stand zu nehmen, die uns das Sprechen und das es tragende Hören darauf, was die Sprache sagen läßt, entgegenhält.
Wir nehmen damit eine Wendung des späten Heidegger auf, die das hochdimensionale Gefüge des Spekulativen zwischen Sprechen und Hören umschreibt.[2] Das Alltagsdenken und die Methodik der Sprachwissenschaft setzen beides gewöhnlich einander entgegen: der eine spricht im Gespräch, während der andere hört. Das Hören begleitet und umgibt aber nicht nur unser Sprechen, es ist mit ihm *zugleich*. Was kein *Sich-Sprechen-Hören* meint, wie es Derrida von Husserls Phänomenologie des sprachlichen »Ausdrucks« (der *Phonē*) her versteht. Es meint vielmehr, daß das Sprechen *von sich aus* ein Hören sei – auf die von uns gesprochene Sprache *und*

2 Unterwegs zur Sprache, Pfullingen 1982[7], S. 254.

darauf, wie sie selber spricht. Sie spricht, indem sie sagt; ein Sagen, das Heidegger, gegen die dem Weg der »ersten Philosophie« folgende Zurückführung der Sprache auf ein dem Sprecher verfügbares Zeichensystem, nicht als Bezeichnen vorhandener oder vorgestellter Gegenstände, sondern als *Zeigen* im Sinne des *Erscheinenlassens* von »Sein« durch das gesprochene Wort versteht.

Nach dem Muster dichterischen Nennens erlangt im Hören auf die Sage das Eigene des verlauteten Wortes jenes Gewicht, das ihm im Vollzug des Dichtens und Denkens zukommt, während das Eigene des geschriebenen Wortes, der Gebrauch der Schrift nicht in kultischer, geschäftlicher, gesetzgeberischer Absicht, sondern zum reinen Erscheinenlassen von allem, zurücktritt. Und damit gerät das Eigene des *anfänglichen Denkens* in die Schwebe: die Unterscheidung des *epischen* vom *logischen* Sprechen, das dieses »Alles« zum »Einen« fortbestimmt, zu jenem »Sophia« genannten Wissen vom Erscheinenden im Ganzen, auf dessen Boden sich die abendländische Vernunftphilosophie stiftet.

An diesem Punkt setzen unsere *Rückfragen in den Anfang* im III. Abschnitt des vorliegenden Bandes an, die im Blick auf die Zuwendung zum »ältesten Alten« in der Geschichte des nachhegelschen Denkens von Nietzsche über Heidegger zu Gadamer dieser von Heidegger zurückgenommenen Unterscheidung nachdenken. Ein *Vorwort* kann Divergenzen bloß notieren, deren Austrag der sachlichen Auseinandersetzung überlassen bleiben muß. Das gilt auch für den Abstand zu Derridas These, daß der abendländische *Logozentrismus* zugleich ein *Phonozentrismus* sei: die absolute Nähe der Stimme (phonē) zum Sein, zum Sinn und zur Idealität des Sinnes. Sie bildet in diesem Abschnitt wie in den Studien zu den Grundpositionen der *Phänomenologie zwischen Hermeneutik und Dialektik* (I) eine Folie für die eigene Gedankenführung.

Unser Einspruch zielt auf den von Derrida hervorgehobenen Gegensatz zwischen Schrift (grámma) und Sprachlaut (phonē), der mir mit dem Anfang der Vernunftphilosophie bei den Griechen unverträglich zu sein scheint. Die Schrift

ist ihnen niemals nur als »einfaches Supplement des gesprochenen Worts« erschienen, wie Derrida mit Rousseau argumentiert. Vielmehr wird sie bei der Geburt der Vernunft im Übergang vom epischen (*Epos* von *ops*, die Stimme, die erst später *phonē* heißt) zum logischen Sprechen als dessen Komplement vorausgesetzt. Im Einschreiben von Buchstaben (die den Griechen zugleich Zahlzeichen sind) in das verlautete Wort tritt die mündlich gewohnte Einheit des Singens mit dem Sagen zugunsten der Einheit der ins Große geschriebenen »Worte« (*Logos, Physis, Kosmos*) mit den »Werken« zurück, deren Entsprechung als »in Wahrheit seiend« *zu denken* ist. »Denken« ist kein Sich-im-Sprechen-Vernehmen durch die Lautsubstanz,[3] sondern ein Vernehmen des Gesagten durch die Schrift hindurch – das Hören darauf, was *Texte* (gr. *lógoi*) *aussagen*: die gemeinte »Sache« und die Sage, ihr als »wahr« vermeinter *Logos*, der im stummen Verwahren durch die Schrift nach Auslegung verlangt.
Hier setzt die Spur eines anderen, des gleichsam lautlosen Hörens auf die Selbstauslegung des anfänglichen Denkens im geschriebenen »Kosmos eigener Worte« (Parmenides, Fr. 8, 52) ein. Er weist vom schreibenden Selbst weg und ins Weite des *Kosmos* selbst hinaus: auf die »Welt« als Gesamtheit der erscheinenden »Worte und Werke«, die ihrer *Physis* gemäß im einzelnen und Ganzen zu zerlegen und auszulegen sind (Heraklit, Fr. 1). *Physis* ist das Wort für das Walten des *Einen* in *allem*, des Seins, das sich, nach einem Ausspruch von Heraklit, zu verbergen liebt (Fr. 123). Es entbirgt sich im hörenden Vernehmen des *Logos*, das zugleich das *Ethos*, die Verhaltenheit des Menschen auf dem Grunde des *Hinhörens auf die Physis*, offenbar macht. So wie es Heraklit in einem seiner denkwürdigen Aussprüche als höchste Auszeichnung des Menschen festgehalten hat: »Vernünftig sein ist die gewaltigste Verhaltung (arētē); und die Weisheit (sophia) besteht darin, das Wahre zu sagen und der *Physis* gemäß zu handeln, auf sie hinhörend« (Fr. 112).
Weit davon entfernt, auf einem »System des ›Sich-im-Spre-

3 De la grammatologie, Paris 1967, dt. Frankfurt/M. 1983, S. 19.

chen-Vernehmens‹ durch die Lautsubstanz hindurch« zu beruhen, beginnt die abendländische Vernunftphilosophie gerade mit dem Ansichhalten der Stimme (im epischen Sinne des Nennens und Rufens) in der *Verhaltenheit des Hörens* auf die Sprache. Es ist in der Nähe des Seins, wenn wir darunter verstehen, was anfänglich als »Sein« verstanden worden ist: das Vernehmen des anwesenden Waltens der *Physis* im Sinne des »Hervorkommens in das Unverborgene«, jener Offenheit, die sich durch den *Logos* hindurch offenbart.

So wenig die *Physis* die spätere Natur als Gegenstand der *Physik* oder allseitig verfügbarer Bestand der *Technik* ist, so wenig ist der *Logos* an seinem Ursprung Gegenstand der *Logik* oder ein Bestand der *Linguistik*: der »Signifikant«, von dem die »Vernunft« im Sinne des »reinen Denkens« oder der »Wahrheit« abstammen soll. Vor der Entstehung der Logik – und sie entsteht auf dem Weg von Heraklit zu Plato und Aristoteles, von der Platonischen Dia-Logik zur »ersten« Philosophie, der nacharistotelisch so genannten »Metaphysik« – zentriert sich das Denken nicht um den *einen* Pol des *Logos* und die mit ihm konnexe Präsenz der Wahrheit oder eines wie immer verstandenen ersten Signifikats, des Seins von Seiendem oder seiner Hervorbringung durch einen Schöpfergott. Es bewegt sich zugleich um den Gegenpol, der selber in Bewegung ist: den Pol des Seins im Sinne des Bewegt-Seins der *Physis*, die sich zu verbergen liebt. Zu ihrem Hervorkommen ins Unverborgene über die Haltung des hörenden Vernehmens »gehört« die Verborgenheit, aus der die *Physis* aufgeht und in die sie immer wieder zurückgeht. Und dazu »gehört« von Anbeginn die Unverborgenheit des *Ethos*, das Wort der Griechen für den *Aufenthalt* des Menschen inmitten der sich entbergend-verbergenden *Physis*, der über sein Verhalten zu sich und seinesgleichen in der *Polis* hinaus das Verhältnis zur *Techne* – den Gegenhalt zur »Natur« – bestimmt.

Wenn ich, jenseits von Abgrenzungen und geschichtlichen Differenzierungen, diesen noch weithin unerforschten Zusammenhängen auf den *Wegen zur zweiten Philosophie* (II) nachgehe, so tue ich das in dem Bewußtsein, daß das hier anvisierte Thema der »Naturhermeneutik« und das aktuelle Problem einer »Ethik der Natur« durch die *Rückfragen in den Anfang* vermittelt ist. Im Ausgang von Kant, dem sich die *Metaphysik* in eine der *Natur* und *Sitten* gliedert, folgen die hier vereinigten Studien den Wendungen, die das transzendentalphilosophische Denken im zweifachen Weg von der hermeneutisch ausgelegten *Physis* und ihrer Zusammengehörigkeit mit dem *Ethos* des Menschen zur metaphysisch vorgestellten *Gesetzesnatur* und zum sie überschreitenden *Sittengesetz* (dem »Kategorischen Imperativ« als oberstem Prinzip der Kantischen Philosophie) genommen hat. Und im Ausgang von Heidegger fragen sie nach einer »Umkehr« der Wege: vom stummen Naturgesetz des wirklich »Erscheinenden« zum *Dialog mit der Natur*; von dem über allen Schein erhabenen Sittengesetz für Vernunftwesen überhaupt zum *unscheinbaren Gesetz der Erde* in der Genügsamkeit des Aufgehens und Vergehens aller Dinge im zugemessenen Kreis des Möglichen.[4]

Im Denken der »Kehre« sind Weg und Rückweg »ein und dasselbe« (Heraklit, Fr. 60). Um sie zu begehen, ist es notwendig zu wissen, an welcher Stelle der Bahn wir Heutigen stehen. Wer sich Projekten des Zeitgeistes, der Postmoderne und Postmetaphysik versagt, muß sich im Blick auf das »älteste Alte« aufs neue fragen, was es heißt, sich im Denken zu orientieren.

In dieser Richtung bewegt sich unser Fragen auf den Spuren der Überlieferung der Sache des spekulativen Denkens und ihres Ursprungs aus der Tiefendimension des Hörens auf die Sprache. Sie verwischen sich auf dem neuzeitlichen (Cartesianischen) Begründungsweg der ersten Philosophie, ohne hinter dem von ihr angestrengten »großen Verhör oder Vernehmen, wovon die Vernunft den Namen hat und in das sie alles Denkbare und Wirkliche zu ziehen beabsichtigt«,[5] ganz

4 Wissenschaft und Besinnung, in: Vorträge und Aufsätze, Pfullingen 1978⁴, S. 94.

5 Vgl. Schelling, Philosophie der Mythologie, 13. Vorlesung, in: Werke, hrsg. von M. Schröter, Bd. 5, München 1928, S. 502.

zu verschwinden. Aber heute, im Zeitalter der großen Information durch die Computer- und Medientechnik, die nichts freispricht, d. h. sein läßt, was sich ihrem Programmbestand entzieht, drohen sie sich vollends zu verlieren. Um sie wiederzufinden, dazu ist der Weg durch die Freilegung der akroamatischen Dimension des Verstehens in der Hermeneutik gebahnt. Es kommt darauf an, ihn zu durchmessen.

Den hiesigen Mitarbeitern, Herrn Dr. Norbert Waszek, Herrn Heinrich Leitner M. A. und Herrn cand. phil. Jan Höfling danke ich für die Hilfe bei den Korrekturarbeiten; Herrn Thomas Grethlein M. A. besonders für die Zusammenstellung des Personen- und Sachregisters. Frau Ingrid Hülß, meiner langjährigen Sekretärin, gilt auch diesmal der Dank für die Herstellung des Druckmanuskripts.

Erlangen-Nürnberg, im August 1989 Manfred Riedel

Erster Teil
Phänomenologie zwischen Hermeneutik und Dialektik

Grund und Abgrund der Subjektivität

Nachcartesianische Meditationen

Cartesianisch meditieren, das heißt nach Descartes, mit dem Denken von vorn oder bei sich anzufangen, um den Weg zu einem begründeten Wissen zu finden. An diesen Anfang wollen wir aus heutiger Sicht erinnern, nachcartesianisch, und das meint: indem wir den neuzeitlichen Weg der Wissensbegründung zurückgehen und die Grundentscheidungen des Anfangs hermeneutisch zu verstehen suchen. Nicht am Leitfaden der alten, zu Beginn der Neuzeit erneuerten Grundfragen menschlichen Nachdenkens: »Was weiß ich? Was tue ich? Was geht in mir vor?«, der intimen Bekenntnisformen des Humanismus, die von Petrarca über Cardano und Montaigne in die neue autobiographische Gattung der Studiengeschichte einmünden, sondern im Blick auf den Wandel dieser Besinnung zu einer eigenständigen Form philosophischer Aussprache, der so zuerst von Descartes gestellten Frage: »Wie kann ich mich des Wissens von mir vergewissern? Worin gründet die Gewißheit, daß ich überhaupt bin? Und was bedeutet dieses Wissen von mir für die Möglichkeit von Wissenschaft?«

Es sind die Grundfragen einer philosophischen Besinnung auf die Zusammengehörigkeit des Denkens mit dem Sein, dem Wesen und der Existenz des *Ego*, die Descartes in seiner ersten Schrift, dem *Discours de la Méthode* (1637), der Literaturgattung der humanistischen Studiengeschichte einschreibt. Der *Discours* ist keine Abhandlung, sondern ein Gespräch über die Methode, jene Fragen zu beantworten, das die Bekenntnisform der Autobiographie mit der philosophischen Aussprache verbindet[1] und darum das Neue nicht rein hervortreten läßt. Die Aussprache fängt mit einer Ver-

1 Das ist von G. Misch im Detail untersucht worden. Vgl. die treffende Charakteristik in Geschichte der Autobiographie, Bd. IV, 2 (1969), S. 736 f.

stellung an. Sie beginnt mit der von Descartes teils frei gewählten, teils aber auch erzwungenen und erlittenen Notwendigkeit, seine Person zurückzunehmen und hinter der Maske zu verbergen, nach dem Cartesischen Leitsatz: *Larvatus prodeo*, »ich trete maskiert auf.«[2] Das ist ein Thema für sich, unerschöpflich für den Psychologen und Historiker, für Descartes-Biographen und Geschichtsschreiber der frühneuzeitlichen Philosophie. Uns interessiert weniger die literarische Form des Bekenntnisses, diese Mischung aus Wahrheit und Lüge, in der sich das menschliche Selbst lebensgeschichtlich zu verfangen pflegt. Unser Interesse gilt nicht dem vereinzelten, dem leibhaft-physischen, anthropologischen »Ich«, sondern dem meditierenden Ich, dem Wesen und der Existenz des *Ego*, das im Vollzug der Besinnung auf sich selbst die Maske der empirischen Person ablegt, um der Unverborgenheit des Seins nachzudenken, der alten, ja, ältesten Sache der abendländischen Metaphysik. Es gilt den Cartesischen *Meditationen über die erste Philosophie* (1641), einer literarisch herkömmlichen Gattung, der mittelalterlichen hochentwickelten Form der Zwiesprache des Menschen mit sich, der Besinnung auf sich selbst, die das »Selbst« von sich zu lösen berufen ist. Wir nennen sie »spekulativ«, weil sie sich im Rahmen der »ersten«, der spekulativen Philosophie entfaltet.

I

Der Ausdruck »spekulativ«, das sei vorweg angemerkt, weil uns die Sache zum Problem werden wird, kann vielerlei bedeuten, entweder die *Anhöhe*, den Spähort, oder den *Spiegel*, das Verhältnis der Spiegelung: daß die Philosophie einmal von oben her ausspähend und forschend und dann wieder, gleichsam von unten, in Bildern und Gleichnissen erkennt.[3]

2 Er findet sich in den frühen Aufzeichnungen unter dem Titel »Cogitationes privatae«, in Œuvres, ed. Ch. Adam/P. Tannery, Bd. x (1908), S. 213, AT (1897 ff.).

3 Die Entscheidung für die zweite Bedeutung fällt unter Berufung

Das Wort ist dunkel, und dies um so mehr, als es sich, nach einer nicht ganz aufgeklärten Etymologie, auch auf das Versteckte, die *Höhle* (specus) beziehen kann. Und dunkel ist auch die Sache des Spekulativen. Klar erscheint lediglich, was ihr vorausliegt, der Vollzug der Selbstbesinnung, worin sich das Selbst als meditierendes Ich bezeugt, um sich über dieses Zeugnis zur spekulativen Anschauung des Göttlichen zu erheben. Es überschreitet sich, und auf diesen Überschritt ist das Meditieren angelegt.

In der christlichen Urstiftung bei Augustin und ihrer Nachstiftung durch die mittelalterliche Schulphilosophie bildet es in zweifachem Sinne die Mitte. Es spielt inmitten der Sprache, beginnend mit der *lectio*, der Lesung eines Textes, dem Hören auf die Stimme des Gottes der christlichen Überlieferung, womit der Prozeß der Bezeugung des Ich einsetzt, und endend mit der *oratio*, der Anrede im Gebet, dem Hörenlassen der eigenen Stimme. Die *meditatio*, das besagt der Name, ist das Mittelglied, nämlich zwischen dem sprachlichen Verlautbaren auf der einen und dem lautlosen Anschauen der *contemplatio Dei* auf der anderen Seite.[4] Sie vollzieht sich in der Mitte, und in diesem Vollzug bewegt sich das meditierende Ich aus der Sprache heraus. Was ich bin, zeigt sich dann, wenn ich mich hörend und sprechend auf das Sein hin transzendiere. Die Zugehörigkeit des Denkens zum Sein konnte so als Bewegung des Sich-selbst-Findens ausgelegt werden, die ihr Ziel einzig spekulativ, in der sprachfreien Anschauung des unverborgen-offenbaren Gottes erreicht.

Das macht das Zweideutige der Sache des Spekulativen aus. Die Zweideutigkeit liegt in der Bestimmung des Denkens als einem nichtsprachlichen Anschauen, die uns bis hin zu Descartes und seinen Nachfolgern in der Neuzeit begegnet, ja, sich dort, trotz gewisser Differenzierungen, sogar noch ver-

auf I Kor. 13, 12, Augustin, De Trinitate, xv, 8, ohne daß die erste je gänzlich verschwindet.

4 Vgl. Thomas von Aquin, S. th. II/II, quaest. 180, Art. III ad. 1, mit Isidor, 3 Sent. 46 und 1 sq.; Hugo von St. Viktor, Alleg. in Nov. Testam. 1, 3 c. 4.

schärft. Denken heißt Zusammenschau (inspectio) des Vielen in Eines, in eine einfach-anschauliche Wahrheit, und dieses in vielfältiger Weise, von der Sinneswahrnehmung, die mir das Weiß-Sein der Wand vorstellt, über die Einbildungskraft, mit der ich die in sich zurücklaufende Linie des Kreises erfasse, bis hin zur intellektuellen Anschauung, die jene sinnlich-bildlich bezeugten Wahrheiten (daß die Wand weiß, daß der Kreis rund ist usf.) begrifflich erschließt. Gewiß: so wenig sich das Denken im Wahrnehmen und Einbilden erschöpft, so wenig fällt es mit dem Meditieren zusammen. Es ist nur eine Stufe zu ihm, zur Bewegung in der Mitte, die von den »ersten« Begriffen und Sätzen ausgeht und von dort her die Wahrheit des Einen aufschließt. Aber das Anschauen durchherrscht die Schrittfolge des Meditierens und sein Ziel. Es setzt sie der Zweideutigkeit des Spekulativen aus, dem Grundverhältnis des Spiegelns und der Spiegelung. Denn Anschauen, das heißt: das Angeschaute gegenwärtig haben und sich vergegenwärtigen, in vollständiger Präsenz, die Gegenwart des Angeschauten und des Anschauenden, der sich darin präsentiert.

Diese Zweideutigkeit am Grunde der spekulativen Philosophie bleibt in der Urstiftung des Meditierens bei Augustin und seinen mittelalterlichen Nachfolgern verdeckt. Sie verbirgt sich hinter der Sprache des Glaubens, der Bindung des Spekulativen an die sprachliche Form des Gleichnisses. Etwas durch einen Spiegel sehen, so erläutert das Thomas von Aquin, »heißt die Ursache durch die Wirkung sehen, worin sie wie im Gleichnis widerstrahlt. Daher scheint die Spekulation auf eine Meditation zurückgeführt zu werden«.[5] Meditierend stellt sich das Ich gleichsam vor, es repräsentiert sich; aber nicht sich selbst, sondern Gott, der zuerst das *»Ego sum«* gesagt hat, dessen Sein sich mit dem Jahwe-Namen verknüpft: *Ego sum, qui sum*, das *esse* futurisch verstanden: »Ich werde sein, der ich sein werde«, d. h. für Euch, die nach dem Namen fragen.

5 S. th. II/II, quaest. 180, art. 3 ad. 2, unter Berufung auf Augustin, 15 de trinit. 8 (42/1067 D).

An diese dialogische Mitteilung bleibt das augustinische Meditieren als spekulative Zwiesprache gehalten. Die *meditatio* erscheint als jene Bewegung des Denkens, wodurch das meditierende Ich dem Anderen seiner selbst vergegenwärtigt wird und in dessen Gegenwart aus sich heraustritt, sich auf den Weg der Seele zu Gott begibt. Diesem Kontext, der hochmittelalterlichen Form des ›Itinerarium mentis in Deum‹, erwächst die radikalisierte Selbstbesinnung, die so zuerst von Descartes gestellte Frage nach dem Sein des meditierenden *Ego*.[6] Und in dieser Fragestellung, das läßt sich allerdings nicht übersehen, entwächst sie ihm. Sie wächst über den von Augustin gestifteten Urtypus der *meditatio* hinaus.

Das geschieht in mehrfacher Hinsicht, wovon im folgenden zu handeln sein wird. Hier hebe ich nur einen Punkt hervor, der mir zur Vorverständigung wichtig erscheint. Das Meditieren vollzieht sich augustinisch: Als die Rückkehr der Seele in sie selbst, die sich in die Betrachtung ihres Unterschieds vom Körper und der substanziellen Gemeinsamkeit mit Gott einübt. Die Einübung beginnt mit dem Zweifel an allem und jedem, nicht um seiner selbst willen, mit dem Ziel skeptischer Urteilsenthaltung, sondern *um ein Urteil aufzufinden, das dem Zweifel standhält*. Das Meditieren übt in die ingeniöse *Betätigung der Urteilskraft* (iudicium) ein; und es vollzieht sich, nachdem das Grundurteil über das Sein des *Ego* gefunden worden ist, auf der Ebene der axiomatischen Begründung aller Urteile. Darauf beruht die Spannung zwischen dem Alten und Neuen, einer Logik der Invention im Namen des urteilenden *Ingenium* auf der einen und der axiomatisierten Begründungslogik auf der anderen Seite im Namen der das Wissen zur apodiktisch strengen Wissenschaft zusammenschließenden *Demonstration*.

Die Spannung trägt sich in der Formulierung des Grundurteils der »ersten« Philosophie selbst aus, an der bekannten, allbekannten Formel des Cartesianismus: *Cogito, ergo sum*,

6 Vgl. dazu E. Gilson, Études sur le rôle de la pensée médiévale dans la formation du système cartésien, Paris 1930, S. 259 ff.

»ich denke, also bin ich«.[7] Im ›Discours‹ wird sie als Ergebnis einer zurückliegenden Besinnung, in den ›Prinzipien‹, unter Berufung auf ein einverständliches »Wir«, als eine jedermann einleuchtende Sache mitgeteilt. Und in beiden Schriften wird versichert, der Satz sei der allererste und gewisseste aller Sätze, das Begründungsprinzip der ersten Philosophie. In den ›Meditationen‹ hingegen, wo Descartes die Besinnung wirklich durchführt, kommt dieser Satz nicht vor, jedenfalls nicht in jener Formulierung, auf die sich die Späteren übereinstimmend beziehen. Die Selbstbesinnung hält sich an das Sein des Ich: *Ego sum, ego existo*, »Ich bin, ich existiere«, in einem Satz, von dem Descartes lediglich behauptet, er sei notwendig wahr, so oft er ausgesprochen oder im Geist erfaßt werde. Und sie mündet in der spekulativen Betrachtung, der Einsicht des meditierenden Ich, daß Gott ist, weil es das Sein nicht aus sich selbst zu begründen vermag.[8]

Der Unterschied mag geringfügig sein; übersehen läßt er sich nicht. Und er verdient unsere Aufmerksamkeit um so mehr, als der Cartesische Gedankenzug in den genannten drei Schriften durchaus derselbe ist. Warum also dann die abweichende Formulierung? Was besagt die eine für das Verständnis der anderen? Oder haben sie nichts miteinander zu tun?

Um diese Fragen zu klären, müssen wir zunächst an die Auszeichnung erinnern, die dem Satz: *Cogito, ergo sum* zuteil wird. Das systematische Hauptwerk verleiht ihm den Status eines *axiomatisch gesicherten Satzes*. Und *Axiome*, das sind die Voraussetzungen, die Vordersätze apodiktisch strenger Wissenschaft, die notwendig wahr sind, ohne daß sie jedes Mal des Ausspruches bedürfen. Ihre Wahrheit gründet sich darauf, was seit Aristoteles als das Sicherste gilt, auf die *Anschauung*, die vorsprachliche Sicherheit im Erfassen desjenigen, was Axiomen zugrunde liegt, des Seienden, so wie es sich dem anschaulichen Erfassen gibt. Es gibt sich

7 Discours de la Méthode, IV, 1 (AT VI, 32, 558); Principia Philosophiae, I, 7 (AT VIII, 1, 6f.).

8 Meditationes, II 3, AT VII, 24-25.

zuunterst, am Grunde von allem und jedem, als das mit sich selbst Gleiche, eine Anschauung, die sich im ersten aller Axiome, dem logischen Satz der Identität (A = A) ausprägt.[9] Genauer gesagt: sie beherrscht ihn, indem sie ein für alle Mal ausschließt, was unserem sprachlichen Erfahren doch ganz vertraut bleibt, – daß etwas so und auch anders zu sein vermag, daß es sich verändert, ja, sogar dann, wenn es ist, nicht nur als »seiend«, sondern ebenso als nicht-seiend gedacht werden kann. Die Herrschaft der Anschauung wird von Descartes nicht gebrochen. Im Gegenteil, sie kommt erst jetzt, mit der Auszeichnung des Satzes: *Cogito, ergo sum*, voll zur Entfaltung. Für Descartes wird er zum obersten aller Axiome, das die »erste« Philosophie begründet. Er verschafft ihr einen Grund, die Begründung in der Klarheit und Deutlichkeit einer sich im *Ego cogito* gebenden Anschauung, nach der jedes Axiom einer Wissenschaft, der Logik wie der Mathematik, als notwendig wahr gedacht werden muß.

Nun hat sich Descartes hieran keineswegs gehalten. Er hat vielmehr in der axiomatisierenden Fassung die Geltung der Logik bereits in Anspruch genommen, indem er die Einführung des obersten Axioms mit dem Argument rechtfertigt, es sei ein Widerspruch, daß dasjenige, was denkt, zu dem Zeitpunkt, da es denkt, nicht existiert.[10] Daraus mag sich erklären, daß die Frage, was es denn mit dieser Axiomatisierung für eine Bewandtnis habe, gar nicht erst aufkommen konnte. Sie wird auch von den Späteren kaum aufgeworfen. Über die Ausbildung des Cartesianismus erlangt der erste der beiden Sätze das Ansehen eines *Grundsatzes*, der sich wirkungsgeschichtlich mit dem Namen des Descartes verbindet. Von Spinoza und Leibniz abwärts ist er dann immer wieder erörtert, ausgelegt, interpretiert worden, so daß sich die Geschichte der neuzeitlichen Philosophie bis in die erste Hälfte unseres Jahrhunderts hinein fast wie ein Kommentar zu dem seit Kant so genannten *Satz des Bewußtseins*, dem Cartesianischen »Ego cogito, ergo sum« ausnimmt. Auf die-

9 Vgl. Aristoteles, Met. IV 3, 1005b 19-22; Anal. post. I 10, 76b 23 f.
10 Vgl. Principia philosophiae, I, 7, AT VIII, 7.

sem Hintergrund wird das »Ich« zum transzendentalen Subjekt im Sinne des Grundes der ersten Philosophie. Und indem das geschieht, verdeckt sich, was bei Descartes gerade sichtbar wird, das Abgründige des Ausgangs vom *Ego cogito*, der Abgrund der Subjektivität. Er bricht daran auf, was das Denken, wie man sagt, »begründet«, an dem Satz: *Ego sum, ego existo*.

Damit haben wir unser Thema umrissen. Die Aufgabe wird sein, in der mitdenkenden Besinnung auf den eigentümlichen Gedankenzug der Cartesischen Meditation die ganze Problematik einer egologischen Grundlegung der ersten Philosophie aufzuweisen, ihre Zweideutigkeit und ihre Grenze, an die sie unvermeidlich anstößt. Wir bewegen uns dabei nicht mehr auf dem Boden der Subjektivität, den die neuzeitliche Philosophie bis hin zu Husserl wie selbstverständlich voraussetzt, wenn sie den Cartesischen Ansatz cartesianisch zu überholen und das Ich in die Position des Anfangs im transzendentalen Subjekt, der egologisch immanenten Reflexion des *Ego-cogito-cogitatum*,[11] zu rücken sucht. Wir versuchen vielmehr, ihn in das Geschehen der Transzendenz zurückzufügen. Und indem wir dem Ursprung dieses Geschehens nachfragen, wird sich uns der Problemhorizont einer nachcartesianischen Meditation eröffnen, der Besinnung darauf, was uns, nach der Kritik von Heidegger und Wittgenstein an den metaphysischen Vorurteilen des neuzeitlichen Subjektbegriffs, das sich abzeichnende Ende der Geschichte jenes »Ich« unter diesem Titel zu denken aufgibt.

11 E. Husserl, Cartesianische Meditationen, I, §§ 8-14; Husserliana, I, 58 ff.; vgl. Die Krisis der europäischen Wissenschaften und die transzendentale Phänomenologie, II, §§ 17-20, Husserliana, VI, 76 ff.

II

Meditieren heißt, sich auf sich selbst besinnen oder nachdenken, was methodisch zu geschehen hat. Aber ehe man methodisch denkt, sagt Kant, muß man jederzeit auch tumultuarisch denken; man muß umherschweifen, um alles aufzusuchen, was da einschlägt.[12] Das ist eine gute Beschreibung des hermeneutischen Verfahrens, nach dem ich bisher vorgegangen bin und weiter vorgehe, so daß es erlaubt sei, hier einige Zwischenüberlegungen einzuschalten.

Heidegger und Wittgenstein kommt das unschätzbare Verdienst zu, im Ausgang von philosophisch sehr unterschiedlichen Voraussetzungen erkannt zu haben, daß sich der Cartesianische Ansatz der neuzeitlichen Bewußtseinsphilosophie nicht halten, daß sich auf dem Grunde des transzendentalen *Ego* weder unser Wissen von uns selbst noch von der Welt verständlich machen läßt. Nach Wittgenstein verbirgt sich dahinter die Transformation der Grammatik in Metaphysik. Es ist die zufällige Form von Sätzen des Typs: »Ich meine, daß p«, die uns glauben läßt, es müsse dem Satzsubjekt etwas *in* der Welt korrespondieren, ein denknotwendiges Subjekt, das unserem Wissen von ihr so zugrundeliegt wie das Auge dem Gesichtsfeld. Nichts spricht dafür, daß wir zur Annahme eines solchen Auges im Großen, das alles übersieht und sich dabei gleichsam selbst zusieht, berechtigt sind. Kein Bestandteil unseres Wissens von der Welt ist a priori notwendig. Denn was wir sehen und innerhalb des uns zugänglichen Sehfeldes beschreiben, das könnte auch anders sein. Das Subjekt, folgert Wittgenstein, ist kein Teil, sondern die Grenze der Welt.[13]

12 Die philosophischen Hauptvorlesungen Immanuel Kants, hrsg. v. A. Kowalewski (1924), S. 501. Vgl. (etwas modifiziert) Logik, § 120.

13 Tractatus logico-philosophicus (1921), 5.631-5.634, in Schriften, Bd. 1 (1980), S. 65 f.; Tagebücher, Eintrag vom 4. 8.-2. 9. 1961, ebd., S. 172-175. Wittgenstein beruft sich hier auf Schopenhauer (Die Welt als Wille und Vorstellung, Buch 1, Abschnitt 2), später auf Lichtenberg (»Es denkt«, sollte man sagen, so wie man

Für Heidegger ist es beides, *in der Welt* und *ihre Grenze*. Er fragt, was Wittgenstein nur am Rande berührt, wie das Subjekt faktisch erfahren und in seiner Faktizität sprachlich ausgelegt wird. Die Auslegung der Erfahrung des In-der-Welt-Seins weist über den Bereich der Grammatik hinaus. Sie führt auf die Hermeneutik des Selbstverständnisses zurück, auf die metaphysische Auslegung des sich vereinzelt erfahrenden »Ich« am Beginn der Neuzeit. Es rückt in die Position des Grundes, weil im Zuge der cartesianischen Axiomatisierung des Wissens der erste Gedanke des »Ich denke« das sich gleichbleibende Sein ist, womit es sich selbst anschaulich zu erfassen meint. Daß ich da »bin«, wenn ich denke, dieses Dasein versteht Descartes als Selbstanschauung der *res cogitans*, eines Seienden, das dem Denken zugrunde liegt.
Der Zugang zum Sein erfolgt über die sich wissende Subjektivität, die sich im obersten aller Axiome, im Grundsatz: »Ich denke, also bin ich«, legitimiert. Wie Heidegger nachweist, ist das »Ich« in jenem Doppelsatz nicht nur »Subjekt« im grammatisch logischen Sinne, das nach der Form: »Ich meine, daß p«, etwas von etwas aussagt oder prädiziert; im Prädikat sagt es vielmehr sich selbst aus. Es ist Subjekt aller Prädikate, die es hat; und so vermag es um dieses Haben zu wissen, nach dem Cartesischen Folgesatz: »Ich weiß, daß ich weiß« (cogito me cogitare), der die Beziehung des Subjekts auf sich selbst, d. h. die Subjektivität als Grund festschreibt. Aufgrund des ausgezeichneten Modus seiner Prädikate ist es ontologisch ausgezeichnet, *das* Subjekt für alles Seiende, das von ihm aus die Stelle des Gegenüber einnimmt, des Objekts für ein Subjekt. Dieses Subjekt gehört nach Heidegger nicht zur Welt, sondern zur *Geschichte des Seins in der Welt*, zur Erfahrung des eigentümlichen Seinscharakters des »Ich bin«, die sich neuzeitlich in den Kategorien von Subjekt und Objekt auslegt. Die Auslegung des *Ego* als Egoität beruht auf einem Wandel im Seinsverständnis, der ermöglicht wird durch die Übertragung der Aristotelischen Kategorie des zu-

sagt: »Es blitzt«). Vgl. G. E. Moore, »Wittgenstein's Lectures in 1930-33, III«, Mind, 64 (1955), 13 f.

grundeliegenden Seienden (ὑποκείμενον), die noch gar nichts von »Ichheit« in sich enthält, auf das Verständnis des Seins im Sinne des *subjectum*, so wie es denkend vorliegt, des Grundes der Subjektivität.[14]

Damit ist versammelt, was in unser Thema einschlägt, und es kommt nun darauf an, dem Versammelten methodisch nachzudenken. Dazu hilft es nicht, daß wir uns entsinnen, was ein jeder von sich weiß. Ich weiß mich, und dieses ganz gewiß, aber darum habe ich noch kein Wissen, weder von mir noch von der Welt. Ja, was ich bin, das wird vielleicht gar nicht durch das Sichwissen, die Beziehung auf mich selbst, verständlich. Und es läßt sich auch nicht dadurch verstehen, daß wir von uns selbst absehen und auf die Grammatik zurückgehen. Das ist der Weg von Wittgenstein. Er beginnt noch cartesianisch, weil Wittgenstein gedanklich von einer Welt im Gegenüber zum »Ich« ausgeht,[15] von »meiner« Welt, deren Grenzen mit denen »meiner« Sprache zusammenfallen, in der sich das »Ich« wie selbstverständlich an der Spitze der Personalpronomen vorfindet. Aber er verläuft in nachcartesianischer Richtung, am Leitfaden der Erfahrung: Nicht »ich« denke, sondern sie, die Sprache, denkt für mich, wenn ich mich mit diesem Wort so bezeichne. Und die Sprache ist nicht das Gehäuse des Ich. Sie ist, um es mit Heidegger auszudrücken, das Haus des Seins.[16] Aus ihm allein kann verständlich werden, warum das Ich am Beginn der Neuzeit zum Subjekt des Denkens wird und das Philosophieren bis zu Husserl in Bann hält.

Unser Thema ist vielschichtig. Das »Ich« ist ein *sprachliches* Phänomen, und dieses in mehrfacher Hinsicht, *grammatisch wie logisch, ontologisch wie hermeneutisch*. Auf der Ebene der Grammatik läßt es sich, wie der späte Wittgenstein zeigt, im Sprachspiel zum Verschwinden bringen; und dann verschwindet es auch aus der Logik. Wenn die Sprache funktio-

14 Vgl. Sein und Zeit (1927), I. Kap. 3, B, § 19 ff. mit der Marburger Vorlesung: Die Grundprobleme der Phänomenologie (1927), I. Kap. 3; § 13.

15 Tractatus logico-philosophicus, 5.631, S. 65.

16 Brief über den Humanismus ([1946] 1949), S. 5.

niert, bedarf es nicht der Vergewisserung, ob ich es bin, der das Spiel sprechend in Gang hält. *Sie* ist es, die spricht, ein philosophischer Grundsatz, den nicht zufällig auch der späte Heidegger vertritt.[17] Für Heidegger ist das »Ich« ein *ontologisches* und *hermeneutisches Phänomen*. Es bringt sich als Da-sein zur Auslegung, und das Auslegen ist immer anders, ein Ereignis des Seins in der Zeit.

So haben wir das Cartesische »Ich« geschichtlich zu verstehen. In seiner Interpretation als Subjekt wirkt sich aus, daß die Subjektivität seinsgeschichtlich eine Transformation der Substantialität, das letzte ontologische Derivat des Aristotelischen Seinsbegriffs, darstellt.[18] Von hier aus hat Heidegger der Frage nach der Geschichtlichkeit des *Ego* unbekannte, noch kaum erforschte Horizonte eröffnet. Er hat sie selbst nicht ausgemessen, weil sich im Zuge der »Kehre« die Fragestellung vom Dasein auf das Sein verlagerte, so daß ihm der Leitfaden des Ich-Sagens entgleitet. Darin konvergiert er noch einmal mit Wittgenstein. Die Konvergenz besteht in dem großen, aber, wie ich glaube, vergeblichen Versuch, mit dem transzendentalen *Ego* auch das meditierende preiszugeben, jedenfalls so zu denken, als ob kein »Ich«, sondern »Es«, das Sein denkt. Das lasse ich hier auf sich beruhen. Ich übergehe auch die analytische Reduktion des Ich-Sagens auf ein bloßes Sprachproblem, das sich in der Setzung eines Sprechers auflöst, der sich als »Ich« identifiziert.[19] Mich interessiert, was sich nicht nur dem sprachanalytischen, sondern ebenso dem hermeneutischen Ansatz entzieht, wenn er vom meditierenden Ich absieht. Und das ist die Voraussetzung ei-

17 Vgl. Unterwegs zur Sprache, 7. Aufl. (1982), S. 241 ff., mit Philosophischen Untersuchungen (1951), Schriften, 1, 338 ff.; G. E. Moore, »Wittgenstein's Lectures in 1930-33«, Mind, 64 (1954), S. 13 f.

18 Die Grundprobleme der Phänomenologie, S. 178. Vgl. dazu H.-G. Gadamer, Heideggers Wege (1983), S. 105.

19 Vgl. dazu E. Tugendhat, Selbstbewußtsein und Selbstbestimmung. Sprachanalytische Interpretationen (1979), S. 91 ff., der die Reduktion durch eine differenzierte Analyse der Position des praktischen Ich überwindet.

nes Hörers, – daß das *Ego*, wie Husserl erkannte, bevor er cartesianisch zu meditieren begann, gar nicht der letzte Bezugspunkt aller Identifizierung ist, daß der Sprechende, wenn er von sich »Ich« sagt, einem Hörenden gleichsam zuruft: dein Gegenüber meint sich selbst.[20] Sonst bliebe das Wort sinnleer; es käme gar nicht zur Bedeutungsfüllung.

An diese Erfahrung knüpfen unsere Überlegungen an. Alle Ich-Rede ist Anrede; aber sie richtet sich nicht nur an ein »Ich«, sondern an den Anderen, dem es sich als seinesgleichen und zugleich vor ihm unterschieden kundgibt. Das hebt sie von der bloßen Aussage ab, der Mitteilung eines beliebigen Sachverhalts p, etwa daß die Katze auf dem Bett liegt. Welche Phänomene die Worte »Katze« und »Bett« meinen, dessen bin ich anschaulich gewiß; sie haben die Kraft, die Anschauung sofort zu wecken. Dies vermag das Wort »Ich« nicht, jedenfalls nicht so, daß es die je besondere Ich-Vorstellung erweckt, die seine Bedeutung in der jeweiligen Rede bestimmt.[21] Die Ich-Rede, die dasjenige, was sie kundgibt, nicht anschaulich »geben« kann, läßt es hören. Sie verweist uns darauf, daß das Ich am Grunde ein *akroamatisches Phänomen* ist. Es erscheint in der Wechselseitigkeit des Sprechen-Hörens, dem spekulativen Urverhältnis der Sprache, worin sich ein jeder von uns als geeinzelte Person identifiziert. Aber diese Identifikation vollzieht sich nicht ursprünglich und ausschließlich durch ein Selbst, das sich sprechend zu sich selbst verhält, im Sprechakt eines *Ego*; sie erfolgt gleich ursprünglich über *alter ego*, den Bezug zum Anderen, worin sich die an sich leere Ich-Beziehung transzendiert. Das Urverhältnis ist, in der Tat, *transzendental*, die Bedingung möglicher Ich-Identität, die ohne Differenz, sei es zu einem »Du«, sei es zu einem »Er« oder »Ihr« oder »Sie«, nicht erfahren, ja nicht einmal gedacht werden kann.

20 Logische Untersuchungen, Bd. II, 1. Teil, 4. Aufl. (1928), S. 78 ff. mit den wichtigen Ergänzungen Bd. II, 2. Teil, 3. Aufl. (1922), vor allem dem Zusatz über die Funktion des Hörenden in der Ich-Rede (S. 22 f.).

21 Vgl. die phänomenologische Analyse der kundgebenden Akte, LU, Bd. II, 1, S. 82 f.

Das akroamatische Phänomen ist ein Faktum der Sprache, das wir kaum beachten. Es fällt nicht weiter auf, weil das *Sprechen*, nach alter grammatischer und logischer Gewohnheit, mit dem Sprechakt, der Aussage in einem Satz, zusammenfällt; und das *Hören* gilt gewöhnlich als akustisches Phänomen. Daß es sich darauf nicht reduziert, daß das satzmäßige Aussagen nur einen Grenzfall darstellt, weil das Sagen stets in ein Sich-Sagenlassen übergeht, daran hat im Anschluß an Heidegger die philosophische Hermeneutik von H.-G. Gadamer wieder erinnert.[22] In ihr tut sich die eigentliche spekulative Dimension der Sprache auf, das Verhältnis der Spiegelung des Gesprochenen im Gehörten, die Zweiheit des gesprochen-gehörten Wortes, die sich im Ichsagen paradigmatisch anzeigt. Sie öffnet sich dem hermeneutischen Verstehen, nicht von oben, auch nicht von unten, sondern von der Bewegung in der Mitte her. Und die Mitte, das ist das Hören, der Bewegungsvollzug des Verstehens, in dem das »Ich« seine vermeintliche Beziehung auf sich, die Abgeschlossenheit eines »Selbst«, übersteigt. Auf diesen Überstieg, das Verhältnis der (wechselseitigen!) Transzendenz des Sprechen-Hörens, ist das Verstehen angelegt. Es drängt gleichsam in die Selbstlosigkeit des Einverständnisses in der Sache hinaus. Ohne sein »Ich« zu transzendieren, vermöchte jedenfalls keiner zu sagen: »Ich verstehe«.
Daß dieses Ziel kaum jemand für sich erreicht, läuft dem Weg nicht zuwider, auf dem es immer wieder gesucht wird. Nun ist der Satz: »Ich verstehe« nicht weniger unvollständig als die Feststellung: »Ich weiß« oder »Ich denke«, und es läßt sich nicht recht einsehen, wie darüber unser Problem geklärt oder gar gelöst werden könnte. In hermeneutischer Sicht (und das widerspricht in diesem Punkt nicht dem, was der Analytiker annimmt) handelt es sich gar nicht um einen Satz, sondern um ein Satzbruchstück, das als solches ergänzungsbedürftig ist. Es verweist gewissermaßen von sich her auf einen Text, nämlich darauf, was solche Sätze vorausset-

22 Vgl. Wahrheit und Methode: Grundzüge einer philosophischen Hermeneutik, 4. Aufl. (1975), S. 432 ff.

zen, den *sprachlichen Kontext*, in dem sie geäußert werden. Die hermeneutische Problematik, mit der wir es zu tun haben, ist nachcartesianisch. Sie gibt uns auf, die Position des transzendental begründenden Ich zurückzunehmen, ohne die Sache des Spekulativen aus der Hand zu legen. Unser Leitfaden ist nicht mehr das ins Große geschriebene *Ego cogito*, das Hauptwort im Text der neuzeitlichen Bewußtseinsphilosophie: *Cogito, ergo sum*, dieses scheinbar einfachen, einzigen Textes, den sie auszubuchstabieren sucht. Wir orientieren uns am Nachwort zum Text, dem *sum*, der hermeneutisch zur Sprache gebrachten Erfahrung, daß dem »Ich denke« das »Ich bin« vorhergeht. Im Verhältnis zu ihm wird sich das Ich, wie das Kant zuerst gesehen hat,[23] als bloßes *Vorwort* zu einem Erfahrungskontext erweisen, der nicht von dem her zur Auslegung kommt, was es von sich weiß.

III

Nachcartesianisch meditieren, das besagt zum einen, dem akroamatischen Phänomen des Ich nachzudenken, den cartesianischen Weg der neuzeitlichen Philosophie in umgekehrter Richtung zurückzugehen, um den fest gewordenen Ausgangspunkt des *Ego cogito* in Bewegung zu bringen, indem wir seinen Ort in der Geschichte des Seinsverständnisses der Metaphysik bestimmen. Und es heißt zum anderen, mit Descartes gegen ihn zu denken, die metaphysische Verdeckung seines Ausgangs vom »Ich« in Frage zu stellen. Sie beginnt damit, daß Descartes in der Fixierung dieses Punktes dem Ich-Satz den begründungslogischen Status eines auf der Anschauung beruhenden Axioms zuerkennt. Beides greift ineinander und hängt in der zentralen Problematik der neuzeitlichen Philosophie, der Verwandlung des meditierenden in das transzendentale »Ich«, zusammen.

23 Metaphysische Anfangsgründe der Naturwissenschaft, 3. Hauptstück, Lehrsatz 2, Anmerkung. Zur Kantischen Verwendung des Textmodells vgl. Kritik der reinen Vernunft, B 401.

Diesem Zusammenhang ist Heidegger nicht weiter nachgegangen, weil er das meditierende Ich anthropologisch, von der empirischen Person des Descartes her versteht. Während Kant unter dem Titel des transzendentalen »Ich« ein »Bewußtsein überhaupt« ins Auge faßt, das die Vorstellung von uns selbst und der Welt wie ein Zeuge, gleichsam hörend, begleitet, denkt Descartes an das Ich seiner selbst als der geeinzelten Person, und dies auch dann, wenn er sein eigenes Ich bereits im Lichte der (freilich noch nicht eigens gewußten) »Ichheit« denkt, in der Gestalt des *certum*, der ersten Grundgewißheit des *Ego*, Subjekt zu sein und von sich her alles Seiende als Objekt vorzustellen. Der Bezug zur Subjektivität als der Gewißheit seiner selbst und des Vorgestellten ist schon gestiftet, und nur aus ihm wird das einzelne Ich als dieses erfahrbar. Nach Heidegger erfährt es sich *wollend*, und darin, im Sichselberwollen, findet es die letzte Gewißheit eines Grundes. Es kann sich nur wollen »im Lichte des *Bezugs* des noch ungekannten Willens zum Willen *auf* dieses Ich. Kein Ich ist ›an sich‹ vorhanden, sondern es ist ›an sich‹ stets nur als ›in sich‹ erscheinendes und d. h. als Ichheit.«[24] Ist die Ichheit, die Subjektivität, von der Heidegger im Einklang mit der nachkantischen Transzendentalphilosophie ausgeht, wirklich erster und letzter Grund der Gewißheit des Wissens von sich und der Welt? Bringt sich das Ich in die Vormacht gegenüber der Unverborgenheit des Seins, sofern es sich im Willen zur Begründung des Wissens auf sich selbst richtet?

Um darauf zu antworten, fragen wir, *wo* bei Descartes das Ich erscheint. Und wir fragen uns, *wie* es erscheint, ob anschauend oder wollend oder in einer Weise, die weder dieser noch jener Hinsicht genügt, die über Anfang und Ende des cartesianischen Weges der neuzeitlichen Philosophie gleichermaßen hinausweist. Dazu brauchen wir Descartes nicht von außen, nach Maßgabe eines geschichtlichen Vergleichs oder der Nachrechnung argumentativer Versäumnisse, zu

24 Vorträge und Aufsätze, 4. Aufl. (1978), S. 82; Holzwege, 3. Aufl. (1957), S. 91 f.

interpretieren. Wir haben vielmehr den Grundsatz über das Ich in seinem Kontext zu prüfen und uns dabei auf die Sache einzulassen, die Bewegung in der Mitte. Und die Mitte, das ist und bleibt für uns das meditierende *Ego*, das die Selbstbesinnung auf dem Boden der Sprache durchführt.

Descartes hat nun freilich sein ganzes methodisches Bemühen um eine Grundlegung der ersten Philosophie darauf gerichtet, diesem Boden auszuweichen, ja, ihn gar nicht erst zu betreten. Kommt doch das Meditieren, im schärfsten Gegensatz zur augustinischen Urstiftung, nicht über die *lectio*, sondern durch die entschiedene Abkehr von allen Textwissenschaften, der Theologie, der Philologie und Geschichte, in Gang. Ja, darin besteht geradezu der Anstoß zur Neustiftung. Sie motiviert sich in Descartes' Erfahrung, über den Umgang mit Texten nichts Sicheres zu wissen, weder von sich selbst noch von der Welt: daß er das »Ich«, statt es zu bezeugen und die Besinnung auf sich zu initiieren, zerstreut und der ihm möglichen Identität beraubt. Es ist sich different, solange es sich mit dem Wissen vom Wahrscheinlichen begnügt, wo alles im Gespräch bleibt, weil es nichts Wahres enthält, und das Wahre gründet sich nach Descartes auf der *Demonstration*, dem *apodiktischen Beweis*.[25]

So bewegt sich der Grundlegungsversuch von Anbeginn aus der Sprache heraus. Da der erwogene Plan ihrer Ersetzung durch das Gedankenalphabet einer *lingua universalis* nicht realisierbar scheint,[26] wird sie übersprungen. Nach dem Vorbild apodiktisch strenger Wissenschaft, der Mathematik, liegt der Grund des Wissens von allem (der *mathesis universalis*) in der vorsprachlichen Anschauung; und dort lokalisiert Descartes auch das *Ego*. Es erscheint *more geometrico*, auf der Ebene *zeitloser Raumanschauung*, die das Programm der Letztbegründung für sich übernimmt: »Jeder kann in seiner eigenen Seele anschauen«, heißt es in den *Regulae*, »daß er existiert, daß er denkt, daß ein Dreieck von nur drei Linien, daß die Kugel von einer einzigen Oberfläche be-

25 Regulae, III, 5, AT X, 368.

26 Vgl. den Brief an Mersenne vom 20. November 1629, AT I, 76-82.

grenzt ist.«[27] Descartes nennt das »Intuition«, worunter nicht das traditionelle, auf die Sinneswahrnehmung und Einbildungskraft bezogene »Anschauen«, sondern allein die rein begriffliche Anschauung gemeint ist, die an der Sache keinen Zweifel läßt. Wie immer das zu verstehen sein mag, fest steht, daß Descartes auf dieser Ebene das »Ich« wie ein »Er« oder »Es« beschreibt. Seine Beschreibung gleicht der von Dreiecken und Kugeln. Die Seele soll sich intuitiv so anschauen, als würde sie eine Figur anschauen, formale Verhältnisse des Existierens und Denkens, aber keine denkende Existenz; und wo Descartes die Existenz erwähnt, wird sie sogleich wieder intuitiv aufgefaßt und auf das Dasein des göttlichen Wesens bezogen: »Sum, ergo Deus est«, »ich bin, also ist Gott«, lautet der Grundsatz der Jugendschrift,[28] die all diese Sätze aneinanderreiht, ohne sie einander über- oder unterzuordnen. Seine Folgerung ist: ich kann zwar daraus, daß ich bin, zuverlässig auf das Dasein Gottes schließen, aber nicht aus dessen Dasein auch meine Existenz gewiß machen.

Auf der Ebene der Anschauung von Formen des Raumes ist das »Ich bin« kein Problem. Dazu wird es, wenn es sich auf das »Ich denke« zu begründen sucht, mit dem Grundsatz des *Discours*: »Ich denke, also bin ich«. Die Problematik bricht auf, weil der *Discours* ein *Gespräch* über die Methode ist, wie Grundsätze intuitiv zu fundieren und daraus auf deduktivem Wege Folgerungen abzuleiten sind. Seine Ebene ist die *geschichtliche Zeit*, in der das »Ich« in der empirischen Person des Descartes erscheint. Sie meditiert nicht, sondern erinnert sich, daß sie meditiert hat. Descartes erzählt die Geschichte der Entdeckung des Grundsatzes, von der ersten Intuition einer neuen Wissenschaft zu Beginn des großen Glaubenskrieges in Europa und deren schrittweiser, durch die Zeitereignisse (wie den Prozeß gegen Galilei) gehemmten Entfaltung. Er tut jedoch alles, um die Ebene der Zeit von der anschaulich klaren Präsenz der Grundgewißheit fernzu-

27 Regulae ad directionem ingenii, III, 5, AT X, 368.
28 Regulae XII, 17, AT X, 421.

halten, bis hin zur Verschweigung des Hintergrunds, der Krise des Glaubens an den unverborgenen, offenbaren Gott der christlichen Überlieferung, des Zweifels, ja, der Verzweiflung darüber, ob sich dieser Gott nicht gänzlich entzogen hat. Die Erinnerung kann täuschen. Was wir in gegenwärtiger Anschauung klar und deutlich erfassen, ist unterschieden von dem, woran wir uns erinnern, es so erfaßt zu haben, biographisch wie sachlich. In der rückblickenden Beziehung auf den entdeckten Grundsatz zeigt sich, daß er noch etwas anderes als wahr voraussetzt. »Nun hatte ich beobachtet«, lesen wir im *Discours*, »daß in dem Satz: ›Ich denke, also bin ich‹, überhaupt nur dies mir die Gewißheit gibt, die Wahrheit zu sagen, daß ich klar einsehe, daß man, um zu denken, sein muß, und meinte daher, ich könne als allgemeine Regel annehmen, daß die Dinge, die wir ganz klar und deutlich begreifen, alle wahr sind ...«[29] Wenn das so ist, wird der Anschauungscharakter des Grundsatzes fraglich; nicht nur, weil er eine logische Folgerung enthält, sondern weil ihm etwas voraus- und zugrunde liegt, das Wissen darum, daß »man« sein muß, um zu denken.

Das ist ein allgemeingültiger Satz, den Descartes denn auch in den *Prinzipien* einen *Gemeinbegriff* oder ein *Axiom* nennt, das als ewige Wahrheit in unserem Geist seinen Ort hat: »Um zu denken, muß man sein«. Er findet sich neben Sätzen des Typs: *Aus Nichts wird nichts*; – *Geschehenes kann nicht ungeschehen werden*.[30] Es sind metaphysische Grundsätze, die in der Tradition der ersten Philosophie »Maximen« heißen, *maximae sententiae*, d.h. höchste Aussprüche des Denkens, die jeder als wahr mitdenkt, sobald er sie gesprochen hört.[31] Sie lassen das Gemeinte hören. Anschaulich gewiß sind sie ja nicht, da ihnen auf der Anschau-

29 Discours de la Méthode, IV, 3, AT VI, 33. Vgl. dazu die erhellende Deutung dieser Argumentation bei F. Alquié, Descartes (1950), dt. Übers. (1962), S. 61 ff.

30 Principia, I, 49. Vgl. auch die Erwiderung auf die »zweiten Einwände« (von Mersenne und seinem Kreis) gegen die Meditationen, AT VII, 146.

31 Vgl. Boethius, Quomodo substantiae ... bonae sunt, J. P. Migne

ungsebene nichts entspricht. Darauf kommen wir noch zurück. An dieser Stelle mag es genügen, wenn wir festhalten: In seinem Hauptwerk, den *Prinzipien der Philosophie*, erkennt Descartes an, daß der Grundsatz: »Ich denke, also bin ich« Voraussetzungen hat. Er setzt etwas voraus, was sich nicht der Anschauung verdankt, und das ist die *Ebene der Begriffe*, der Gemeinbegriff des »Denkens«, des »Daseins«, der »Gewißheit«.[32] Die Erscheinung des *Ego* im Sichdenken, die der grammatische und logische Sinn des Satzes anzeigt, hängt an Bedingungen, die weder zur Ebene des Raumes noch der Zeit gehören; sie hängt ab vom hermeneutischen Verstehen jener einfachen, verständlichen, allgemeinen Begriffe. Merkwürdigerweise zählt dazu der Ich-Begriff nicht. Ist er nicht allverständlich? Oder besitzt er nicht denselben Grad von Einfachheit und Allverständlichkeit, der jenen Begriffen eignet, die für sich allein kein Wissen von etwas ermöglichen?

Das *Ego*, darüber klärt uns die Hinführung vom Grundsatz der *Meditationen* auf, ist kein durch Abstraktion von allem Seienden gewonnener Gemeinbegriff (notio communis), sondern eine dem Denken eingeborene *Idee*, die wir »besitzen«, noch bevor wir uns sprechend zu identifizieren vermögen. Aber in der Sprache wird die Identifikation vollzogen. Ideen sind Begriffe von etwas (aliquid), sie stellen Seiendes in der Zugehörigkeit zum Denken vor. Ja, das *Ego* ist sogar erste Idee, nämlich diejenige, worin sich die Zusammengehörigkeit des Denkens mit dem Sein *auf dem Boden der Sprache* enthüllt.

(Ed.), Patrologiae cursus completus, Series II (1841 ff.), T. 64, p. 1311.

32 Principia I, 10, AT VIII,8.

IV

Das wird am Gang der *ersten* Meditation nicht sogleich deutlich, da Descartes noch einmal alle Anstrengungen unternimmt, um den Zugang zu diesem Boden zu verbauen. Sie beginnt mit dem *Entschluß zu zweifeln*, und der Cartesische Zweifel distanziert nicht nur skeptisch von der Sinneswahrnehmung, den altbekannten Täuschungen über nahe und ferne Dinge, die bald so, bald anders erscheinen. Er richtet sich darauf, was uns das Nächste ist, auf die Sprache, in der uns hörend und lesend das Entfernteste nahe rückt.[33] Descartes sieht darin nicht die Macht und Würde der Sprache, die das Seiende im Ganzen offenbar macht, sondern ihre Ohnmacht, – daß sie durch begrifflich ungeklärte Ideen beständig über das Verhältnis des Nahen zum Entfernten, über die Wahrheit desjenigen, was im eigentlichen Sinne »seiend« ist, täuscht. Bezweifelt wird im Grunde alles Wissen des *Ego* von sich selbst und der Welt, was sich dem Hören auf Gesprochenes und dem Lesen von Geschriebenem verdankt, eingeschlossen das Wissen um die Transzendenz des Seins. Und die Zweifelsübung beschränkt sich nicht auf eine Enthaltung des Urteils, das skeptisch-menschliche »Was weiß ich« des Montaigne. Sie greift den Menschen in seinem Zentrum an, – daß er das Wesen mit Vernunft und Sprache, ein *zôon lógon échon* oder *animal rationale* sei.[34] Gleichwohl wird Descartes durch den Zwang der Phänomene genötigt, in der Sprache Fuß zu fassen. Denn sie ist es, über die sich der Zweifelnde aus dem Zustand der Verzweiflung, einer vollständigen Verborgenheit des Seins und des damit einhergehenden Verlustes seiner selbst, herausarbeitet.

Die meditierende Selbstbesinnung hält fest, was Descartes sonst nur dem Eintrag in das Tagebuch anvertraut, – daß die

33 Vgl. Med. I 3, AT VII, 18, mit Discours de la Méthode, I 6, AT VI, 4-5.

34 Vgl. die Beschreibung des leib- und sprachlosen *Ego* der 1. Meditation (I 12) mit der Abkehr von dieser traditionellen Bestimmung des Menschen in der 2. Meditation (II, 5), AT VII, 22-23 und 25-26.

Neubegründung der ersten Philosophie nicht im Denken allein, sondern über den *Willen* erfolgt. Ihr geht eine Wahl voraus, die Entscheidung zwischen zwei Wegen, deren einer zum *Sein* und der andere zum *Nichtsein* führt. Worum es sich handelt, erhellt ein nach dem Durchbruch der Fundamente einer neuen Wissenschaft aufgezeichneter Traum, der in unserem Zusammenhang von besonderem Interesse ist: Descartes träumt sich als denjenigen, der er (auf der Jesuitenschule von La Flèche) gewesen ist, als Leser, ein Wörterbuch öffnend und dann eine Gedicht-Sammlung, die er schon kennt. Er liest den Satz: *Quod vitae sectabor iter?*, »Welchem Weg soll ich folgen?«, und erblickt einen Unbekannten, der ihm einen Vers mit den Worten *Est et non*, »Ja und Nein« empfiehlt. Als Descartes die Stelle aufschlagen will, wird er gefragt, woher er die Gedichtsammlung hätte. Er antwortet, das wisse er nicht, aber eben hätte er ein Wörterbuch benutzt, das jetzt auf unbekannte Weise verschwunden sei. Kaum hatte er geendet, fährt der Bericht fort, sah er das Buch am anderen Ende des Tisches wieder zum Vorschein kommen. Er fand jedoch, dieses Dictionnaire sei nicht mehr so vollständig, wie er es beim ersten Mal gesehen hätte.[35]

Der Traum verrät einiges vom Cartesischen *Ego*, so wie es am Anfang der *ersten* Meditation erscheint, im Wintermantel am Kamin sitzend und ein Blatt Papier betastend, also entweder zum Schreiben entschlossen oder etwas Geschriebenes in der Hand haltend. Darüber gerät es in den ersten Zweifel: ob es dergleichen nicht träumt. Das geträumte Gedicht hingegen ist wirklich, ein Zeugnis spätantiker Skepsis gegenüber der Sprache, nach einer alten pythagoreischen Vorlage in Verse gebracht. Es entschlüsselt nicht nur den Traum, sondern die radikalisierte Zweifelsübung der *ersten* und *zweiten* Meditation, die Stoßrichtung und den Drehpunkt des Cartesischen Zweifels.

Das Gedicht handelt vom *Nai kai Ou Pythagorikon*, dem

35 Vgl. den Bericht von A. Baillet, La vie de M. Descartes (1691), Nachdruck (1972), I, 80-84, sowie die Notiz von Leibniz, in Foucher de Careil, Œuvres inédites, T. I (1859), p. XI-XIII; Introd. XI-XV.

Pythagoreischen »Ja« oder »Nein«, dem »Est« und »Non est«, worunter Descartes, der metaphysischen Grundstellung der Bejahung als der Wahrheit des Seins gemäß, die Wahrheit und Falschheit im Denken versteht. Dem Wahren wird mit dem »Est« zugestimmt, während dem Falschen, Strittigen die Stimme durch das »Non est« entzogen wird. Sie wird, im buchstäblichen Sinne, zurückgerufen, und das heißt für Descartes: bezweifeln, *in dubium revocare*.[36] Der Zweifel bedarf der *Revokation*. Aber seine Betätigung gleicht nicht mehr jenem dialogischen Vorgang, wie ihn die Zeile des Gedichts umschreibt: »Wenn Übereinstimmung herrscht, kommt ohne Zögern der Zwischenruf: ›Ja, ja‹ / Herrscht aber Uneinigkeit, dann wirft der Streit ein ›Nein‹ dazwischen.«[37] Der Cartesische Zweifel ist monologisch. Und auf den Monolog des Zustimmens, den Aufbau des gesicherten Wissens aus dem Sein des *Ego*, dem das erste »Est« gelten wird, läuft die ganze Zweifelsübung hinaus. Darin besteht die Entscheidung, die sie in der Suche nach einem archimedischen Punkt des Denkens fällt. Sie ist von so großer Tragweite für die neuzeitliche Metaphysik der Subjektivität, daß sie mit der Vorgeschichte der Metaphysik in der Frühzeit des Griechentums verglichen werden darf. Denn hinter dem halbmythischen, uns nicht näher faßbaren Pythagoras erhebt sich die geschichtliche Gestalt des Parmenides, der dem metaphysischen Denken die Weichen stellt, indem er das *Ego* in die Weite des Seins, in dessen Offenbarkeit durch den *Logos*, hinausstellt.

Die Einweisung des Denkens erfolgt bei Parmenides durch die Göttin, die von sich »Ich« sagt, ohne daß ihr Name genau bekannt wird. Er verweist auf *Dike*, das »Rechte«, und auf *Aletheia*, die »Wahrheit« der Entscheidung für das Sein. Sie wird dialogisch getroffen, in dem zu hörenden Wort der Göttin, die den sterblichen Menschen mit »Du«

36 Darauf spielt der programmatische Titel der 1. Meditation: *De iis quae in dubium revocari possunt*, an. Vgl. auch Med. III 1-3, AT VII, 34-35.

37 Der Verfasser des Gedichts ist Ausonius (4. Jh. n. Chr.). Vgl. D. Magni Ausonii Opuscula, ed. S. Prete (1978), S. 97.

anredet. Sie spricht zu ihm wie zu ihresgleichen, wenn er im *Logos* der gewiesenen Bahn des »Ist« folgt, »daß es ist und nicht ist, daß es nicht ist.«[38] Im Gleichfinden des Denkens mit dem Sein vermag der Sterbliche sich als gleich zu finden und dann selbst von sich »Ich« zu sagen.[39] Aber das *Ego*, darauf kommt es in diesem Vergleich an, bleibt von Parmenides abwärts über Plato und Aristoteles bis hin zu Augustin an den Bereich der Wahrheit im Sinne der Unverborgenheit des Seins gehalten. Es wird nicht zum Schnittpunkt eines davon abgetrennten Denkens, das sich des Seins zuvor versichern und das Wahre begründen muß, wie dies der Anfang der neuzeitlichen Metaphysik kennzeichnet. Hier rückt das *Ego* in die Mitte, weil es, Cartesisch gedacht, das Medium ist,[40] ein Mittleres, das gleichermaßen am Nichts wie am Sein teilhat und die Entscheidung zwischen dem »Ist« und »Ist nicht« für sich treffen muß.

Die Stellung des *Ego* macht verständlich, warum Descartes das Denken mit dem Wollen zusammenspannt, warum er im Willen die Auszeichnung des Menschen sieht. Und sie läßt uns das Eigentümliche der Bewegung in der Mitte verstehen, den Wechsel von Verneinung und Bejahung, der sie durchzieht. Das *Ego* ist Grund; aber nicht bloß der Gewißheit, mit der es sich im *Cogito* nach einem Satz vorstellt, der allen anderen Sätzen an Klarheit und Deutlichkeit so überlegen wäre, daß sich das Sein rein folgernd und begründend ergibt. Es erscheint vielmehr als Grund der Ungewißheit, des willentlichen Entschlusses, an allem zu zweifeln. Und der erste Zweifel gilt dem, was es in der Hand hält. Das Blatt Papier, bedruckt oder beschrieben, »ist nicht«, es könnte, wie alles, ein Traum sein. Selbst wenn sich das Cartesische *Ego* versichert, daß es jetzt nicht schläft, sondern mit wachem Auge darauf sieht, so erinnert es doch, daß es sich schon einmal als Lesenden geträumt hat.[41] Diese Erinnerung ist es, die den Willen zum Zweifel radikalisiert.

Ich deute das Traumbeispiel aus, um zu belegen, was ich

38 Parmenides, Fr. B 2; B 7-8. 39 B 101. Vgl. Heraklit, Fr. B 1; 50.
40 Med. IV 4, AT VII, 54. 41 Med. I 5, AT VII, 19.

behaupte, – daß der Weg zum Nicht-Sein, den das Cartesische *Ego* einschlägt, von der Sprache wegführt. Er schneidet das Denken von allem welthaft Seienden ab, vom Blatt Papier und der Hand des Schreibenden, seinem Kopf, seinem Körper angefangen bis hin zur umgebenden Körperwelt, unter Einschluß seiner Form, der mathematischen Formverhältnisse der Körper, der Ideen von Ausdehnung, Figur und Zahl. Und zuletzt trennt er es von der Transzendenz des Seins, von der, um Descartes zu zitieren, »in meinem Denken tief befestigten, alten Überzeugung, daß es einen Gott gebe, der alles vermag, und von dem ich so, wie ich bin, geschaffen wurde« (Deum esse, qui potest omnia et a quo talis, qualis existo, sum creatus).[42] Ich selbst, so erwägt Descartes, könnte ja der Urheber dieser Idee sein.

So steigert sich am Faktum des Glaubens an den Gott der christlichen Überlieferung, von dem wir nicht anders als hörend wissen, der Zweifel noch einmal. Er radikalisiert sich zur Differenz in der Idee, der Abtrennung des allmächtigen Willens von der Wahrheit und Güte, jenen Seinsbestimmungen der Transzendenz des *Ego sum, qui sum*, worin sich das menschliche *Ego* über den augustinischen Meditationstyp von sich selbst löst. Diesen Zweifel nennt Descartes »hyperbolisch«: die angenommene Verdoppelung in Gott, eines auf sich gestellten Willens zur absoluten, mit der Unwahrheit und dem Bösen gepaarten Verneinung, wovon er in der Zeit des Durchbruchs der Fundamente der neuen Wissenschaft geträumt hatte, diese Annahme übertreibt. Das eigentlich Übertriebene aber ist nicht die fiktive Gestalt eines *genius malignus*, des Urhebers aller Täuschungsmöglichkeiten über uns selbst und die Welt, sondern die monologische Fiktion des meditierenden *Ego*. Am Ende des Weges zum Nicht-Sein, im Gegenüber zum Geist der Verneinung, erscheint es in *egologischer Einsamkeit*, ohne *alter ego*, ohne Welt und Geschichte, ohne einen Körper aus Fleisch und Blut, also auch ohne Sprachorgane, ohne Lippen, Zungen, Ohren, – und fährt dennoch zu widerrufen fort.

42 Med. I 9, AT VII, 21.

Was es widerruft, das ist in der *zweiten* Meditation die Zurückrufung von allem und jedem in das »nihil«, dem das Seiende im Ganzen verfallen schien. Das scheint nur so, denn an diesem Punkt schlägt die Bewegung in die entgegengesetzte Richtung um. Der Umschlag erfolgt plötzlich, und er vollzieht sich in der unscheinbaren Form der Besinnung auf die sprachliche Grundlage des Zweifels. Sie bekennt, daß die Revokation eines niemals revozieren kann, und das ist die *vox humana*, die Stimme des Zweifelnden. Ich habe mich dazu überredet, gesteht Descartes unmittelbar vor der großen Peripetie ein, daß es schlechterdings nichts in der Welt gibt: keinen Himmel, keine Erde, keine denkenden Wesen, keine Körper, also doch auch wohl mich selbst nicht? Keineswegs; sicherlich war ich, wenn ich mir etwas eingeredet habe (imo certe ego eram, si quid mihi persuasi). Von diesem Geständnis ist es nur noch ein Schritt zu jenem Argument, das der Einrede des »est« durch den mächtigen Dämon der Täuschung und des Scheins widersteht. Mag er, darauf spitzt sich die Überlegung zu, mich immer nur täuschen, so ist es doch unzweifelhaft, daß ich, wenn er mich täuscht, bin. Er täusche mich, so viel er kann, ruft Descartes aus, »niemals wird er doch fertigbringen, daß ich nichts bin, solange ich denke, daß ich etwas sei. Und so komme ich, nachdem ich nun alles mehr als genug hin und her erwogen habe, schließlich zu der Feststellung, daß dieser Satz: *Ich bin, ich existiere*, sooft ich ihn ausspreche oder in Gedanken fasse, notwendig wahr ist.«[43]

Der Satz ist »wahr« unter der Bedingung, daß er ausgesprochen (a me profertur) oder in Gedanken gefaßt wird (vel mente concipitur). Das heißt nicht, er sei ein hypothetisches *Praeconcessum* nach Art des Augustinischen Arguments: *Si enim fallor sum*,[44] das seine Herkunft aus der spätantiken Topik und Rhetorik nicht verleugnen kann. Der Cartesische Satz gibt sich als *Praecognitum* aus, – als die zuerst erkannte Wahrheit im Beweisgang des zu begründenden Wissens, ob-

43 Med. II, 3, AT VII, 25.

44 De civitate Dei XI, 26, ähnlich De libero arbitrio II 3, 7.

wohl sie ihrem Sachgehalt nach nicht mehr als die faktische Gewißheit des »Ich bin« enthält. Descartes' Bezeichnung dafür ist: *Pronunciatum*, ein Ausdruck der topisch-rhetorischen Tradition, der seit Cicero für das griechische ἀξίωμα steht.[45] In diesem Sinne mag er ein *Inconcussum* heißen. Aber die Sache, die sich als »unerschütterlich« hinstellt, wird verkannt, wenn nicht bedacht wird, daß sie sich sprachlich zu verstehen gibt, – daß das *Fundamentum* der Gewißheit wie des Zweifels in der Sprache liegt, die das Argumentieren in Anspruch nimmt. Nicht ohne Grund stützt sich das *Pronunciatum* noch gar nicht auf den Vordersatz des *Ego cogito*, nicht auf das axiomatisch verstandene *Principium*, daß »man sein« muß, um zu denken. Es behauptet lediglich, das Sein (des *Ego*) sei für denjenigen gewiß, der den Satz: *Ego sum, ego existo* ausspricht oder im Gedanken erfaßt. Er müßte deshalb vollständiger lauten: *Ich spreche aus, daß ich bin, und so bin ich.*

Descartes hat den meditativ gewonnenen Grundsatz so nicht formuliert, weil er sich den Zugang zum Boden der Sprache verbaut hat. Aber der Zwang der Phänomene, des dialogischen Phänomens des Ich-Sagens, ist so stark, daß er ihn gleichsam wider Willen nötigt, diesen Boden zu betreten. Anders wäre die Entscheidung des Denkens für den Weg des Seins auch nicht zu begründen. Das bestätigt sich in der *dritten* Meditation, wo Descartes den Grundsatz noch einmal wiederholt. Das Erfassen des Gedankens meiner selbst, der Zweifelsfreiheit des *Ego sum, Ego existo*, liegt nicht auf gleicher Ebene wie das anschauende Denken gleichbleibender Formverhältnisse von Figuren und Zeichen. Ja, die Frage stellt sich, ob dieses Anschauen überhaupt ein Denken, ob es zur Begründung der Wahrheit des Gedachten hinreichend sei. Denn darüber, das war das Ergebnis des radikalisierten Zweifels der *ersten* Meditation, könnte mich der alles vermögende Gott täuschen; er könnte diese Verhältnisse anders geschaffen oder mir eine solche Natur verliehen haben, daß ich mich gerade in dem irre, was ich ganz klar mit meinem

45 Tusc. Disp. I 14.

geistigen Auge zu durchschauen glaube. Die Anschauung wird erst dann klar, wenn sie *Sprache erhält*, wenn sie mich im Kampf mit dem »non est« wie von selbst (sponte) in die Worte ausbrechen läßt: »Täusche mich, wer es vermag, niemals wird er doch bewirken, daß ich nichts bin, solange ich denken werde, daß ich etwas sei, oder daß es zu irgendeiner Zeit wahr wird, daß ich nie existiert habe, wo es doch jetzt wahr ist, daß ich existiere«.[46] Daß ich »etwas bin«, das meint, daß ich, wenn ich dieses ausspreche, »jetzt«, d. h. *in der Zeit* bin. Der Satz ist, so verstanden, gar kein axiomatisches Prinzip, da Axiome nach der klassischen, von Descartes geteilten, Auffassung unabhängig von Zeitbedingungen und der Bedingtheit durch ihre Aussprache sind. Das ist der Grundsatz der zweiten Meditation nicht. Ja, seine Wiederholung am Beginn der *dritten* Meditation unterstreicht geradezu, daß beide Bedingungen zusammen einen Bestandteil seines Sachgehalts ausmachen.

Damit scheint er den Status der Unbedingtheit zu verlieren. Er scheint auf das Erfassen eines bloßen Faktums hinauszulaufen, das für den, der es ausspricht, notwendig wahr sein mag, aber sonst ganz und gar zufällig bleibt. Sie beruht auf der uns sprachlich wohlvertrauten Erfahrung, wie sich jeder im Ich-Sagen als *dieser* und kein anderer identifiziert, eine *faktische Wahrheit*, wie sie Leibniz genannt und von der Klasse axiomatischer Wahrheiten, die immer, überall und von allem gelten, unterschieden hatte.[47] Demgegenüber sind von sprachanalytischer Seite Bedenken angemeldet worden.

46 Med. III 4, AT VII, 36. Wie tief sich Descartes in der Aporie seines intuitionistischen Ausgangspunkts verstrickt, ließe sich zur anschließenden Begründung der Sachgehalte oder *cogitationes* auf eine vornominalistische Lehre von den Ideen als »Bildern« (imagines) und Darstellungen (repraesentationes) der Dinge näher nachweisen. Vgl. dazu L. Oeing-Hanhoff, R. Descartes: Die Neubegründung der Metaphysik, in: J. Speck (Hrsg.), Grundprobleme der großen Philosophen: Philosophie der Neuzeit I, Göttingen 1979, S. 59 ff.

47 So hat den Cartesischen Satz schon Leibniz verstanden. Vgl. Noveaux Essais, IV, VII. S. 7.

Man hat bezweifelt, ob er überhaupt Faktisches beschreibt, ob durch die Feststellung »Ich bin« eine Identifikation meiner selbst durch eine Beschreibung gegeben wird.[48] Der Einwand wird mit Recht erhoben; denn *deskriptiv* ist der Satz sicherlich nicht; er müßte dann *synthetisch* sein, ein Erfahrungssatz, der im Prädikat über dasjenige hinausgeht, was das Subjekt enthält, was für diesen Satz offensichtlich nicht der Fall ist. Er wäre, so genommen, *analytisch* und damit keine bloße Deskription einer Tatsache. Er kann auch nicht als *performativ* verstanden werden, als ein Satz, der sich im Akt des Ausspruchs bewahrheitet, weil kein Sprecher einer Sprache äußern kann, daß er, der Sprechende, nicht sei.[49] Seine Wahrheit wäre dann wieder bloß analytisch.

Das ist vom Ansatz des Cartesischen Selbstverständnisses am weitesten entfernt. Seinen Charakter der Unbezweifelbarkeit erhält der Satz durch keinen Sprechakt, der die Wahrheit gleichsam spontan hervorbringt. Behauptet doch Descartes, jeder könne sie an sich selbst erfahren, sie dränge sich von sich her als einleuchtend auf.[50] Das deutet auf eine Erfahrung, die hinter der Metaphysik des natürlichen Lichts an die andere Seite der Sprache, an die des rezeptiven Hörens rührt. So wäre man versucht, den Cartesischen Grundsatz *auditiv* zu verstehen. Was er sagt, bewahrheitet sich hörend, in der Zusammenstimmung des Ausgesprochenen mit dem Gehörten, die jeder in der Tat an sich selbst erfährt.

Der Kontext des Satzes würde sich dann noch einmal erweitern. Es würde begreiflich, warum ihn Descartes ein *pronunciatum* genannt hat, einen Ausspruch, der sich nicht nur klar

48 Vgl. A. Ayer, *I think, therefore I am*, in: W. Doney (Ed.), Descartes. A Collection of Critical Essays, London 1968, S. 84.

49 Ich beziehe mich auf den interessanten Aufsatz von J. Hintikka, *Cogito, ergo sum. Inference or Performance?* In: The Philosophical Review, Vol. LXXI (1962), wiederabgedruckt in oben (Fn. 48) erwähntem Sammelband, S. 108 ff.

50 Vgl. Descartes' Antwort auf die zweiten Einwände gegen die *Meditationes*, die über die sonst vorherrschende Orientierung an einem sprachfreien Anschauen hinauszuweisen scheinen (AT VII, 140).

und deutlich, sondern entschieden äußert. Er erteilt einen Bescheid, aber dieses nicht vorläufig, sondern für immer. Und bei dieser Gelegenheit dürfen wir uns wohl erinnern, daß die Aussprüche an der Spitze der ersten Philosophie *maximae sententiae* heißen, die höchsten, obersten Maximen des Denkens, deren Wahrheit sogleich, im hörenden Verstehen des Gesprochenen, »einleuchtet«. Das Prädikat »spiegelt« sich gleichsam im Subjekt und umgekehrt; sie stimmen so vollständig zusammen, daß sie allgemeiner Zustimmung sicher sind.

Descartes hat dies als »dialektisch« angesehen. Er mußte es der Herkunft der *meditatio* aus der mittelalterlichen Tradition der *philosophia speculativa* zuordnen und darum alles tun, um den Grundsätzen der ersten Philosophie diesen Charakter zu nehmen.[51] Ja, er hat ausdrücklich auf die Zweideutigkeit der Spiegelmetapher hingewiesen, – daß es nicht das Auge ist, das im Spiegel mehr sieht als sich selbst, sondern der Geist (mens), der *in einem* den Spiegel, das Auge und sich selbst erkennt.[52] Der Hinweis hängt mit der neugestifteten Funktion der Urteilskraft im Cartesischen Begründungsprogramm der ersten Philosophie zusammen, mit der methodischen Einsicht, daß dem Sehen im sinnlichen wie im intellektuellen Sinne (der evidenzgebenden Anschauung) stets sprachlich vermittelte Aussagen, nämlich die Urteile des vernünftigen Denkens nach dem Leitfaden von Kategorien (des Dinges, der Ausdehnung, der Lage usw.) zugrundeliegen. Descartes bleibt freilich auch hier dem einmal eingeschlagenen Weg treu, wenn er behauptet, der Gebrauch der Sprache sei es, der das Denken beirrt, weil wir *sagen:* Wir *sehen* das Wachs selbst, wenn es da ist, und nicht: wir *urteilen* nach der Farbe und Gestalt, daß es da sei.[53] Die

51 Vgl. dazu die Einschränkung des Begriffs der »Maxime« auf die nur subjektiv wahren Regeln einer vorläufigen Moral im Discours de la Méthode III, 1-6, AT VI, 22 ff., sowie die Abgrenzung des *cogito sum* vom Kompetenzbereich der Dialektiker in der Antwort auf die 2. Einwände der *Meditationes*, AT VII,189.

52 Antwort auf die fünften Einwände, AT VII, 520.

53 Med. II, 11-13, AT VII, 30-32.

methodische Einsicht vermag sich nicht recht zu entfalten, weil Descartes in seiner Auslegung der zweideutigen Spiegelmetaphorik unter »Denken« generell das intellektuelle Anschauen nach Art des *Perzipierens von etwas* versteht, das sich durch das Urteil zum Ding (res) fortbestimmt. Und diese Bestimmung schließt folgerichtig das sich als etwas (aliquid) perzipierende *Ego* ein, dem sich in Betätigung der Urteilskraft die Idee seiner selbst erschließt, – daß es *res cogitans* ist.

Damit transformiert sich das *Pronunciatum* zum *Principium* des *Ego cogito, ego sum*. Statt dem Leitfaden von Urteilskategorien und deren Anwendungsbedingungen nachzufragen, fragt Descartes nach den *Ideen*, welche die *res cogitans* in sich perzipiert. Und in dieser Richtung bewegt sich das Meditieren vollends aus der Sprache heraus. Dem Schein erliegend, als würde es sich schweigend und ohne zu reden (tacitus et sine voce) vollziehen,[54] mißversteht Descartes die »Ideen« als sprachunabhängige *Abbilder* von Dingen, die »außerhalb« des meditierenden *Ego* existieren. Ihre Perzeption hält sich gerade bei der Klasse der »wahren« Ideen wie der von Gott und der innerweltlich existierenden Dinge an die Metapher der Spiegelung, des spezifisch neuzeitlichen Verständnisses des Erkenntnisvorgangs als *Inspektion* und *Reflexion* der im menschlichen »Bewußtsein« vorfindlichen Bilder und Zeichen. Sind es doch jene Ideen, die im eigentlichen Sinne »Bilder« heißen, entweder *Nachbilder* des Seienden, die ihm ähnlich sein müssen, weil sie vom Seienden selbst bewirkt sind; oder das *Urbild*, das in der Gottesidee dem existierenden *Ego* als Inbegriff des Seins eingeprägt ist, an der es sich seiner eigenen Idee zu vergewissern vermag.

So kommt es im *dritten* Meditationsgang dazu, daß Descartes in der Reflexion des *Ego* auf die ihm eingeprägte Idee eines Gottes, der alles geschaffen hat, die Sache des Spekulativen, der traditionell-meditativen Erkenntnis im lebendigen Spiegel der Worte, zugunsten der Erkenntnis aus dem *Zeichen* preisgibt. Wenn das *Ego* der Wahrheit des Seins gewiß

54 Med. II, 13, AT VII, 30 f.

geworden ist, wenn es meditierend aus sich heraus- und den Gang zum Beweis des Daseins Gottes, des Unterschieds der Seele vom Körper und der Gesetze der Körperwelt antritt, bedient es sich des Mittels von Schriftzügen, der Buchstaben, Zahlen und Zeichen. Während die *Prinzipien der Philosophie* dazu die Metapher vom verschlüsselten *Brief* heranziehen, den der Finger Gottes geschrieben hat,[55] berufen sich die *Meditationen* auf die Metaphorik des *Siegels*, die verschlüsselten Schriftzüge der Künstlersignatur. Die dem *Ego* eingeborene Idee und die Gottesidee sind Ideen, die der Geist gleichsam namenlos besitzt, bevor er sich im Wort der Sprache ausspricht. Mit der Erschaffung des Menschen hat ihm Gott diese Idee eingeprägt (impressa), damit sie dem Zeichen gleiche, mit dem der Künstler sein Werk signiert.[56] Und dieses Zeichen, so folgert Descartes, braucht gar nicht etwas vom Werk Verschiedenes zu sein – ein kühner Gedanke, weil danach die Idee von Gott in unserem Geist repräsentiert, die Idee gleichsam im Bewußtsein eines jeden vollständig enthalten wäre. Meint Descartes: nicht das *Ego* stellt sich meditierend Gott dar, sondern Gott wird von ihm dargestellt, so daß er, in der Konsequenz des Gedankenzugs des neuzeitlichen Cartesianismus, zu dessen »Idee« würde? Oder will das Bild dieser in der Sache des »Spekulativen« angelegten Zweideutigkeit entgehen? Besagt es: Die Idee ist nicht in mir, dem meditierenden *Ego*, sondern ich bin die Idee Gottes, sein Zeichen auf Erden?

Wie immer diese Frage entschieden werden mag – mit der Umstellung der Spiegelmetapher zur Metaphorik des Siegels mußte sich der »spekulative« Charakter des *Pronunciatum* verlieren. Was ursprünglich »Ausspruch des Selbstbewußtsein« ist,[57] dieses sprachlich wohlbezeugte Faktum wird auf

55 Principia IV, 205, AT VIII, 1, 327 f.

56 Med. III, 38, AT VII, 51 f. Vgl. die Interpretation von F. Alquié, Descartes, S. 75 und deren Fortführung bei G. Schmidt, Aufklärung und Metaphysik. Die Neubegründung des Wissens durch Descartes, Tübingen 1965, S. 131 ff.

57 Mit diesen Worten umschreibt Kant, Kr. d. r. V. B 404, den dargelegten Sprachcharakter des *Pronunciatum*. Das Cartesianische

dem Weg des Cartesianismus zugunsten des abgeleiteten (und dann zu paralogistischen Fehlschlüssen verleitenden) Prinzips: *Ego cogito, ergo sum* aufgegeben. Die Metapher des Siegels legitimiert die Vorherrschaft der Anschauung in der cartesianischen Ideenlehre. Und da sie sich nicht durchhalten läßt, hat die auf ihrem Boden entstehende Logik versucht, den dialogischen Grundzug der Sprache durch eine allgemeine Zeichenlehre der Vernunft auszuschalten. Mit Erfolg, wie man wird zugeben müssen, wenn man daran denkt, daß der Zusammenhang von Vernunft und Sprache trotz der Einrede von Vico, Herder und Hamann kein Thema der neuzeitlichen Philosophie gewesen ist. Wir haben dann allerdings auch zu bedenken, welchen Preis der Cartesianismus dafür gezahlt hat; warum sein Grundsatz, obwohl er in der erweiterten Fassung die unhintergehbaren Bedingungen des dem *Ego* transzendenten Seins festhält, für dessen Wesen und Existenz fiktiv bleibt. Das Subjekt, das sich im *Cogito me cogitare* nicht mehr spekulativ, sondern reflektiv versteht, ist Grund der Gewißheit des Wissens. Aber über die Reflexion auf sich öffnet sich zugleich das Abgründige der Subjektivität. Es ist der Abgrund, der sich in der Fiktion des egologischen Denkens als eines Spiegels der Natur auftut, des neutralen Beobachters, der gleichsam automatisch seine Beobachtungen ausspricht. Er hört sich sprechen, heißt es bei Wittgenstein, »nimmt aber sozusagen keine Notiz davon. Er sieht, daß der Feind herannaht und meldet es, wie eine Maschine. Aber er handelt nicht seiner Beobachtung gemäß. Er spricht aus, was er sieht, aber er glaubt es nicht. Es dringt nicht in ihn ein«.[58]

Cogito, ergo sum erscheint demgegenüber als ein paralogistisch fehlgeleitetes Prinzip, der »alleinige Text der rationalen Psychologie, aus welchem sie ihre ganze Weisheit auswickeln soll« (B 401).

58 Philosophie der Psychologie, Schriften, Bd. 8, S. 813.

Sprechen und Hören

Humboldt und Hegel oder das ursprünglich dialektische Grundverhältnis

Unsere Erinnerung an Humboldt gilt einem wenig bemerkten Zug seines Nachdenkens über die Sprache. Wir nennen ihn *dialektisch*, unter Vorbehalt, weil Humboldt diesen Ausdruck in dem modernen, von Hegelscher Philosophie durchtränkten Sinne meidet, weil er ihn ganz griechisch auf den *Dialog*, die Wechselrede im Gespräch, zurückbezieht. Daran knüpft unsere Fragestellung an. Sie rührt an einen verborgenen, sich verbergenden Dialog, das Gespräch mit Hegel, dem einstigen Jenaer Privatdozenten, dem Humboldt in Berlin, als Fichtes Nachfolger auf dem philosophischen Lehrstuhl, wiederbegegnet. Es verläuft wenig dialogisch: in sich gegenstrebig und stockend, ein Hin und Her von Aufeinanderzugehen und Sichabwenden, von akademisch vornehmer Kritik und verstohlener Polemik, von Zitatbeflissenheit bei Hegel und öffentlichem Schweigen bei Humboldt. Seine Spuren verlieren sich in beider Werk. Sie erscheinen wie verloren, da die Basis für ein Gespräch, wenn es denn überhaupt ernstlich gesucht worden ist (und darüber wird uns von beiden Seiten berichtet),[1] nicht gefunden wurde. Es konnte nicht wirklich stattfinden, weil sein Bezug zur Sprache zu verschieden war.

Ich beginne mit dem Zeugnis von Hegel. Es findet sich im *Vorbegriff* zur *Wissenschaft der Logik*, einem Text, den Hegel zu der Zeit, als er sich in Berlin mit Humboldt auseinandersetzt, für die 2. Ausgabe der *Enzyklopädie der philosophi-*

1 Vgl. Briefe von und an Hegel, hrsg. von J. Hoffmeister, Bd. III, Hamburg ³1969, 159 (Brief W. von Humboldts an Hegel vom 25. Jan. 1827); Hegel in Berichten seiner Zeitgenossen, hrsg. von F. Nicolin, Hamburg 1970, 320 (Varnhagen v. Ense, Tagebuch vom 18. 11. 1826), 333 (Varnhagen v. Ense an K. Rosenkranz, 24. 4. 1840), 322 (L. Börne an J. Wohl, 4. 4. 1828).

schen Wissenschaften vollständig umgeschrieben hat. Unter den Arbeitslasten, welche die Neuausgabe des 1817 in Heidelberg erschienenen Buches aufhalten, nennt Hegel die Abfassung der umfangreichen Rezension von Humboldts *Bhagavad-Gitá-Schrift*. Humboldt hat sich für diese »geistvolle und scharfsinnige« Einführung beim Publikum in einem Brief an Hegel bedankt und sie in einem Brief an Gentz für ein Gemisch aus »Philosophie und Fabel, Echtem und Unechtem, Uraltem und Modernem« mit versteckter Polemik gegen ihn selbst gehalten.[2] Und versteckt polemisch ist auch Hegels Zeugnis über die Sprache. Es lautet: »Indem die *Sprache* das Werk des Gedankens ist, so kann auch in ihr nichts gesagt werden, was nicht allgemein ist«.[3]

Hegels Diktum polemisiert gegen das Prinzip der Vereinzelung, der unhintergehbaren Individuierung des Gedankens im Wort der Sprache, wie es Humboldt am Leitfaden des Ich-Sagens gegen die idealistische Verallgemeinerung des transzendentalen *Ego*, jenes »Ich denke«, das nach Kant alles Vorstellen muß begleiten können, zur Geltung bringt; auf einer Linie mit dem *jungen Hegel*, dem Autor der *Phänomenologie des Geistes* (1807), der dem sprachlichen Ausdruck zunächst eine ganz andere Stellung gegeben hatte. Denn in der Sprache tritt nach dem jungen Hegel »die für sich seiende Einzelheit des Selbstbewußtseins als solche in die Existenz, so daß sie für Andere ist. Ich als dieses reine Ich ist sonst nicht da«.[4] In der Sprache ist der Gedanke am Werk, ohne daß die Sprache, worin allein das Ich sich ausspricht – »Ich ist *dieses* Ich – aber ebenso Allgemeines« –, das Werk des Gedankens wäre. Mit Humboldts Abgrenzung von Fichte mochte Hegel so lange einig sein, bis er in der Berliner Zeit sein System nach dem Prinzip der durchgängigen

2 Brief an Gentz vom 1. 3. 1828, in: Wilhelm von Humboldt. Sein Leben und Wirken, dargestellt in Briefen, Tagebüchern und Dokumenten seiner Zeit, hrsg. von R. Freese, Berlin 1955, 902.

3 System der Philosophie. Erster Theil. Die Logik. Mit einem Vorwort von L. von Henning. In: Sämtl. Werke, hrsg. von H. Glockner, Bd. 8, Stuttgart/Bad Cannstatt ^{4}1964, 74 f.

4 Sämtl. Werke, Bd. 2, 390.

Bestimmtheit des Allgemeinen aus dem Prinzip des »Ich denke«, dem Leitfaden der *Wissenschaft der Logik*, fortgestaltet. Das »Ich denke« ist enzyklopädisch kein Ich-bin-Fall für Andere; es fällt unter das Allgemeine des dialektischen Gedankens, der »Er selbst und sein Anderes ist, über dieses übergreift, so daß nichts ihm entflieht«.[5] Nachdem die Standortverschiebung einmal erfolgt war, mußte die Differenz zwischen dem späten Hegel und Humboldt ausgetragen werden.

Die Verschiebung mag Humboldt mitgemeint haben, als er das Dunkle in Hegels philosophischer Denkweise moniert und dazu bemerkt, sie sei »nicht anregend und, wie die Kantische und Fichtesche, kolossal und erhaben wie die Finsternis des Grabes«.[6] Sein Urteil – es ist das einzige, das wir von ihm über Hegels Philosophie haben – stützt sich auf das Verhältnis des Systems zur Sprache, das Humboldt in der äußeren Form wie in der Sache verdunkelt sieht, in Hegels systematisch begründeter Behauptung, sie sei das Werk des Gedankens. Dem stellt Humboldt seinen Hauptsatz über die Sprache entgegen. Er lautet: »Die Sprache, in ihrem wirklichen Wesen aufgefaßt, ist etwas beständig und in jedem Augenblicke Vorübergehendes. Selbst ihre Erhaltung durch die Schrift ist immer nur eine unvollständige, mumienartige Aufbewahrung, die es doch erst wieder bedarf, daß man dabei den lebendigen Vortrag zu versinnlichen sucht. Sie selbst ist kein Werk (Ergon), sondern eine Thätigkeit (Energeia)«.[7]

5 System der Philosophie, Sämtl. Werke, Bd. 8, 74.

6 Brief an Gentz, a.a.O. 902.

7 Über die Verschiedenheit des menschlichen Sprachbaues und ihren Einfluß auf die geistige Entwicklung des Menschengeschlechts (1836), in: Werke, hrsg. von A. Flitner/K. Giel, Bd. III, Darmstadt 1963, § 12, 418 (im folgenden nach der Zuordnung zur Sprachvergleichung der Malayischen Völkerstämme als ›Kawi-Einleitung‹ zitiert).

I

Der Satz findet sich in Humboldts letzten Entwürfen zu einer Klärung des Verhältnisses von Logik und allgemeiner Grammatik, womit er sich in der Zeit nach Hegels Tod, als dessen System den Gipfel seines Ansehens erreicht, bis an sein eigenes Ende befaßt hat. Hegels Berliner *Logik*, die, in offenkundiger Anspielung auf Humboldt, der Grammatik eine Art von propädeutischem Bildungswert für das *Individuum* zuerkennt,[8] bleibt auch jetzt unerwähnt, und der Satz muß sich gewiß nicht direkt auf ihn beziehen. Er richtet sich gegen eine falsche Sicht der »Natur der Sprache«, die alte Ansicht, daß die verschiedenen Sprachen nur »dieselbe Masse der unabhängig von ihnen vorhandenen Gegenstände und Begriffe mit andren Wörtern bezeichnen«[9] – daß die Sprache nichts als ein Werk von Schällen oder Zeichen sei. Sie war bei den »Alten«, in der griechischen Logosphilosophie, vorherrschend, und von dort ist sie an die »Neueren« übergegangen – bis hin zu Hegel, der ihr über das Enzyklopädie-System noch einmal Einlaß gewährt. Die Sprache, sagt der späte Hegel – und die Äußerung kann Humboldt nicht entgangen, sie muß ihm wie ein Rückfall in die von ihm bekämpfte unrichtige Ansicht erschienen sein –, »kommt hier nur nach der eigenthümlichen Bestimmtheit, als das Produkt der Intelligenz, deren Vorstellungen in einem äußerlichen Element zu manifestieren, in Betracht«.[10] Äußerlich sind nicht nur *Bilder* und *räumliche Figuren*, die *Hieroglyphenschrift*, sondern *Buchstaben* und *Töne*, die selbst Zeichen sind, die *Buchstabenschrift* also, die aus Zeichen der Tonzeichen besteht. Hegel denkt die Sprache mit den »Alten« vom Zeichensein her, was sich in seinem Diktum nie-

8 Vgl. Logik, Vorrede zur 2. Ausgabe, Sämtl. Werke, Bd. 4, 55 f.

9 Über die Verschiedenheiten des menschlichen Sprachbaues (1827-29), § 4-7, Werke, Bd. III, 147 und 153 (im folgenden unter dem Titel ›Verschiedenheiten‹ zitiert).

10 System der Philosophie, Dritter Theil. Die Philosophie des Geistes. Mit einem Vorwort von L. Boumann, Sämtl. Werke, Bd. 10, 346.

derschlägt. Denn das Zeichen ist in der Tat *Werk*, ein durch Arbeit hervorgebrachtes Produkt, das sich von seiner Produktion ablöst und auf sich selbst stellt. Es ist ein Hergestelltes, das sich ganz in das dem Geiste Äußerliche hinausstellt. Darin unterscheidet sich der Buchstabe vom Ton, der »erfüllten Äußerung der sich kundgebenden Innerlichkeit«.[11] Und obwohl die Tonsprache im Vergleich zur Schriftsprache als die »ursprüngliche« gilt, die sie geschichtlich gewesen ist, betrachtet sie Hegel nur unter dem Aspekt der *Gebärde* leiblicher Sprach-Äußerung, einem selber Zeichenhaften (dem Anzeigen von Affekten, Stimmungen usf.).
Hegels Sprachbetrachtung geht vom Zeichen aus. Sie orientiert sich am *Namen*, grammatisch gesehen am *Nomen*, das einen Gegenstand substantivisch bezeichnet, ohne daß ihr aufgeht, daß sie damit das *Verbum* aus der dialektischen Seinserfahrung – und das ist diejenige der Arbeit und Tätigkeit des Geistes, seines Am-Werke-Seins – ausschließt. Durch den Namen, so hatte Hegel schon in den Jenaer Vorlesungen ausgeführt, wird der Gegenstand als seiend erzeugt: »Dies ist die erste *Schöpferkraft*, die der Geist ausübt. Adam gab allen Dingen einen Namen. Dies ist das Majestätsrecht und erste Besitzergreifung der ganzen Natur oder das Schaffen derselben aus dem Geiste. *Logos* ist Vernunft, *Wesen der Dinge* und *Rede, Sache* und *Sage*. Der Mensch spricht zu dem Dinge als dem *seinigen* und lebt in einer geistigen Natur, in seiner Welt, und dies ist das *Sein* des Gegenstands«.[12]
Was die Ausschließung des *Verbum* für den *Logos* der Hegelschen Dialektik – und das heißt: seine Philosophie der Arbeit als Tätigkeit des Geistes – bedeutet, läßt sich hier nur andeuten. Es mag genügen, wenn wir uns den springenden Punkt vergegenwärtigen. Und der liegt in Hegels Bestim-

11 A.a.O. 346.

12 Jenenser Realphilosophie. Die Vorlesungen von 1805/06, hrsg. von J. Hoffmeister, Bd. II, Leipzig 1931, 183. Vgl. K. Löwith, Hegel und die Sprache, in: Vorträge und Abhandlungen. Zur Kritik der christlichen Überlieferung, Stuttgart/Berlin/Köln/Mainz 1966, 106ff.

mung des »*Seins* des Gegenstands« als Subjekt-Objekt-Sein, der idealistischen Auslegung des antiken Begriffs der Substanz mit den Mitteln des modernen Subjektbegriffs.[13] Sie bestätigt die Orientierung am substantivisch bezeichnenden Nomen auf der einen, am Zeichensein der Sprache auf der anderen Seite. Als Werk des Gedankens verdankt sie sich der Arbeit des Geistes in dem für Hegel spezifischen Sinne der Vergegenständlichung des Subjekts. Damit verfehlt Hegel das eigenständige Sein der Sprache, wie es Humboldt im Horizont des antiken Substanzbegriffs vom beständigen Am-Werke-Sein, der *Energeia* her, entfaltet. Am Werk ist das geistige Subjekt, aber die Arbeit des Geistes vollzieht sich nicht im Modus der *Poiesis*, sondern der *Praxis*, der Beziehung des einen auf das andere Subjekt, des dialektischen Grundverhältnisses von »Ich« und »Du«. Die Differenz zu Hegel mag geringfügig erscheinen, aber sie ist unübersehbar. Obwohl auch nach Hegel der Begriff des Geistes nicht »subjektiv«, in der Setzung des »Ich = Ich«, sondern erst in der Gleichsetzung des »Ich« mit dem »Wir« erreicht ist, begreift er die Subjekt-Subjekt-Beziehung nach dem Schema der Subjekt-Objekt-Beziehung. Das Setzen ist Zusammensetzen, die *Synthesis* der *Thesis* mit der *Antithesis*, des Subjekts mit seinem Objekt. Die ›Wissenschaft der Logik‹ entwickelt danach das Gesetzte als systematischen Zusammenhang von Ich-denke-Fällen ein und desselben Begriffs, der sich im satzmäßigen Setzen zu eben jenem Gedanken zusammenschließt, der stets »Er selbst und sein Anderes« ist. Im Widerspruch zur phänomenologischen Hinführung zum Standpunkt des absoluten, dialektischen Wissens durch die Zeit behandelt die *Logik* die idealen Begriffsverhältnisse an und für sich. Sie bewegt sich, um es mit Humboldt zu sagen, ganz im *Gebiet der Möglichkeit*, des absoluten Seins, folglich ohne Beziehung auf eine Person oder an sich. Die *Grammatik* hingegen hängt von dem Eigentümlichen der Sprache ab. Sie setzt die Begriffsverhält-

13 Vgl. A. Reckermann, Sprache und Metaphysik. Zur Kritik der sprachlichen Vernunft bei Herder und Humboldt, München 1979, 107f., der diesen Punkt gebührend hervorhebt.

nisse »in einem bestimmten Moment, und stellt das Subjekt, als das Praedicat, tätig oder leidend, an sich reißend oder zurückstoßend dar«.[14]

Humboldts grammatische Analysen scheinen sich mit der von Hegel hervorgehobenen Dialektik des spekulativen Satzes zu berühren, mit Sätzen des Typs: *Gott ist das Sein* oder: *Das Wirkliche ist das Allgemeine.* Das scheint nur so, obwohl Humboldt ähnliche Beispiele gebraucht und mit Hegel der sprachlichen Bewegung des »Setzens« nachgeht. In jedem Satz wird nach Humboldt das Subjekt als ideales Wesen des Satzes über das Prädikat in Aktion gebracht oder passiv dargestellt. Dieses zweifache Handeln verknüpft sich mit dem Gegenstand, über den etwas ausgesagt wird, und damit tritt sie nach außen. Anstatt zu sagen: »Ich finde den Begriff des höchsten Wesens und den Begriff der Ewigkeit identisch«, stellt der Sprecher das so Verknüpfte außerhalb seiner selbst und sagt: »Das höchste Wesen ist ewig«.[15] Darin sieht er ganz von der Aktion des identifizierenden Setzens ab; er faßt zusammen, indem er das Subjekt für sich und in Beziehung auf eine andere Person rein passivisch darstellt, ohne daß Subjekt und Prädikat ihre Stellen vertauschen könnten. Die Berührung mit Hegel ist nur ein Schein, da der spekulative Satz keinen Hörenden kennt. Die dialektische Bewegung – das zweite Beispiel demonstriert es in der Form: *Das Allgemeine ist das Wirkliche* besonders drastisch – spielt sich in jenem Reiche bloßer Denkmöglichkeiten ab, aus welchen Hegels Dialektik herausführen wollte. Die Logik des absoluten Seins bleibt nominal, im Horizont des vergegenständlichenden, den Gegenstand setzenden *Nomen* zentriert. Humboldt stellt dem die beiden Angeln entgegen, um die

14 Von dem grammatischen Bau der Sprache, in: Ges. Schriften, Akad. Ausg. Bd. 6, 746.

15 Vgl. Brief an M. Abel-Rémusat über die Natur grammatischer Formen im allgemeinen und über den Geist der chinesischen Sprache im besonderen. Nach der Ausgabe Paris 1827 ins Deutsche übertragen und mit einer Einführung versehen von Chr. Harbsmeier, Stuttgart-Bad Cannstatt (= Grammatica Universalis 17) 1979, 25.

sich die Sprache dreht, das *Verbum* und *Pronomen*. Diese Unterscheidung ist nicht grammatisch im traditionellen Sinne. Die überlieferte Grammatik kennt *eine* Angel, das Nomen, den Angelpunkt des Substantivum nach der von Aristoteles begründeten Logik. Sie bestimmt das Nomen als einen Laut, der herkömmlicherweise etwas bezeichnet, ohne eine Zeit einzuschließen, während das Verb die Zeit mit anzeigt, z. B. »Gesundheit« im Unterschied zu »ist gesund«, was meint, daß die Gesundheit gegenwärtig ist, daß sie jetzt »seiend« ist. Der Unterschied ist relativ, weil nach Aristoteles die Verba, für sich allein genommen, Nomina sind, die etwas bezeichnen; aber sie zeigen noch nicht an, ob das Bezeichnete »ist« oder »nicht ist«[16] – eine Bestärkung der Richtung des Logischen auf die Vorherrschaft des substantivischen Nomen. Wenn Humboldt dagegen das Verbum als »Nerv der ganzen Sprache« heraushebt[17], dann meint er nicht das Verb in seiner speziell-grammatischen Satzfunktion. Gemeint ist die ihm zugrundeliegende Funktion der Synthesis, die »vermöge der Eigentümlichkeit der Sprache, den Gedanken aus sich heraus- und an einen anderen gerichtet sich gegenüberzustellen«[18], nicht bloß ein *Setzen* beinhaltet, sondern ein *Zusammenfassen* und *Darstellen* des Vorausgesetzten ist. Humboldt nennt sie ein *existentielles* Setzen. Die sprachliche Synthesis setzt nicht Thesis und Antithesis zusammen. Sie ist kein Sein, ja, nicht einmal eigentlich eine Handlung, sondern »ein wirkliches, immer augenblicklich vorübergehendes Handeln selbst«[19] – das hier und jetzt Gesprochene in all seinen konkreten Bezügen.

Im Aussprechen des *Worts der Sprache* wird der tote Verhältnisbegriff der Kopula im Satz, das »ist«, zu lebendiger Bewegung. Sie äußert sich in der zusammenfassenden und

16 De Int. Cap. 2.

17 Kawi-Einleitung, § 34, Werke Bd. III, 609.

18 Grundzüge des allgemeinen Sprachtypus, Akad. Ausg. Bd. 5, 452; Brief an Abel-Rémusat, a.a.O. 64 f.

19 Kawi-Einleitung, § 34, a.a.O. 606. Vgl. dazu T. Borsche, Sprachansichten. Der Begriff der menschlichen Rede in der Sprachphilosophie W. von Humboldts, Stuttgart 1981, 235 ff.

darstellenden Kraft des *Verbum*. Es setzt nicht das Sein von Gegenständen, sondern muß den »Begriff des wirklichen Seins« schon enthalten. Und sofern das Sprechen Handeln ist, richtet es in seiner vollen Konkretion den in Worte gefaßten Gedanken immer *an einen Anderen*. Die Richtung auf *alter Ego* artikuliert sich im *Pronomen*, dieses wiederum nicht speziell-grammatisch, aus der in seiner Satzfunktion für das Nomen eingeschränkten Bedeutung des Personennamens, sondern von der synthetischen Grundfunktion des Verbum her verstanden. Für diese Synthesis gibt es kein besonderes Zeichen an den Worten nach Art des Verbindungszeichens mathematischer Gleichungen. Die wirkliche Gegenwart der Synthesis, sagt Humboldt, »muß gleichsam immateriell in der Sprache sich offenbaren, man muß innewerden, daß sie, gleich einem Blitze, dieselbe durchleuchtet und die verbindenden Stoffe, wie eine Glut aus unbekannten Regionen, ineinander verschmolzen hat.«[20] Das ist eine Anspielung auf den göttlichen Funken des Platonischen *Philebos* (16c), die Verflüssigung des Buchstabens durch den Ton und Rhythmus des Sprechens und dessen Verschmelzung mit dem Hören, dem sprachlichen Urtypus der Dialektik. Humboldt sucht ihn an der Grammatik des Pronomen, des Verhältnisses von »Ich« und »Du«, und seiner Zugehörigkeit zum Verbum auf.

Was die Kopula für die Logik darstellt, ist das Verbum für die Grammatik. Beide leisten die Verbindung und Trennung der Begriffe: die Kopula im Gebiet des Möglichen, der zeitlosen Gegenwart des absoluten Seins, das Verbum in dem des Wirklichen, des Seins in der Zeit, das sich immer anders verhält. Der Unterschied ähnelt der Differenz des absoluten vom objektiven Geist, berührt aber den reinen Gedanken selbst in seinem Verhältnis zum Nomen und Verbum. Humboldt verdeutlicht es im Bild: »Der Gedanke, wenn man sich so sinnlich ausdrücken könnte, verläßt durch das Verbum seine innre Wohnstätte und tritt in die Wirklichkeit über.«[21]

20 Kawi-Einleitung, § 34, a.a.O. 606 f.
21 Kawi-Einleitung, § 34, a.a.O. 609.

Der Unterschied ist ebenso einfach wie eingreifend, und dennoch wird er weder in der *spekulativen Grammatik* des Mittelalters noch in der *rationalen* der Neuzeit festgehalten. Beide sind vielmehr Versuche, die Vorherrschaft der Logik vom Gebiet des Möglichen auf das Wirkliche auszudehnen, was neuzeitlich bedeutet, den Bereich des dialektisch-rhetorischen *Logos* und der mit ihm verbundenen Praxisphilosophie enger zu fassen, als die Aristotelische Tradition dies für nötig befand. Der praxisbezogene *Logos* ist *akroamatisch*, vom Praktisch-Tunlichen her auf den Hörenden gerichtet, sich sagen lassend, was hier und jetzt zu tun sei; der theoretische ist *apodiktisch*, vom anschaulich vorliegenden Seienden her das Gesagte ein für allemal als wahr oder falsch beweisend, ohne daß es eines Hörers bedarf. Er ist der *Logos* strenger Wissenschaft, der Logik und Mathematik.
Der Einspruch, den dagegen das Programm einer *transzendentalen Grammatik* erhebt, der Nachweis von Kants *Kritik der reinen Vernunft*, daß die Philosophie im ganzen ihre Sätze nicht mit derselben demonstrativen Strenge, im Blick auf Seiendes im Sinne eines Gegenstandes in der Anschauung (die räumliche Figur, das symbolische Zeichen) beweist, daß alle ihre Beweise *akroamatisch* sind, weil sie sich nur durch lauter Worte (den Gegenstand in Gedanken) führen lassen[22], dieser Einspruch verhallt im Streit um Fichtes *Wissenschaftslehre* und dem von ihr ausgehenden Versuch, die Dialektik unter Abstreifung des Rhetorischen logisch beweisfähig, ihre Trennung von der apodiktischen Analytik nun umgekehrt rückgängig zu machen. Unter Kants Schülern ist Humboldt vielleicht der einzige gewesen, der den Kantischen Ansatz aufgegriffen und hinter dem knappen Hinweis auf das zuhörende Wort die *Betätigung der Urteilskraft* erkennt, in welcher mit der logischen Kategorie die Sprachlichkeit des Menschen zum »objektiven Gedanken« ergänzend hinzutritt. Seine Freilegung des dialektischen Bezugs des Sprechens auf das Hören erwächst der kritischen Aufgabe einer Reform der Grammatik, die gegen die Vor-

22 Kr. d. r. V., B 763.

herrschaft der Logik das Recht der gesprochen-gehörten Sprache wahren soll.

II

In der Krise des Neukantianismus zu Anfang unseres Jahrhunderts war es Martin Heideggers *Sein und Zeit* (1927), das diese Aufgabe wieder aufgenommen hat. Während es Humboldt mehr um eine kritische Grenzbestimmung geht, zielt Heidegger auf eine »Befreiung der Grammatik von der Logik«.[23] Auf Humboldts Lehre vom Verbum ist Heidegger nicht eingegangen, obwohl sich seine Absicht einzig darauf richtet, gegenüber der Nominalisierung des Seinsverständnisses dessen ursprünglich verbalen Sinn zurückzugewinnen. Und die Lehre vom Pronomen mußte schon darum außer Betracht bleiben, weil »Ich« und »Du«, »Er« und »Wir« zugunsten desselben (existenzial gedachten) *Da-seins* entfallen. Heideggers Auseinandersetzung mit Humboldt stellt sich nicht dem Problem, das ihn sachlich bewegt. Sie hält sich vielmehr im Umkreis der Hegelschen Logik auf.

Das ist ein hermeneutisch aufschlußreicher Vorgang, der unsere Fragestellung näher erläutern kann. Nach Heidegger sieht Humboldt das Wesen der Sprache in einem anderen, als sie selbst ist, in »allgemeinen Vorstellungen wie Energie, Tätigkeit, Arbeit« usf., in denen er die Sprache als einen besonderen Fall dieses Allgemeinen unterbringt, mit der Absicht, sie als »dieses und jenes zu erklären und so von der Sprache wegzuflüchten«.[24] Als eine solche Flucht erscheint die Zuhilfenahme der Dialektik. Die Arbeit des Geistes ist gemäß der Lehre des neuzeitlichen Idealismus das Setzen. Weil der Geist als Subjekt begriffen und so im Subjekt-Objekt-Schema vorgestellt wird, muß er die Synthesis zwischen dem Subjekt und seinen Objekten, das so Gesetzte muß eine Ansicht vom Ganzen der Gegenstände, eine »Weltansicht« sein. Heidegger ordnet die Humboldtsche Sprachphiloso-

23 Sein und Zeit, § 34, Halle 1927, 165 f.

24 Ortsadverbien, Bd. 6 (Akad.), 305.

phie der Seinsgeschichte der Logik seit den Griechen zu, der Ablösung des Verbum »sein« zugunsten des alles Seiende vergegenständlichenden Nomens. »Seiend« – und das läßt sich durch die Geschichte der Grammatik seit Aristoteles näher bestätigen – ist die *phonē* auf der einen, das *grámma* auf der anderen Seite; beide sind es als *Zeichen* oder *Angleichungen* (homoiōmata) an dasjenige »Seiende«, worauf sie *in* der und *für* die »Seele« (die in gewisser Weise »alles ist«) verweisen. Das Zeichen ist *Setzung*. Und als »seiend« gesetzt wird zuletzt, mit der neuzeitlichen Seinserfahrung der Seele als Bewußtsein und Geist, das *Sprechen selbst*, die sich ewig wiederholende Arbeit des Geistes, den artikulierten Laut zum Ausdruck des Gedankens zu befähigen. Humboldt, darin gipfelt Heideggers Kritik, bestimmt das Wesen der Sprache als *Energeia*, um diese ganz ungriechisch im Sinne von Leibnizens Monadologie als die Tätigkeit des Subjekts zu verstehen.[25]

Hinter Heideggers Ausdeutung des Hauptsatzes steht eine lange Tradition, die von der junghegelianischen Schule bis hin zur heutigen Philosophie reicht.[26] Sie kann sich darauf berufen, daß sich nach Humboldt das Dasein des Geistes »überhaupt nur in Tätigkeit und als solche denken läßt«.[27] Die Frage ist, was Humboldt meint oder gemeint haben mag, wenn er diese Tätigkeit aristotelisch als *Energeia* bestimmt hat. Ist die *Energeia* mit Hegel und dem jungen Marx

25 Unterwegs zur Sprache, Pfullingen 1959, 247-249.

26 Sie beginnt mit dem Ruge-Schüler M. Schasler, Die Elemente der philosophischen Sprachwissenschaft Wilhelm von Humboldts aus seinem Werk: Über die Verschiedenheit des menschlichen Sprachbaus und ihren Einfluß auf die geistige Entwicklung des Menschengeschlechts, in systematischer Entwicklung dargestellt und erläutert, Berlin 1847. Darauf bezieht sich kritisch H. Steinthal, Die Sprachwissenschaft Wilh. v. Humboldts und die Hegelsche Philosophie, Berlin 1848. Eine sachlich weitgehende Übereinstimmung zwischen Hegel und Humboldt vertreten gegenwärtig J. Simon, Das Problem der Sprache bei Hegel, Stuttgart 1966 (bes. 62 ff.) und B. Liebrucks, Sprache und Bewußtsein, Bd. II, Frankfurt/M. 1965 (bes. 65 f., 167 ff.).

27 Kawi-Einleitung, § 12, a.a.O. 419.

als die »reine Wirksamkeit aus sich selbst«[28], als ein Wirken und Tun zu denken? Oder muß gar nach der Hegelschen Werkformel die Tätigkeit als Arbeit im Sinne der *Poiesis* gedacht werden? Und schließlich: Erschöpft sich die *Energeia* monadologisch in der Tätigkeit eines Subjekts?

Um diese Frage zu klären, genügt es nicht, den Hauptsatz aus ihm selbst oder im vergleichenden Blick auf Hegels Diktum über die Sprache auszulegen. Es kann auch nicht genügen, unseren Auslegungshorizont nach den beiden Angeln der allgemeinen Grammatik weiter abzustecken. Wir müssen vielmehr den Satz auf den Hauptpunkt beziehen, das dialektische Grundverhältnis, um uns der Frage einer nichthegelianischen Dialektik zu stellen: ob sich der *Logos* der Dialektik, wie Heidegger anzunehmen scheint, mit der Bewegung des Setzens von der Thesis über die Antithesis zur Synthesis zwischen dem Subjekt und seinen Objekten deckt oder ob er über diese Grundoperation des neuzeitlichen Idealismus hinausweist?

Der Hauptpunkt liegt in der *Idee der Zweiheit*, dem Schlüsselbegriff, der in die spekulative Dimension einer Philosophie der Sprache hineinführt. Er legt Phänomene aus, die bei Hegel so nicht zur Auslegung kommen, weil in Hegels Dialektik, trotz der Phänomenologie der Entzweiung, die *Idee der Einheit* alle anderen in sich »aufhebt«. Die Zweiheit ist Erfahrung und Idee zugleich, ein Schlüsselbegriff, der den sprachlichen Zugang des Menschen zu ihm selbst und zur Welt aufschließt. Als Begriff verknüpft er sich mit dem ursprünglichen Wesen der Sprache, einem »unabänderlichen Dualismus«, der als Faktum hingenommen werden muß – daß die »Möglichkeit des Sprechens selbst durch Anrede und Erwiderung bedingt ist«.[29] Dieses Faktum der Wechselrede dient Humboldt als sprachphilosophisches Prinzip.

28 Vorlesungen ü. d. Geschichte der Philosophie, Bd. 2, Sämtl. Werke, Bd. 18, 321. Hegel beansprucht den Aristotelischen Ausdruck für seinen Begriff der Arbeit wie für den Entwicklungsbegriff.

29 Über den Dualis, Werke, Bd. III, 138; ferner: Verschiedenheiten, § 47, a.a.O. 201; Grundzüge des allgemeinen Sprachtypus, Akad. Ausg. Bd. 5, 380.

Es wird in der Schrift *Über den Dualis* (1827) exponiert, die Hegel kennt und in der 2. Auflage der *Enzyklopädie der philosophischen Wissenschaften* als Zeugnis für sein Diktum in Anspruch nimmt. Sie belegt ihm die Behauptung, die Sprache sei das Werk des Verstandes, der die logischen Kategorien in sie einbildet, so daß sich grammatische Unterschiede (darunter die der Pluralformen) bei gebildeteren Völkern abschleifen und verwischen.[30] Auf Humboldts grammatische Rekonstruktion des Dualis aus dem Phänomen der Zweiheit, der Beschreibung des Faktums und dessen Auslegung anhand von Naturphänomenen wie der Zweiteilung der Geschlechter, der Gliedmaßen und Körperorgane, der Verteilung der großen Weltmassen Himmel und Erde, Land und Meer, des Wechsels von Tag und Nacht, Sommer und Winter, geht Hegel nicht ein. Und Humboldts Grundidee, daß sich die Erfahrung der Zweiheit als eines unaufhebbaren Gegensatzes sprachlich niederschlägt, und zwar nicht nur grammatisch, sondern genetisch, am Ursprung der Sprache, diese Idee einer vorprädikativ verwurzelten Dialektik wird stillschweigend umgangen. Sie bleibt unerwähnt, obwohl sie doch den dialektischen Logiker zur Auseinandersetzung geradezu herausfordert. Auch Heidegger greift sie nicht auf, obwohl er gegen die doxische Sprachauffassung auf das von Humboldt entdeckte Grundverhältnis zurückgreift: Das Hören »begleitet und umgibt nicht nur das Sprechen, wie solches im Gespräch stattfindet. Das Zugleich von Sprechen und Hören meint mehr. Das Sprechen ist von sich aus ein Hören«.[31] Es ist das Hören auf die Sprache, die wir sprechen, nicht auf andere Individuen, denn »eigentlich« spricht für Heidegger die Sprache selbst, unabhängig vom Menschen, ein monologisches Verständnis der Sprache, das sie aus dem dialektischen Urverhältnis der Zweiheit des Sprechen-Hörens herausbricht. So ist uns aufgegeben, das Gewicht des Humboldtschen Ansatzes zu würdigen, eine Aufgabe, die um so dringlicher erscheint, als

30 Enzyklopädie, § 459, Anm.

31 Unterwegs zur Sprache, a.a.O. 254.

Humboldts letztes Wort über die Sprache eine Antwort auf die Herausforderung durch Hegel darstellt.

Daß Hegel den Begriff der Zweiheit mit Stillschweigen übergeht, mag einerseits damit zusammenhängen, daß er ihn der Kategorie der *Polarität* zurechnet, von der er in der Vorrede zur 2. Ausgabe der *Logik* (1831) distanzierend bemerkt, sie werde »à tort et à travers in alles, selbst in das Licht eingedrängt«[32] – eine Anspielung auf Goethe, dessen den Phänomenen zugewandte Denkweise der von Humboldt verwandt ist. Andererseits erklärt es sich durch Hegels Abweisung der Ursprungsfrage. »Ursprung« heißt nach Hegel nichts anderes als die »erste unmittelbarste Weise, in der etwas erscheint«[33] – ein in sich widersprüchlicher Begriff, weil für Hegel alle Erscheinungen, natürliche wie geistige, geschichtlich vermittelt sind. Das gilt auch für die Sprache, die freilich das Besondere an sich hat, beim ersten Eintritt in die Geschichte *ihre* Entwicklung schon hinter sich zu haben, also geschichtlich unmittelbar zu sein – ein Widerspruch ihrer Erscheinung, den Hegel, merkwürdig genug, als »Voreiligkeit der Sprache« bezeichnet.[34]

Phänomene können einander nicht widersprechen; widersprüchlich kann nur sein und *ist* in aller Regel ihre Ausdeutung. Das Widersprüchliche liegt in Hegels Kategorie des Ursprungs, ihrer Reduktion auf ein »Erstes«, die Unmittelbarkeit seiner Erscheinung. So wurde in der Tat die Frage nach dem Ursprung der Sprache bis hin zu Vico und Herder auf das erste Erscheinen entweder im Laut (dem »tierischen« Ursprung) oder im Zeichen (dem göttlichen Ursprung durch Namensgebung) zurückgeführt. In seinem Streit mit Herder war es Hamann gewesen, der den in sich widersprüchlichen Reduktionismus noch an Herders Deutung des *menschlichen* Ursprungs aus der Grundkraft der *Besonnenheit* aufgewiesen hatte. Hegel berichtet von dem »runden Cirkel, ewi-

32 Wissenschaft der Logik, Vorrede², Sämtl. Werke, Bd. 4, 22.

33 Enzyklopädie, § 460, a.a.O. 123.

34 Die Vernunft in der Geschichte, hrsg. von J. Hoffmeister, Hamburg 1955, 166. Vgl. dazu Th. Bodammer, Hegels Deutung der Sprache, Hamburg 1969, 142 f.

gen Kreisel«, in dem sich Herder nach Hamann verfängt[35], ohne ihn selbst auszuschreiten. Er konnte es nicht, weil für ihn die Frage nach dem Ursprung der Sprache in den Bereich des Gedächtnisses und so mit der *Erfindung von Zeichen* zusammenfällt.[36] Hegel sieht, daß sich Hamann in die *Mitte des Problems der Vernunft* stellt und dessen *Auflösung in Gestalt der Sprache* vorträgt, aber er übersieht die *neue Problemstellung*, den Rückgang von der Oberfläche des Namengebens und Zeichengebrauchs durch Sprechen und Schreiben auf die *vermittelte Unmittelbarkeit*, das Hören als jene Seite der Sprache, die den »Zirkel« und »Kreis« in Bewegung bringt und die Alternative: *Erscheinung im Laut oder im Zeichen* als vorläufig erweist.

Es ist der Hauptpunkt in Humboldts Sprachphilosophie, den Hegels Lehre von der Vermittlung überspringt. Für Hegel bleibt die »Voreiligkeit der Sprache« entscheidend, ihre vorgeschichtliche Entfaltung aus dem Zeichen. Die Sprache erscheint genetisch als *einfaches Dasein des Geistes*, die »erste, gebundene Existenz«[37], die das Bewußtsein hat. Daß sie phänomenologisch, *an ihr selbst* (und nicht für das Andere des Bewußtseins), zweifach erscheinen könnte, sprechend und hörend, dieser Aspekt tritt nicht in Hegels Gesichtskreis, weil sich die Dialektik der »Erfahrung des Bewußtseins«, die synthetische Einheit des Geistes im Ich = Wir, über die Synthesis des dialektischen Grundverhältnisses in der Ich-Du-Beziehung hinwegbewegt. Und damit bewegt sie sich aus der Sache des spekulativen Denkens heraus. Über dem synthetischen Akt des Setzens im »Ich denke« entgeht der Logik die wirkliche Gegenwart der Synthesis im Sprechen. Sie vergißt das Dialektische an der Sprache, das Zusammenfassen oder die synthetische *Erweiterung*, die das Ausgesprochene, Auszusprechende *in einem Hörenden findet*.[38] Diese Seite der Sprache, die akroamatische Synthesis des Verstehens, spielt in der Dialektik des sich setzenden

35 Über Hamanns Schriften, in: Sämtl. Werke, Bd. 20, 233.
36 Vgl. Propädeutik, III, § 158, Sämtl. Werke, Bd. 3, 210.
37 Jenenser Realphilosophie, Bd. I, 205.
38 Über den Dualis, Werke Bd. III, 139.

Begriffs keine Rolle. Seine spontane Setzung im Akt des »Ich denke« erfolgt ohne die Einrede eines »Du«, die Rezeptivität des Hörenden, die doch jeden in Worte gefaßten Gedanken begleiten können muß und faktisch (selbst in der vollständigen Einsamkeit des schweigenden Denkens) begleitet.

III

Auf diesem Hintergrund erlangt das Phänomen der Zweiheit sein methodisches Gewicht. Zwar gilt auch für Humboldt der Satz: »Der Ursprung und das Ende alles getheilten Seins ist Einheit«,[39] aber sie ist nur auf dem Grunde der Teilung und des Gegenteilig-Seins möglich. Humboldt gewinnt diese Einsicht anhand der Spuren des doppelten Ursprungs von Sprechen und Hören, des in sich geteilten Verfahrens der Sprache, das sich im Streben nach Einheit kundgibt. Die Sprache verfährt *nicht dialektisch* im Sinne der Hegelschen »Arbeit des Geistes«, die Einheit am Ende der logischen Bewegung des Setzens gleichsam anschaulich, in der vollständigen Durchsichtigkeit des »Begriffs«, sehen lassend. Sie kann nur *akroamatisch* verfahren, die Einheit im Ansprechen und Entsprechen der Zweiheit nach Maßgabe des zweifachen Zugangs zum Ganzen *hörenlassend.*

Die Einheit in der Zweiheit wird anfänglich in Gestalt der sinnlichen Weltauffassung zugänglich, der ersten und einfachsten Teilung, wo sich »das Ganze nur trennt, um sich gleich wieder, als gegliedert, zusammenzuschließen«.[40] Sie begegnet am Anfang des Griechentums, in den polar gefaßten Naturbeschreibungen der epischen Dichtung, an die sich Humboldts Lokalisierung der Teilungsphänomene anschließt. Zu Recht, wie mir scheint, weil das zweifache Ansprechen des Ganzen mit Erde und Himmel, Land und Meer, Tag und Nacht, der sichtbaren Welt beginnt, um sich dann über die Welt des Wirkens, der polaren Beschreibung der Werkwelt des Menschen (nach der Zweiheit von Recht

39 A.a.O. 137.
40 Ebd.

und Unrecht, Versöhnung und Streit, Frieden und Krieg) mit der Entdeckung des zu-hörenden Logos ins Unsichtbare auszudehnen – der geschichtliche Durchbruch der zunächst akroamatisch gefaßten »Dialektik« in der vorplatonischen Philosophie. Er ist ein Rätsel für sich,[41] dem Humboldt nicht weiter nachgeht. In unserem Zusammenhang halten wir fest: Die *grammatisch* in der Form des *Dualis* fundierte Sicht der Zweiheit ist in der Sprache des mündlichen *Epos* angelegt, einer vorprädikativen Form des Sprechens vom Ganzen in Gegenteilen, die sich zum prädikativischen Entsprechen des *Logos* über die ursprünglich akroamatisch zu verstehenden Ausdrücke *harmoniā, symphonía, symmetría* (des Kosmos, der Physis, des Logos) entfaltet. Darum fällt Humboldts Begriff der Zweiheit nicht umstandslos unter die Kategorie der Polarität, jedenfalls nicht in jener Bedeutung, wie Hegel sie versteht, als Bestimmung von einem »Unterschiede, in welchem die Unterschiedenen *untrennbar* verbunden sind«[42]. Hegel gleicht sie der dialektischen Denkform der Einheit der Gegensätze, dem logischen Grundtypus der *Synthesis*, an. Das nivelliert die Kluft, die zwischen ihm und Humboldt in dieser so elementaren Frage bestanden hat und bis heute unter »Dialektikern« in Ost und West fortbesteht. Denn Gegensätze sind die Glieder der Zweiheit gerade nicht. Sie heben sich nicht auf, sondern beziehen sich aufeinander, ohne daß es zu einem synthetischen »Zusammen-setzen« kommt. Es bleibt beim Ent-sprechen, dem zweifachen Ansprechen des Ganzen, das zu ahnen, zu empfinden, zu fühlen, aber niemals als solches erkennbar ist.

Empirisch erscheint die Zweiheit an Naturphänomenen: von den beiden Geschlechtern bis hin zu den beiden großen, die Zeit bestimmenden Gestirnen. Aber sie wurzelt in dem unsichtbaren Organismus des Geistes und seiner sprachlichen Betätigung, in der die Zweiheit eine wichtigere Stelle als irgendwo sonst einnimmt. Alles Sprechen – und dies ist im-

41 Vgl. dazu meinen Aufsatz: Logik und Akroamatik. Vom zweifachen Anfang der griechischen Philosophie, in: Philosophisches Jahrbuch 3 (1984), unten S. 383 ff.

42 Wissenschaft der Logik, Vorrede², Sämtl. Werke, Bd. 4, 22.

mer noch ein empirisches Phänomen, die gleichsam natürliche Seinsweise des Denkens – »ruht auf der Wechselrede, in der, auch unter Mehreren, der Redende die Angeredeten immer sich als Einheit gegenüberstellt«.[43] Das Geteilt-Sein ist ursprünglich, es erstreckt sich in das Innere eines jeden von uns, der spricht. Sogar in Gedanken, sagt Humboldt, spricht der Mensch nur mit einem Anderen, oder mit sich, wie mit einem Anderen, und zieht danach die Kreise seiner geistigen Verwandtschaft aus. Er muß sich zu sich selbst und seinesgleichen so verhalten, wenn man das Menschengeschlecht nicht als *kollektive Einheit zahlloser*, zu *Einer Gattung gehörenden Naturen, sondern als Eine in zahllose Individuen zerspaltene*, betrachtet,[44] gleichsam als distributive Einheit, die auf der spezifischen Differenz eines jeden Teil-Ganzen in der Idee beruht.

Welche Konsequenzen sich daraus für Humboldts Lehre von der Geselligkeit, der Sozialität des Menschentums, ergeben, lasse ich hier auf sich beruhen. Es genügt, sie für das Wesen der Sprache zu ziehen, für den *tiefsten Gedanken, den Humboldt gedacht hat*. Das Urphänomen der Zweiheit läßt sich gemäß seiner Zugehörigkeit zum doppelten Gebiet des Sichtbaren und Unsichtbaren selber doppelt auffassen, sinnlich und intellektuell, in der Anschauung und im Begriff, eine Auffassung, die dort vorzüglich Bestätigung findet, wo die Sprache auf der Zweiheit der Wechselrede ruht. Sie ist *phainómenon*, Erscheinung, die sich jedem gibt, und zugleich *nooúmenon*, daseiendes Gedankenwesen; nicht nach Art der Hegelschen Dialektik des »Ich-denke-Gedankens«, der er selbst und ein Anderes zu sein beansprucht und dieses so übergreift, daß ihm nichts entflieht. Das »Ich denke« kann immer nur Fall von *Einem* sein, eben jener Einheit, die sich in der Durchsichtigkeit des reinen »Begriffs« nach dem durchlaufenen Dreischritt von Thesis, Antithesis und Synthesis herstellt. Und auf diesem Grunde vermag sie sich dann zum »Ich = Wir« zusammenzuschließen,[45] zur kollektiven

43 Über den Dualis, Werke, Bd. III, 137.

44 Verschiedenheiten, § 57, Werke, Bd. III, 219.

45 Vgl. Phänomenologie des Geistes, Werke, Bd. 2, 147.

Einheit des Geistes als der geschichtlichen Substanz, dem die Individuen wie Akzidenzen »anhängen«. Trotz ihres Ausgangs von der Erfahrung der Entzweiung am Grunde der Neuzeit kann diese Dialektik nicht die Zweiheit denken – daß der »Ich-denke-Gedanke« erst dadurch Dasein hat, daß er ein *Fall von Zweien* ist. Sie thematisiert die Selbstsetzung des *Sprechens*, ohne seine Voraussetzung, die andere Seite der Sprache, thematisch zu machen. In der Aufgipfelung des Setzens zur Synthesis vergißt sie das *Synthematische* – was sich durch jede Thesis immer schon hindurchzieht, das *Thema* im Sinne des sachlich *Vorausgesetzten*, die *ursprünglich-dialektische* Sache der *Philosophie*.

Unter diesem Aspekt nimmt sich der Hauptsatz etwas anders aus, als die Geschichte seiner Deutung nahelegt. Wenn das dialektische Grundverhältnis in Humboldts Denken so festgewurzelt ist, wie unsere Untersuchung ergeben hat, dann muß auch die »Arbeit des Geistes« anders gefaßt, sie muß auf die Zweiheit der Sprachkraft, dessen Äußerung sie ist, zurückbezogen werden. Und diese Kraft, so zeigt sich im Kontext des Hauptsatzes, äußert sich wie die griechisch verstandene *Dynamis*, in der *Kraft zum Tun und zum Erleiden*,[46] dem Austrag jener beiden »Kräfte« des Sprechens und Hörens, die in jedem Sprecher einer Sprache am Werk sind. Wenn sich das so verhält (und daran läßt der Kontext keinen Zweifel), dann ist die *Energeia* nicht selber einfach, als Arbeit im Sinne des subjektiven Hervorbringens und Erzeugens zu denken, wie sie Hegels Werkformel in den Blick bringt. Sie muß zweifach, in der Doppelung des Hervorbringens und Erzeugens mit dem Hervorgebracht- und Erzeugtwerden gedacht werden, und erst dann wird sie ursprünglich dialektisch gedacht. Dann entspricht das dialektische Denken der Erfahrung, die uns *an* und *mit* der Sprache zuteil wird.

46 Aristoteles, Met. IX 1, 1046a 19-29.

Die Urstiftung der hermeneutischen Phänomenologie

Heideggers Auseinandersetzung mit Husserl

Husserls Idee der Philosophie als strenger Wissenschaft zielt von Anbeginn auf den »Radikalismus der Begründung, eine Reduktion auf absolute Voraussetzungslosigkeit«,[1] die alle im gemeinen Sinne selbstverständlichen »Setzungen« der natürlichen Welterfahrung und des Wissens von der Welt befragen und durchsichtig zu machen sucht. Davon ausgenommen scheint die Selbstverständlichkeit, mit der Husserl stets von »Setzung« und »Voraussetzungslosigkeit« redet. Es ist Heidegger gewesen, der dahinter den fortwirkenden Dogmatismus der Theoretisierung im phänomenologischen Zugang zu den »Sachen selbst« nachgewiesen und ihn auf seine verdeckten Fundamente hin destruiert hat. Ja, dieser Nachweis ist geradezu das Musterbeispiel phänomenologischer Destruktion, einer Kritik, die den Grundsatz der Voraussetzungslosigkeit (wie alle Sätze) nicht argumentierend widerlegt und Gegenbeweise führt, sondern im Licht des obersten »Kriteriums« der Phänomenologie auf authentische Motive hin befragt: »Phänomenologisches Kriterium ist allein die verstehende Evidenz und das evidente Verstehen von Erlebnissen, das Leben an und für sich im Eidos. Phänomenologische Kritik ist nicht Wider-legen, Gegen-beweise führen, sondern der zu kritisierende Satz wird daraufhin verstanden, *wo* er seinem Sinn nach herkommt. Kritik ist positives Heraushören der echten Motivationen.«[2]

1 Ideen zu einer reinen Phänomenologie und phänomenologischen Philosophie III, Husserliana Bd. V, hrsg. von W. Biemel, Haag 1952, S. 160. Logische Untersuchungen III, § 7, Halle 1928⁴, S. 19. Vgl. dazu G. Funke, Phänomenologie – Metaphysik oder Methode? Bonn 1966, S. 166 ff.

2 Vgl. Zur Bestimmung der Philosophie: 2. Phänomenologie und transzendentale Wertphilosophie (1919), in: Gesamtausgabe (=

In dieser Haltung hat sich der junge Heidegger die phänomenologische Methode kritisch angeeignet. So liegt es nahe zu fragen, was die Haltung des »Heraushörens« von Motiven in der Spannung zu dem von Husserl her geforderten »evidenten Verstehen … des Lebens an und für sich im Eidos« für Heideggers Aneignung und Kritik der Phänomenologie bedeutet. *Kritik* leitet sich her von *Krisis*, »Auseinandersetzung«. Und das ist nach Heideggers Einsicht ursprünglich auch die Wissenschaft. Sie ist nicht primär und nicht ausschließlich »Theorie«, der Begründungszusammenhang von Sätzen und die geregelte Anwendung von Methoden, sondern ein »Verhalten«: wie sich menschliches Dasein zu sich selbst und zur Welt verhält. Es beruht auf einer *Praxis*, die »im voraus *ist*«, in der Weise des *Vorausdaseins*, das verstehend »eingesehen«, aber nicht wiederum (wie im Pragmatismus)[3] theoretisiert werden kann. Die phänomenologische Kritik ist hermeneutisch begründet. Damit liegt von vornherein ein tieferer Wesenszusammenhang vor, der zur Idee einer *phänomenologischen Hermeneutik* gehört,[4] die Heidegger in der Auseinandersetzung mit dem Ideal der Voraussetzungslosigkeit zu entfalten unternimmt.

Diese Zusammenhänge mögen uns heute, nach der Aufdekkung der Vorurteilsstruktur des Verstehens durch die philosophische Hermeneutik,[5] selbstverständlich erscheinen. Husserl und seinen neukantianischen Zeitgenossen waren sie

GA) Bd. 56/57, hrsg. von B. Heimbüchel, Frankfurt/M. 1987, S. 126.

3 Sie ist dem jungen Heidegger in der Gestalt von W. James vertraut und vermutlich über die Pragmatismus-Rezeption beim späten Dilthey und E. Lask, dem Lehrer von G. Lukács, vermittelt worden. Die Wirkung mag geringer gewesen sein, als es die von R. Rorty durchgeführten Vergleiche nahelegen. Vgl. Philosophy and the Mirror of Nature, Princeton University Press, Princeton/New Jersey 1980, S. 5 ff.

4 Diesen Titel gebraucht Heidegger zuerst in der Vorlesung über ›Phänomenologie und transzendentale Wertphilosophie‹, a.a.O., S. 131.

5 Vgl. H.-G. Gadamer, Wahrheit und Methode. Grundzüge einer philosophischen Hermeneutik, Tübingen 1975⁴, S. 250 ff.

es nicht. Sie mußten ihnen in einem langwierigen, kritischen Denkprozeß abgerungen werden, den Heidegger selbst im prinzipiell (und »existenziell«) zu verstehenden Sinne als »Auseinandersetzung« aufgefaßt hat.[6] Sie begleitet den Anfang seines Weges zur Phänomenologie.
Davon verraten die frühen Schriften wenig. Die Dissertation über ›Die Lehre vom Urteil im Psychologismus‹ (1912) bekennt sich zur transzendentallogischen Wahrheitstheorie des Neukantianismus und zu Natorps einschränkendem Lob von Husserls ›Logischen Untersuchungen‹ (wovon »doch nicht gar viel erst zu lernen übrig blieb«),[7] um dann anzuerkennen, daß erst sie eine Klärung der logischen Thematik angebahnt habe. Die kritische Auseinandersetzung unterbleibt.[8] Das ändert sich mit dem Wechsel von der Urteilslehre zur Habilitationsschrift: ›Die Kategorien- und Bedeutungslehre des Duns Scotus‹ (1916), die sich systematisch auf die 2. und 3. der ›Logischen Untersuchungen‹ über »Ausdruck und Bedeutung« und die »Idee der reinen Grammatik« beruft. Heidegger scheint von der Annäherung der ›Ideen zur reinen Philosophie und phänomenologischen Philosophie‹ (1913) an die neukantianische Geltungstheorie der Wahrheit angezogen und bereit, den Schritt von der Beschreibung intentional gegebener Bewußtseinsphänomene und ihrer eidetischen Reduktion auf bleibende Wesenheiten zur transzendentalen Reduktion mitzugehen, die sie als Phä-

6 Phänomenologische Interpretation zu Aristoteles. Einführung in die phänomenologische Forschung (1921/22), Gesamtausgabe (= GA) Bd. 61, hrsg. von W. Bröcker/K. Bröcker-Oltmanns, Frankfurt/M. 1985, S. 2.

7 Kant und die Marburger Schule, Berlin 1912, S. 6.

8 Mit Ausnahme einer kurzen Kritik an Husserls Unterscheidung zwischen dem allgemeingültigen Sinn des Urteils und den Urteilsaktvollzügen als seinen »besonderen Unterfällen«, weil Sinn und Akt transzendentallogisch zu ganz verschiedenen Wirklichkeitsbereichen gehören, die nicht in das Verhältnis des Allgemeinen zum Besonderen einzubringen sind. Vgl. die Lehre vom Urteil im Psychologismus, in: Frühe Schriften, hrsg. von F.-W. von Herrmann, Frankfurt/M. 1972, S. 5 f. und 56 Anm.

nomene des reinen Bewußtseins in der Sphäre letztbegründender Subjektivität ausweisen soll. Auf der anderen Seite ist eine gewisse Divergenz zu Husserls Absetzung des phänomenologisch sinnkonstituierenden Bewußtseins von konstitutiven Bedeutungsformen des Sprechens und der Sprache nicht zu verkennen. Wir tun gut daran, sie vorweg an einigen Punkten zu beleuchten.

Die Kategorienlehre fällt traditionell mit der Ontologie, der Frage nach dem Sein von Seiendem, zusammen. Ihre Ausdehnung auf die Bedeutungslehre im Bezugsrahmen der *grammatica speculativa*, der traditionell-ontologischen Besinnung auf den Seinsbezug der Sprache,[9] schärft das Gespür für Gegensätze und Spannungen am Grunde der Phänomenologie, und zwar unter zwei Gesichtspunkten. Da ist einmal der Gegensatz zum phänomenologischen Vorzug des anschaulichen »Sehenlassens« und der »Anschauung«, der mit unserer Erfahrung des Hörens auf die Sprache eigentümlich kontrastiert. Heidegger spricht diese für seinen Denkweg höchst wichtige Frage ohne Umschweife an. Im Vergleich zur neuzeitlich etablierten Rückwendung auf das transzendentale Subjekt und dessen »Sicht« auf isolierte Bewußtseinsgegebenheiten beweist die Tradition der spekulativen Grammatik »eine feinere Disposition sicheren Hineinhörens in das unmittelbare Leben der Subjektivität und der ihr immanenten Sinnzusammenhänge, ohne daß ein scharfer Begriff des Subjekts gewonnen ist«.[10] Und da ist zum anderen der Erkenntnisweg der Analogie, von dem vermutet werden darf, daß er in einer noch unausgeloteten Tiefe auf diesem Vorzug des hörenden Seinsbezugs beruht. Denn der Schärfe im Subjektbegriff bedarf es eben nicht wegen des analogischen Zusammenhangs unter den Kategorien, so

9 Vgl. Aus einem Gespräch von der Sprache, in: Unterwegs zur Sprache, Pfullingen 1959[1], 1982[7], S. 91 f.

10 Die Kategorien- und Bedeutungslehre des Duns Scotus, in: Frühe Schriften, Frankfurt/M. 1972, S. 343. Vgl. dazu die kritisch gemeinte Bemerkung, daß die metaphysischen »Einschlüsse« der scholastischen Denkweise »die ›phänomenologische Reduktion‹ aufheben, genauer unmöglich machen« (144).

lange dessen konstituierende Elemente »Bedeutungsidentität« und »Verschiedenheit je nach Anwendungsbereich« ein differenziertes Erfassen des Seienden ermöglicht.
Sie bewähren sich zuletzt in der Interpretation der durch Analogie bestimmten, im »transzendentalen Urverhältnis der Seele zu Gott verankerten Form inneren Daseins«,[11] wie sie in der mittelalterlichen Welt historisch aufscheint. Hier braucht es keiner zusätzlichen Gegenstandssicherung des Wissens durch eine transzendentallogische Bewußtseinstheorie; und was historisch gewesen ist, so sind wir zu sagen versucht, gilt vielleicht sogar prinzipiell, unter der Prämisse, daß sich die Begründungsprobleme der Logik nur dann lösen lassen, wenn »der Zusammenhang, aus dem heraus sie gedeutet werden müssen, ein translogischer wird«.[12] An diesem Punkt wendet sich Heidegger im Schlußkapitel der Habilitationsschrift an die idealistische Metaphysik, mit der Perspektive einer »letzten, metaphysisch-teleologischen Deutung des Bewußtseins« im Ausblick auf Hegels Philosophie, dem »an Fülle und Tiefe, Erlebnisreichtum und Begriffsbildung gewaltigsten System einer historischen Weltanschauung«.[13]
Das ist vorläufig genug gesagt. Gleichwohl sind die Hauptpunkte anvisiert, um die sich Heideggers Denken bewegt. Und sie berühren nicht nur die von Hegel und Dilthey her thematisierten Probleme des »historischen Verstehens« und der Geschichte, die für den Anfang des Weges zu ›Sein und Zeit‹ wichtig geworden sind. Sie rühren an die Besinnung auf das *Verhältnis von Sprache und Sein*, die Heideggers Denkweg von früh an bestimmt.[14] In welchem Maße, das lehrt die Auseinandersetzung mit Husserl. Wir beschränken uns auf ihre erste Phase, den Schritt zur hermeneutisch gewendeten Phänomenologie, wie ihn Heidegger noch in der Nähe zu Husserl in Freiburg mit der Ausarbeitung des Programms einer *phänomenologischen Hermeneutik* getan hat. Nicht

11 Ebd., S. 351.
12 Ebd., S. 147 und 347 ff.
13 Ebd., S. 351.
14 Vgl. Unterwegs zur Sprache, a.a.O., S. 93.

nur deshalb, weil sie am wenigsten bekannt und erforscht ist,[15] sondern weil wir glauben, daß sie die Einheit von Heideggers Denkweg verständlich macht und die im Hintergrund verborgenen Dimensionen einer Sprachphänomenologie eröffnet, die noch nicht vermessen, geschweige denn in ihrer Tragweite durchdacht sind.

I

Am Beginn der Auseinandersetzung mit Husserl steht das Thema: »Ausdruck und Erscheinung«. So hat es Heidegger unter Hinweis auf eine Vorlesung aus dem »Jahre 1921« in ›Unterwegs zur Sprache‹ (1959) erinnert, deren Thema auch mit »Ausdruck und Bedeutung« (nach der 1. von Husserls ›Logischen Untersuchungen‹) angegeben wird. Der eigentliche Titel der (1920 gehaltenen) Vorlesung heißt: ›Phänomenologie der Anschauung und des Ausdrucks‹. Heidegger denkt anamnestisch. Und so müssen wir, um der Erinnerung auf die Spur zu kommen, dem Wechselbezug dieser Themen nachdenken. Von »phänomenologischer Hermeneutik« handelt die Vorlesung explizit nicht, sondern (laut ihrem Untertitel) von einer »Theorie der philosophischen Begriffsbildung«. Gleichwohl wird sie hier wie auch sonst faktisch betätigt und in dem Prinzip ausgesprochen, daß die *intuitive* Phänomenologie als Wissenschaft vom Ursprung eine *verstehende* Wissenschaft sei.[16]

15 Neben den Arbeiten von O. Pöggeler (Der Denkweg Martin Heideggers, Pfullingen 1963[1], 1983[2]), K. Lehmann (Christliche Geschichtserfahrung und ontologische Frage beim jungen Heidegger, in: O. Pöggeler (Hrsg.), Heidegger: Perspektiven zur Deutung seines Werks, Köln/Berlin 1970, S. 140 ff.) und Th. Sheehan (Heidegger's Introduction to the Phenomenology of Religion 1920-21 in: The Personalist (1979), S. 312 ff.) sei besonders auf die Beiträge im Dilthey-Jahrbuch Bd. 4 (1986/87) verwiesen, die im einzelnen anzuführen sind.

16 Vgl. das Vorlesungsfragment vom SS 1919 über ›Das Wesen der Universität‹ (Nachschrift O. Becker), in: Zur Bestimmung der Philosophie, a.a.O., S. 208.

Darauf zielt schon die Thematisierung des Verhältnisses von »Anschauung«, »Ausdruck« und »Erscheinung« in den Freiburger Nachkriegsvorlesungen über ›Die Idee der Philosophie und das Weltanschauungsproblem‹ (1919) und ›Phänomenologie und transzendentale Wertphilosophie‹ (1919). Obwohl sie in der Fragestellung den Problemdruck zu der von Kant inaugurierten Metaphysik und des zeitgenössischen Neukantianismus und Neuhegelianismus noch erkennen lassen,[17] bewegen sie sich im Ausgang von »Phänomenverhalten« der Erlebnissphäre des intentionalen Bewußtseins durchweg auf dem Boden der Phänomenologie. Allerdings nicht in der bewußtseinstheoretischen Orientierung von Husserl, sondern von vornherein in der Absicht der »Konkretisierung« von »Erlebnissen« in der »Umwelt«, wie sie sich über Diltheys Verwurzelung des Verstehensproblems im »Leben selbst« aufdrängt. Heidegger behandelt es nicht in lebensphilosophischer Unbestimmtheit oder nach theoretisierenden »Vorausbestimmungen« von transzendentalphänomenologischen »Bewußtseinserlebnissen«, sondern am Leitfaden der *Spracherfahrung des Fragens.* Im Absprung vom »Erlebnis« der Frage: *Gibt es etwas?* fragt Heidegger danach, wie Phänomene phänomenologisch ursprünglich »gegeben« sind. Mit dieser Fragestellung bewegen wir uns inmitten der Auseinandersetzung zwischen Heidegger und Husserl, einem der erregendsten Dialoge in unserem Jahrhundert um die Sache der Philosophie.
Der Titel: »Die Idee der Philosophie und das Weltanschauungsproblem« spielt auf Husserls *Logos*-Aufsatz über ›Philosophie als strenge Wissenschaft‹ an, dessen Abweisung der »Weltanschauungsphilosophie« die Habilitationsschrift insgeheim widersprochen hatte.[18] Der Widerspruch – er bleibt für Heideggers Problematik bis hin zur Abfassung von ›Sein und Zeit‹ leitend – gilt im Kern der Rede von »Voraussetzungslosigkeit« in der Phänomenologie. Sie wird zum Problem unter dem Gesichtspunkt der Letztbegründung, dem

17 Zur Bestimmung der Philosophie, a.a.O., S. 13 f. und 17.
18 Vgl. Die Kategorien- und Bedeutungslehre des Duns Scotus, a.a.O., S. 147 und 353.

Konzept der sich selbst begründenden Wissenschaft vom Ursprung, die keine andere Wissenschaft voraussetzt. Dennoch muß sie sich *in der Idee* voraussetzen – ein Zirkel, der überhaupt die transzendentalphilosophische Methodenlehre mit ihrer Orientierung am »Faktum der Wissenschaft« durchzieht. Heideggers Auflösung über die Konzeption einer phänomenologischen »Hermeneutik der Faktizität« bereitet sich vor in der Radikalisierung von Husserls Verständnis der Phänomenologie als vortheoretischer *Urwissenschaft*. Sie beruht auf der Umdeutung des Husserlschen Grundprinzips: »Alles, was sich in der ›Intuition‹ originär ... darbietet, (ist) einfach hinzunehmen ... als was es sich gibt«, das für Heidegger auf die »Urintention des wahrhaften Lebens überhaupt ..., die absolute, mit dem Erleben selbst identische *Lebenssympathie*« verweist.[19] Nach dieser Deutung ist das phänomenologische Evidenzprinzip »nicht theoretischer Natur«, das heißt auf genetisch wie systematisch sinnkonstituierende Aufweisung alles Gegebenen im transzendental gereinigten Bewußtsein eines Ur-Ich, sondern auf genuine »Sichselbstausweisung« gerichtet, wie sie sich ursprünglich am *Umwelterlebnis* auftut. Und dabei zeigt sich, daß die Rede vom »Gegebenen« ebenso eine theoretische Konstruktion ist wie die von »Setzung« und »Voraussetzungslosigkeit«.

Darauf bereitet die Frage: *Gibt es etwas?* vor, die formale Urgestalt der »Seinsfrage«, wenn man so will, worin in der Tat »nichts« vorausgesetzt wird. Es wird ja erst gefragt, ob »es überhaupt etwas gibt, nicht schon, ob etwas existiert, geschieht, wertet, weltet«. Das Beispiel ist gewählt, weil es in der Besinnung auf das Wesen des Frageerlebnisses an die

19 Vgl. Ideen zur reinen Phänomenologie etc. I, § 24, Husserliana Bd. V, S. 52 mit: Zur Bestimmung der Philosophie, a.a.O., S. 109 f. Die ethischen Konnotationen der Umdeutung scheinen mir in dem sonst ausgezeichneten Beitrag von K. Held, Heidegger und das Prinzip der Phänomenologie, in: A. Gethmann-Siefert/O. Pöggeler, Heidegger und die praktische Philosophie, Frankfurt/M. 1988, S. 111 ff., nicht genügend gewürdigt zu werden.

Grenze der Voraussetzungslosigkeit heranführt. Sie wird mit der Einsicht in den Fragecharakter des »Es gibt« erreicht: »Fragend: ›Gibt es etwas‹? verhalte ich mich setzend, und zwar überhaupt als fraglich setzend«.[20] So stehen wir am Anfang der methodischen Wegkreuzung, die über Leben oder Tod der Philosophie entscheidet, vor einem Abgrund, der entweder ins »Nichts der absoluten Sachlichkeit«, der Versachlichung des »Etwas« zum X bloßer Gegenständlichkeit führt, »oder es gelingt der Sprung in eine *andere Welt*, oder genauer: überhaupt erst in die Welt«.[21] Um die Dramatik der Entscheidung zu unterstreichen, erinnert Heidegger, unter Anspielung auf Nietzsches Diagnose der Neuzeit nach dem Bild der »Wüste, die wächst«, an die biblische Verheißung der Wege des Erkennens: »Wir sind in die Kümmerlichkeit der Wüste gegangen und harren darauf, statt ewig Sachen zu *erkennen, zuschauend zu verstehen* und verstehend zu schauen. ... und Gott der Herr ließ aufwachsen ... *den Baum des Lebens mitten im Garten* – und den Baum der Erkenntnis des Guten und Bösen (1 Mose 2.9).«[22]

Der Sprung in eine »andere Welt« läuft dem theoretisierenden Setzen entgegen, das ihm ständig ausweicht. Im Gegensatz zu Husserls Maximalprinzip der eidetischen Anschauung des »Ur-Ich« und seiner erfahrenden Reflexion gegebener Bewußtseinserlebnisse, geht Heidegger auf hermeneutische Minimalerfahrungen zurück, wie sie uns am »Kümmerlichen« der Frage nach der Gegebenheit von Etwas zuteil werden. Indem er das tut, wechselt die phänomenologische Grundhaltung vom reflektierenden Erblicken bewußtseinsmäßiger Erlebnisse zum »Heraushören« ihrer *Motivation:* wie das Erlebnis vom je eigenen »Ich« erfahren wird und sich dabei *ereignet*, d. h. verstehbares *Ereignis* in einem das »Ich« übergreifenden *Sinnzusammenhang* ist. Und dieser Zusammenhang verweist am Grunde auf die gesprochen-gehörte Sprache, in der das »Ich« als ein »historisches« (je eigenes, jeweiliges) im zeithaften »Ereignis« des Frage- und

20 Zur Bestimmung der Philosophie, a.a.O., S. 66.

21 Ebd., S. 62.

22 Ebd., S. 65.

Umwelterlebnisses dabei ist. Es kommt auch hier darauf an, die »Motive herauszuhören«, aus denen die Frage lebt, die sie von Fragen des Typs: *Gibt es Stühle?* oder *Gibt es morgen Regen?* unterscheidet. Für Heidegger steht das aufs Verstehen gerichtete Wissen der »Motivation«, deren Erforschung wie bei Husserl Aufgabe einer »eidetischen Genealogie« ist, im Gegensatz zu dem auf die transzendente Sphäre von Realität und Sachzusammenhang bezogenen Wissen um »Kausalität«,[23] ohne deshalb Konstitutionsmittel eines transzendentalen Bewußtseins zu sein.

Das lehrt die Besinnung auf das Frageerlebnis. Während Husserl die Reduktion auf das transzendentale *Ego* im Anschauungsrekurs auf das geeinzelte »Ich« vornimmt,[24] zeigt Heidegger, wie das Erlebnis von vornherein darüber hinausführt. »Gibt es etwas«, das besagt: *»für mich, den Fragenden«*, ohne daß darin ein Ich eidetisch zu erfassen ist. Und gerade weil der Erlebnissinn der Frage »bezugslos ist zu meinem Ich (mir als dem und dem), ist der doch irgendwie notwendige Ichbezug und das Ich in der schlichten Hinschau nicht zu sehen«.[25] Sie können es nicht sein, weil sich das Fragen vom »Etwas« her motiviert, das in keiner Weise anschaulich »gegeben« ist. So scheint die Aufgabe, das Motiv aus dem Frageerlebnis »herauszuhören«, nicht metaphorisch gemeint, wie das die Rede vom »Hineinhören in die Subjektivität« nahelegt. Phänomenologisch im Frageerlebnis enthalten, soll sie das intentionale »Er-leben von etwas« an das intentional gerichtete »Leben zu etwas« zurückbinden, seine *Tendenz*, die für Heidegger *zusammen mit der Motivation* die »Intentionalität im Ursprung« umschreibt.[26] Motive heraushören heißt, das »Leben selbst« zu verstehen. Es besagt

23 Ideen zu einer reinen Phänomenologie I, Husserliana Bd. III, S. 112 Anm. – Vgl. a.a.O., S. 89 und 292.

24 Ebd., S. 57 ff. und 136 ff.; Die Krisis der europäischen Wissenschaften und die transzendentale Phänomenologie, hrsg. von W. Biemel, Husserliana, Bd. VI, Haag 1954, S. 188 f.

25 Zur Bestimmung der Philosophie, a.a.O., S. 68 f.

26 Phänomenologische Interpretationen zu Aristoteles, a.a.O., S. 194 f.

nicht, »nach Ursachen des Entstehens, nach Bedingungen, Dingen suchen, die das Erlebnis als Ding und Verdinglichtes erklären, d.h. in einen Sachzusammenhang hineinstellen. Verstehen sollen wir die reinen Motive des Sinnes des reinen Erlebens«.[27]

Verstehen ist ein Hören darauf, was die Frage in der vortheoretischen Sprache des Lebens sagt; wie das Leben selbst *fragend auf etwas hinlebt* und *sich verhält;* wie sich dieses Etwas im Prozeß der Theoretisierung gegenüber dem fragenden »Ich« versachlicht und gleichwohl im Charakter der Fraglichkeit stehenbleibt, also nie ganz voraussetzungslos sein kann. Liegt doch der Sinn des »Etwas« zuletzt im Motivat eines »ganzen Prozesses von Motivationen«, der sich niemals anschaulich erfassen läßt. Und in diesem Zusammenhang dürfen wir wohl daran erinnern, daß »Motiv« nicht nur einen »Beweggrund«, sondern auch den in der musikalischen Tonfolge dominanten, den wiederkehrenden »Satz« meint. Darauf spielt Heidegger mit dem Bemerken an, daß es zum »Begreifen« neben dem formalen »Zurückgreifen« von »Etwas« auf anschauliche Einzelgegenstände der »Rückgriffe« (Motivationen) bedarf: aus dem Ursprung kommender »Begriffe«, die ihn (wie eine Melodie die Töne) auf den Weg des Denkens »mitnehmen« und so das Ganze des »Lebens selbst« in der Bewegung des Erlebens »anklingen«, d.h. verstehen lassen.[28]

Hängt von solchen Begriffen (den »Urworten« des Denkens wie »Wahrsein« (ἀ-λήθεια) und »Welt«)[29] die Möglichkeit der Phänomenologie als vortheoretischer Ursprungswissenschaft ab, so scheint das auf denselben Zirkel hinauszulaufen, wie ihn Heidegger der transzendentalphilosophischen Methodenlehre und insgeheim schon Husserl entgegenhält. »Zirkelhaftigkeit« ist eine besondere Form von *Setzung:*

27 Zur Bestimmung der Philosophie, a.a.O., S. 6. Das systematische Gewicht des »Phänomens der Motivation« unterstreicht auch die Vorlesung über ›Phänomenologie und transzendentale Wertphilosophie‹, a.a.O., S. 121 und 125.

28 Vgl. ebd., S. 67f. und 116.

29 Vgl. ebd., S. 49.

*Voraus*gesetzt wird dasjenige, was erst *gesetzt* werden soll.[30] Sie beherrscht die Erkenntnistheorie, die eine Theorie durch Theorie ist – *Metatheorie* oder *Metalogik* (»Theorie der Theorien«) nach dem Verständnis von Frege und Russell, das Heidegger als »Logistizismus« zurückweist.[31] Und sie herrscht über die Phänomenologie, wenn sie sich nicht hermeneutisch wandelt. Erst die hermeneutisch gewandelte Phänomenologie kann aufweisen, was die neuzeitliche »Generalherrschaft des Theoretischen« motiviert. Und das Hauptmotiv findet Heidegger (mit Husserl, aber tiefer liegend, wie mir scheint) im Überspringen des *Umwelterlebnisses* zugunsten der Dingwahrnehmung, der »eigentlichen« Instanz, worauf sich die kritische Auseinandersetzung mit der transzendentalen Phänomenologie stützt.

II

Die Umwelt ist die Sphäre des »Lebens auf etwas zu«, die Husserl (nach einem auch bei Heidegger auftretenden Terminus) die *Lebenswelt* nennt.[32] Jeder kennt die Analyse der »Umweltlichkeit« des Daseins im 1. Teil von ›Sein und Zeit‹ (§ 15) und Husserls Reaktion auf diese Herausforderung im Spätwerk über ›Die Krisis der europäischen Wissenschaften und die transzendentale Phänomenologie‹ (1936), die selbst *diese* Welt vorwissenschaftlicher Erfahrung noch einmal zu apodiktisch-anschaulicher Evidenz bringen will. Aber erst im Licht von Heideggers früher Anfrage an Husserl gewinnt sie ihre volle Bedeutung. Und damit wird uns die Tragweite der Heideggerschen Antwort verständlich, die wir im folgenden unter den von uns gewonnenen Gesichtspunkten zu erhellen suchen.

30 Ebd., S. 95 f.

31 Vgl. ebd., S. 110. – Mit Frege und Russell/Whiteheads ›Principia Mathematica‹, Bd. 1, Cambridge 1920, befaßt sich kursorisch Heideggers Aufsatz: Neuere Forschungen über Logik, in: Literarische Rundschau für das katholische Deutschland, Jg. 38 (1912), Nr. 10-12.

32 Zur Bestimmung der Philosophie, a.a.O., S. 5, 18, 88 u. ö.

Das Umwelterlebnis hat Beispielfunktion für die Neufassung der phänomenologischen Philosophie als vortheoretischer Wissenschaft vom Ursprung. Es ist »keine Zufälligkeit, sondern liegt im Wesen des Lebens an und für sich; theoretisch dagegen sind wir nur in Ausnahmefällen eingestellt«.[33] Damit ist nicht gesagt, das Leben habe den Primat vor der Theorie (Dilthey) oder sei seinem Wesen nach Praxis (James). Für den Pragmatismus sind theoretische Sachsetzungen charakteristisch,[34] während Heidegger behauptet, daß das Umwelterleben *prinzipiell* keine Voraussetzung macht und sich nicht dazu stempeln läßt. Die Pointe gegen die transzendentale Phänomenologie besteht jedoch in der Behauptung, daß es ebensowenig voraussetzungslos sei, weil diese Unterscheidungen überhaupt nur Sinn hätten im Herrschaftsbereich der theoretischen Form der Gegenständlichkeit, die Husserl nicht antastet. Der einzige, der das Problem erkennt, ist E. Lask, dessen Terminologie von Heidegger zum Teil übernommen wird.[35] Ohne schon den positiven Sinn des Zirkelfaktums im (vortheoretischen) Bereich des Verstehens herausgearbeitet zu haben,[36] argumentiert Heidegger ganz wie Lask: Soll der Zirkel aufhebbar sein, muß es ein atheoretisches Wissen vom Ursprung geben, dem die theoretische Form durch Ent-lebung entspricht. Und die Ursprungswissenschaft wäre so geartet, daß sie »nicht nur keine *Voraussetzungen* zu machen *braucht*, sondern *nicht* einmal machen *kann*, weil sie nicht *Theorie* ist«.[37] Der Schluß, daß sie dann selbst schon Praxis sei (wie ihn der Lask-Schüler G. Lukács gezogen hat), ist kurzschlüssig. Es handelt sich nicht darum, einen Primat der praktischen Ver-

33 Zur Bestimmung der Philosophie, a.a.O., S. 5, 18, 88 u. ö.

34 Phänomenologische Interpretationen zu Aristoteles, a.a.O., S. 135.

35 Vgl. Die Logik der Philosophie und die Kategorienlehre (1910), in: Gesammelte Schriften, hrsg. von E. Herrigel, Bd. II, Tübingen 1923, S. 21 ff. mit: Zur Bestimmung der Philosophie, a.a.O., S. 88 ff. und 122.

36 Vgl. Sein und Zeit, S. 152 ff.

37 Zur Bestimmung der Philosophie, a.a.O., S. 96 f.

nunft oder den Pragmatismus zu proklamieren, sondern um die Aufgabe, den spezifisch motivierten Entlebungsprozeß des Theoretischen zu verstehen und seine Vorherrschaft in der Philosophie zu brechen. Und das ist möglich, weil das Theoretische selbst und als solches in ein Vortheoretisches, das »Erleben« und Verstehen, zurückweist.

Das zeigt die Besinnung auf das Wesen des Umwelterlebnisses. In ihm, so scheint es, und dieser Schein wird nach der Preisgabe von »Erlebnis« und »Ereignis« als Ausdruckscharakteren des Erscheinenden in ›Sein und Zeit‹ befestigt, bewegen wir uns von vornherein jenseits des Hörens darauf, was das Fragen sagt: in der »Sicht« auf innerweltlich Seiendes wie das Werkzeug in der Werkstatt oder (nach dem von Heidegger gewählten Beispiel) das Katheder in der Vorlesung. Das scheint nur so; und Heideggers bewährte Kunst des Denkens aus der Nähe macht deutlich, daß das Sehen auch nicht bruchlos der pragmatischen »Umsicht« im Zutunhaben und Umgehen mit den Dingen folgt.

Darauf ist das Beispiel angelegt: »In den Hörsaal tretend, sehe ich das Katheder. Wir nehmen ganz davon Abstand, das Erlebnis zu formulieren. Was sehe ›ich‹? Braune Flächen, die sich rechtwinklig schneiden? ... eine Kiste, und zwar eine größere, mit einer kleineren daraufgebaut? Keineswegs, ich sehe das Katheder, von dem aus gesprochen wird, an dem ich schon gesprochen habe. Es liegt im reinen Erlebnis auch kein ... Fundierungszusammenhang, als sähe ich zuerst braune, sich schneidende Flächen, die sich mir dann als Kiste, dann als Pult, weiterhin als akademisches Sprechpult, als Katheder gäben, so daß ich das Kathederhafte gleichsam der Kiste aufklebte wie ein Etikett – all das ist schlechte, mißdeutete Interpretation, Abbiegung vom reinen Hineinschauen in das Erlebnis.«[38] Wir brauchen dem nicht weiter nachzugehen, um zu erkennen, daß das »Hineinschauen« in Wahrheit ein »Hineinlegen« des Verstehens in das »Sehen« ist. Thematisiert werden *unmittelbar* nicht »Ausdruck und Erscheinung«, sondern »Erlebnis und Erscheinung«: wie

38 Zur Bestimmung der Philosophie, a.a.O., S. 71.

Phänomene lebensmäßig, in nächster Umwelt, »gegeben« sind. Die Fragestellung ist nicht an Fundierungen des »Erlebten« im anschaulich »Wahrgenommenen« von Dingen orientiert, wie das bei Husserl der Fall ist. Ja, sie weist sogar die Richtung aufs »Gegebene« als phänomenologisch unzutreffend ab, weil sie bereits die Form der Gegenständlichkeit und eine theoretische Reflexion über das Umweltliche in sich einschließt.[39]

Als Gegebenheit vor das »historische Ich« hingestellt, verblaßt das Umweltliche zum Ding mit dinghaften Eigenschaften, das Katheder zur Kiste und zum bloßen Holzstück. Die Erscheinung verliert den Charakter des Erlebnisses; und mit ihm den Ereignischarakter. Denn über das Ereignis, so rechtfertigt sich die Erweiterung des Themas um die Dimension von »Ausdruck und Bedeutung«, lebt das jeweils eigene, historische Ich in seine Umwelt hinein. Und ereignishaft, »gleichsam in einem Schlage«, zeigen sich ebenso die Phänomene. Warum? Weil sie ursprünglich gar nicht »für sich gesehen« und »gegeben«, sondern »bedeutet« sind. Der eigentliche Sinn des Umweltlichen liegt in seinem Bedeutungscharakter, der lebensmäßig ausgedrückt und immer schon verstanden ist. Nicht Erscheinung für sich oder Ausdruck für sich, nicht die Gegenstände für sich und dazu noch »aufgefaßt als das und das bedeutend, sondern das Bedeutsame ist das Primäre ... In einer Umwelt lebend, bedeutet es mir überall und immer, es ist alles welthaft, ›es weltet‹«, wie Heideggers Grundwort zur Neufassung der phänomenologischen Philosophie als vortheoretischer Urwissenschaft lautet.[40]

39 Ebd., S. 88 f.

40 Zur Bestimmung der Philosophie, a.a.O., S. 73. – Obwohl das Wort als Neologismus und früher Ausdruck »verheideggerten« Sprachgebahrens empfunden wurde (nach dem Zeugnis von H.-G. Gadamer, Heideggers Wege, Tübingen 1983, S. 141), ist es eine alte Prägung der deutschen Sprache (welten, geweltet = imitari, sequi mundum), die auch dem Englischen (to world, to furnish with a world of people) vertraut ist. Vgl. Grimm, Wörterbuch, Bd. 23, Leipzig 1955, Sp. 1562.

Das Wort kündigt die Wende zur hermeneutischen Phänomenologie an, lange bevor Heidegger die an Husserl orientierte transzendentale Selbstauffassung von ›Sein und Zeit‹ auf dem Weg zur »Kehre« revidiert.[41] Wenn das »es weltet« nicht »theoretisch festgestellt, sondern ›als weltet‹ erlebt« wird,[42] eröffnet sich der Weg zur Überwindung der eidetischen, am Primat des »Sehens« orientierten, Phänomenologie. Das »Welten« liegt jenseits von Setzung und Voraussetzung, die es als solche gar nicht enthält. Wird es theoretisch so »gesehen« und »gesetzt«, ist es seinem Sinn nach schon zerstört. Bedeutsames läßt sich überhaupt nicht »sehen«; es drückt sich aus, ist motiviert. Und Motive, so wissen wir, sind »herauszuhören«.
So wird die minimale Aussage: »Es weltet«, die Antwort auf das Minimum der Frage: »Gibt es das ›es gibt‹«, zum Ausdruck hörender Welthabe und jener Haltung hermeneutischen Verstehens, die sich Husserls phänomenologischer Grundhaltung der Anschauung entgegenstellt. Neben dem »Ereignen« ist das »Welten« das wohl eigenwilligste und kühnste Wort, das Heidegger am Anfang seines Denkwegs im Sprung zur »anderen Welt«, ja, überhaupt erst *in* die »Welt«, gefunden hat. Wenn wir beides zusammendenken (und das müssen wir tun, da das »Welten« sich nach Heideggers frühester Einsicht »ereignet« und nichts anderes als »Ereignis« *ist*), wird uns die Einheit in der Vielheit von Heideggers Wegen deutlich. Im »es weltet«, dieser Aussage, worin kein Ich vorkommt und kein Bewußtsein und Subjekt, ist

41 Das bemerkt mit Recht H.-G. Gadamer, Die religiöse Dimension (1981), in: Heideggers Wege, Tübingen 1983, S. 141. – Die Problematik im Ganzen untersucht das lehrreiche Buch von F.-W. von Herrmann, Die Selbstinterpretation Martin Heideggers, Meisenheim 1964.

42 Zur Bestimmung der Philosophie, a.a.O., S. 94. Daraus erklärt sich die Parallele zum »Wert«, der nicht »ist«, sondern »wertet« (S. 46). Vgl. Chr. von Wolzogen, »Es gibt«. Heideggers und Natorps »praktische Philosophie«, in: Heidegger und die praktische Philosophie, a.a.O., S. 323 f.

in der Tat die »Kehre vor der ›Kehre‹« enthalten.[43] Und wer bedenkt, wie sich am Ereignis des »Weltens« die Grundthematik einer »phänomenologischen Hermeneutik« entfaltet, dem muß sich das Unzulängliche der heute fast kanonischen Unterscheidung zwischen dem Heidegger »vor« und »nach« der Kehre aufdrängen.[44]

Die Entfaltung vollzieht sich über die Neubestimmung der Phänomenologie als Ursprungsverstehen vom Leben und eine ursprünglich spekulative Spracherfahrung, die damit eng zusammenhängt. Der Sprachausdruck, so heißt es schon in der ersten Freiburger Nachkriegsvorlesung, Bedeutungsmäßiges überhaupt »braucht nicht ohne weiteres theoretisch oder gar objektartig meinend zu sein, sondern ist ursprünglich erlebend, vorwelthaft bzw. welthaft«.[45] Allgemeinheit der Wortbedeutung besagt darum primär etwas »Originäres«, nämlich die Welthaftigkeit aktuellen Erlebens. Das mag dem jungen Heidegger am Studium der spekulativen Grammatik als der »metaphysischen Besinnung auf die Sprache in ihrem Bezug zum Sein«[46] aufgegangen sein. Ich glaube jedoch, daß es aus der frühen Erfahrung der Sprachnot des Denkens erwächst: daß »unsere Sprache« der »neuen Grundtypik des Erlebens« nicht gewachsen ist.[47] Und in eigenständig phänomenologischer Besinnung darauf, was »Phänomene« erlebnismäßig sind und wie sie sich im faktisch erfahrbaren Lebenszusammenhang »geben«, wächst sie über eine bloße Repristination traditioneller Sprachmetaphysik weit hinaus. Beides steht im Hintergrund der Vorlesung über ›Grundprobleme der Phänomenologie‹ (1919/20),

43 So H.-G. Gadamer, Der eine Weg Martin Heideggers, 1986, S. 15. Vgl. auch Th. Sheehan, Heidegger's ›Introduction to the Phenomenology of Religion‹ 1920-21, in: The Personalist (1979), p. 316-17.

44 Diese kritischen Bemerkungen beziehen sich vor allem auf das sonst verdienstvolle Buch von William R. Richardson, Heidegger. Through Phenomenology to Thought, The Hague 1963.

45 Zur Bestimmung der Philosophie, a.a.O., S. 116f.

46 Unterwegs zur Sprache, a.a.O., S. 93.

47 Vgl. Zur Bestimmung der Philosophie, a.a.O., S. 46 und 111.

die sich gegen die Degeneration des »Lebens« in der Philosophie wendet: daß es selbst nicht eine »mögliche Welt des Erlebens« ist. Das »größte Problem« der Phänomenologie ist »sie selbst für sich selbst«.[48]

III

Mit der Besinnung auf das »Problem der Gegebenheit«, ein »Zauberwort« der Philosophie und »Stein des Anstoßes« zugleich, setzt die Vorlesung ein. Sie beansprucht, die »Idee der Philosophie als einer Ursprungswissenschaft radikal neu zu erobern«.[49] In Frage steht die *Methode* der Phänomenologie: wie durch eidetische Reduktion der erste Schritt zur Eingrenzung des Ursprungsgebiets gemacht werden kann (a); wie sich das *Eidos* zum *Faktum* verhält, dem faktisch erfahrenen Erleben (b); und wie es selbst über die sinngenetische Problemstellung an diese Grenze herangeführt werden kann (c). Dem Leben fehlt »faktisch« die nötige Distanz, sich selbst ursprünglich zu sehen: »Es sieht sich in seinem Sehen immer wieder nur als faktisches Leben«.[50] Aus der Erfahrung dieser Enge, die auch das Eigentliche im »Übersehen« des Bewußtseinsstroms ausmacht (»Eine Phase nach der anderen fließt ab, ohne daß ich den Abfluß selbst ansehe«), erwächst die Frage, wie »aus dem faktischen Leben heraus durch methodische Ansätze in ihm dem Ursprungsgebiet begegnet werden kann«.

In seiner Antwort knüpft Heidegger (dem Wortlaut nach,

48 Grundprobleme der Phänomenologie (= GrPh), Bl. 1 und 30. Vgl. F. Hogemann, Heideggers Konzeption der Phänomenologie, in: Dilthey-Jahrbuch Bd. 4 (1986/87), S. 57 ff., dem ich für den Einblick in das Vorlesungsmanuskript (Nachschrift F. J. Brecht) danke.

49 GrPh, Bl. 1. Vgl. O. Pöggeler, Heideggers Neubestimmung des Phänomenbegriffs, in: Phänomenologische Forschungen 9 (1980), S. 124-162.

50 GrPh, Bl. 8.

nicht in der Sache) an einen Terminus von Husserl an: Das faktische Leben »gibt« sich in verschiedenen *Zusammenhängen der Bekundung*.[51] In Husserls Phänomenologie steht er teils für die indirekte *Darstellung* von (die Gestaltmomente der Dingwelt ergänzenden) materiellen Füllen, z. B. von spezifischen Sinnesqualitäten, die in ihrer eigenen Gradualität nicht direkt so zu behandeln sind wie die Gestalten selbst und dennoch als »Bekundung« einer »objektiven« Welt gelten; teils dafür, was sich an bewußtseinstranszendenten individuellen Vorkommnissen durch sinnliche *Erscheinung* »konstituiert«.[52] So ist für Husserl das Reich der Natur das der »phänomenalen«, nämlich der *in* mittelbarer »Darstellung« sich konstituierenden realen Einheiten der Dingwelt, während das Reich des Geistes das der durch absolute Bekundung gegebenen Realitäten ist, denen ursprünglich, gemäß dem methodischen Ansatz der transzendentalen Phänomenologie, nur das reine »Ich« als irrealer absoluter Träger aller Bekundung von Realität zugrundeliegt.[53]
In der transzendentalphilosophischen Wendung von Husserls Phänomenologie (›Ideen‹ Bd. I, 1913) gewahrt Heidegger die Gefahr ihres Sich-Einbauens in die neuzeitliche Subjektphilosophie. Der Begriff des reinen Ich leistet nichts für die konkrete Erforschung der Phänomene. Umschreibt er doch lediglich einen »formalen Punkt«, der überall »dabei« ist, ohne in jedem faktischen Erlebnis vorfindbar zu sein, da es »exzentrische« Erlebnisse (etwa der Naturschönheit) gibt, die gerade nicht ichbezogen sind. Und er leistet auch nichts für das Verstehen, das sich immer auf Faktisches (als »Ausdruck« von Erlebtem) bezieht. Er gefährdet vielmehr den Zugang zum Ursprungsgebiet, das als solches nicht »gegeben« ist, sondern durch einen »Sprung ins Faktische« erfahrungsgemäß vorbereitet und gewonnen werden muß. Dieser

51 GrPh, Bl. 8.

52 Vgl. Ideen zur reinen Phänomenologie und phänomenologische Philosophie I, Husserliana Bd. III, S. 146 und II, S. 104 mit: Die Krisis der europäischen Wissenschaften und die transzendentale Phänomenologie, Husserliana Bd. VI, S. 31 f.

53 Ideen II, S. 125.

Sprung – der Absprung von der Vorherrschaft der Anschauung in Husserls Evidenzprinzip – beginnt mit der Herausarbeitung unterschiedlicher Bekundungsmöglichkeiten der Phänomene im Kontext wirklicher Lebenserfahrung: »Alles im Leben drückt sich aus, stellt sich dar, erscheint, ist – Phänomen.«[54]

Was uns an faktischen Erlebnissen des Lebens als »Etwas« begegnet, ist *irgendwie* und *nur in* einem *Irgendwie:* der unbestimmten *Bedeutsamkeit*, in der es sich »alltäglich« kundgibt. Der Bekundungszusammenhang, worin sich z.B. ein Buch »gibt«, hat nichts von den theoretisierten Zusammenhängen an sich, in denen sich der Physik die Phänomene von Licht und Schall »geben«. Wie Heidegger unter expliziter Abkehr von Husserls Verwechslung der Umwelt mit der Dingwelt herausarbeitet, handelt es sich um verschiedene Weisen des Gebens (ursprünglich erlebnismäßige *Gegebenheit* (a), leibhaftes bzw. nichtleibhaftiges (theoretisiertes) *Gegebensein* und symbolische *Vorgabe* (b)). Und dabei wird von vornherein festgehalten, daß der Bekundungszusammenhang der Wissenschaften nur einer unter anderen ist: der Kunst, der Religion, des praktischen Lebens (der »Alltäglichkeit«).

Heidegger erläutert das an Alltagsbeispielen wie dem Kauf eines Buches oder dem Vorlesungsbesuch. Es handelt sich nicht zufällig um sprachlich vermittelte Bekundungszusammenhänge ähnlich jenen aus den historischen Wissenschaften (»Quellen«: archäologische Monumente und archivaische Dokumente gelebten Lebens), die der faktischen Lebenserfahrung näherstehen als die auf die Dingwahrnehmung und Theoretisierung zugeschnittenen Licht- und Schallphänomene. Sie haben ihre spezifischen Bekundungsweisen. Der Vorlesungsbesuch drückt sich aus durch ganz typische Erlebnisse in einer konkreten Situation (etwa als die der Zuhörer von Max Weber im München der Räterepublik), das Bücherkaufen in den Aspekten des Papiers, Drucks, Einbands, des Platzes auf dem Regal, wobei sich der

54 GrPh, Bl. 8.

Inhalt selbst verschiedenartig bekundet: nicht nur nach Lesealter und Lernfähigkeit, sondern nach der geschichtlichen Wirkung des Buches (dem »Sichdarstellen des Inhalts«). Und diese Bekundungsmannigfaltigkeit bekundet sich dann wieder verschieden: in Tiefenschichten und Oberflächen, in Kern und Umgebung, je nach dem »Irgendwie«, in dem sich die zu ihr gehörige »Welt« gibt, wobei hier zur Konkretisierung der Erlebnisse in der *Umwelt* das konkrete Erlebnis der *Mitwelt* (der Bekundung von Menschen und Menschengruppen im Urteil, Reden, Schweigen, Verhalten) und *Selbstwelt* hinzutreten. Erst damit »genügt« das Erleben dem Leben selbst, dessen Phänomene als konkret sich Ausdrückendes, Darstellendes, Erscheinendes verstanden werden können.

In der Richtung auf die Selbstwelt bekundet sich das Leben in seiner eigenen Erscheinungsweise, die Heidegger mit dem Terminus *Selbstgenügsamkeit* umschreibt. Aus sich heraus bewegt (= der Ursinn von »motiviert«) hat es eine bestimmte *Tendenz*, die sich in Lebensformen, Weltanschauungen, Berufstypen usf. zu erfüllen strebt. Soweit es in seiner nächsten Um- und Mitwelt lebt, ist das Leben sich durch seinen »Gehaltssinn« unmittelbar verständlich, ohne sich ursprünglich erfassen zu können. Die Erfassung des Ursprungs weist darüber hinaus auf die ihm immanente Beziehung von *Motiv* und *Tendenz*, den *Bezugssinn* als Form des Erfassens des Lebens seiner selbst *im Vollzug* des Mitgehens und Miterlebens der unabgehobenen Phänomene des faktisch gelebten Lebens. Und darin öffnet sich zuletzt der Zugang zum *Vollzugssinn* im Wechsel von »Erinnerung« und »Erwartung«, d. h. die Zentrierung aller Phänomene auf die *Selbstwelt:* daß die Welt im Ganzen, wie es Heidegger wiederum mit einem Sprachvergleich erläutert, »gewissermaßen nur der Widerhall ist der inneren Rhythmik des Selbstlebens«.[55]

Mit der Zentrierungsmöglichkeit auf die Selbstwelt – der

55 GrPh Bl. 11-12, 40-42, 45-51. Th. Kisiel, Das Entstehen des Begriffsfeldes ›Faktizität‹ im Frühwerk Martin Heideggers, a.a.O., S. 103, der das Hauptgewicht auf die Geschichte legt.

sinngenetischen Vorbereitung der phänomenologischen Reduktion – rückt der Genügsamkeitscharakter und Bekundungsausdruck des Lebens in ein ganz neues Licht. Heidegger spricht von einem »vorfühlbaren Zusammenhang«, der *nicht* zu *erschließen* ist.[56] Und wir gehen wohl nicht fehl in der Annahme, daß an dieser Stelle die *Vorgabe der Sprache ins Spiel* kommt, ohne die nichts »gegeben« und »erfahren« werden kann. Heidegger zeigt es am Bezugssinn der *Tendenz:* Sie strebt danach, sich ins Ziel zu bringen. Aber jede Tendenzerfüllung kann nur vorläufig, nie endgültig sein, weil das faktische Leben notwendig fraglich ist. Die *Fraglichkeit* gehört ebenso zum Wesen der Tendenz wie zur Selbstgenügsamkeit des Lebens, das sich immer nur *in seiner eigenen Sprache* anspricht, im Wechsel der Bewegung von Frage und Antwort, der es sich zu *erinnern* vermag. Das faktisch gelebte Leben lebt erwartungs- und erinnerungsmäßig. Ja, darin besteht geradezu Heideggers methodische Einsicht: daß der Zugang zu seinem Darüberhinaus – dem Ursprungsgebiet der Phänomenologie – *anamnestisch* zu bahnen ist.

Es handelt sich um die uns bekannte Haltung des *Heraushörens von Motiven* aus der vortheoretischen Sprache des Lebens. Sie trägt die sinngenetische Vertiefung der phänomenologischen Methode auf dem *Weg über die Selbstwelt.* Mit Husserl opponiert Heidegger dem geisteswissenschaftlichen Weg der Psychologie (Dilthey) und zugleich Husserls Annäherung an den Neukantianismus im Programm der »Philosophie als strenger Wissenschaft«. Methodisch fängt der Weg mit der Verneinung an, dem Nachweis, was das Faktische *nicht* ist: kein Gegenüber zu einem konstitutionstheoretisch gefaßten Prinzip (dem »Sinn« und »Wert«) oder zum *principium individuationis*, das sich der transzendentallogischen Konstitution entzieht. Die Selbstwelt ist im faktischen Leben weder »da« wie ein Ding (Objekt) noch wie ein »Ich« (das transzendentale Subjekt im erkenntnistheoretischen Sinne), sondern im »Wie« *bestimmter Bedeutsamkeit*, näm-

56 GrPh, Bl. 12.

lich von *Situationen*, worin es sich *zeithaft* gibt: mit dem Bestimmungsstück der *Tendenz* und seiner Ausdrucksformen in *Erlebnissen*, die situativ entspringen.

Damit spitzt sich die Frage nach dem Verhältnis von Anschauung, Ausdruck und Erscheinung auf die nach einer möglichen phänomenologischen Wissenschaft dieser Erlebnisse, d. h. der Möglichkeit einer *Anschauung der Situation* zu,[57] die sich im reinen *Verstehen* expliziert und hermeneutisch ausformt in der *Interpretation* von Sinnzusammenhängen (bis hin zu den Determinanten letzter Lebenssituationen wie Berufung, Schicksal, Gnade). Sofern das Verstehen mit dem »Nicht« arbeitet (der späteren »Destruktion« von Objektivierungstendenzen in der Philosophie), trifft es sich mit der Hegelschen *Dialektik*. Als Form der Selbstwelterfahrung gewinnt sie jedoch ihren Grundsinn aus den Charakteren des faktischen Lebens (Selbstgenügsamkeit, Bekundungsausdruck, Bedeutsamkeit), die *Indizes* nicht der Verallgemeinerung, sondern für das Verstehen ihrer selbst als Ausdrucksgestalten des Lebens sind. So ist die verstehende Phänomenologie »nicht eigentlich Dialektik im Sinne des logischen Gegeneinandersetzens, sondern *Diahermeneutik*«, ein Mitlaufen »zwischen« den »ersten« und »letzten« Sinnbezügen des Erlebens, das die »Gesamtsituation eines Phänomens mehr oder weniger gegenwärtig haben« muß.[58] Warum? Weil sich die phänomenologische Evidenz an kein »verdinglichtes Ideal der Adäquatheit« halten kann. Der Sinn der Adäquation ist hier ein ganz anderer, sagt Heidegger im Blick auf die sprachliche Vorgabe. Die Sprache schiebt sich nicht nur »leermeinend« vor die anzuschauenden Phänomene, sie ist das unhintergehbare Medium, das an sie heranführt: in indirekter Anzeige (ihrer *Indikation*), so daß sie dann, auch von anderen, selber »gesehen« und in ihrer geschichtlichen Bedingtheit (im Rückgang auf die »letzten Motive des Lebens des Geistes«) verstanden werden können. Wir haben eben »nicht das Phänomen in der Rede,

57 GrPh, Bl. 35.
58 GrPh, Bl. 27 und 50.

wie das Instrument auf dem Tische. Vielmehr bestimmt sich der Sinn der Adäquation lediglich nach der Ursprünglichkeit«.[59]

Mit Husserl teilt Heidegger die Abneigung gegenüber der dialektischen Systemphilosophie. Und er erkennt vorbehaltlos an, daß der entscheidende Schritt zur Phänomenologie in der Forderung nach anschaulicher Ausweisung aller »Begriffe« im Rückgang auf die originär gegebenen Phänomene besteht. Aber Husserls Rekurs auf die Anschauung ist nicht ursprünglich genug. Er läuft ständig Gefahr, die phänomenologische Anschauung mit der sinnlichen Wahrnehmung zu vergleichen, eine Selbstgefährdung ihres eigenen Ansatzes, die Heideggers Sprachvergleich von Anbeginn vermeidet. Bei Husserl sieht es von vornherein so aus, als sei das Korrelat der phänomenologischen Anschauung etwas Objektartiges. Und daraus folgt dann die Gleichsetzung des Wesens- mit dem Gattungsbegriff auf der einen, der immanenten Reflexion des Erlebens im Modus theoretischer Objekteinstellung auf der anderen Seite. Werden die Erlebnisse dinghaft aufgefaßt oder idealtypisch vergegenständlicht, ohne daß man von dem darin gelegenen interpretativen Vorgriff weiß, wird mit dem phänomenologischen Verfahren der Beschreibung die Wesenserkenntnis verfälscht. Sie verschlingt sich dann mit der Methode der generalisierenden Begriffsbildung, der Verallgemeinerung und traditionell-ontologischen Auffassung des *Wesens* im Sinne des *Eidos* als phänomenologisch beschreibbarem Wasgehalt. Im Ausschreiten des Weges über die Selbstwelt (das spätere Da-sein in der Zeit) am Leitfaden der Charaktere des faktischen Lebens erweist sich jedoch, daß diese »Begriffe« lediglich die Funktion der »Anzeige« haben, in ein konkretes Gebiet »hineinzusehen«, weshalb sich die Beschreibung des »Was« aus der Grundtendenz des Verstehens, nämlich der Konkretion im »Wie« bestimmter Lebenssituationen, bestimmt.

59 GrPh, Bl. 51. Der Gesichtspunkt der Sprache wird herausgearbeitet bei B. Merker, Selbsttäuschung und Selbsterkenntnis. Zu Heideggers Transformation der Phänomenologie Husserls, Frankfurt/M. 1988, S. 101 f.

Und damit hängt schließlich zusammen, daß sich die phänomenologische Evidenz anders als die mathematische erfüllen muß. Die »Sache« der Philosophie kann weder etwas Objektartiges sein noch läßt sie sich auf ein absolutes »Ich« zurückführen – Husserls transzendentale Reduktion, in der Heidegger dieselbe Verdinglichung und Verabsolutierung einer Idee am Werke sieht, die aus dem Leben selbst herausführt. Sie steht im Widerspruch zur phänomenologischen Reduktion, die für den jungen Heidegger das »Mitmachen einer faktischen Lebenserfahrung in größtmöglicher Lebendigkeit« in sich einschließt.[60] Hier liegt der Hauptgrund für die Ergänzungsbedürftigkeit der Phänomenologie. Das Problem des Lebens und seines Verstehens wird nicht lebendig erfaßt, weil das Problem der *Geschichte* nicht gesehen ist, worin Heidegger »Hegels Bedeutung für die Weiterentwicklung der Philosophie« erblickt.[61]
Die Bekundung der konkreten Grundsituation des Lebens, in der es ganz »da« ist, der Phänomenologie als strenger Wissenschaft näherzubringen, darin besteht die Aufgabe, vor die sich Heidegger in ihrer Transformation zu einer »verstehenden« Wissenschaft gestellt sieht. Sie ist in anderer Weise »streng«, weil die Strenge nur den nicht-mathematischen Sinn von »angestrengt, konzentriert« sein auf den methodischen Sprung zum Faktischen hat. Es ist der Absprung zur »Faktizität«, der unter Verzicht auf die Tendenz zum Erklärenwollen die Phänomene so hinnimmt, wie sie *sich von ihnen selbst her zeigen*, »absolut«, um Heideggers Wort für die Selbstbekundung zu gebrauchen. Indem damit die Konnotation des Phänomenbegriffs mit dem des Ausdrucks und der Darstellung entfällt, folgt die Urstiftung der phänomenologischen Hermeneutik der Richtung des *Sichzeigens* der Phänomene, die als sie selbst »da« und nicht irgendwie ausgedrückt, vertreten oder in indirekter Betrachtung »rekonstruiert« sind. Sie erfolgt über die Ausdifferenzierung des *Bekundens*, das mit dem Durchbruch des Programms

60 GrPH, Bl. 66-68, 77.
61 GrPh, Bl. 37.

einer »Hermeneutik der Faktizität« auf dessen sprachliche Urmeinungen im Sinne des »Bezeugens«, des »Mitteilens« und »Kundgebens« zurückgeht.[62] Und damit differiert dann der Begriff des Phänomens von dem der *Erscheinung*, was auf anderes als sich selbst verweist, den Charakter der »Verweisung« hat.

So läuft die Auseinandersetzung mit Husserl in der Freiburger Zeit auf einen Punkt hinaus, an dem die Grundlinien der hermeneutisch verwandelten Phänomenologie zusammenlaufen: einerseits die »eigentliche« Abhebung der Phänomenverhalte des *Sichzeigens* im Unterschied zum Verweisungscharakter des Erscheinens, der *indizierenden Anzeige* (*indicare* ist gemäß der Ableitung von *dicere*, sagen, in der stärkeren Form des *dicare* gleichbedeutend mit »verkünden«, »andeuten«, »aussagen«); und auf der anderen Seite die Bestimmung des Zusammenhangs von »Bezeugung«, »Mitteilung« und »Kundgabe« im Rückgang auf die »Worturmeinung« des *hermeneuein:* an jemand das mitteilen, kundgeben, was ein anderer »meint« bzw. solche Mitteilung, Kundgabe, ihrerseits vermitteln und nachvollziehen.[63] Es ist das Fazit am Ende des Weges zur »hermeneutischen Intuition«, zu Heideggers ursprünglicher Einsicht, daß sprachlich Bedeutungsmäßiges nicht notwendig theoretisch oder gar objektartig meinend zu sein braucht, sondern »welthaft« ist. »Die vorwelthaften und welthaften Bedeutungsfunktionen«, so heißt es am Schluß der ersten Freiburger Nachkriegsvorlesung, »haben das Wesentliche an sich, Ereignischaraktere auszudrücken, d. h. sie gehen ... mit dem Erleben mit, leben im Leben selbst, und mitgehend sind sie zugleich herkommend und die Herkunft in sich tragend. Sie sind vorgreifend und zugleich rückgreifend, d. h. sie drücken aus das Leben in seiner motivierten Tendenz bzw. tendierenden Motivation«.[64]

62 Ontologie (Hermeneutik der Faktizität), a.a.O., S. 67.

63 Vgl. den Beginn der Vorlesung über Ontologie (Hermeneutische Faktizität), a.a.O., S. 9 f.

64 Zur Bestimmung der Philosophie, a.a.O., S. 117.

Hermeneutik und Gesprächsdialektik

Gadamers Auseinandersetzung mit Heidegger

Daß die Seinsfrage nicht die rechte Bahn einer ursprünglichen Aneignung finde, diese Besorgnis begleitet ihre Entfaltung seit Heideggers erstem Wurf von ›Sein und Zeit‹ (1927). Sie durchzieht die Retraktation seines Frühwerks, das unablässige Bemühen, dessen Fragestellung mit dem ersten Anstoß durch Brentanos Dissertation: ›Von der mannigfachen Bedeutung des Seienden nach Aristoteles‹ (1862) und der Schrift seines Freiburger Lehrers Carl Braig: ›Vom Sein. Abriß der Ontologie‹ (1896) zu verbinden und noch die Umkehr im Spätwerk als *einen* Denkweg zu begreifen.[1] Gegen Heideggers Selbstinterpretation, die mit der Schrift über ›Platons Lehre von der Wahrheit‹ (1931 geschrieben, 1942 erschienen) und dem ihr beigegebenen Anhang, dem ›Brief über den Humanismus‹ (1946), zu einem Bestandteil des Werks geworden ist, hat H.-G. Gadamer die Vielheit der von Heidegger begangenen Wege nachgezeichnet,[2] im Einklang mit der späten Einsicht des Lehrers, der in letzter Rechenschaftgabe statt von »Werken« nur noch von »Wegen« sprechen mochte, von jenem »Unterwegs zur Sprache«, in dem sich das heutige Denken begriffen weiß.

Es ist, vor allem, der Ausgangspunkt des Weges zur Seinsfrage, der sich in Heideggers und Gadamers Rückblick verschieden ausnimmt. Wenn wir uns an Heidegger halten, so war es nach dem Durchgang durch die kategorial fundierte Bedeutungslehre des Neoaristotelismus und ihre Verschrän-

1 Mein Weg in die Phänomenologie (1963), in: Zur Sache des Denkens, Tübingen 1969, 81-90; Vorwort zu William J. Richardson, Heidegger. Through Phenomenology to Thought, The Hague 1967, X-XXIII. Vgl. dazu F.-W. v. Herrmann, Die Selbstinterpretation Martin Heideggers, 1964.

2 Heideggers Wege. Studien zum Spätwerk, Tübingen 1983.

kung mit der neukantianischen Lehre vom Primat des Urteils für die Konstitution der Wahrheit im Gegenstand der Erkenntnis ein phänomenologisch gewandeltes Aristotelesverständnis, das die transzendentale Phänomenologie der Erkenntnisakte und deren Erfüllung im Sich-selbst-Bekunden der Phänomene auf die Probe stellt. Sie mündet in die Einsicht, daß die Bekundung vorprädikativer Wahrheit ursprünglicher noch von Aristoteles und im ganzen griechischen Denken als ἀλήθεια gedacht wird, als die »Unverborgenheit des Anwesenden« im Entbergen und Sichzeigen. Woher und wie, so formuliert Heidegger die Vorfragen auf dem Weg zu ›Sein und Zeit‹, »bestimmt sich, was nach dem Prinzip der Phänomenologie als ›die Sache selbst‹ erfahren werden muß? Ist es das Bewußtsein und seine Gegenständlichkeit, oder ist es das Sein des Seienden in seiner Unverborgenheit und Verbergung?«[3] Das scheint mir im zweiten Teil der Frage eine klare Rückübertragung der nach der Kehre fortbewegten Fragestellung nach dem Wesen der Wahrheit zu sein, während der erste den Ausgangspunkt des Weges der Seinsfrage festhält: den Absprung vom Subjektivitätsdenken des neuzeitlichen Transzendentalismus in seiner letzten Aufgipfelung bei Husserl und dahinter von der neoaristotelisch-neukantianischen Begrenzung der Bedeutungslehre durch die Lehre von den gegenstandskonstitutiven Kategorien – als ob sich die »Bedeutung des Seienden« in dessen Aussagbarkeit durch die »erste«, die *Seinskategorie,* erschöpft.[4]

3 Mein Weg in die Phänomenologie, 87.

4 A. Trendelenburg, Geschichte der Kategorienlehre, Berlin 1846, 69; E. Lask, Die Logik der Philosophie und die Kategorienlehre (1910), Gesammelte Schriften Bd. II, hg. von E. Herrigel, Tübingen 1923, 230f.

I

Der Absprung vom neuzeitlichen Transzendentalismus erfolgt über die Zurückführung der Kategorien- auf eine Bedeutungslehre und deren Verwurzelung in den Elementarbegriffen der transkategorialen Sphäre des Gegenständlichen überhaupt, die der Region von Gegenständen den Zusammenschluß geben, und das sind die ursprünglich Platonischen Ideen des Einen, des Wahren, des Guten, traditionell-aristotelisch gesprochen: die *Transzendentalien,* die durch alle Kategorien hindurchgehen und transzendentalphilosophisch, in der Terminologie der nachkantischen Bewußtseinsphilosophie, den *Sinn* von Gegenständlichkeit oder kurz den *Gegenstandssinn* konstituieren.

Heidegger konnte sie in seiner Habilitationsschrift (1916) über den derzeit noch Duns Scotus zugeschriebenen Traktat: ›De modis significandi‹ im Medium der neukantianischen und phänomenologischen Konstitutionstheorie der Gegenständlichkeit des Bewußtseins auslegen, weil er die Idee des Guten davon ausschloß,[5] jene Idee, die nach Plato (Politeia, 509b) an Würde und Kraft noch das Sein übersteigt (ἐπέκεινα τῆς οὐσίας) und so den mittelalterlichen Transzendentalien ihren einheitlichen Namen leiht. Und er mußte sie ausschließen, weil er sich schon in seiner Dissertation: ›Die Lehre vom Urteil im Psychologismus‹ (1914) auf Lotzes Ausdeutung der Platonischen Idee als den Inbegriff des Geltens, der kein Sein einschließt, berufen und das »ist« der Kopula im wahren Urteil mit Rickert und Lask als »es gilt« verstanden hatte.[6] Das »ist« bedeutet nicht etwa »existieren«, wirklich sein nach Art von (sinnlichen oder übersinnlichen) Gegenständen, sondern die Wirklichkeitsweise des geltenden Sinnes, das Wahr-sein (esse verum). *Geltung*

5 Die Kategorien- und Bedeutungslehre des Duns Scotus, in: Frühe Schriften, Frankfurt/M. 1972, 207. – Der Gesamtsinn der Sphäre des Gegenständlichen wird danach durchweg vom Begriff des Seienden (ens) in seinem Bezug zum Einen (unum), dem Inbegriff des Gegenstandes überhaupt, gebildet (156ff.).

6 Vgl. Die Kategorien- und Bedeutungslehre, 111f.

hat der *Sinn des Seins im Urteil*, das *Sein des Seienden*, wie es sich dem Gegenstand der Erkenntnis darstellt.[7] Und dessen Wirklichkeit bekundet sich zuletzt an dem im Urteil gelegenen Anspruch auf allgemeine Anerkennung eines *Wertes*, des Werts der Wahrheit, wozu sich die Idee des Guten sedimentiert. Sie wird zum Sediment eines immanenten Urteilssinns, der zum transzendenten des logischen Urteilsgehalts, dem Gegenstandssinn, im Akt der Wertbejahung ergänzend hinzutritt[8] – eine haltlose Subjektivierung des Wahrheitsproblems, die der angestrebten Objektivität der Lehre vom Urteil aufs härteste widerspricht.

Um dem zu entgehen, hätte Heidegger die neue Logik von Frege heranziehen können, die gegen die Reduktion der Kopula im Urteil auf das »es gilt« auf ein »es gibt (existiert)« zurückgreift und damit die Begrifflichkeit von Sinn und Bedeutung logisch aufklärt.[9] Wir sehen heute schärfer, warum er dies nicht getan hat. Denn für Frege bedeutet der Ausdruck: »Es gibt Menschen« nur unter *der* Bedingung dasselbe wie »Einiges Existierende ist Mensch«, daß das Wort »existieren« eine selbstverständliche Aussage enthält; und »selbstverständlich« heißt bei Frege jede Aussage, die dasjenige, von dem sie ausgesagt wird, nicht näher bestimmt.[10] Genau an diesem Punkt setzt Heideggers Frage »Was heißt *ist*?« (die so auch Frege stellt) ein. Sie orientiert sich am verbalen Gehaltssinn der Kopula, der sich durch die prädikatenlogische Umformulierung des Wortes »existieren«

7 Darauf beruht die Unterscheidung bei E. Lask zwischen dem material *Seienden*, dem *Sein des Seienden* oder der Seinskategorie und dem *Seinsgebiet* oder der Sphäre des aus Material und Kategorie gebildeten *Sinnes* (Die Logik der Philosophie, 47).

8 H. Rickert, Der Gegenstand der Erkenntnis, Tübingen 1928[6], 183 ff. und 341 f.

9 Auf den Neuansatz der mathematischen Logik in den ›Principia mathematica‹ von Russell (und Whitehead) wird in Die Kategorien- und Bedeutungslehre, 115, Anm. 8, verwiesen.

10 G. Frege, Dialog mit Pünjer über Existenz (1884), in: Schriften zur Logik. Aus dem Nachlaß hg. von L. Kreiser, Berlin 1973, 12 f.

(»Menschen existieren«) genau so nominalisiert wie in der subjektlogischen Formel: »Es gibt Menschen.« Und wenn dieser Ausdruck dasselbe bedeutet wie »Einige Menschen sind sich gleich«,[11] dann liegt das Herausfordernde darin, daß sich die Kopula nicht mehr vom »Ist« der mathematischen Gleichung unterscheidet. Was zum Denken herausfordert, ist die Stellung des Verbum innerhalb des Satzsinnes – daß das grammatische Subjekt, das Nomen, den *Gegenstand*, das Verbum aber einen *Gegenstandsverhalt* ausdrückt, der weder im »theoretischen Reich des Sinnes« (Lask) noch in der logischen Sinnlehre der »Begriffsschrift«, einer Semiotik oder formalen Semantik, aufgeht.
Die Tragweite des Ansatzes in der Sonderstellung des Verbum mag Heidegger, der mit ihr aus dem Studium der christlichen Theologie vertraut war, nicht voll bewußt gewesen sein. Wird er doch in seiner Auswirkung eigentümlich gehemmt. Das zeigt die Interpretation des scholastischen Beispielsatzes: *Ens est*, »Das Sein ist«, den Heidegger dahingehend versteht, daß der durch das Verbum »ist« gemeinte Sachverhalt »Sein« nicht vom Gegenstand, dem »Sein«, verschieden sei in der Weise, wie sonst Gegenstand und Gegenstandsverhalt verschieden sind. Verschieden vom Sein wäre einzig das Nicht-Sein[12] – eine ursprünglich platonische Einsicht, von der man annehmen darf, daß sie gegen die phänomenologische Immanenz des Bewußtseins und seiner neoaristotelisch-neukantianisch bestimmten Gegenstandskonstitution das andersartige Fragen in Gang bringt. Die Fragestellung scheint mir von Plato und der geltungs- und werttheoretischen Interpretation der Platonischen Ideenlehre her vorgezeichnet zu sein. Sie richtet sich auf die Untersuchung des Zusammenhangs von Sein, Wert und Negation, mit der Absicht, über eine *transzendental-ontische* Fassung des Gegenstandsbegriffs den logischen Sinn nicht auf

11 Vgl. Freges Nachwort zum Dialog, 16f.

12 Die Kategorien- und Bedeutungslehre, 340, Anm. 5. Erste Zweifel an Lotzes Zurückführung der Wirklichkeitsweise der Platonischen Ideen auf das Gelten äußert Heidegger bereits in der Dissertation, Frühe Schriften, 111, Anm. 2.

die Lehre vom Urteil zu beschränken, sondern »auch seiner ontischen Bedeutung nach zum Problem zu machen«.[13] Unsere Behauptung mag sich übertrieben oder gar grundlos ausnehmen, wenn man bedenkt, wie Heidegger nach der Kehre Plato an den Anfang der Seinsvergessenheit in der abendländischen Metaphysik rückt; daß er die Idee des Guten wohl nicht mehr als Wert, aber als ein für die Wahrheit Tauglichmachendes und damit ähnlich wie Lotze und der Neukantianismus auslegt.[14] Das Tauglichmachende ist noch immer eine Nachgestalt der transzendentalen »Bedingung der Möglichkeit«, der sich die Unverborgenheit des Seins zugunsten der Sichtsamkeit des im *Eidos* Erscheinenden entzieht. Die Entscheidung gegen Plato und den Platonismus fällt *nach* der Veröffentlichung von ›Sein und Zeit‹, mit Heideggers Rückkehr von Marburg nach Freiburg, und sie hängt aufs engste mit der Ausfaltung der Seinsfrage zur Frage nach dem Wesen der Wahrheit zusammen.[15] Vor der Kehre ist Plato in Heideggers Denken so gegenwärtig wie Aristoteles. Ja, das gewandelte Aristotelesverständnis, das er nach eigenem Zeugnis in der frühen Freiburger Zeit erprobt, scheint im Kern eine Auseinandersetzung mit Plato und der Problematik der Idee des Guten gewesen zu sein, der die erste Behandlung der Transzendentalienlehre in der Habilitationsschrift ausgewichen war, ein Nachhall der geplanten Untersuchung zur ontischen Bedeutung des logischen Sinnes, von der die Programmskizze an deren Schluß berichtet. Und vom Platonismus, von Augustin und dem Neuplatonismus, vom Antiaristotelismus der mittelalterlichen Mystiker, von Tauler, Gabriel Biel und dann von Luther, geht der neue Zugang zu Aristoteles aus.

13 Die Kategorien- und Bedeutungslehre, 348.

14 Vgl. Platons Lehre von der Wahrheit (1942), in: Wegmarken, Frankfurt/M. 1967, 133 f.

15 Dem ist die Interpretation des Platonischen Höhlengleichnisses im SS 1929, WS 1930/31, WS 1933/34 gewidmet. Vgl. den Zusammenhang mit der Nietzsche-Vorlesung: Der Wille zur Macht als Kunst (1936/37), Gesamtausgabe Bd. 43, hg. von B. Heimbüchel, Frankfurt/M. 1985, 207.

Dafür können wir uns an das Zeugnis von H.-G. Gadamer halten, der als Schüler von P. Natorp durch die während der Abfassung seiner Dissertation ›Über das Wesen der Lust in den Platonischen Dialogen‹ (1922) erfolgte Zurücknahme von dessen Interpretation der Idee des Guten als eines Seinsgesetzes für die Denksetzung der *Hypothesis des Eidos* auf eine Neuentdeckung der griechischen Logosphilosophie vorbereitet war. Es kommt zur denkwürdigen Begegnung mit Heidegger in Freiburg, wo Gadamer in der Ablösung von seiner eigenen Herkunft aus dem Neukantianismus das Künftige des eigenen Fragens, den Anstoß zur Verwandlung der phänomenologischen Hermeneutik in eine hermeneutische Gesprächsdialektik auf platonischer Grundlage, erfährt. Sie erwächst aus der Frühgestalt der *existenzialen Analytik des Daseins,* Heideggers »Zwischen-betrachtung« zu Aristoteles,[16] die Gadamer schon vor der Begegnung im Manuskript bekannt geworden war; »zwischen«, das heißt nach Heideggers Selbstverständnis: nach seiten bestimmter geistesgeschichtlicher Interpretationen, je nachdem, wie der Weg zu Aristoteles gefunden wird, in Opposition gegen den Kantianismus oder die neukantianisch geprägte Phänomenologie, gegen oder mit dem Neoaristotelismus. Für Gadamer meint es (und das hat es eine Zeitlang auch für Heidegger gemeint): Die Idee des Guten im Streit um den Vollzugs- und Bezugssinn des *légein* zwischen Plato und Aristoteles.[17]

Gadamer berichtet über das geschichtlich gespannte Verhältnis von neuplatonischem Augustinismus und Aristotelismus im Aufbruch des jungen Heidegger, von der christologischen Zeiterfahrung und der phänomenologischen Anschau-

16 Phänomenologische Interpretationen zu Aristoteles. Einführung in die phänomenologische Forschung, hg. von W. Bröcker u. K. Bröcker-Oltmanns, Gesamtausgabe Bd. 61, Frankfurt 1985, 116.

17 Ich beziehe mich auf den gleichnamigen Titel von Gadamers Akademievortrag von 1976, in: Sitzungsberichte der Heidelberger Akademie der Wissenschaften, Philosophisch-historische Klasse, 3. Abh., Jg. 1978.

ungskraft einer Interpretation, die Aristoteles als den großen Eideshelfer der neuen Philosophie vergegenwärtigt. Es war, wie Gadamer bemerkt, »ein eigentümlich aktuell gewordener Aristoteles. Heidegger bevorzugte die Ethik, die Rhetorik, kurz Disziplinen des Aristotelischen Lehrprogramms, die sich ausdrücklich von der Prinzipienfrage der theoretischen Philosophie abgelöst präsentierten. Vor allem die Kritik an der Idee des Guten, dem obersten Prinzip der Platonischen Lehre, die ihm dort begegnete, schien ihm sein eigenes Anliegen, das Anliegen der zeitlich-geschichtlichen Existenz und der Kritik an der Transzendentalphilosophie auszusprechen«.[18] Was es ausspricht, ist im Kern die Verbindung des bei Aristoteles Getrennten, der theoretischen Stellung der Seinsfrage in der »ersten« Philosophie auf der einen Seite und auf der anderen die Frage nach dem Guten, wie es die Menschen für die menschliche Praxis zu fragen haben,[19] eine Verbindung, die über das von Aristoteles kritisierte Lehrstück *in der Platonischen Dialektik erreicht war.* Das macht die hermeneutische Problematik der Aristotelischen Plato-Kritik und ihrer ursprünglichen Aneignung durch Heidegger aus. Die Problematik liegt in der *Phronesis* und der ihr verschwisterten *Synesis,* der hermeneutischen Tugend schlechthin, wie sie Gadamer nennt,[20] jener anderen Art von Wissen (ἄλλο εἶδος γνώσεως), in der Heidegger seinen ersten, entschlossenen Abstand von Husserls (und Rickerts)

18 Die Geschichte der Philosophie (1981), in: Heideggers Wege, Tübingen 1983, 131.

19 Plato (1976), in: Heideggers Wege, 71. Vgl. dazu auch K. Lehmann, Christliche Geschichtserfahrung und ontologische Frage beim jungen Heidegger, in: Heidegger, hg. von O. Pöggeler, Köln/Berlin 1969, 140ff. (= Neue Wissenschaftliche Bibliothek).

20 Die Griechen (1979), in: Heideggers Wege, 118. Vgl. dazu die in nächster Nachbarschaft zur »Zwischen-betrachtung« geschriebene Studie über »Praktisches Wissen« (1930), jetzt zugänglich in: Gesammelte Werke, Bd. 5, Tübingen 1985, 230-248. Sie darf (worauf ich an anderer Stelle zurückkomme) als die Keimzelle von Gadamers ›Wahrheit und Methode‹ (1960) gelten.

Konzeption der Philosophie als strenger Wissenschaft nimmt.

II

Die Stellung der Seinsfrage ist weder theoretisch noch praktisch, sie ist, um es so auszudrücken, *dialektisch*, vorausgesetzt, daß sich der von Heidegger stets abgewehrte Ausdruck »Dialektik« existenzial als die ursprüngliche Vollzugsform des Philosophierens verstehen läßt. Und darauf kommt es Heidegger in der »Zwischen-betrachtung« entscheidend an. Sie stellt sich der ontologischen Problematik des Sinnes in jener transzendental-ontischen Fassung des Gegenstandsbegriffs, die das unbewältigte Problem am Grunde der Transzendentalphilosophie, der mittelalterlichen wie der neuzeitlichen, die Sonderstellung der Idee des Guten unter den Transzendentalien, berührt. Am Ausgang des Weges zu ›Sein und Zeit‹ steht nicht die Frage nach dem Sein des Seienden in seiner Unverborgenheit und Verbergung, sondern die *Frage* nach dem *Sein des Sinnes* oder dem *Seinssinn,* eine Fragerichtung, die unter dem programmatischen Titel der *Hermeneutik der Faktizität* den bis hin zu Husserl unbefragt gelassenen *Gegenstandsverhalt* als *intentionales Verhalten zum Gegenstand* (nach seinem Bezugs- und Vollzugssinn) in sich einbezieht. Sie zielt auf die Frage nach dem *Seinssinn* der »Gegenständlichkeit Mensch«, auf die historisch-geschichtliche Konkretisierung des transzendentalen Bewußtseins (dem *Eidos-Ego* des »Ich denke«) durch das faktisch-menschliche Dasein »zwischen« Subjektivität und Objektivität.

Das tritt in den »Zwischen-betrachtungen« klar zutage, und man versteht mit Gadamer, warum der Rückgang auf die Aristotelische *Phronesis,* die Konkretion der Platonischen Idee des Guten im Aristotelischen Sinn für das Tunliche, dem jede Vergegenständlichung zuwiderlaufen muß, zum Schlüssel für die Doppelfrage nach dem Seinssinn werden konnte. Sie fragt einmal nach dem Sein des faktischen Lebens in der ihm je eigenen Welt, der möglichen (und wirklichen) Lebenswelt,[21] zu der es sich verstehend und handelnd verhält; und zum anderen fragt sie nach dem Bezugs- und Vollzugssinn dieses Verhaltens, nach der eigentümlichen Bewegtheit des faktischen Lebens, das sich *»in ihm* selbst *als es* selbst *für sich* selbst *aus sich hinaus* und in all dem *gegen sich selbst* ›vollzieht‹, d. h. ›ist‹«, mit dem Ziel, den Seinssinn des »Ist« zu bestimmen.[22] Und in dieser Doppelung stößt sich die phänomenologisch konstituierte Hermeneutik vom Transzendentalismus ab. Sie weiß sich jedenfalls nicht notwendig an die transzendentale Fragestellung gebunden, an die konstitutiv gesehene »Weltentwicklung und Setzung aus dem Ich bzw. Bewußtsein und in ihm«.[23] Sie vermag sich auch gar nicht daran zu binden, sofern sie methodisch von den nominalisierten Ausdrücken »Leben« und »Sein«, der »Gegenständlichkeit Mensch«, auf den *im Vollzug* artikulierten Grundsinn von »Leben = Dasein, in und durch Leben ›Sein‹« zurückgeht, ein Seinssinn, der sich in der Tat »verbirgt«, weil er »schwach und verloren meist nur eben ›anschlägt‹ und ihm zumeist nicht eigentlich Gehör gegeben wird«.[24]

Dies ist ohne Zweifel eine andere Sprache als diejenige, die in ›Sein und Zeit‹ gesprochen wird, wo sich jenes Fragen nicht, wie das in der ursprünglich-dialektischen Exposition der Zwischen-betrachtungen geschieht, ständig überholt, sondern im Erfragten (dem auf den transzendentalen Horizont der Zeit hin interpretierten *Sinn von Sein*) »ins Ziel kommt«.[25] Das widerstreitet der Bewegung des Fragens und

21 Phänomenologische Interpretationen zu Aristoteles, 114. Der dem späten Husserl zugeschriebene Terminus ist ein Leitwort der »Zwischen-betrachtung« (6, 94, 97, 115 u. ö.).

22 Ebd., 130.

23 Ebd., 173. Den Kontext der Fragestellung behandelt der vorzügliche Aufsatz von O. Pöggeler, Heidegger und die hermeneutische Theologie, in: Verifikationen. G. Ebeling zum 70. Geburtstag, Tübingen 1982, 477 f.

24 Phänomenologische Interpretationen zu Aristoteles, 85.

25 Sein und Zeit (1927), 5 f.

Antwortens, die dieses Werk von Anfang bis Ende durchzieht, der wahrhaft dialektischen Einsicht gemäß, daß sich jede gefundene Antwort in einer neuen Frage aufhebt. Die phänomenologische Hermeneutik ist an ihrem Ursprung, was Gadamer von der Platonischen »Ideenlehre« sagt: keine Lehre, sondern eine Fragerichtung,[26] deren Implikationen zu entwickeln die Aufgabe der Philosophie, das heißt der Platonischen Dialektik ist. Sie weiß sich als Vollzugsform des Fragens. Und mit ihr wird die »Seinsfraglichkeit« (Heideggers frühester Name für die »Seinsfrage«)[27] zuerst motiviert. »Dies dürfte nun«, mit diesen Worten übersetzt Heidegger eine der zentralen Stellen der Platonischen ›Politeia‹ (521c 5-8: τοῦτο δή... οὐκ ὀστράκου ἂν εἴη περιστροφή, ἀλλὰ ψυχῆς περιαγωγὴ ἐκ νυκτερινῆς τινος ἡμέρας εἰς ἀληθινήν, τοῦ ὄντος οὖσαν ἐπάνοδον, ἣν δὴ φιλοσοφίαν ἀληθῆ φήσομεν εἶναι), »nicht so (leicht und belanglos) sein, wie das Umwenden einer Scherbe, sondern es ist der Umvollzug der Seele aus dem nächtlichen Tag zum eigentlichen – der Weg hinaus zum Sein als solchem, was wir echte Philosophie nennen«.[28]

Dieses Schlüsselwort klingt an im Motto von ›Sein und Zeit‹ aus dem Platonischen ›Sophistes‹ (244a), das zu einer neuen Gigantomachie um das Sein auffordert, zur »Wiederholung der Seinsfrage«, die das »Forschen von Plato und Aristoteles in Atem gehalten« hat[29] und sich damit motiviert, daß der Sinn des Ausdrucks »seiend« unverständlich geworden sei. Es verweist auf die anfängliche Verknüpfung des hermeneutischen Problems mit dem Platonismus und der neuplato-

26 Philosophie in Selbstdarstellungen, Bd. III, Hamburg 1977, 91.

27 Phänomenologische Interpretationen zu Aristoteles, 189 (neben »Seinsfragwürdigkeit«!). Nach der Erinnerung von O. Becker wird das Problem des Seins in Heideggers Vorlesungen erst von etwa 1922 an behandelt. Vgl. M. Brelage, Studien zur Transzendentalphilosophie, Berlin 1965, 198, Anm. 246. B. weist mit Recht darauf hin, daß es sich dabei nur um die Wiederaufnahme eines anfänglichen Themas handelt.

28 Phänomenologische Interpretationen zu Aristoteles, 49.

29 Sein und Zeit (1927), Einleitung, 1. Kap., § 1.

nisch-christlichen Theologie und Schriftauslegung. Und im Hintergrund erinnert es an seinen dialektischen Ursprung, an das Verhältnis des Einen und Vielen, das von Plato her in der Tradition des Aristotelismus mitschwingt, bis hin zu Brentano und seiner für Heideggers Denkweg maßgebenden Untersuchung ›Von der mannigfachen Bedeutung des Seienden nach Aristoteles‹ (1862). Sie drängt ihn wie von selbst in die Richtung der Frage: »Wenn das Seiende in mannigfacher Bedeutung gesagt wird, welches ist dann die leitende Grundbedeutung? Was heißt Sein?«[30]

Die Fragestellung scheint einfach zu sein und ist doch geschichtlich hochgradig verwickelt, verwickelter jedenfalls als die Formulierungen, die der späte Heidegger dafür findet. Denn ihr Ausgangspunkt ist, wie sich nun deutlicher zeigt, was der Neuaristotelismus von Brentano aus dem ontologischen Problem des Verhältnisses von Einem und Vielem zugunsten einer allgemeinen Wertmetaphysik ausblendet. Er liegt in der Konfrontation der Platonischen *Idee des Guten* mit dem Aristotelischen *Sinn für das Tunliche,* dem Guten im Sinne des Richtigen und Nötigen hier und jetzt. Erst damit bricht die ganze Wucht der »Seinsfraglichkeit« auf. Daß dies den Ausgangspunkt der Seinsfrage trifft, hat Gadamer bezeugt, ein Zeugnis, das für unser Problem um so gewichtiger ist, als Gadamer auf seinem eigenen Denkweg den Streit zwischen Plato und Aristoteles um das Verhältnis des Seins zum Guten austrägt. Es belegt zugleich, für wen Heidegger in diesem Streit Partei nimmt. Denn auf dem Weg zu ›Sein und Zeit‹ zieht sich die Platonische *Frage nach dem Guten* mit der *von Aristoteles gefragten Frage nach dem Sein des Seienden* (τί τὸ ὄν, τοῦτό ἐστι τίς ἡ οὐσία),[31] zu der *einen* Grundfrage nach dem »Sinn vom Sein« zusammen. Sie wird die einzige seines Denkens, die das Phänomen des Ver-

30 Vgl. Mein Weg in die Phänomenologie, 81, mit dem anschließenden Hinweis auf die Spannung von Ontologie und »spekulativer Theologie«, die das Platonische Denkmotiv nicht mehr recht erkennen läßt. Näheres vermittelt O. Pöggeler, Der Denkweg Martin Heideggers, Pfullingen 1983², 17 ff. und 322 ff.

31 Met. VII 1, 1028b 2-4.

stehens, ausgehend von der »Hermeneutik der Faktizität« bis hin zum »Hermeneutischen« der Botschaft und Kunde, in der *ontologischen Differenz* des aristotelisch gedachten Verhältnisses von Sein und Seiendem verwurzelt. Es ist ein Unterschied, den Heidegger, wie das schon Aristoteles getan hat, auf den Anfang der griechischen Philosophie zurücküberträgt, wenn er behauptet, das Seinsverständnis orientiere sich am Seienden, so daß es die Differenz schon im ersten Anfang »überspringt«, weil das Sein selbst (wie im »Wasser« des Thales oder der »Luft« des Anaximenes) in ein Seiendes eingelegt wird.[32]

Wie immer es sich damit genauer verhalten mag, die Formel der ontologischen Differenz überlagert den Platonischen Hintergrund der Seinsfrage, das Verhältnis des Einen zum Vielen im Problem der Dialektik, das mit der »Hermeneutik der Faktizität« auf verborgene Weise zusammenhängt. Denn das auszulegende Faktum des »Sinnes« ist immer das *Viele*, die Bedeutsamkeit der Um-zu-Bezüge im faktischen Weltumgang des Daseins, die so vielfältig sind wie das faktische Verstehen von Seiendem, zu dem sich das Dasein verhält. Die Faktizität aber ist *Eines*, das Sein in der Zeit, das sich im Vollzug der Differenz verstehend auslegt.[33] Das *Auslegen* bindet sich so von Anbeginn an das ontologische Grundverhältnis: *Eines ist zu sagen.* Und daran bindet sich der Sinn für das Tunliche, die Sorge um das Praktisch-Gute – daß Eines in die Sorge zu nehmen sei. Mit den Worten des späten Heidegger, die dieses Verhältnis für *das Darlegen* des Hermeneutischen als Botschaft und Kunde festhalten: »Es galt und gilt noch, das Sein des Seienden zum Vorschein zu brin-

32 Das wird besonders deutlich an der frühen (Marburger) Fassung der ontologischen Differenz, die der Aristotelischen Version des Anfangs der Philosophie folgt. Vgl. Grundprobleme der Phänomenologie, Gesamtausgabe Bd. 24, hg. von F.-W. von Herrmann, Frankfurt/M. 1975, 453 f.

33 Ich beziehe mich hier auf die gedankenreiche Studie von O. Becker, Platonische Idee und ontologische Differenz, in: Dasein und Dawesen, Pfullingen 1963, 163, die sich mit unserem Frageansatz berührt.

gen; freilich nicht mehr nach der Art der Metaphysik, sondern so, daß das Sein selbst zum Scheinen kommt.«[34]

Wir untersuchen hier nicht, wie sich das ontologische Grundverhältnis bei Heidegger bestimmt, was seine offenkundige Nähe zu Aristoteles und zur phänomenologischen Vorgabe des anschauenden Sehenlassens in ›Sein und Zeit‹ einerseits, dem hermeneutisch Zweideutigen des »Scheinens« und der späteren Bildersprache der Lichtung in sich einschließt. Wir gehen auch nicht dem Wandel des Plato- und Aristotelesverständnisses beim »Marburger« Heidegger nach, wie er sich mit der Wiederaufnahme der transzendentalen Fragestellung abzeichnet.[35] Und wir verzichten schließlich darauf, der späteren, durch Nietzsches Anti-Platonismus geprägten Einordnung von Plato in die Seinsgeschichte der Metaphysik nachzugehen. Wir fragen unter Gesichtspunkten der Zwischen-betrachtung nach der Grundentscheidung von Heideggers früher Philosophie. Seinen Weg, eine einzige Reihe eruptiver Umkehrungen, können wir im folgenden immer nur am Rande berühren; und nur in der Brechung von Gadamers eigenem Denkweg nähern wir uns seinem Zentrum. Wir nehmen Gadamer als einen, der »dabei gewesen«, der *Zeuge* ist und dieselbe Sache bezeugt: den dauernden Anstoß von Heideggers doppelter Exposition der Seinsfrage im Ausgang von der Aristotelischen Plato-Kritik.[36] Unser Zugang führt über das sachlich unbewältigte Problem am Grunde der Transzendentalphilosophie, das Heidegger freigelegt und auf den Weg der Kehre gebracht, aber nicht in seinem vollen Umfang exponiert hat.

34 Unterwegs zur Sprache, 122.

35 Das wird erst mit der Publikation der Marburger *Sophistes*-Vorlesung (1924/25) möglich sein. Da mir die m. E. für die Abkehr von Plato entscheidenden Interpretationen zur Platonischen ›Politeia‹ aus dem Jahr 1930, die das *Agathon* als »Zeit« zu fassen suchen (vgl. den Hinweis bei O. Pöggeler, Neue Wege zu Heidegger?, in: Philosophische Rundschau 29 (1982) 68, nicht zugänglich sind, müssen die obigen Überlegungen als vorläufig betrachtet werden.

36 Vgl. Philosophie in Selbstdarstellungen, 68 f.

Ja, es hat sich ihm in der einmal eingeschlagenen Richtung verborgen, der vielleicht tiefsten Einsicht seines Denkens gemäß, daß alles Freilegen ins Offene dem in sich gegenwendigen Geschick von Entbergen und Verbergen anheimfällt.

Es ist dieses Problem, dem sich die hermeneutische Gesprächsdialektik stellt. Gadamer nimmt das Motto der Seinsfrage beim Wort, den Vorspruch von ›Sein und Zeit‹ aus dem Platonischen ›Sophistes‹ über die immer schon und immer vergeblich gestellte Frage nach dem Sinn des Ausdrucks »seiend«. Die Antwort muß unverständlich bleiben, solange sie diesen Sinn in das Eine verlegt: in die eleatische Bejahung des »Ist-Seiend«, ohne mit diesem Ja des Seins die Verneinung, das »Nicht-Seiend«, zusammenzudenken. Die Platonische Frage weist für Gadamer in eine ganz andere Richtung als in die der Frage nach der verborgenen Einheit der verschiedenen Bedeutungen von Sein, die den jungen Heidegger erweckte.[37] Im Ausgang von Plato exponiert er gleichsam auf dem Boden der Gesprächsdialektik die Seinsfrage noch einmal, um daran den extremen Gegensatz zu erkennen, der zwischen Plato und Aristoteles durch die Art und den Sinn der Frage nach dem Verhältnis des Seins zum Guten besteht[38] – daß in der Unsagbarkeit der Idee des Guten nicht die Verbergung, sondern eine andere Dimension des Unverborgenen gedacht wird, das sich im dialektischen Gespräch offenlegt. Und mit diesem Gegensatz stellt sich die Aufgabe des Verstehens, das Suchen nach Einverständnis in der Sache des Denkens. Denn es handelt sich um keinen Streitpunkt unter anderen, von Schulen und Schulrichtungen der Metaphysik. Es handelt sich um den höchsten Punkt der Philosophie, der bei Plato und Aristoteles strittig war, der umstritten ist und im Streit bleiben wird, solange Denken unter Menschen geschieht. So müssen wir versuchen, davon Rechenschaft abzulegen, was am Grunde der hermeneuti-

37 Vgl. die Studie über »Plato und Heidegger« (1976), in: Heideggers Wege, 71 f.

38 Wahrheit und Methode, 511. Vgl. dazu V. Verra, Introduzione in H.-G. Gadamer, Hegel e l'ermeneutica, Neapel 1980, 17 f.

schen Phänomenologie geschehen ist, was als Herausforderung an uns selbst aufzunehmen und denkend zu befragen sein wird.

III

Das Problem, mit dem wir uns im Blick auf den Ansatz von Gadamers Gesprächsdialektik auseinandersetzen, ist vielschichtig, so daß es erlaubt sei, eine Zwischenbetrachtung zur Sache des Denkens einzuschieben, wie sie sich uns im Rückblick auf den Weg von Heidegger zu Gadamer darstellt. Sie berührt *Gewesenes,* den Platonisch-Aristotelischen Streit um die Idee des Guten und seinen Austrag in der hermeneutischen Philosophie der Gegenwart. Über das Gewesene betrifft sie *Geschichtliches,* die Rückwirkung des Streits auf das Verständnis des Anfangs der griechischen Überlieferung. Und schließlich rührt sie an *Geschehenes,* das *Geschehen am Grunde des Griechentums,* die bis heute fortwirkende Grundentscheidung des *Logos,* die *an* und *mit* der Aristotelischen Plato-Kritik gefallen ist. Damit meine ich nicht die Doppelung der Philosophie in eine »erste« und »zweite«, in *theoretische* und *praktische Philosophie.* Ich meine auch nicht die bei Aristoteles vollzogene Trennung von *Phronesis* und *Episteme.* Gemeint ist, was diese Doppelungen und Trennungen voraussetzen, das Grundgeschehen des abendländischen *Logos selbst:* daß er *Dia-logos* nur im Bereich der *Phronesis* ist, während er sich im Bereich der *Episteme* auf das *Aussagen (kategoreîn)* eingrenzt. Er verdoppelt sich, indem vom Bereich des aussagenden Begründens der Wissenschaft das Hören ausgeschlossen und der Rhetorik, Poetik und Ethik übergeben wird.
Die strittige Sache wird deutlicher, wenn wir bedenken, daß Plato die Seinsfrage nicht einfach, sondern zweifach entfaltet. Auf dem Umweg über die Frage nach dem »Sein des Nichtseienden« (Soph. 237a) wird diejenige nach dem Sein von Seiendem gestellt; und mit Ausnahme von Parmenides sind diese beiden Wege alle gegangen, die sich je daran ge-

wagt haben, über das Seiende im Ganzen zu sprechen. Ja, es charakterisiert geradezu die Eigenart der Platonischen Fragestellung, daß in sie der Hörende (ἀκροατής) einbezogen bleibt,[39] da er es ist, der »mit uns« die Sache zu suchen hat. Denn als »gehörte« liegt sie schon vor (auch wenn sich das Hören »zwischen« Mythos und Logos hin- und herbewegt). Zweifach faltet sie sich bei den milesischen und sizilischen Musen, von Anaximander über Heraklit bis hin zu Empedokles, wenn sie den Grund in das Begrenzte und Unbegrenzte, das Warme und Kalte oder eine diesem ähnliche Zweiheit verlegen, eine Ausdifferenzierung »mythischer« Sprechweisen, worin von Anbeginn das »Ist« mit dem »Ist-Nicht« und seinen Abwandlungen »Ist-Richtig«, »Ist-Nötig«, »Ist-Gut« zusammentritt. Sie wird von Plato gerechtfertigt, indem er das Ist-Sagen an das Wechselverhältnis von Sprechen und Hören des Gesprochenen bindet. Er gibt Rechenschaft davon, was die Antwort in sich schließt, vom dialektischen Grundverhältnis der zweiten »Fahrt in die Logoi«, der das *Zweifache am Grunde der Sprache widerfährt.* In der Frage nach dem Einen, das jeweils als »seiend« vermeint wird, erwächst die Einsicht: *Vieles ist zu sagen,* das Widerfahrnis des Logos, der sich im gesprochen-gehörten Wort ausspricht.

Es ist die Maxime der Platonischen Dialektik, die das ontologische Grundverhältnis einschränkt, daß nur das Eine zu denken und auszusagen, daß das eine Seiende wie ein Spiegelbild im Vielen da sei, dem Parmenideischen Bild der Kugel gleichend,[40] woran sich der *Logos* anschauend begrenzt. Dagegen hält sich der *Dia-Logos* der Vielfalt offen. Und sie öffnet sich dem anderen Zusammenhang des Zweifachen, der Suche nach Einheit, die auf die *Frage nach dem Guten* hinausdrängt, eine Fragerichtung, die dem Ansatz der ontologischen Differenz offensichtlich vorausliegt. Denn das Gute wird nicht als »seiend« verstanden; es meint kein Seiendes im Sein wie in der von Aristoteles gefragten Frage, was

39 Vgl. Sophistes, 237c.

40 Vgl. Sophistes, 239e-240a mit Parmenides, Fr. B 8, 42-44.

das Seiende *als* Seiendes ist. Ja, es ist nicht einmal gleichbedeutend mit dem Sein, da Plato ausdrücklich festhält, alles Verstehbare und Verstandene habe beides erst davon, Sein und Seiendes, Seiendes im Sein zu sein.[41] Das Gute ist Eines, die Idee der Ideen, die nicht als solche ausgesagt werden kann. Gesagt – und das betrifft einen jeden Logos, der etwas als »seiend« vermeint – wird immer schon ein Zweifaches, das Eidos und wofür das Eidos Eidos ist, das Eine und die Vielheit, die es eidetisch bestimmt, die Selbstunterscheidung des Logos nach der Formel des Schönen (die sich so auch für das Gute, Große usf. artikuliert), daß durch das Schöne alles Schöne schön werde (ὅτι τῷ καλῷ πάντα τὰ καλὰ γίγνεται καλά).[42]

Das ist ein Unterschied, der keiner ist, der sich ausspricht und hörend zurücknimmt, der eigentlich spekulative Vorgang der Dialektik, worin sich die Idee des Guten »bestimmt«. Da sie sich kaum sehen läßt (μόγις ὁρᾶσθαι),[43] muß sie hörend verstanden werden. Aus dem Gesprochenen, dem Wort der Sprache, wird sie herausgehört. Sie »gibt« sich nach unserem Verständnis nicht logisch, sondern akroamatisch, auf jenem gemeinsamen Grunde des Einen und der Zweiheit, den Plato, mit mehr Recht als Aristoteles die Ansetzung der Archontik des Seienden, als Ursprung des anfänglichen Fragens betrachtet und für das Seinswissen in die Ideen von Selbigkeit und Verschiedenheit auseinanderlegt. Es handelt sich um Differenzierungen des Sinnes von »seiend«, von denen man nicht sagen kann, sie markierten eine Differenz, den »Unterschied« des Seins vom Seienden. Das ist von der Aristotelischen Kategorienlehre her gedacht, der Hin- und Rückbeziehung des Aussagens nach den Grundprädikationen des »Seienden« (des Groß-, Beschaffen-, Zurzeitseins usf.) auf ein zugrundeliegendes »Subjekt« (die erste Kategorie (!) des Seins, die Seiendheit im traditionellen Sinn von »Substanz«). Die Hin- und Rückbeziehung

41 Politeia, 509b.

42 Phaidon, 100b-101a.

43 Politeia, 517b-c; ähnlich (auf das »Sein« bezogen) Phaidros, 248a.

aller Kategorien auf die erste ist in der Tat eine »logische«, sie gründet im Darlegen und Offenlegen des Logos, dem Offenbarmachen des Seienden durch das aussagende *légein*. Und gewiß setzt auch der Aristotelische Logos die Fahrt durch die Logoi fort, indem er das vielfache Auslegen des Sinnes von »seiend« zum Leitfaden nimmt. Aber die Auslegung bewegt sich durchweg im Umkreis des ontologischen Grundverhältnisses. In vielfacher Weise sagt der Logos dasselbe, jenes Eine, das über die Seinskategorie ausgesagt wird.

Obwohl auch er offenbar macht, verhält sich so der Platonische Logos nicht. Sein Offenbarmachen wurzelt in der *Phone*, der Verlautbarung im gesprochenen Wort, das nicht nur »Seiendes« aussagt, sondern »Geschehendes« darlegt und belegt, und zu dieser Vollzugsform des *légein* »gehört« unabtrennbar das *akúein*, das Zuhören im Sinne des Heraushörens, der Zusammenstimmung (symphonía) des Gesprochenen.[44] Das *légein* zielt hier immer schon auf das Hören und Gehörthaben des *Dia-logos*, die *Akroaszenz* des Logos selbst, wie dieses sein vielleicht rätselhaftestes Widerfahrnis genannt werden mag.[45] Sie verbirgt sich in dem, was die Dialektik thematisiert, in der *Hypothesis des Eidos*, genauer: im Verhältnis des Einen zum Vielen, der Einheit zur Vielheit und umgekehrt. Denn der Sinn desjenigen, was ist, das Eidos, konstituiert sich nicht in der bloßen Hinsicht, die einer nimmt; er bildet sich in der Eingenommenheit aller durch die gemeinsame Sprache, im Heraushören und Gehörthaben

44 Sophistes, 261d-262d. – Das wird durch Heideggers Übertragung des ontologischen Grundverhältnisses auf Plato hermeneutisch ausgeblendet. Vgl. z. B. die Freiburger Vorlesung vom SS 1931: Aristoteles, Metaphysik Θ *1-3*. Von Wesen und Wirklichkeit der Kraft. Gesamtausgabe Bd. 33, Frankfurt/M. 1981, hg. von H. Hüni, 5 f.

45 Davon handelt meine demnächst erscheinende Untersuchung: Zwischen Logos und Mythos. Anaximander und die Vorgeschichte der griechischen Philosophie. Stuttgart 1991. Vgl. auch Logik und Akroamatik. Vom zweifachen Anfang der Philosophie; in: Philosophisches Jahrbuch 91 (1984) 225 ff., in diesem Band S. 383 ff.

des Gemeinten, das sich an der Zusammenstimmung, der *symphonía* des Einen mit dem Anderen, zur Erfüllung bringt.

Das scheint dem Wortsinn der Platonischen »Idee« zu widersprechen, dem Sehen und Gesehenhaben des jeweils Einen, das der Platonismus seit alters damit zu verbinden pflegt. In seiner Tradition steht Heideggers Verständnis der Idee des Guten als Ermöglichung und Tauglichmachen zum »Scheinen«.[46] Jedes Eidos, das Aussehen von etwas, gibt die Sicht darauf frei, was je ein Seiendes ist, eine Interpretation, die offenkundig den apophantisch-sehenlassenden Logos der Aristotelischen Ontologie und Logik auf die Platonische Dialektik überträgt. Heidegger ist dabei so konsequent, noch die Idee des Guten, das Tauglichmachende schlechthin, in diese Deutung einzubeziehen. Sie bringt jedes Scheinsame zum Scheinen und ist daher selbst das eigentlich Erscheinende, das in seinem Scheinen Scheinsamste.[47]

Der Wortlaut (das Gute als τοῦ ὄντος τὸ φανότατον, das »Lichteste« des Seienden) scheint dem ebenso Recht zu geben wie das Bild von der Sonne, das Plato für den Weg hinauf zum Guten wählt. Aber das Wort für »Scheinen«, um hier nur dieses Wenige zu bemerken, ist zu Platos Zeiten im Griechischen gleichbedeutend mit dem für »Sagen« (φάναι),[48] eine Doppeldeutigkeit, an der das Bild teilhat. Das Bild von der Sonne ist davon nicht zu isolieren. Ins Weiteste der Sprache, in die Tiefendimension des Bezugs des Guten zum Sein hinausragend, will es im Zusammenhang mit dieser Doppeldeutigkeit gewürdigt werden. Es steht nicht für sich, ja, es ist nicht einmal Abbild im Verhältnis zu einem Urbild. Denn das Gute in der Idee bleibt ein Gedanke, der *Logos*, der sich nur in Worten artikulieren und dabei das Bild zu Hilfe rufen kann. Es spiegelt das ins Wort Gerufene zurück,

46 Platons Lehre von der Wahrheit, 133 f.

47 Platons Lehre von der Wahrheit, 134.

48 Davon geht der späte Heidegger im Blick auf das anfängliche Denken aus, ohne seine Plato-Interpretation durchgreifend zu revidieren. Vgl. Vorträge und Aufsätze, Pfullingen 1954, 236, und Zur Sache des Denkens, 74-78.

spekulativ, wie es der neuplatonische Ausdruck umschreibt. Das eigentlich Spekulative verbirgt sich so im Wort selbst, das beides ineinander spiegelt. Es verlegt das Bild ins *Gleichnis,* das mehr und anderes ist als die Aristotelische Analogie des Seins. Im *Sonnengleichnis* läßt es dasjenige hören, was noch »jenseits« des ontologischen Grundverhältnisses liegt, die Idee des Guten, die nicht einfach »ist«, sondern »nötig ist«, weil ohne sie gar kein Verhältnis vorliegt. Das Gute ist nicht »Eines« neben dem Vielen, kein fest umrissenes *Sehbild,* sondern ein *Hörbild,* das sich dem sichtbaren Umriß des Seienden entzieht. Seine Jenseitigkeit ist, so verstanden, logisch reinster Ausdruck der Akroaszenz des Logos.

IV

Das ist, im Umriß, der Hintergrund der Universalität des hermeneutischen Problems, dessen Gewicht Gadamer zuerst an Heideggers doppelter Exposition der »Seinsfraglichkeit« und ihrer Spiegelung in der Aristotelischen Plato-Kritik gewahrt. Sie konfrontiert ihn mit dem höchsten Punkt der Philosophie, nicht nur der griechischen, sondern der christlichen, ja aller Philosophie, die diesen Namen verdient. Und die Konfrontation beginnt mit Gadamers Frühwerk über ›Platos dialektische Ethik‹ (1931). Uns interessiert hier nicht die Problematik des Gadamerschen Versuches, den Streit zwischen Aristoteles und Plato um das Wissen vom Guten durch die Suche nach einer ihnen gemeinsamen Idee der Wissenschaft zu entschärfen. In Frage steht der hermeneutische Ansatz, die Vorverständigung über den Streit um das Gute und den strittigen Sachverhalt, die *Gleichursprünglichkeit der Besinnung darauf, was ist,* mit dem *Sinn für das Tunliche.* Unser Interesse gilt dem Denkgeschehen am Grunde, dem Zwiegespräch mit Heidegger, dem radikalen Kritiker der Logik des Aristoteles und Erneuerer der Grundfrage der Aristotelischen Ontologie.

Das Werk widmet sich der Auslegung des »Guten im menschlichen Leben«, den Unterscheidungen des Ethischen

im Platonischen Spätdialog ›Philebos‹, die sich wie eine Entgegnung des alten Lehrers auf die Zweifel des jungen Aristoteles an der akademischen Ideenhypothese und ihrer Grundlegung in der Idee des Guten ausnimmt. Der Aufstieg zu ihr, so deutet es Gadamer, und diese Deutung liest sich für uns heute wie eine Anfrage an den jungen Heidegger, der sein eigenes Fragen nach dem Verhältnis des Seins zum Seienden an der Aristotelischen »Überwindung« der Platonischen Dialektik durch die Grundwissenschaft der Metaphysik profiliert, geschieht von Anbeginn um des Abstiegs willen. Er sichert in letzter Instanz den Anspruch auf Wissen, den das Verstehen des Seins als des Grundes des Seienden jeweils erhebt. Und die Einheit des Grundes, das ist zuletzt das Verstehen seiner selbst in seiner höchsten Seinsmöglichkeit, dem In-der-Wahrheit-Sein des menschlichen Daseins.[49]
Das ist in Heideggers aristotelisierender Redeweise ausgedrückt, dem ontologischen Grundverhältnis und seiner Maxime gemäß, daß Eines zu sagen sei. Mit den Worten von Aristoteles, denen Heidegger vor und nach ›Sein und Zeit‹ ohne Einschränkung zustimmt: »Das Sein ist wie das mit ihm zusammengehende Eine dasjenige, was am meisten über das Ganze her (am meisten im allgemeinen von allem) gesagt wird.«[50] Es ist gewiß nicht *Genos,* wie alle sonstigen Seinsbestimmungen bei Plato, aber eben darum auch nicht einzig *Eidos.* Denn »Idee« heißt ja auch das Gute, und das Gute, an dieser dem ältesten Streit um den Sinn des Ausdrucks »seiend« abgerungenen Unterscheidung geht Aristoteles vorbei, ist jenseits der Sagbarkeit des Seins im Logos. Das Grundverhältnis kann darum nicht kategorial bestimmt sein; oder anders ausgedrückt: das am meisten über das Ganze Gesagte kann nicht *Kategorem,* die allgemeinste Gesagtheit und nur diese (das κατηγόρημα μόνον, die κατηγορία),[51] es muß ein *Akroam*, ein Zu-Hörendes, sein.

49 Platos dialektische Ethik, Hamburg 1968², 60 ff.
50 Met. x 2, 1053b 21.
51 Das bleibt die Grundtendenz von Heideggers Plato- und Aristoteles- Interpretation nach ›Sein und Zeit‹. Vgl. die Versuche zu einem neuen Frageansatz in: Aristoteles, Metaphysik Θ 1-3,

Darauf läuft der spätere Weg der »Kehre« hinaus, den Gadamer mit seinem Lehrer beschreiten, aber in anderer Richtung weitergehen wird. Die Richtung deutet sich vom platonischen Ausgangspunkt her an. Wenn »Dialektik«[52], wie Gadamer voraussetzt, die Bedingung der Möglichkeit des Dialogs ist, der sachlichen Verständigung des Einen mit dem Anderen im Sinne der Hinführung zum Verstehen und Einverständnis über den jeweils gesuchten Grund der Sache, dann liegt darin beschlossen, daß sich die Sache selbst an der wechselseitigen Zustimmung der Dialogpartner ausweist. Es genügt nicht, daß der Logos Satz für Satz gesagt und zuletzt als Grundsatz »abgeleitet« werde; der Fluß des Sagens muß vielmehr unterbrochen, das Gesagte muß zuvor, vor allem weitersagendem Begründen, gehört und verstanden werden. Dieser Bruch im *lógon didónai*, der zur Idee der Philosophie gehörigen Rechenschaftgabe des Logos, macht geradezu den Kern der Dialektik aus. Gadamer spricht vom »Anspruchssinn des Grundes«, der im Verstehen liegt; und verstanden wird erst dann, wenn mit seiner Angabe das Sosein der Sache als so gut, so am besten seiend vernommen ist – was sie »immer schon« (und so auch hier und jetzt) *ist* und *zu sein hat.*

Diesen Anspruch des Guten sucht Gadamer im Gefolge der Platonischen »Fahrt in die Logoi« dort auf, wo er entspringt: in der Sprache und dem in ihr bereits artikulierten Verstehen. Was etwas ist und zu sein hat, das Sichgleichbleibende am Grunde des Seienden, dieser Anspruch wird vom Wort der Sprache in gewisser Hinsicht schon erfüllt. Es hat seine Bedeutung, die *eine* ist gegenüber der Vielfalt dessen, was es benennt. Im Spiegel der Worte ist alles Gegebene nicht bloß »seiend«, sondern »bedeutend«, in seinem Gegebensein vermeint, so daß wir es so meinen, durch das Sprechen selbst uns »geben« können. Daß sie nicht Abbild sind, beweist sich eben darin, daß dieses »Geben« zugleich ein Nehmen ist, das Entgegennehmen des Bleibenden als Eidos der Sache, die

5 ff., besonders die kaum problematisierte Deutung der Aristotelischen Kritik an der Idee des Guten (43 f.).

52 Platos dialektische Ethik, 56.

hörend genommen wird. Und jenes Nehmen, der »Bruch« in einem jeden Logos, der wechselseitig gegeben und genommen wird, »gibt« ihn der Rechenschaft erst frei.
Dieser Aspekt, die Seite des Hörens, ist der Sprache so tief eingewurzelt, daß sie noch der göttliche Namengeber voraussetzen muß, wenn er den ersten Menschen in die Sage der Sache, den Gebrauch von Namen, einführt.[53] Dem geht Gadamer in seiner ursprünglich-dialektischen Tragweite nicht weiter nach. Das entspricht dem Ansatz der Untersuchung. Obwohl sie das Motiv der Verständigung und des Einverständnisses des Einen mit dem Anderen, die einzig auf dem Boden der Sprache lösbare Problematik der Intersubjektivität des Verstehens, ständig anvisiert, folgt sie ganz der von Heidegger gewiesenen Bahn, wenn sie die Wissensmöglichkeit des Logos, der an Plato gewonnenen Einsicht eines notwendig vieldeutig bleibenden Verständnisses des Sinnes von »seiend« entgegen, in der Ablösung des Logos vom Ethos der Verständigung in der Tendenz auf ontologisch eindeutige Begrifflichkeit kulminieren läßt. Die Aporie des Wissens vom Guten besteht darin, daß es als Eines nicht faßlich wird, daß sich der Sinn jener Idee, wie es Plato unüberhörbar (als Nachklang der dialektisch nötigen Ausfahrt in die Logoi) ausspricht, in den Bereich des Schönen flüchtet, worin sie sich im Zueinandergehören des Zweifachen von Maß und Angemessenheit und beider mit der Wahrheit zeigt,[54] als

53 Man vergleiche die Behandlung dieses Beispiels, Platos dialektische Ethik, 57, die durch die Grenzfigur des sprachlichen Gesetzgebers aus dem ›Kratylos‹ in der angedeuteten Weise zu ergänzen ist. Es wäre eine eigene Aufgabe zu zeigen, wie der Zirkel in der Frage des »Ursprungs der Sprache« dadurch entsteht, daß der anonyme Sprecher, der zuerst den Dingen Namen gibt, dies nicht für sich, sondern nur vereint mit einem Hörenden tun kann, der das Namengeben entgegennimmt, also »Sprache« immer schon versteht.

54 Philebos 63e. In der Flucht, sagt Gadamer in beziehungsreicher Anspielung auf das dialektische Grundphänomen, entzieht sich das Gute, um sich im Schönen zu zeigen. Vgl. Platos dialektische Ethik, 169.

höchstes dem Menschen mögliches Wissen von dem, was wahrhaft schön, richtig, angemessen ist, diese Dimension der Dialektik wird von Gadamer mit Aristoteles umgangen. Im Widerspruch zu der ihn sachlich leitenden Absicht bindet er sie an die geschichtliche Entwicklungslinie der Aristotelischen Apodeiktik, an die Idee eines apodiktisch streng begründeten Wissens, die in der gesuchten Wissenschaft vom Sein gipfelt, dem Programmentwurf einer philosophischen Letztbegründung, wie ihn Heideggers Fundamentalontologie in ›Sein und Zeit‹ zu realisieren sucht.

So bleibt Gadamers Versuch auf halbem Wege stecken, nämlich dort, wo Heidegger in der Abkehr vom Platonischen Bezugspunkt des Philosophierens die Seinsfrage exponiert hatte, im Umkreis des ontologischen Grundverhältnisses, daß Eines zu sagen und in die Sorge zu nehmen sei. Damit verdeckt sich die hermeneutisch eröffnete Dimension der Vielheit, die ursprünglich »dialektische« Einsicht, daß das Einssein nicht das Letzte, daß das eine Eidos in sich selbst Vieles ist. Und darin entzieht sich das eigentlich »Spekulative« an der Platonischen Dialektik, die Frage, ob die Dimension der Vielheit nicht von Anbeginn zum Zweifachen hin geöffnet, inwieweit das Problem der Bestimmtheit des Einen gleichursprünglich mit dem der unbestimmten Zweiheit sei.[55]

Der Zwiespalt am Grunde der Exposition der Seinsfrage ist die Abkehr von der spekulativen Weite des Platonischen Logosgedankens, der in der Phronesis das Ganze menschlichen Wissens umspannt. Sie weiß vom Guten, das über den aussagenden Logos (das Etwas-Sagen des *légein ti*) nicht zu erjagen ist.[56] Es kann nicht wie ein Seiendes (ὄν) ausgesagt werden, nach dem Schema der Kategorie, die sich von oben her auf das »Erste« im Sinne des einen Seins bezieht. In der Platonischen Phronesis bleibt das Erste (πρῶτα) mit dem Höchsten (ἄκρα) zusammengeschlossen, ἄκρο..., in der

55 Nach diesem Gesichtspunkt sind Gadamers Spätstudien zur Platonischen Dialektik angelegt. Vgl. jetzt Gesammelte Werke, Bd. 6, 71 ff., 105 f., 137 f.

56 Vgl. Platos dialektische Ethik, 168.

Spitze des Logos, in der sich das Wissen vom Guten in der ihm eigensten Wissensmöglichkeit erfaßt: nicht logisch, sondern akroamatisch, in der Zuspitzung des Gesagten auf dasjenige, was, ungesagt und unsagbar, hörend zu verstehen bleibt.

Das Gute ist, um es noch einmal mit unserer in der Sache wohl fundierten Unterscheidung zu umschreiben, kein *Kategorem*, sondern *Akroam*, ein Logos, der sich nicht aussagend, sondern hörend erschließt. Im Sagen des Vielen läßt er das Eine, die ἰδέα τοῦ ἀγαθοῦ, überall anklingen. Ja, er läßt es in vielfacher Weise hören. Er nennt das Gute beim Namen. Es wird aber auch anders (»das« Schöne, »das« Wahre usf.) genannt, und das eben darum, weil es stets »mehr« als dieses eine Eidos, die fest umrissene »Gestalt« des Seienden im Sein meint, weil es dem ontologischen Grundverhältnis prinzipiell vorausliegt. Darin deutet sich der hermeneutische Hintergrund des Unterschieds von Sein und Seiendem an, das eigentliche Problem der ontologischen Differenz, von dem Heidegger auf dem Weg zur »Kehre« selbst sagt, daß es durch die Übergabe an die Antwort der Ontologie in seiner Problematik vorzeitig unterbunden wird.[57] Heidegger schließt daraus allerdings nicht, daß die ontologische Differenz vielleicht zu kurz greift, daß sie nicht nur jene eine Dimension des Grundverhältnisses umfaßt, sondern ursprünglich die Dimension des »Überstiegs«, der Transzendenz des Guten gegenüber dem Sein, das niemals als Sein vom Seienden verstanden werden kann.

57 Die Grundbegriffe der Metaphysik. Welt-Endlichkeit-Einsamkeit. Freiburger Vorlesungen im WS 1929/30, hg. von F.-W. von Herrmann, Gesamtausgabe, Bd. 29/30, Frankfurt/M. 1983, 532.

Diesen Schluß hat auch Gadamer nicht gezogen. Aber unter Heideggers Schülern ist er der einzige, der hier ein Problem gewahrt, das zum Weiterdenken herausfordert.[58] Es entspringt dem Zweideutigen in der Sache, dem sachlichen Befund, daß sich das Hören, dieses unscheinbarste Phänomen des Logos, im Eidos, der »Be-stimmung« des Seienden nach dem, was es »in Wahrheit« ist, eigentümlich zurückzieht. Darin besteht das Recht von Heideggers Plato-Interpretation. Aber im Vollzug der Wahrheit, dem Offenlegen des Seins durch den Logos, setzt es die Dialektik an jedem Punkt voraus, zuoberst dort, wo sie das Gute offenlegt, jene Idee, die noch das Sein überragt. Der Logos ist hier nicht Sage, die lautlose Stimme des Seins, die niemandes Wort wird. Er ist Antwort auf eine Frage, das hier und jetzt gesprochene Wort, das gehört zu werden verlangt.

Die Frage nach dem Guten enthüllt diesen Bezug als dialektische Beziehung des Sprechens auf das Hören. Die Aristotelische Seinsfrage kann sie entbehren, wenn sie sich auf das »Seiende als Seiendes« einschränkt und den Sinn von »seiend« in die gleichbleibende Bewegtheit der Physis verlegt. Das erklärt die Zweideutigkeit des ausgetragenen Streits um das Gute, den Befund der Aristotelischen Plato-Kritik, daß Aristoteles auf das Platonische Eidos zurücküberträgt, was erst das Ergebnis der Preisgabe der Akroaszenz, des akroamatischen Phänomens des Hörens und der hörenlassenden Welthabe des Logos ist. Die Zweideutigkeit wiederholt sich bei Heidegger. Sie betrifft nicht nur die Auslegung, sondern

58 Die Erörterung der ontologischen Differenz durch O. Becker (Platonische Idee, 13, Anm. 2) erfolgt unter dem systematischen Gesichtspunkt der »Aktualität des pythagoreischen Gedankens«, der Eigenart mathematischer Formverhältnisse, der das hermeneutische Phänomen von sich distanziert. Das eigentlich Problematische am Pythagoreismus scheint mir gerade die merkwürdige Überlieferung des Streits zwischen »Mathematikern« und »Akusmatikern« zu sein, die Becker nicht berücksichtigt. Vgl. dazu Riedel, Logik und Akroamatik, 392 f.

den Sachgehalt der ontologischen Differenz und deren Entfaltung auf dem Weg der »Kehre«, so daß sie unsere besondere Aufmerksamkeit verdient.

Die Sache der Differenz ist der *Unterschied im Seinsverständnis* – daß wir, in einem dunklen Sinn, »Sein« nicht nur als »Grund« vom Seienden, sondern als das »Frühere« und darin eingehüllt *als Zeit verstehen.* Dieser Sinn leuchtet auf in Platos Interpretation des Verstehens als *Wiedererinnerung,* worauf sich Heidegger *vor* wie noch kurz *nach* dem Erscheinen von ›Sein und Zeit‹ beruft. Sein ist das, was wir im Hier und Jetzt vergessen haben, woran wir uns erinnern, wenn sich uns etwas als »seiend« gibt, wenn wir es im Ist-Sagen als solches verstehen, was sich uns immer schon gegeben hat, was nie »fremd«, sondern bekannt ist. Im Vollzug des Seinsverständnisses erinnern wir wieder, was unsere Seele »früher« schon sah, vormals, als sie noch zusammen wanderte mit Gott und über das hinaussah, was wir jetzt das Seiende nennen. Plato, so deutet Heidegger das Lehrstück von der Wiedererinnerung, sieht den Bezug des Seinsverstehens zur Zeit, vermag sich diesen aber nur durch den Mythos deutlich zu machen.[59] So bleibt zu erklären, warum die ontologische Differenz in engstem Zusammenhang mit dem Problem der *Zeit* und, darin verhüllt, mit dem der *Transzendenz* steht.

Vor diesem Hintergrund gewinnt Heideggers Interpretation der Idee des Guten für uns ihr hermeneutisches Gewicht. Die Sache der Differenz, so zeigt sich jetzt, spielt »jenseits« des Unterschieds von Sein und Seiendem, wie ihn Aristoteles in der Frage nach dem ὂν ᾗ ὂν gefaßt hatte. Sie spielt auf Platonischem Boden, im Feld der dialektischen Unterscheidung des Seins vom Guten, worin Heidegger (*ursprünglich,* wie mir scheint) die Dimension *für* die Unterscheidung gewinnt. Und es zeigt sich, daß der Sachgehalt des Unterschieds von Anbeginn auf zwei Ebenen spielt, einmal auf der

59 Plato, Phaidros, 249b-c. Vgl. Metaphysische Anfangsgründe der Logik (1928), Gesamtausgabe, Bd. 26, hg. von K. Held, Frankfurt/M. 1978, 186 f., ferner: Grundprobleme der Phänomenologie (1927), 464 f.

fundamentalontologischen Ebene einer Begründung der Hermeneutik im seinsverstehenden Dasein, und zum anderen auf der *universalontologischen* Ebene der Grundnahme im Sein selbst als dem *transcendens* schlechthin, auf der sie sich verwandelt zu einer »Hermeneutik«, die nach der Bedingung der Möglichkeit des Seinsverständnisses fragt.[60] Sie geht noch über das Verstehen von Sein hinaus, indem sie fragt, woraufhin es selbst entworfen ist. Wenn sich die erste Ebene geschichtlich auf Aristoteles' Kritik an der Platonischen Idee des Guten bezieht, so bezieht sich die zweite auf eben jene »Idee«, die das Sein dem Sinn nach übersteigt. Der Überstieg des Seins, die Transzendenz des Guten in der Idee, so lautet die Antwort auf die Grundfrage der transzendentalen Hermeneutik, verweist auf die *Zeit*.

Die Antwort erscheint paradox, und sie ist es um so mehr, als das Verhältnis des Seins zum Guten nicht nur von Plato und Aristoteles, sondern von Kant her erörtert wird, aus der Perspektive der neuzeitlichen Transzendentalphilosophie.[61] Das erklärt die Komplexität des Problems, die wir zu vereinfachen haben, ohne die Schwierigkeit in der Sache zu verkleinern oder gar den Sachverhalt zu nivellieren. Wir folgen dabei Heideggers ursprünglichem Gedankenzug, den Schritt vom Dasein auf das Sein – was später die »Kehre« genannt wird – unter Zuhilfenahme der Platonischen Ideenlehre zu verdeutlichen. Nicht in der Absicht einer historischen Illustration, sondern so, wie sich Heidegger die Aufgabe selbst stellt, im Wissen darum, daß die Philosophie nicht weiter

60 Vgl. Sein und Zeit, § 7, C, mit: Die Grundprobleme der Phänomenologie, 399.

61 Sie eröffnet sich in der ›Marburger Logik-Vorlesung‹ von 1925/26, wo Heidegger im Bruch mit der bisherigen Konzeption statt Aristoteles (und Plato) Kant zum Vordenker des Zusammenhangs von ›Sein und Zeit‹ erhebt (Gesamtausgabe, Bd. 21, hg. von W. Biemel, Frankfurt/M. 1976, 26 und 31). Vgl. dazu O. Pöggeler, Heideggers Neubestimmung des Phänomenbegriffs, in: Phänomenologische Forschungen 9 (1980) 129, Anm., sowie: F. Chiereghin, Essere e Verità. Note a Logik. Die Frage nach der Wahrheit di Martin Heidegger, Padova 1984, 157f.

gekommen ist, als sie bei Plato schon war, und daß sie weniger danach verlangt, weiter zu kommen, als zu sich selbst zurückzukommen: zur vollen Ausschöpfung ihres Anfangs.[62]

Die Frage nach der Bedingung der Möglichkeit des Seinsverständnisses, des Versuchs, über das Sein hinauszugehen zu dem Licht, aus dem her und in das es selbst in die Helle eines Verstehens kommt, bewegt sich unmittelbar in einem Grundproblem der Platonischen Dialektik, der Notwendigkeit, zur *Hypóthesis* des Eidos, des Verstehens von Seiendem im Sein, des Seins von Seiendem, ein *Anhypótheton* anzunehmen: daß die Sichtbarkeit des Eidos von etwas anderem her ein erhellendes Licht empfängt. Das Seinsverständnis gründet in »irgendwas, woraufhin wir im Verstehen das zu Verstehende entworfen haben. Das Verstehen muß selbst das, woraufhin es entwirft, als Enthülltes irgendwie sehen«.[63] Von hier aus bezieht Heidegger das Problem der Transzendenz auf den *Stufenweg des Verstehens* im Platonischen *Höhlengleichnis*, der dasselbe »Seiende« erst als Schattenbild, geworfen vom Feuer im Rücken der gefesselten Bewohner, dann selbst von diesem beleuchtet, schließlich im Schatten des Sonnenlichts und zuletzt von ihm erhellt darstellt. Er öffnet sich im Licht einer Idee, die nach dem Sinn des Gleichnisses zum Korrelat nicht mehr das einfache Sehen von Gegenständen (die ϑεωρία), sondern das Verstehen als Gegenstandsverhalt hat. Und das Verstehen ist immer schon zweifach gefaltet, ein Sich-auf-etwas-Verstehen und Etwas-als-Etwas-Verstehen. Es vollzieht sich auf dem Weg hinauf zum Einen und hinab ins Viele, ein Sichverhalten-zu... im Blick auf die Praxis. Muß doch, nach Platos ausdrücklicher Erklärung, das Gute »erblicken« (δεῖ ταύτην ἰδεῖν), wer besonnen als Einzelner und im Gemeinwesen handeln will (τὸν μέλλοντα ἐμφρόνως πράξειν ἢ ἰδίᾳ ἢ δημοσίᾳ).[64]

Darauf stützt sich Heideggers Marburger Plato-Interpreta-

62 Die Grundprobleme der Phänomenologie, 399 f.

63 Die Grundprobleme der Phänomenologie, 402.

64 Politeia, 517c.

tion, die den Gehalts- und Vollzugssinn der Transzendenz in der Praxis verwurzelt. Wenn im anschauenden Verhalten (dem ἰδεῖν) etwas als »seiend« vermeint wird, so wird im Verstehen alles Seiende daraufhin transzendiert, was es ist: auf das Eidos als λόγος οὐσίας. Darüber weist das Gleichnis in der Idee des Guten, dem Helle gebenden, erhellenden Horizont der ἰδέα ἀγαθοῦ, hinaus. In ihm tritt hervor, was Heidegger das Ans-Licht-Kommen des Daseins nennt, eine Transzendenz, die das Transzendieren des wechselnden Seienden im gleichbleibenden Eidos noch einmal transzendiert. Heidegger schreibt dieses Phänomen der »Urhandlung« menschlicher Existenz, dem »gelichteten Verhältnis«[65] des Verstehens selbst zu, wenn er das ἐπέκεινα τῆς οὐσίας als die *Transzendenz des Daseins* und das ἀγαθόν als *Um-Willen* auslegt. Das verschiebt die Deutung unmerklich in die Richtung der Aristotelischen Plato-Kritik, der Charaktere des Sinns für das Tunliche, der sich handelnd auf etwas hin (ein »Wo-zu«, »Da-zu«, »Um-zu«) entwirft, um alle diese Entwürfe im Entwurfscharakter des Verstehens auf das Um-Willen hin zu überschreiten. Was Plato im Kontext des Höhlengleichnisses rein akroamatisch ausdrückt: daß die Idee am Ende eines jeden Vernehmens genommen wird, τελευταία,[66] diese dialektische Grundannahme faßt Heidegger vom Aristotelischen οὗ ἕνεκα her: worum-willen etwas ist oder nicht ist, so oder anders ist. Das Gute als Um-Willen auslegen, das besagt für Heidegger, es als diejenige Idee verstehen, die die »Gesamtheit der Ideen transzendiert und sie daher zugleich in ihrer Gesamtheit organisiert; das Umwillen als ἐπέκεινα überragt die Ideen, bestimmt sie aber gerade im Überragen und gibt ihnen die Form der Ganzheit, die κοινωνία, die Gehörigkeit«.[67]

Obwohl Heidegger damit die Mitte des Platonischen Denkens berührt, den Grund, warum sich die Idee des Guten

65 Vgl. schon Sein und Zeit, § 28, 133.

66 Politeia, 517b. Vgl. Vom Wesen des Grundes (1929), in: Wegmarken, Frankfurt/M. 1967, 56f., ferner: Die Grundprobleme der Phänomenologie, 404f.

67 Metaphysische Anfangsgründe der Logik, 237f.

»kaum sehen läßt« (517b), bleibt ungesagt, worin die »Gehörigkeit« besteht. Sie kann nicht geklärt werden, weil der Interpretation der dialektische Bezug fehlt: die Beziehung des Einen auf das Viele. Und mit ihm der Bezug auf den Anderen, der das Gesagte zu hören begehrt (ἐπειδὴ ταύτης ἐπιθυμεῖς ἀκούειν). Der Hörende ist im Verstehen immer schon mit anwesend; an sein Begehren wird nicht zufällig an jener Wegscheide des Höhlengleichnisses erinnert, wo das eidetische Sehen und Gesehenhaben im Ausblick auf die ἰδέα τοῦ ἀγαθοῦ nicht mehr genügt.[68] Heidegger muß den Anderen ausblenden, weil er die Verwurzelung der Transzendenz in der Praxis *von der Poiesis her denkt* – als ob sich die Idee des Guten aus dem Horizont des Herstellens bestimmt. Das motiviert die Hervorhebung des Entwurfscharakters im Verstehen, die Orientierung des Handelns am Entwerfen und zuletzt am Selbstentwurf des Umwillen. Das Gute verlegt sich ins *Dasein,* dem es in seinem Sein um dieses Sein selbst geht, das gleichsam »poietisch« sein eigenes Ganzseinkönnen begründen will – in den Begründungshorizont neuzeitlicher Transzendentalphilosophie, des Rückgangs vom Um-Willen als Form der Ganzheit des In-der-Welt-Seins auf den *Willen,* der »Welt« im Sichselberwollen entwerfend vorwirft.[69]

Auf dieser monologischen Basis kann das Phänomen des Hörens und der »Gehörigkeit« nicht zur Entfaltung kommen. Wohl ist es ein zum Dasein »gehöriges« Existenzial, das mit der Offenheit für sein eigenstes Seinkönnen auch das Aufeinander-Hören konstituiert. Aber phänomenologisch reduziert sich die Seinsart des verstehenden Hörens auf die Zerstreuung ins Viele, die Geräusche von Wagen und Motorrädern, von Kolonnen auf dem Marsch, des Nordwinds

68 Politeia, 517b. Unter dem obigen Gesichtspunkt scheint mir die Heidegger-Kritik von E. Levinas, soweit sie sich auf Plato erstreckt, unzutreffend zu sein. Vgl. Totalité et Infini, Den Haag 1961.

69 Vgl. Vom Wesen des Grundes, 59. Daß die Idee des Guten dem Bereich des Herstellens entstammt, wird näher ausgeführt in: Die Grundprobleme der Phänomenologie, 149 ff. und 405 f.

usw., usf., akustische Phänomene der Umwelt, unter denen dann »auch« das Sprechen des Anderen begegnet. Und ethisch zieht es sich zur Spitze des Anrufverstehens zusammen, auf das Sich-Sprechen-Hören der Stimme des Gewissens, die das Dasein seinem eigentlichen Seinkönnen »hörig« macht, dem Einen, was not tut. Das ist am Ende nichts anderes als die »Entschlossenheit« zu sich selbst, der Vorentwurf des »Gewissen-Habenwollens«, die dem Ganzseinkönnen (im Vorlauf zum Tode) erst die volle »Durchsichtigkeit« gibt.[70]

VI

Daß hierin das Anstößige von Heideggers Deutung des Guten als des Um-Willen zu suchen ist: in der Reduktion des Hörens auf ein Verstehen aus dem Vielen, dem Ausweg der Dialektik, der das Verstehen des Einen, das Seinsverständnis, verstellt, dieser Anstoß mag Gadamers früher Plato-Interpretation nicht bewußt gewesen sein. Trotzdem ist es das Motiv, das mit dem Auftakt von »Platos dialektischer Ethik« anklingt. So lohnt es sich, den Blick abschließend von Heidegger auf Gadamer zurückzulenken, den Heidegger-Schüler, der in der Dialektik den Weg des Verstehens finden wird.

Gadamer folgt den Spuren der Idee des Guten in der Praxis. Denn es handelt sich nicht um ein Wissen, das einer hat und der andere nicht oder das einer für den anderen beanspruchen kann, sondern das als das ursprünglichste von allen in Anspruch genommen wird und genommen werden muß, sofern es das Seinsverständnis des Daseins ausmacht, die Weise, woraufhin sich der Mensch mit seinesgleichen versteht. Der Andere wird dabei von vornherein mit-verstanden; denn er ist es, dem die Frage gilt, in welchem Sinne die platonische Dialektik das Problem der Ethik stellt und überhaupt stellen kann, die Grundfrage nach dem Ethos der Ver-

70 Sein und Zeit, § 34, 167f., §§ 54-60.

ständigung und des Einverständnisses in der Sache, einer Theorie der sachlichen Möglichkeit des *Dialogs.*[71]

Gadamer exponiert sie am Leitfaden der Funktion des Anderen im Miteinandersprechen, dem verstehenden Mitgehen in der Sache, die ihn als Hörenden beansprucht, als jemand, der auf Gründe zu hören und mit Gründen zu antworten vermag. Das Einverständnis erfolgt nicht über die Sorge des Herstellens und ihre Aufgipfelung im Begründenwollen; es entspringt gerade im Abstand davon, dem ausruhenden Verweilen bei der Sache, die weder »herzustellen« noch als solche zu »wollen« ist. Sie gibt sich sprechend-hörend zu verstehen: im Vollzug des Miteinandersprechens, das sie dem anderen zu dem gleichen ausruhenden Verweilen übergibt, sei es im Anhören selbst, sei es durch den in der Mitteilung gegebenen Hinweis für eigenes Sehen. Im Sichmitteilen, so umschreibt Gadamer das spezifische Ethos der Dialektik, ist nicht so sehr das Sein zur Sache als Mitzuteilendes intendiert, als die Gemeinsamkeit in diesem *Sein zu ihr.*[72] Darin drückt sich nichts anderes als die Sachlichkeit des Sprechens aus, das den Anderen mitsprechen läßt, das »Dialektische« am Dialog, die Fähigkeit und Bereitschaft, sich vom Gesagten in Frage und Antwort Rechenschaft zu geben.

Das schränkt die Interpretation des Guten auf den allgemeinen Charakter des *Worumwillen von etwas* ein – was eine Sache ist und wie es sich mit ihr verhält, den »Blickpunkt«, aus dem sich im Besonderen das menschliche Dasein einheitlich versteht. Ihr Ansatz ist nicht das ontologische Grundverhältnis, die Frage nach dem einen Sein und seinem Verhältnis zum Seienden; er liegt im Problem der *Vervielfachung des Einen,* dem »dialektischen« Sachverhalt, von dem die Praxis der Verständigung durch den Logos zeugt. Sie bezeugt, was nicht zu begründen, sondern einzig zu verstehen ist: die in der Sachaufweisung fortschreitende Rede, die ständig etwas als ein anderes ausspricht, dem in ihr gelegenen Widerspruch zum Trotz.[73] Sie spricht das Viele aus, den

71 Platos dialektische Ethik, XIII und 13 ff.
72 Platos dialektische Ethik, 25 f.
73 Platos dialektische Ethik, 15.

Urverhalt des Logos, den Gadamer an jener Idee auslegt, die noch Heidegger als der Inbegriff des Einen, von absoluter Einheit und Begründung gilt. Wenn Heidegger das *Anhypótheton* des Guten als »Grund« des Seinsverständnisses, des Um-Willens im Verstehen, auffaßt, so findet Gadamer darin den Ausdruck einer anders gewendeten Fragestellung, der Frage, wie sich Eines und Vieles zueinander verhalten: nicht im Sinne der ontologischen Differenz, sondern der *Akroaszenz des Logos.* In dieser Perspektive ist die Idee des Guten dann überhaupt keine sachhaltige Bestimmung des Seienden, sondern dasjenige, was alles, was ist, in seinem Sein verstehbar macht. Sie ist nicht ontologisches Prinzip, wozu sie Heidegger erhoben hatte. Gadamer spricht nur von einer »allgemeinen ontologischen Funktion«, nach der die Idee des Guten die »letzte Grundlage *aller* Verständigung« sei; und dieses nicht als ein oberstes allgemeines Eidos, sondern als der formale Charakter alles dessen, was wirklich verstanden heißen kann, d. h. aber als der Hinblick, unter den sich der Anspruch des Verstehens selbst stellt.[74]

Wenn sich das so verhält, dann könnte diese Funktion genausogut »akroamatisch« heißen. Denn am Phänomen der Verständigung wird das Problem der Vervielfachung des Einen exponiert; und dort hat es und behält es seinen Sitz. Davon ist bei Gadamer nur andeutungsweise, im Blick auf die sprachliche Vorausgelegtheit des Sinnes von »seiend« und deren Fortbildung im Miteinandersprechen, die Rede. Die Andeutungen sind wichtig genug. Enthalten sie doch den Keim jener hermeneutischen Wendung der Ontologie am Leitfaden der Sprache, die Gadamer in ›Wahrheit und Methode‹ vollzieht. Ihr Anfang liegt hier, wo Gadamer den Faden zuerst in die Hand nimmt, in der Platonischen Dialektik und ihrem Grundsatz, daß Vieles zu sagen sei.

74 Platos dialektische Ethik, 61.

Seinsverständnis und Sinn für das Tunliche

Der hermeneutische Weg zur praktischen Philosophie

Als Wilhelm Hennis Ende der 50er Jahre den Ort der Politik im Universitätsbetrieb der Nachkriegszeit zu bestimmen unternahm, schienen die Umstände einer solchen Ortsbestimmung nicht eben günstig. War doch dieses Lehrfach nach angelsächsischem Vorbild zur *Political Science* oder »Politologie« geworden, die sich an positivistischen Wissenschafts- und Methodenbegriffen orientierte. Gewiß: die Krisis des modernen Machtstaats und dessen Umschlag in ideokratische Herrschaftsformen machte eine Auseinandersetzung nötig. Aber worauf konnte sie sich stützen?

Da gab es einmal die Besinnung auf das Sein in der Zeit, den Ansatz von Heideggers Denken in der »Hermeneutik der Faktizität« des »Daseins«, dem es in seinem Sein um dieses Sein selbst geht, der trotz der längst vollzogenen »Kehre« zu einem geschichtlich vertieften Seinsverständnis dem Existenzialismus von Jaspers und Sartre allzu nahe schien. Und es gab die Besinnung auf den Sinn für das Tunliche in der praktischen Philosophie, die Aufnahme und Verwandlung dieses Ansatzes durch den neuhumanistisch geprägten Aristotelismus von J. Ritter und L. Strauss, der im Bannkreis von Dilthey der Tradition der Geistesgeschichte verhaftet blieb. Und dazwischen dann die Bücher der großen Brükkenbauer unter den Heidegger-Schülern, die etwa gleichzeitig mit Hennis' Buch über ›Politik und praktische Philosophie‹ erschienen: Hannah Arendts ›Vita activa‹ (1960) und Hans-Georg Gadamers ›Wahrheit und Methode‹ (1960).

Es ist hier nicht der Ort, diese Positionen im Hintergrund von Hennis' Werk zu vermessen. Aber es dürfte unschwer auszuloten sein, daß ihnen, wie verschieden auch immer, die von Heidegger in der Zeit nach dem 1. Weltkrieg vollzogene Wende zu einer »von unten anfangenden Phänomenologie«

am Leitfaden des Logos der Praxis den Boden bereitet hat. Ihre Spuren hatten sich freilich inzwischen verwischt; und sie waren schon in ›Sein und Zeit‹ kaum noch zu erkennen.[1] So mag es sich erklären, daß Heideggers Name und der von Gadamer (dessen Hauptwerk damals freilich noch nicht vorlag) in Hennis' Programmschrift nicht genannt werden. Immerhin erscheint es mir bemerkenswert, mit welchem Engagement Hennis' Versuch zur »Rekonstruktion der politischen Wissenschaft« gerade von den emigrierten Heidegger-Schülern Helmut Kuhn und Ludwig Landgrebe aufgenommen worden ist, die darin einen ersten Schritt auf dem Weg zur Neubestimmung der Politik aus dem Geist der praktischen Philosophie erblickten.[2]
Worauf sich dieses Engagement gründete, davon dämmerte mir einiges, als Gadamer zu Anfang der 60er Jahre Wilhelm Hennis zum Vortrag nach Heidelberg einlud. So mag es erlaubt sein, mit einer persönlichen Erinnerung zu beginnen. Hennis sprach über zurückliegende Totalisierungen des Politischen und suchte zu begründen, warum die moderne Deutung der Wahl einer Herrschaftsform als dezisionistische Option zugunsten eines sich faktisch durchsetzenden Machtwillens das für die Verfassungstheorie Entscheidende verdeckt: daß eine solche Wahl doch nicht nur »Entschluß« sei, sondern ein Urteil und Schluß sein müsse. Und dafür sind Prämissen anzunehmen, Gesichtspunkte des Erwägens und Abwägens faktischer Möglichkeiten, die seit alters die Topik an die Hand gibt, die Aristotelische Lehre vom Fin-

1 Das bemerkt F. Volpi, Heidegger e Aristotele, Padova 1984, S. 23 ff. und S. 65 ff., der die Genesis der Grundbegriffe der existenzialen Daseinsanalytik aus der praktischen Philosophie des Aristoteles nachzuweisen versucht hat. Vgl. auch O. Pöggeler, Zeit und Sein bei Heidegger, in: E. W. Orth (Hrsg.), Zeit und Zeitlichkeit b. Husserl u. Heidegger, Freiburg/Br. 1983, S. 167 f.
2 Vgl. H. Kuhn, Aristoteles und die Methode der Politischen Wissenschaft in: Zeitschrift für Politik, Jg. 17 NF (1965), S. 101-120; L. Landgrebe, Über einige Grundfragen der Philosophie der Politik, Köln/Opladen 1969 (= Arbeitsgemeinschaft für Forschung des Landes Nordrhein-Westfalen, Heft 158).

den solcher Richtpunkte für die Betätigung der Urteilskraft als einem Kernstück der Politik. An der Diskussion nahmen der greise Erich Kaufmann und Karl Löwith teil, beide der Dezisionismus-Kritik lebhaft zustimmend, die Löwith selbst während der Emigration mit Seitenblicken auf die Faktizität des zu sich selbst entschlossenen Daseins am Beispiel von Carl Schmitt ausgetragen hatte,[3] während Gadamer darauf bestand, daß dem Entschluß nicht nur die Tätigkeit der Urteilskraft vorhergehe. Die Kraft zu urteilen bedürfe eines »mittleren Vermögens« zwischen Topik und Politik, das nicht, wie Hennis voraussetzte, die Dialektik sein könne; jedenfalls nicht in jener Gestalt eines bloß meinungsmäßigen Wissens vom Wahrscheinlichen, das Hennis mit der Topik als einer »Techne des Problemdenkens« verband. Die Urteilskraft müsse noch eine andere Quelle haben, aus der sie schöpft.

Daß Gadamer die hermeneutische Aufgabe der Konkretisierung allgemeiner Gesichtspunkte im Falle ihrer Anwendung und dahinter das praktische Wissen meinte, die Einholung der *Phronesis* als eigener Weise der Seinsbesinnung »zwischen« *Techne* und *Wissenschaft* in die Philosophie, das konnte man sich damals am Aristoteles-Kapitel von ›Wahrheit und Methode‹ zurechtlegen. Und ähnlich hatte es ja auch Hennis mit sicherem Gespür für geschichtliche Zusammenhänge gesehen, als er unter Berufung auf Aristoteles festhielt, im Bereich der »Humaniora« gehe es »nicht um schlichtes Verstehen – etwa gar um werturteilsfreies Verstehen – sondern um Verständnis, das in der Lage ist, der Lebensführung zu nützen, sie zu unterstützen«.[4] Das erklärte Gadamers Interesse an Hennis. Um so unklarer blieb die Berufung auf die hermeneutische Aktualität des Aristoteles im Gedankenzug seines Hauptwerks und der Wegbahnung durch Heideggers Denken.

3 Der okkasionelle Dezisionismus von C. Schmitt (1935), in: Gesammelte Abhandlungen. Zur Kritik der geschichtlichen Existenz, Stuttgart 1960, S. 93 ff.

4 Politik und praktische Philosophie (1963), 2. Aufl., Stuttgart 1977, S. 33.

Es hat Gadamer wenig geholfen, daß er nachträglich auf die Verbindung der Struktur des hermeneutischen Vorgangs mit der Aristotelischen Analyse der *Phronesis* hinwies und darauf aufmerksam machte, daß er damit im Grunde nur eine Linie weiterverfolge, die der junge Heidegger schon in seinen frühen Freiburger Jahren mit dem Programm einer »Hermeneutik der Faktizität« gezogen hatte.[5] Eine vorläufige Klärung brachte der Beitrag über »Hermeneutik als praktische Philosophie«, den Gadamer dem ersten Band des von mir herausgegebenen Sammelwerks zur ›Rehabilitierung der praktischen Philosophie‹ anvertraute. Aber Klarheit über das »Als« dieser Entsprechung im Zusammenhang seines Denkwegs mit dem von Heidegger bringt erst die jetzt erscheinende Werk-Ausgabe, die uns die Linien markiert und überschaubar macht.

Diese Zusammenhänge sind in der Rezeption von ›Wahrheit und Methode‹ nur unterschwellig zur Geltung gekommen. Ja, selbst den späteren Hinweisen auf Heideggers frühe Lehrtätigkeit ist man Gadamer lange nicht gefolgt,[6] obwohl ihre Einflüsse auf seine Schleiermacher- und Dilthey-Kritik, den Absprung vom ästhetisch-historischen Bewußtsein und überhaupt auf die Ausarbeitung der hermeneutischen Situation des Verstehens in diesem Werk unverkennbar sind. Und das Kapitel über die hermeneutische Aktualität des Aristoteles liest sich im Horizont unserer gegenwärtigen Erfahrung wie die direkte Weiterführung jener geschichtlich folgenreichen Aristoteles-Interpretation, die Heidegger auf seinem Weg abgebrochen oder doch in anderer Gedankenführung ausgezogen hat. So ist es an der Zeit, das Dunkel zu lichten, das die Rehabilitation der alten Disziplin der praktischen Philosophie umgibt. Hennis beurteilt sie als eine der bemerkenswerten Leistungen der deutschen Gegenwartsphilosophie. Wenn eine Fachwissenschaft davon hätte profitieren

5 Hermeneutik und Historismus, Anhang zu: Wahrheit und Methode, Tübingen 1975[4], S. 511.

6 Das betont jetzt zu Recht Chr. Jamme, Heideggers frühe Begründung der Hermeneutik, in: Dilthey-Jahrbuch, Bd. 4 (1986/87), S. 75.

können, heißt es im Vorwort zur 2. Auflage seiner Programmschrift, »so die politische. Heute sieht es so aus, als ob wieder erst auf dem Umweg über Amerika, wo sich der Staub der Irrelevanz über die ›approaches‹ von gestern legt, auch die deutsche politische Wissenschaft Anschluß an diese Diskussion gewinnen wird«.[7]

Hennis' Ahnungen haben sich durch die inzwischen erfolgte Selbstauflösung des »analytical approach« in Amerika erfüllt.[8] Sie hat eine breite Resonanz von Heideggers und Gadamers Werk in der angelsächsischen Welt zur Folge, mit Auswirkungen auf die Idee einer neuen Weltphilosophie unter dem Primat der hermeneutischen Vernunft, die im einzelnen schwer zu überblicken sind. Das braucht uns an dieser Stelle nicht weiter zu interessieren. Unser Augenmerk richtet sich auf die Anfänge des Programms einer »Hermeneutik der Faktizität«, womit, bei Lichte besehen, die Geschichte der »Rehabilitierung der praktischen Philosophie« in unserem Jahrhundert beginnt.

Die Anfänge sind unvollständig dokumentiert. Seit der kürzlich erfolgten Drucklegung der ›Phänomenologischen Interpretationen zu Aristoteles‹ (1921/22) ist uns wenigstens der Ausgangspunkt klarer geworden: das Zeugnis dafür, daß sich Heidegger, nach der Auseinandersetzung mit Augustin und dem Neuplatonismus im Umkreis einer Phänomenologie der Religion, den Themen der praktischen Philosophie zuwendet.[9] Und seit kurzem kennen wir die Studie über

7 Politik und praktische Philosophie, 2. Aufl., Vorwort.

8 Mit dem Werk von R. Rorty, Philosophy and the Mirror of Nature (1979), dt. Frankfurt/M. 1981.

9 Phänomenologische Interpretationen zu Aristoteles. Einführung in die phänomenologische Forschung (1921/22), von W. Bröker/K. Bröcker-Oltmann (Hg.), Gesamtausgabe (= GAG) Bd. 61, Frankfurt/M. 1985. Vgl. K. Lehmann, Christliche Geschichtserfahrung und ontologische Frage beim jungen Heidegger, in: O. Pöggeler (Hg.), Heidegger, Köln/Berlin 1969, S. 140 ff. – L.s Verzeichnis der Vorlesungen und Übungen zu Aristoteles nach dem Freiburger Vorlesungsverzeichnis (und Familienpapieren) nennt für das WS 1921/22 den abweichenden

›Praktisches Wissen‹, das früheste Fazit, das Gadamer aus dieser Zuwendung für den eigenen Denkweg gezogen hat.[10] Dazu gibt es die wachsende Reihe der Marburger Vorlesungen, die uns die Wege zu ›Sein und Zeit‹ genauer überblicken lassen. Und wie viele Linien in diesem Werk zusammenlaufen, davon wissen wir dank der Berichte von Gadamer Genaueres, des Zeugen, der im Mitgehen von Heideggers »Kehre« zugleich Rechenschaft über die Wendung des hermeneutischen Problems in die Richtung der erneuerten praktischen Philosophie ablegt. Von dieser Wende, ihrer Ausgangslage und ihrem Anknüpfungspunkt in der Aristoteles-Interpretation des jungen Heidegger, handelt der nachfolgende Beitrag.

I

Mit einer Arbeit über Plato bei Paul Natorp promoviert (1922), war Gadamer durch dessen Zurücknahme der modernisierenden Interpretation der Platonischen Ideen als methodischer Voraussetzungen zugunsten des Voraus-*Seins* der Einheit des Einen, Urkonkreten, das aller Ideenvielfalt zugrunde liegt, auf die Begegnung mit Heidegger vorbereitet. Natorps Buch über ›Platos Ideenlehre‹ (1903) hatte Heidegger die Grenzen des neukantianischen Methodengedankens der Konstitution in seiner Ausdehnung auf die Geschichte vor Augen geführt, ein Berührungspunkt des Lehrers mit dem Schüler, der in der Tiefe den Gedankenweg vorprägt. Heidegger erkennt die Grenzen der von Natorp anvisierten »Logizität« des Faktisch-Individuellen – daß der absoluten Gesetzlichkeit des Bewußtseins gerade dann, wenn sie die letzthinnige Individualbestimmung noch für die ethische und religiöse Sphäre gewährleisten soll, das originär Platoni-

Titel: Phänomenologische Interpretationen (Aristoteles, Physik). Der Titel ist mir unerklärlich, da von »Physik« nirgends geredet wird.

10 Manuskript-Beitrag zur (ungedruckten) Festschrift für Paul Friedländer zum 60. Geburtstag, in: H.-G. Gadamer, Gesammelte Werke, Bd. 5, Tübingen 1985, S. 230ff.

sche Erkenntnisproblem der *Teilhabe* (μέθεξις) des Individuellen am Allgemeinen entfallen muß. In gewisser Hinsicht fällt es mit dem der *Mitteilung* zusammen, und das heißt zugleich: mit der Auslegung der Platonischen Dialektik im geschichtlichen Strom der abendländischen Logosphilosophie. Es stellt sich in aller Schärfe, wenn anerkannt wird, daß das »Erkenntnisproblem« bei den Griechen keinem »Faktum der Wissenschaft«, sondern dem »konkreten Erfahren des faktischen Lebens« erwächst.[11]

Das Auslegungsproblem nimmt beim jungen Heidegger unter dem bestimmenden Einfluß Husserls die Gestalt des *Rückfragens* an den Quellpunkt dieses Stromes an: wo der Ausgangspunkt der anfangenden Philosophie, einer *philosophia perennis* in der Husserl vorschwebenden Methodengestalt des phänomenologischen Forschens, zu suchen sei. Wer Heideggers Anknüpfung an Aristoteles im Umkreis von Husserls Wirksamkeit in Freiburg verstehen will, muß sich zunächst von dieser hermeneutisch sehr besonderen Situation Rechenschaft geben.

Husserl hatte noch am Ende der Göttinger Zeit, in der Einleitung zum Gesamtwerk der ›Ideen‹ (1913), die transzendental gewendete Phänomenologie als »erste aller Philosophien« konzipiert, die jeder Metaphysik und sonstigen Philosophie vorhergeht.[12] Dieses Konzept baut Husserl in der Folgezeit unter Zuhilfenahme des Aristotelischen Titels einer »ersten Philosophie« aus, die als Prinzipienwissenschaft

11 Vgl. den abrupten Wechsel der Stellungnahme zur »Marburger« Plato-Interpretation in der Vorlesung über ›Phänomenologie der Anschauung und des Ausdrucks‹ (1920), S. 48 ff. (nach der Untersuchung von F. Hogemann, Heideggers Konzeption der Phänomenologie in den Vorlesungen aus dem WS 1919/20 und dem SS 1920, in: Dilthey-Jahrbuch, Bd. 4 [1986/87], S. 68). Zur Orientierung am Leitfaden des faktisch-erfahrenen Lebens vgl. den instruktiven Beitrag von Th. Kisiel, Das Entstehen des Begriffsfeldes ›Faktizität‹, ebd., S. 91-120.

12 Ideen zu einer reinen Phänomenologie und phänomenologischen Philosophie (1913), Einleitung, Husserliana Bd. III, W. Biemel (Hg.), Haag 1950, S. 8.

verstanden und von der Metaphysik abgehoben wird. Deren Feld ist die »Faktizität«, der phänomenologische Einzugsbereich des »transzendentalen Faktums, das sich in der Konstitution der faktischen Welt und des faktischen Geisteslebens ausspricht«,[13] worin auch Heideggers Programm einer »Hermeneutik der Faktizität« Stand nimmt. Aber während sich Husserls Idee der »ersten Philosophie«, des Aristotelischen Titels zum Trotz, geschichtlich gar nicht an Aristoteles, sondern an dem mit Natorps Augen gelesenen Plato, dem neukantianisch verstandenen Begründer der Lehre von der »Idee« als Vorgestalt des Naturgesetzes der neuzeitlichen Physik und darüber hinaus an Descartes und Kant orientiert,[14] geht Heidegger wirklich auf Plato und Aristoteles zurück. Und der Rückgang auf Aristoteles beschränkt sich nicht auf die »erste Philosophie« oder *Ontologie*, wie sie in der programmatischen Titelgebung der Freiburger Vorlesung über »Hermeneutik der Faktizität« (1923) auftritt. Er bezieht vielmehr von vornherein die »zweite Philosophie«, das Verstehen von »Praxis«, in die Thematik der phänomenologischen Forschung ein.

Die Sprengkraft der Aristoteles-Rezeption für Husserls Idee der Phänomenologie als Grundwissenschaft tritt nicht erst in dieser Heidegger-Vorlesung zutage, die der junge Gadamer zusammen mit Leo Strauss und Joachim Ritter in Freiburg gehört hat. Sie verbirgt sich hinter der Auslegungsproblematik der Platonischen Dialektik, der von Heidegger vielleicht zum ersten Mal an Natorps Plato-Buch empfundenen Not-

13 Erste Philosophie (1923/24), Husserliana Bd. VII, R. Boehm (Hg.), Haag 1956, S. 188 Anm.

14 Vgl. Erste Philosophie, 1. Abschnitt (Von Platons Idee der Philosophie zu den Anfängen ihrer neuzeitlichen Verwirklichung bei Descartes), ebd., S. 3 ff. Die Grundlinien der Skizze weisen wahrscheinlich auf Husserls Vorlesung über ›Einleitung in die Philosophie‹ (1922/23) und frühere Studien zur Geschichte der Philosophie zurück. Vgl. die Einleitung des Herausgebers, p. XI-XXVII. – Die naheliegende Frage von Heideggers Einwirkung auf Husserls Rückgang zur Geschichte muß hier leider außer Betracht bleiben.

wendigkeit einer Ausarbeitung der »hermeneutischen Situation«. Heidegger zeigt es an dem von Husserl im *Logos*-Aufsatz (Philosophie als strenge Wissenschaft, 1911) übernommenen Beispiel der neukantianischen Sinngenese der europäischen Wissenschaftsidee und ihrer Gleichsetzung mit der Idee der »ersten Philosophie«. Über die theoretische Sicherung der Gegenstandsbestimmung und deren Rückanwendung auf das ›Selbst‹ des Erkenntnissubjekts konstituiert sich transzendentalphänomenologisch von Plato abwärts die Idee der Wissenschaft, für die das faktische Leben der Subjektivität in einer je eigenen »Selbstwelt« gar nicht erst in Betracht kommt. Mit der neuzeitlichen Stabilisierung der Idee als einer objektiven Kulturleistung verstärkt sich dann die Herrschaft der Wissenschaft. Und indem man zuletzt in der Verwissenschaftlichung des ganzen Menschheitslebens die Idee der Menschheit selbst erblickt, wird es dem Denken »leicht«, sich vom Gewicht der eigentlichen Aufgabe seiner verstehenden Anwendung auf die selbstweltliche Faktizität zu »salvieren«. Unter *diesem* Aspekt handelt es sich für Heidegger darum, die Idee der Philosophie als einer »Ursprungswissenschaft« unter dem *Primat der praktischen Vernunft* neu zu erobern, was in sich einschließt: »Das ursprünglichste und endgültigste Problem der Phänomenologie ist sie selbst sich selbst«.[15]

Gegen die bei Husserl fortwirkende Verkehrung der hermeneutischen Situation ins »Leichte« geschichtlich ausweichender »Genealogien« und Rechtfertigungen für das neuzeitliche Begründungsdenken sucht Heidegger der wirklich »von unten anfangenden«, das heißt: der hermeneutisch fundierten, Phänomenologie am Leitfaden einer »Auslegung der Faktizität« die verlorene Schwere zurückzugeben. In bewußter Gegenstellung zu Husserls Idee der »ersten Philosophie« knüpft sie an die »zweite«, die praktische Philosophie des Aristoteles an, mit der Erwartung, im Rückgang auf dessen subjekttheoretisch unbelastete Praxisanalyse den

15 Vgl. Grundprobleme der Phänomenologie (1919/20), Bl. 1, mit ›Phänomenologie der Anschauung und des Ausdrucks‹ (1920), Bl. 55 f., nach Hogemann (FN 11), S. 57.

aporetischen Konstitutionsgedanken eines »transzendentalen Faktums« zu lösen.[16] Und diese Anknüpfung – das scheint mir für unsere Fragestellung von ausschlaggebender Bedeutung zu sein – vollzieht sich in einem ersten Schritt über die Aristotelische Bestimmung der *ethischen Tugend* als einem Mitte-Halten zwischen Extremen im II. Buch der ›Nikomachischen Ethik‹.

Das hängt aufs engste mit der Eigenart der in dieser Vorlesung unternommenen Interpretation des faktischen Lebens als einem »Weg der Sorge« zusammen,[17] der an Grundbestimmungen der Platonischen Dialektik anklingt. Und tatsächlich ist Plato in ihr so gegenwärtig, wie es Gadamer noch für den Denkweg des Marburger Heidegger erinnert: in geschichtlicher »Wirkungseinheit« mit Aristoteles, geradezu ein Urbild hermeneutischer Verschmelzung von »Horizonten«, die Husserls Rückbindung der »ersten« an die »anfangende Philosophie« nach neukantianischem Muster voneinander getrennt hatte.

Das kann hier nicht im einzelnen gezeigt werden.[18] Es genügt, wenn wir uns in diesem Punkt auf das Zeugnis von Gadamer berufen, dem sich von hier aus der eigene Denkweg eröffnet hat. Der wesentliche Punkt der Belehrung war, schreibt Gadamer im Rückblick auf den Absprung von sei-

16 So würde ich die an sich richtigen Beobachtungen von F. Volpi (FN 1) präzisieren.

17 Vgl. Phänomenologische Interpretationen zu Aristoteles (FN 9), S. 49 f. mit 91. Die Weggenese der Sorge hat Heidegger selbst anders erinnert und auf die Auseinandersetzung mit Augustin (WS 1918/19) zurückgeführt. Vgl. Prolegomena zur Geschichte des Zeitbegriffs, (FN 9), S. 417 f., mit dem Vermerk, daß Augustin das Phänomen nicht ausdrücklich (auch nicht als Terminus!) kennt. War die Vorlage neben der Platonischen ἐπιμέλεια etwa gar die φρόνησις (worauf der Hinweis auf φροντίς, ebd., S. 419 deutet)?

18 Vgl. dazu meine Studie: Zwischen Plato und Aristoteles. Heideggers doppelte Exposition der Seinsfrage und der Ansatz von Gadamers hermeneutischer Gesprächsdialektik, in: Allgemeine Zeitschrift für Philosophie, Jg. 11 (1986), S. 1-28, in diesem Band S. 96 ff.

nen neukantischen Anfängen, daß Heidegger »am Text demonstrierte, wie haltlos der angebliche ›Realismus‹ des Aristoteles war und daß Aristoteles auf dem gleichen Boden des Logos stand, den Plato mit seiner Sokratesnachfolge bereitet hatte. Jahre später hat uns Heidegger ... auseinandergesetzt, *daß dieser Plato und Aristoteles gemeinsame neue Boden des dialektischen Philosophierens* nicht nur die Kategorienlehre des Aristoteles trägt, sondern *auch seine Begriffe von Dynamis und Energeia aufzuschlüsseln vermöge*«.[19]

Was Gadamer auf der Fluchtlinie von Heideggers ursprünglicher Intuition als Urbild hermeneutischer Horizontverschmelzung erschienen ist, worin Wahres aufscheint, hat Heidegger selbst im ersten Ausspannen der Linie als »Zwischenbetrachtung« bezeichnet.[20] Wohl gehört dieser Titel zum Kontext der hermeneutischen Situation, des Wissens um den Abstand des Interpreten von seinem »Gegenstand«, das gleichwohl, nach der (von Gadamer aufgegriffenen) Kierkegaard-Formel, kein »Wissen im Abstand« sein kann; und dies um so mehr, wenn sich in der Ausarbeitung der hermeneutischen Situation der traditionell-geschichtlich gesehene Abstand »zwischen« Plato und Aristoteles als haltlos herausstellt.

Diese Einsicht mag bei Heidegger lange vor Gadamers Übergang von Marburg nach Freiburg angebahnt gewesen sein. Sie ist jedenfalls im Gegenzug zur Natorp-Husserlschen Geschichtsteleologie gewonnen worden und war insofern für Gadamers Wechsel vom Neukantianismus zur hermeneutisch gewendeten Phänomenologie von entscheidender Bedeutung. So gilt die Zwischenbetrachtung beidem, der zwischen Husserl und Heidegger strittigen »Sache selbst« wie der Sache der Philosophie, über die Aristoteles und Plato in Streit gekommen sind: der Frage nach dem Verhältnis zwischen Idee und Wirklichkeit, dem Seinsverständnis und dem Sinn für das Tunliche.

19 Philosophie in Selbstdarstellungen, L. Pongratz (Hg.), Bd. III, Hamburg 1977, S. 69.

20 Vgl. Phänomenologische Interpretationen zu Aristoteles, (FN 9), S. 61 f., 116 und 183.

Die Fragestellung finden wir präformiert in den ›Phänomenologischen Interpretationen zu Aristoteles‹ (1921/22), Heideggers frühestem Versuch, am Leitfaden der Sokratisch-Platonischen »Sorge« (ἐπιμέλεια) um das Geschehnis der Seele im Erfahren des faktischen Lebens Stand zu nehmen; und zugleich im Rückgang auf die Aristotelische Bestimmung der Praxis als Bewegung (κίνησις) die Kategorien im Bezugssinn des Lebens zu gewinnen, die später so genannten »Existenzialien«, die das als »Sorge« ausgelegte Sein der Seele in der Welt (das menschliche Da-sein) ohne Hilfskonstruktionen eines transzendentalen Erkenntnissubjekts oder der Idee des »guten Willens« zur Sprache bringen sollen.[21] Die Zwischenbetrachtung biegt damit auf jenen Weg ein, den Plato und Aristoteles im Kampf gegen die Sophistik gegangen sind. Und es läßt sich trotz aller Unterschiedlichkeit in der Ausgangslage nicht verkennen, daß er auch bei Heidegger den Extremen des zeitgenössischen Denkens gilt, der Wert- und Lebens- und Wissenschaftsphilosophie, die dem Dasein das Gewicht der Entscheidung nehmen. Indem es sich in der Vielfalt des Möglichen und Bedeutsamen verliert, verfehlt es sich und liefert sich dem »Leichten« aus. Und in der Richtungnahme auf das Verfehlbare als solches (Abstandstilgung und Abriegelung) macht es sich »schuldig«. Das klingt nach Kierkegaard und ist dennoch ein Kernbefund der Aristoteles-Interpretation. Das Verfehlen (ἁμαρτάνειν), so übersetzt Heidegger die Aristotelische Bestimmung der Tugend aus ihrer Gegenmöglichkeit, »ist vielfältig (denn das Schlechte gehört zum Unbegrenzten, wie die Pythagoreer urteilen, das Gute (ἀγαθόν) aber zum Begrenzten), das Rechthandeln (καθορθοῦν) aber ist μοναχῶς, von *einer* Art. (Daher ist das eine leicht, das andere schwierig. Leicht ist es, das Ziel zu verfehlen, schwierig, es zu treffen.)

21 Die Exposition der »Grundkategorien des Lebens« erfolgt im III. Teil der Aristoteles-Interpretation (FN 9), S. 84 ff. Vgl. dazu den Beitrag von C. F. Gethmann, Philosophie als Vollzug und als Begriff. Heideggers Identitätsphilosophie des Lebens in der Vorlesung vom Wintersemester 1921/22 und ihr Verhältnis zu ›Sein und Zeit‹, in: Dilthey-Jahrbuch, Bd. 4, S. 54-71.

Und daher gehört zur Schlechtigkeit (κακία) das Übermaß und das Zurückbleiben, zur Tugend aber das Mitte-Halten« (καὶ διὰ ταῦτ' οὖν τῆς κακίας ἡ ὑπερβολὴ καὶ ἡ ἔλλειψις, τῆς δ'ἀρετῆς ἡ μεσότης).[22]
Heideggers Übersetzung der Aristotelischen μεσότης umschreibt die Richtung auf die Mitte (μέσον) im Bereich von *Pathos* und *Praxis,* ein Mitte-Halten, das nach Aristoteles überhaupt die Verhaltung der ethischen Tugenden auszeichnet. Es wird nicht eigentlich ersichtlich, wie Heidegger in diesem Kontext die Verbindung zur Platonischen Tugend-Definition schlägt; und man mag sich fragen, ob das Platonische μέτρον nicht besser das »Sichversehen« im Abstand kennzeichnet, worin sich das Leben im gebührenden Maß vergreift.[23]
Es ist freilich eben dieser von Aristoteles gegen die Sokratische Gleichung von Wissen und Tugend ausgespielte Bereich, der den Leitfaden der Kategorienlehre im Bezugssinn des Lebens vorgibt. Das Wissen allein bewegt nichts, sondern Leidenschaften und Zwecke des Handelnden.[24] Dabei kann die Mitte je nach Lage der Dinge verschiebbar sein; aber das Treffen selbst bleibt jedesmal die *eine* Aufgabe gegenüber den unendlichen Verfehlungsmöglichkeiten des Verhaltens in den praktischen Strukturmomenten von Ellipsis und Hyperbole. So werden sie von Heidegger für die Bestimmung der Sorgestruktur aufgegriffen. Wenn dem Sichversehen der Sorglosigkeit die Führung des Lebens zufällt, »verfällt« es an die »Welt«. Es wird »hyperbolisch und gewährt ein leichteres Erfüllen und Besorgen, d. h. sein Dasein Erhalten, Durchhalten. Das hyperbolische Dasein erweist sich so zugleich als elliptisch: es geht dem Schwierigen, dem, was μοναχῶς, einfältig (ohne Umschweife) ist, aus

22 Phänomenologische Interpretationen zu Aristoteles, S. 108, als Kennzeichnung des »Leichten« nach Eth. Nic. II 5, 1106b 28-34.
23 Ebd., S. 103, unter Berufung auf Politikos, 248a-c (nicht: Politeia 205b) und Protagoras, 356a.
24 Vgl. Eth. Nic. II 4, 1106a 3-6.

dem Weg, macht kein Ende fest, will nicht auf eine Urentscheidung und in sie (sie wiederholend) gestellt sein«.[25]
An diesem Wegende zeichnet sich die Richtung auf das daseinsmäßige »Ganzseinkönnen« des faktischen In-der-Welt-Seins ab. Sie führt hier noch nicht über die Stationen des *Pathos*, der im Rückgang auf Aristoteles' ›Rhetorik‹ (1924) gedeuteten Phänomene der *Befindlichkeit* und ihrer Zentrierung in der *Angst*, die in der Folgezeit die existenziale Konstitution der Faktizität im »Vorlaufen zum Tod« überwältigt und mit den Strukturmomenten der *Ellipsis* und *Hyperbole* (an deren Stelle die nun deskriptiv gefaßten Neigungscharaktere von *Dioxis* und *Phyge* treten) das ethische aufgegebene Mitte-Halten in den Hintergrund drängt.[26] In der »Zwischenbetrachtung« steht statt des Sich-Selber-Wählens des »Daseins« die Wahl des Guten gegenüber dem Schlechten in Frage. So ist jedenfalls das Gestelltsein auf das Eine, was nottut, die Wiederholung der Urentscheidung, zu verstehen. Sie ist Heideggers Version der Aristotelischen Prohairesis, der vorsätzlichen Entscheidung für das Praktisch-Gute, worin sich das Existenzial der »Entschlossenheit« ankündigt. Ist doch nach Aristoteles die *Prohairesis* die entschiedene Grundhaltung (ἕξις προαιρετική), die dem *Ethos*, d. h. der festen Gewöhnung des zum Handeln bewegenden Strebens und Begehrens »gemäß dem rechten Wort« (κατὰ τὸν ὄρθον λόγον) erwächst.[27]
Damit erhebt sich die Problematik des *Wahrseins*, der »Erschlossenheit von Welt« im entdeckenden Vollzugszusammenhang des Verstehens, wie ihn die hermeneutische Phänomenologie an ihrem Ausgangspunkt befragt. Wenn die Welt im praktischen Besorgen den Charakter der »Bedeutsamkeit« annimmt, ist der *Praxis* ein *Logos* immanent, der sie zusammenhängend verstehen läßt. Und wenn der Weg

25 Phänomenologische Interpretationen zu Aristoteles, (FN 9), S. 109.

26 Das bestätigt die Andeutungen von Th. Kisiel, Das Entstehen des Begriffsfeldes ›Faktizität‹ im Frühwerk Heideggers, (FN 11), S. 115 f.

27 Eth. Nic. II 2, 1103b 32 und 4, 1106a 1-4.

der Sorge im *Ethos* der Urentscheidung gipfelt, dann muß sich das Logosproblem angesichts dieser nicht bloß faktischen, sondern einzigen (und einheitlichen) Möglichkeit des Seinsverständnisses der Seele auf die Frage nach dem Entdecken des Wahren (im intransitiven Sinne des ἀληθεύειν) zuspitzen. Nach der Analyse des *ethischen* Mitte-Haltens im II. Buch der ›Nikomachischen Ethik‹ hatte die Aristoteles-Interpretation die Möglichkeit des Sichhaltens in der Mitte zu bedenken, wie sie das VI. Buch der ›Nikomachischen Ethik‹ im Horizont der von Aristoteles so genannten *dianoetischen* Tugenden (der Weisen des Wahrseins) thematisiert. Und dabei konnte sie den Gehaltssinn der Sorge am Aristotelischen Vorbild des *Phronimos* über die Praxis der Bezeugung des Sinnes für das Tunliche explizieren. Sie konnte sich das Hauptargument der Aristotelischen Plato-Kritik zu eigen machen, wonach die *Dianoia* als bloß »wissenschaftliche« Verstehensmöglichkeit dem Anspruch des Wissens vom Guten nicht genügt, mit Aristoteles gesprochen: daß die *Phronesis*, bei Plato die Grundhaltung des Sichverstehens und jeder ethischen Tugend, nicht nur eine dem *Logos* gemäße Verhaltung, sondern *eine andere Art von Wissen* ist.[28]

II

Auf dieser Bahn kreuzt sich Heideggers Zurückfragen in den Anfang der griechischen Philosophie mit der von Plato herkommenden Fragerichtung des Natorp-Schülers Gadamer. Wir sind gegenwärtig noch wenig gerüstet, die Phasen der phänomenologischen Aristoteles-Interpretation im einzelnen zu überblicken. Daß der Fortgang zum VI. Buch der ›Nikomachischen Ethik‹ auf der einen Linie des Weges der Sorge lag, belegt Heideggers Brief an Gadamer, der auch schon den Übergang zum IX. Buch der ›Metaphysik‹ anvi-

28 Eth. Nic. VI 5, 1140a 24 ff.; 9, 1141b 33 f.; Eth. Eud. VIII 1, 1246b 36.

siert.[29] Nach Gadamer zielt sie trotzdem nicht so sehr auf die vom traditionellen Aristotelismus bevorzugte philosophische Theologie, die in der Orientierung am Bewegtsein der Dinge der Natur in der Physik und im Bewegergott der Metaphysik ihre letzte Grundlage hat, als vielmehr auf die »Sachnähe zu dem konkreten faktischen Daseinsvollzug«, die sich in Aristoteles' ›praktischer Philosophie‹ und in seiner Rhetorik greifen läßt. Die Erörterung der Weisen des Wahrseins im VI. Buch der ›Nikomachischen Ethik‹, so erinnert sich Gadamer, »hatten für Heidegger vor allem diese Bedeutung, daß der Primat des Urteils, der Logik und der ›Wissenschaft‹ für das Verständnis der Faktizität des menschlichen Lebens an diesen Texten zu entscheidender Begrenzung gelangte. Ein ἄλλο γένος γνώσεως kam zu seinem Recht, das nicht Gegenstände erkennt und objektives Wissen sein will, sondern die dem faktisch gelebten Dasein mögliche Helligkeit meint. So wurde neben der Ethik auch die Aristotelische Rhetorik deshalb wichtig, weil sie von den prágmata und pathémata weiß – und nicht von Gegenständen«.[30]

In Heideggers Erinnerung nimmt sich das etwas anders aus. Sie bezieht sich auf die phänomenologische Zuspitzung des Wahrheitsproblems in der Frage des 6. Buchs von Husserls ›Logischer Untersuchung‹: ob neben dem apophantisch aussagenden *Logos* der »Wissenschaft« auch das praktisch gerichtete Sagen, der Befehl, der Wunsch, die Bitte, »wahr« sein könne oder nicht. Heidegger erblickt jedoch die entscheidende Wegbahnung seines Denkens in der Einsicht, daß das vorprädikative Sich-selbst-Bekunden der Phänomene in der Phänomenologie der Bewußtseinsakte von Aristoteles und der ganzen griechischen Philosophie ursprünglicher als »Wahrheit« im Sinne der »Unverborgenheit des Anwesenden« gedacht worden sei, als dessen »Entbergung« und »Sichzeigen«.[31]

29 Heidegger und die Griechen (1979), in: Gadamer, Werke Bd. 3, Tübingen 1983 S. 286.

30 Die religiöse Dimension (1981), in: Gadamer (FN 29), S. 144.

Das gilt gewiß mehr für das IX. Buch der ›Metaphysik‹ als für das VI. der ›Nikomachischen Ethik‹, dem nach Gadamers Rückblick eine grundlegende Bedeutung zukommt. Im Einklang mit Heideggers Plan und dem, was das gewandelte Aristoteles-Verständnis wirklich erprobt; und das ist unter anderem die an Natorps *Plato*-Buch und Husserls *Logos*-Aufsatz, an der neukantianisch-phänomenologischen Gleichsetzung der Idee der Menschheit mit der Wissenschaftsidee aufgegangene Intuition, daß das »Erkenntnisproblem« bei den Griechen dem konkreten Erfahren des faktischen Lebens entspringt. Diese Erfahrung, die Einheit von *Logos* und *Ergon*, führt jeder der Platonischen Dialoge exemplarisch vor Augen. Ja, sie bekundet sich sogar noch dort, wo sich die Idee der theoretisch beweisbaren Wissenschaften verselbständigt, im VI. Buch der ›Nikomachischen Ethik‹, dessen Seins- und Wahrheitsverständnis Heidegger mit dem Spätwerk der Platonischen Dialektik, dem ›Sophistes‹, konfrontiert (1924/25). Nach Gadamer, dem Zeugen dieser uns noch unzugänglichen Auseinandersetzung, nahm Heidegger hier, »in der Kritik an Plato, die sich in der Differenzierung von Techne, Episteme und Phronesis kristallisierte, ... seinen ersten entschlossenen Abstand von der ›Philosophie als strenger Wissenschaft‹«.[32]

Aristoteles unterscheidet fünf Weisen des Wahrseins (ἀληθεύειν), die Heidegger im Zuge der Profilierung des hermeneutischen Programms zu einer »Phänomenologie des Daseins«[33] als intentionale Vollzugsweisen des sich verstehenden Lebens (τῆς ψυχῆς ἀρετὰς) auslegt, deren Intention auf Wahrheit sich in verschiedenen Stufen erfüllt. Auf einer ersten Stufe (nicht dem Fundierungssinn, sondern der Aristotelischen Darstellung nach) bewegen sie sich in der theoreti-

31 Mein Weg in die Phänomenologie, in: Zur Sache des Denkens, Tübingen 1969, S. 87.

32 Heidegger und die Griechen, (FN 29), S. 118 f.

33 Die Profilierungslinien sind gut zu erkennen in der Marburger-Vorlesung: Prolegomena zur Geschichte des Zeitbegriffs (1925), (FN 9), S. 183 ff.

schen Wissensmöglichkeit der *Episteme;* sie finden Erfüllung im Entdecken der zeitlos unveränderlichen Phänomene von Figuren und Zahlen, der mathematischen »Welt«, die dem anschaulich fundierten Verstehen vollständig durchsichtig ist. Die *zweite* Stufe bilden *Techne* und *Phronesis,* die praktischen Wissensmöglichkeiten im Bereich von Phänomenen, die sich in der Zeit verändern, so daß sie nicht in voller Durchsichtigkeit verstanden werden können. Und darüber stehen bei Aristoteles *Nus* und *Sophia,* das Prinzipienwissen der theoretischen und praktischen Vernunft auf der einen Seite, das Seinswissen der Weisheit auf der anderen, ein übermenschliches, göttliches Wissen vom Seienden im Ganzen, das dem Menschen nur »zeitweilig«, in der gelingenden Lebensform der Theoria, zuteil wird. Wenn das Problem der Faktizität ein κίνησις-Problem ist, muß es sich auf dieser höchsten Prinzipienebene noch einmal stellen. Und auf ihr, so scheint es, muß sich dann auch die zwischen Aristoteles und Plato schwebende Streitfrage entscheiden, worauf sich die philosophische Wahrheitsintention letztlich richtet: ob sie sich im Horizont des Guten oder in dem des Seins (dem ὄν ᾧς ἀληθές) erfüllt.

Das sind die Fragen der phänomenologischen Aristoteles-Interpretation im Fortgang vom II. zum VI. Buch der ›Nikomachischen Ethik‹ und zur ›Rhetorik‹, die das Denken von Gadamer in Fluß bringen. Es handelt sich um keine Interpretationsfragen, sondern um Grundfragen des Vollzugszusammenhangs menschlicher Verhaltensweisen im historisch existierenden Selbst, in diesem Falle: um das Fortleben faktischer Möglichkeiten abendländischen Menschseins, der geschichtlich gestifteten Lebensformen von *Theoria, Poiesis* und *Praxis.* Heidegger sucht sie auf den Kinesis-Charakter des *Logos* im je verschiedenen Sichverhalten zum Seienden zurückzuführen. Der *Theoria* entsprechen die Bewegungen von *Episteme* und *Sophia,* der *Poiesis* und *Praxis* die der *Techne* und *Phronesis.* Dahinter zeichnet sich die Unterscheidung des dreifachen Sinnes von *Vorhandensein, Zuhandensein* und *Dasein* ab, den Heidegger auf dem Weg zu ›Sein und Zeit‹ an jenen Lebensformen freilegt. Um den fundamentalen Seinssinn des Daseins zu erfassen, das weder bloß »vorhanden« noch »zuhanden ist«, sondern »zu sein hat«, nimmt Heidegger die Aristotelische Thematisierung des *Logos* der *Praxis* und einer eigenständigen praktischen Wahrheit im VI. Buch der ›Nikomachischen Ethik‹ zum Leitfaden des Rückfragens in den Grund der »zweiten Philosophie«. Wie sich den Berichten von Gadamer entnehmen läßt, hat ihn Heidegger ganz aus der Richtung her aufgegriffen, die er auf dem Platonisierenden »Weg der Sorge« eine Strecke weit gegangen war. Mit Recht, da auch Plato in seinen Hauptdialogen jenen Weg als einen der Bewegung der Seele verstanden hat, die auf dem Boden universaler Seinsbesinnung (der *Phronesis*) im Durchgang aller den Phänomenen als »wahrhaft seiend« zugrundeliegenden Ideen bis hin zu der des Guten das Verstehen unterweist. Es ist dann gleichbedeutend mit *Sophia* und *Nus*, dem Vollzugs- und Gehaltssinn der Philosophie selbst. In *dieser* Weite verwendet Aristoteles das Grundwort der Platonischen Ideendialektik nicht, obwohl es zutrifft, daß die Aristotelische *Phronesis* im Unterschied zur *Techne* durch keinen bestimmten Sachbereich eingegrenzt werden kann.[34] Aber Aristoteles beläßt ihr die ethische Tragweite, genauer: er lokalisiert sie auf dem Weg der Sorge, den er selbst als Schüler Platos und der Akademie durchlaufen hat; um dann diesem Weg, wie es Heidegger sieht, über den praktischen Sinn für das Tunliche das *Ziel* des *Wissens vom Guten hier und jetzt* zurückzugeben, das die dialektische Wissenschaft in ihrer Gleichsetzung mit »der« Philosophie ebenso aus dem Auge verloren hatte wie die neuzeitliche Wissenschaft der Dialektik und die Wertphilosophie.

Es ist jene Perspektive der Aristotelischen Plato-Kritik, die Heidegger die Erörterung der *Phronesis* ganz »von unten«, an ihrem praktisch-philosophischen Unterschied zur

34 Das betont K.-H. Volkmann-Schluck, Ethos und Wissen in der Nikomachischen Ethik des Aristoteles, in: Paulus Engelhardt OP (Hg.), Sein und Ethos. Untersuchungen zur Grundlegung der Ethik, Mainz 1963, S. 64.

Techne, ansetzen läßt. Den Ansatz kann uns Gadamer verdeutlichen, der ihn aufgegriffen hat. Das technische Wissen ist kein theoretisch feststellendes, sondern praktisches Überlegen, dessen »Worüber« verschieden ist: hier das »Werk einer ›Kunst‹, dort die praktische Existenz selbst, hier also ποίησις, dort πρᾶξις. Hier ist das Worumwillen des Wissens ein Werk, dort die εὐπραξία selbst«.[35] Das ist die erste, aber nicht die einzige Differenz, zumal die Frage in der Schwebe bleibt, ob die *Phronesis* nicht vielleicht doch eine bestimmte *Techne* sein könnte, eine Kunst des Herstellens nicht eines Anderen, sondern seiner selbst, des menschlichen »Existierens«, wie es in der Neuzeit gedacht worden ist. Darauf gibt Heideggers Ansatz eine Antwort, der bei aller Zweideutigkeit das geschichtliche Verdienst zukommt, die ursprünglich praktische Tragweite dieser alten Unterscheidung zu neuem Leben erweckt zu haben. Alle *Techne*, so hat Heidegger nach Gadamer die Zuordnung zur *Phronesis* ausgelegt wissen wollen, besitzt eine innere Grenze; ihr Wissen »sei kein volles Entbergen, weil das Werk, das sie zu erstellen verstehe, in das Ungewisse eines unverfügbaren Gebrauchs entlassen werde«. Und die Hauptdifferenz, die all solches Wissen, unter Einschluß des Meinens, das es umspielt, von der *Phronesis* scheidet: λήθη τῆς τοιαύτης ἕξεως ἔστι, φρονήσεως δ' οὐκ ἔστιν, »von solcher Verhaltung gibt es Vergessen, von der des praktischen Wissens nicht«, diese Differenz soll Heidegger mit dem provozierenden Hinweis erklärt haben, damit sei »das Gewissen« gemeint.[36]

Das ist weder Aristoteles noch Plato und dennoch mehr und anderes als ein gewaltsames Heranreißen des Aristotelischen Textes an das eigene Fragen nach dem Verständnis des Seins in der Zeit. Heideggers Antwort: die Wendung des Verstehens auf das »Gewissenhabenwollen«, das Hören auf den Ruf der Sorge, der das Dasein über das Vorlaufen zum Tod aus der Verlorenheit ins »Man« zurückholt und sich selbst wählen läßt, erweckt den Anschein, als ob mit dieser Wahl

35 Praktisches Wissen, in: Gadamer, Gesammelte Werke, Band 5, Tübingen 1985, S. 241.

36 Heideggers Wege, a.a.O., S. 32.

die Richtung der Entschlossenheit auf das Mitte-Halten verlassen sei. Das scheint nur so, ist aber ein Kurzschluß, der sich durch das Fehlen des 2. Teils von ›Sein und Zeit‹ aufdrängt. In der Sache geht es noch immer um die einzige Frage, was das Dasein »gut« sein läßt; denn der Sache nach ist das Wissen vom Tod, bei aller Unverhältnismäßigkeit der Phänomene des faktischen Lebens und Sterbens, dem Wissen vom Guten analog, weil es sich niemals gegenständlich, sondern nur »vorlaufend« erlangen läßt. Und die Wahl, so hat Heidegger auf dem Weg zu ›Sein und Zeit‹ ausdrücklich anerkannt,[37] muß sich nicht einzig im Vorlaufen aktuieren. Nur sofern es darauf ankommt, sich im Verstehen der vollen Durchsichtigkeit des Ganzseinkönnens zu versichern, besteht faktisch diese *eine* Möglichkeit, um das Dasein nicht in den Tag hinein, sondern in seinem Sein selbst zu wählen. Das Vorlaufen *ist* die Wahl des Gewissenhabenwollens, womit zugleich das Möglichsein von »Verfehlung« und »Schuld« gewählt wird.

Was Heidegger in Aristoteles' ›Nikomachischer Ethik‹ suchte und bei Aristoteles jedenfalls nicht ganz so fand, wie er es suchte,[38] war sicherlich mehr die *Syneidesis* des Apostels Paulus oder Thomas' von Aquin, der die *Phronesis* als Tugend des praktischen Wissens (die Römische Willensstellung der *Prudentia*) durch den Akt der *Synderisis* (der *Synhairesis* in Analogie zur *Pro-hairesis*), die Applikation des praktischen Wissens im »Gewissen« des Handelnden, ergänzte.[39] Es war aber auch eine Wiederentdeckung des Anspruchssinnes der praktischen Vernunft, wie er auf demselben Boden des Paulinischen Christentums Diltheys Gesprächspartner Graf Yorck an der Platonisch-Aristotelischen *Phronesis* entgegentrat. Philosophie ist Selbstbesinnung; aber nicht auf ein abstraktes »Selbst« gerichtet, als »Besonnenheit, welche alles menschliche Tun zum Bewußt-

37 Prolegomena zur Geschichte des Zeitbegriffs (1925), (FN 9), Bd. 20, S. 440 f., vgl. dagegen Sein und Zeit, §§ 60-65.

38 So zuletzt H.-G. Gadamer, Erinnerung an Heideggers Anfänge, in: Dilthey-Jahrbuch, Bd. 4 (1986/87), S. 23.

39 Thomas v. Aquin, Summa theologiae I 79, 12-130.

sein, und zwar zu allgemeingültigem Wissen erhebt«, wie es Diltheys Grundlegung der Geisteswissenschaften wollte,[40] sondern auf die »Fülle meines Selbst«, das immer »historisch bestimmt« ist und in der generischen Bestimmtheit des Historischen gerade kein Wissen für alle und im allgemeinen sein kann. Sie ist und bleibt ein Sich-Selbst-Verstehen des Daseins in zeithaft erfüllter Geschichtlichkeit, wofür auch Yorck – und Heidegger hat dies in ›Sein und Zeit‹ notiert – das »Gewissen« einsetzt.[41]

III

Daß sich bei Aristoteles an dieser Wegstelle die *Synesis* findet, die hermeneutische Grundtugend des Verständnisses für den Anderen, die Heidegger mit Yorck und Dilthey unanalysiert läßt, dieser Befund mußte das Denken von Gadamer herausfordern, das hier zuerst zu sich gefunden hat. Es nimmt die Herausforderung an, daß im Zuge der fortschreitenden Reflexion auf das »Vorlaufen zum Tod« (das urplatonische Denkmotiv des *athanatízein*) bei Heidegger, ähnlich wie in Diltheys Lebensbesinnung, eine Reflexion darauf unterbleibt, was bei Plato die Bewegung der Seele zum Vorlaufen antreibt: auf die Dialektik der Bestimmungen des Seins im Verhältnis zum Guten. Die Idee des Guten, so urteilt Heidegger auf dem Weg zu ›Sein und Zeit‹, ist relativ auf die Praxis des Sichverhaltens und darum keine rein ontologische Grundbestimmung.[42] Sie erscheint vielmehr als

40 Vgl. G. Misch (Hg.), Vorbericht zu W. Dilthey, Gesammelte Schriften Bd. V (1923), Stuttgart/Göttingen 1964⁴, p. XXVII.

41 Briefwechsel zwischen Dilthey und dem Grafen Paul Yorck von Wartenburg 1877-1897, Halle 1923, S. 249. Vgl. Sein und Zeit, (FN 21), S. 403. Es verdient hervorgehoben zu werden, daß Heideggers Lektüre des Briefwechsels mit der Interpretation der *Phronesis*-Analyse des VI. Buchs der ›Nikomachischen Ethik‹ zusammenfällt.

42 Vgl. die Vorlesung: Grundbegriffe der antiken Philosophie (1926), nach dem Bericht von F. Volpi, Heidegger e la storia del pensiero greco, in: Itinerari n. 1-2 (1986), S. 246 f.

Vorbote der »Seinsvergessenheit«. Andererseits scheinen die praktischen Verhaltensweisen auf etwas »außerhalb« ihrer Betätigung gerichtet zu sein, das stets anders, nämlich *nur in der Zeit* »da« ist. Jedes Tun aktuiert sich im καιρός, dem Augenblick des Handelns; und so bestimmt sich die spezifische Möglichkeit des Menschseins überhaupt, der βίος πολιτικός, das Leben in der Gemeinschaft. Das politische Leben »gibt« sich faktisch historisch, in zeitlicher Bestimmtheit. Es ist immer schon als ein »Seiendes« gegeben, das nach griechischem Verständnis kein wahres und eigentliches Sein darstellt, auch wenn es in der ihm eigentlichen Wandelbarkeit dem Handeln den Vorzug der Anpassung an das Veränderliche verschafft.[43]

Ich glaube, daß damit die eine Linie von Heideggers Denken durch die ersten Konturen der mit Plato anfangenden Geschichte der »Seinsvergessenheit« überholt wird. Die Interpretation von Grundbegriffen der antiken Philosophie gerät zur distanzierenden Außenbetrachtung, die nicht mehr dem entspricht, was der junge Heidegger »zwischen« Plato und Aristoteles gefunden hatte. Im Grunde ist schon hier die Frage nach der philosophischen Wahrheitsintention und ihrer Erfüllung gegen die Platonische Seinsbesinnung im Horizont der Idee des Guten entschieden. Es ist die Entscheidung, an der Gadamer das Zukünftige seines eigenen Denkens erfährt: die Notwendigkeit eines Überschritts von der existenzialen Daseinsanalytik zu einer existenzialen Dialektik, der die Hermeneutik der Faktizität aus dem wirkungsgeschichtlichen Prinzip der auslegenden Mitteilung erwächst: der Betätigung des hermeneutischen Vermögens der *Synesis* in der Richtung auf das dialogische Grundphänomen der Verständigung, das sich »zwischen« Plato und Aristoteles an der eigentümlichen Struktur der *Phronesis*, des Wissens vom Guten, auftut. Was sich nach außen hin wie die Wiederholung einer die Aristotelische Plato-Kritik tragenden Streitfrage ausnimmt: inwieweit die Dialektik, um es mit Heideg-

43 Grundbegriffe der antiken Philosophie, (FN 29), S. 267.

ger zu sagen,[44] durch die fortschreitende Ausarbeitung des ontologischen Leitfadens, d. h. der »Hermeneutik« des *Logos* selbst, »überflüssig« wird oder nicht, ist im Innersten des Gadamerschen Denkens der Austrag des sachlich Anstößigen von Heideggers Plato- und Aristoteles-Interpretation, seiner Auslegung der Differenz von *Techne* und *Phronesis*, die hinter dem Geschick der Seinsvergessenheit in das unbewältigte Problem am Ursprung der praktischen Philosophie zurückreicht.

Gadamer führt fort, was der junge Heidegger im Ausziehen der einen Linie seines Denkwegs begonnen hat. Während sich Ritter und Strauss der Aristoteles-Aktualisierung unter dem Eindruck des Neuhumanismus von W. Jäger zugunsten eines immanent interpretierenden Aristotelismus versagen, und im Gegensatz zu Löwith, der auf dieser Bahn zur antikisierenden »Natürlichkeit der Natur«, einer Repristination des Aristotelischen Kosmos ohne Polis und praktische Philosophie gelangt, nimmt Gadamer den durch Heidegger empfangenen Denkanstoß in der Prospektive einer verwandelten »Zwischenbetrachtung« auf. Mit Heidegger grenzt sie sich von der neuhumanistischen Plato- und Aristoteles-Interpretation ab, die sich nicht auf eine fundamentalontologische Bestimmung der Differenz des In-der-Welt-Seins zu demjenigen einläßt, was der Mensch in ihr ausrichtet, so daß die strukturelle Differenz zwischen *Sophia*, *Phronesis* und *Techne* nicht in den Gesichtskreis des Forschens fällt; und gegen ihn blickt sie auf den besonderen Seinscharakter des Guten, womit es der Handelnde zu tun hat und wonach wir alle fragen, wenn es uns wirklich darum geht, was wir tun sollen.[45]

Es läßt sich kaum übersehen, daß auch dieser Ansatz nicht ohne Zweideutigkeit ist. So folgt Gadamer dem Hauptmotiv

44 Sein und Zeit, § 6, S. 25.

45 Das ist schon das Thema der Studie: Der aristotelische Protreptikos und die Entwicklungsgeschichte der aristotelischen Ethik (1927), in: Gadamer (FN 35), S. 171 ff. Vgl. auch die *Logos*-Rezension (1928) des Buches von W. Jäger, Aristoteles – Grundlegung einer Geschichte seiner Entwicklung (1923), ebd., S. 286 ff.

von Heideggers Dialektik-Kritik, wenn er festhält, daß Plato den ethischen Ideen (des ἀγαθόν, καλόν, δίκαιον) das gleiche Sein des Allgemeinen zuerkennt wie den Ideen der Weltdinge, weshalb ihm im Erfassen ihrer Gegenwart nie das Problem aufgeht, wie sich das Wissen vom Guten in der praktischen Entscheidung konkretisiert; um dann doch die Gegenposition zur Geltung zu bringen, daß Plato im Spätdialog ›Politikos‹ den Aristotelischen Nachweis der »Unbrauchbarkeit« der Idee des Guten für das konkrete menschliche Handeln durch das Bild des »wahren« Politikers gerecht geworden sei, dessen Wissen sich an den καιρός und die eigentümlichen Aufgaben des stets anderen Seins in der Zeit bindet. Und im ›Philebos‹, Gadamers Schlüsseldialog für das Gespräch mit Heidegger,[46] ist das Ziel der ganzen Untersuchung, daß das Gute nicht höchstes *Mathema* nach Art einer exakten Ideenmathematik, sondern als »Gutsein des faktischen menschlichen Daseins« eine Mischung von φρόνησις mit νοῦς und ἡδονή ist – nach der Idee des Maßes (μέτρον), die das Gutsein jener Mischung ausmacht, ohne für deren Bestandteile isoliert bestimmend zu sein. Der Gedanke der Exaktheit erweist sich in der Anwendung auf das ethische Problem auch in der Platonischen Dialektik nicht als führend, so daß Plato mit Aristoteles in Gadamers Zwischenbetrachtung auf der einen Ebene der »dialektischen« Logosphilosophie verbleibt.

Gadamer deutet das Nichtvergessenkönnen der *Phronesis* in der Sprache der Existenzphilosophie als Grundzug praktischen Wissens, das im Unterschied zu dem der Wissenschaft und Technik keines »im Abstand« sein kann, ohne diesen Zug existenzphilosophisch auf die »angstvolle Wachheit des Gewissens« einzuschränken. Und es spricht für die von ihm anvisierte Deutungslinie, wie sie in der Tiefe die verborgene Spur des Denkgeschehens am Anfang der abendländischen Philosophie gewahrt. Die *Phronesis* ist kein Wissen im Abstand, sie läßt sich nicht vergessen, trotz allem, was die

46 Vgl. Platos dialektische Ethik, Phänomenologische Interpretationen zum Philebos (1928), Leipzig 1931.

Dichter im tragischen Zeitalter der Griechen dazu geschrieben haben. Daß in die von ihr gewährte Helligkeit das Dunkel einbricht, die Wolke des Vergessens, und den richtigen Weg des Handelns ganz aus dem Sinn (ἔξω φρενῶν) drängt,[47] dieser faktischen Möglichkeit menschlicher Daseinsverfehlung hält die Philosophie die *Phronesis* entgegen, die eigenste Besinnung darauf, was ist und von jedem selbst als für ihn gut und nützlich gewußt werden muß. Denn das Gute, in dieser fundamentalen Frage besteht zwischen Plato und Aristoteles Einverständnis, ist nicht *außerhalb* (ἔξω) des Wissens von ihm. Wohl liegt die »Idee« des Guten *jenseits* des Seins (ἐπέκεινα τῆς οὐσίας),[48] an einem überhimmlischen Ort. Aber der Höhenweg zur Schau dieses Ortes und der Tiefenweg der sich selbst überlassenen Sorge um das eigene Sein sind in Gadamers Sicht ein und derselbe Weg. Die Platonische Philosophie ist »politisch«, weil der Philosoph und der Politiker in derselben Sorge leben: »In ihnen beiden muß wahres Wissen sein, und das heißt: sie müssen das Gute wissen. Das Gute aber kann man nicht aus dem Abstand und für alle wissen, sondern ursprünglich für sich selber. Nur aus dieser Bekümmerung um das eigene Selbst (die ›Seele‹) erwächst wahres Wissen, dessen Wahrheiten fruchtbar sind, und diese Bekümmerung ist Philosophie.«[49]

Worauf sich Gadamers Zwischenbetrachtung orientiert, das ist nicht die (existenzphilosophisch mißverstandene) »Transzendenz« des Guten, sondern sein immanenter Maßstab, so wie ihn Gadamer in heimlicher Abwehr jener von Heidegger ausgezogenen Linien der mit Plato anfangenden Seinsvergessenheit versteht. Der universelle Sinn des *Agathon* bedeutet nicht, daß das praktische Wissen in Ideentheorie umgedeutet, sondern daß umgekehrt das Wissen vom Immerseienden selbst noch in der Sokratischen Weise des praktischen Wissens in das konkrete Wissen des Menschen um sich selbst

47 Pindar, Ol. 7, 45-47.

48 Politeia, VI, 509b.

49 Praktisches Wissen, (FN 35), S. 239.

eingesenkt wird.[50] Und wenn bei Aristoteles mit der Idee einer theoretischen Philosophie als eigenständiger Wissenschaft vom Allgemeinen das praktische Wissen in seiner Eigenständigkeit hervortritt, so tritt es auf der Sokratischen Grundlage des *Ethos* der Dialektik, der Suche nach Einverständnis, in den Begriff.

Von hier aus schlägt Gadamer die Brücke zwischen der dialektischen Seinsbesinnung und dem praktischen Sinn für das Tunliche im Umkreis des Lebens in der *Polis,* wie ihn das VI. Buch der ›Nikomachischen Ethik‹ in der Mannigfaltigkeit seiner Formen ausfaltet, vom wirtschaftlichen Sinn (οἰκονομία) über den Sinn für das politisch Ratsame (βουλευτική) und den Rechtssinn (δικαστική) bis hin zum Organisationssinn, der Gesetzgebung (νομοθεσία) und der politischen Entscheidung im Augenblick, dem Entschluß zur Tat. So verschieden die Bereiche sind, so berechtigt ist es, die Vollzugsweisen jenes Sinnes mit einem Namen zu belegen, weil er sich in einem jeden auf die gleiche Weise betätigt. Er entspricht dem, was seit Kant *Urteilskraft* heißt.

Überall handelt es sich darum, das Allgemeine als Gutes und Rechtes im Hier und Jetzt des jeweils Einzelnen und Tunlichen zu konkretisieren. Beides ist nicht im *Logos* gegeben, der nur auf Allgemeines gehen kann, sondern im Wahrnehmen; aber nicht durch die Sinne, denn das Tunliche bietet ja keinen Anblick. Es begegnet als Letztes eines Suchens, so wie in der geometrischen Analyse einer zu vermessenden Fläche das Dreieck begegnet, das ebensowenig als Figur »gesehen«, sondern als letztmögliche Figur in der Zerlegung der Fläche, also in einem Handlungszusammenhang, »eingesehen« wird. Die praktische Einsicht ist freilich anders gerichtet. Geht es doch hier um kein Erfassen des »letzten«, sondern des *nächsten Tunlichen,* um ein anderes *Eidos* des Wissens, das die eigentliche Differenz der *Phronesis* zur *Episteme* und *Sophia* ausmacht.

Gadamer gewahrt sie an dem Phänomen des Für-sich-Wissens und dessen existenzialer Vollzugsweise im *Mit-sich-zu-*

50 Ebd., S. 240.

Rate-Gehen, am Zusammenspiel von »Gewissen-« und »Rat-haben-wollen« im suchenden und überlegenden Erschließen der praktischen Situation. Im Sichberaten – darin besteht der Hauptunterschied zu Heideggers Aristoteles-Interpretation – kommt die Vernunft (νοῦς) ins Spiel, und zwar in der zweifachen Weise intentionaler Gerichtetheit auf das Gute, dem schlichten Meinen des als jeweils »gut« Vermeinten, der »Ziele« des Handelns; und im schlichten Begegnenlassen des Nächsten, der Mittel zur Erreichung des Guten. Praktische Vernünftigkeit, so läßt sich Gadamers *Phronesis*-Analyse zusammenfassen, ist ein Für-sich-Wissen, das sich in eigener Sache berät; und dies über kein letztes Gegebenes, sondern ein erstes Aufgegebenes, das als Erstes zu tun ist.

IV

Ich kann nicht finden, daß *diese* existenzial motivierte Aristoteles-Interpretation dem Brückenschlag zur Politik widerstreitet. Im Gegenteil: mir scheint sich eher die Festigkeit des Baues zu bestätigen, wenn Gadamer in kühnem Bogen die Auslegung der *Phronesis* als *Für-sich-Wissen* in den an Plato erkannten dialogischen Zug des praktischen Wissens hinübernimmt und so an Aristoteles wiedererkennt. Daß es sich beratend aktuiert, ja, sein allgemeines *Eidos* geradezu ein Sich-Beraten in eigener Sache, d. h. *für sich,* ist, dieser Vollzugscharakter schließt die faktische Möglichkeit ein, sich mit anderen zu beraten. Sonst wäre das Faktum der Vielfalt des praktischen Sinnes und der Ausdifferenzierungen im Begriff des Politischen nicht zu erklären. Und die Politik, so merkt Gadamer ausdrücklich an, ist immer schon Wissen-für-Andere.

Der Anstoß, der darin für die Interpretation liegen könnte, ist nur scheinbar. Daß *Phronesis* und *Techne* verwandt sind, läßt sich nicht bestreiten. Wenn Plato und Aristoteles selbst die Verwandtschaft unterstreichen, dann tun sie das freilich nur, um die Differenz ins richtige Licht zu setzen. Nach diesem Muster geht Gadamer bei der Klärung der *Phronesis* als einer anderen Art von Wissen vor. Auch die *Techne* weiß das *Zu-etwas-Gute,* die rechten *Mittel,* aber zu einem Werk, das für andere oder für einem selbst als anderen zum Gebrauch erstellt wird.[51] Mit all ihrem Wissen weiß sie nicht das für den Gebrauchenden Gute und Nützliche, so daß sie immer ein Vor-wissen anderer, ja, aller ist, die sich darauf verstehen, von anderen zu lernen und sich belehren lassen. Deshalb gibt es für die *Techne* ein Mehr und Weniger der Beherrschung und die Vollendung der Meisterschaft (die ἀρετή der τέχνη), während das praktische Wissen ein solches Können und zweifelsfreie Verfügen über das Herstellen nicht kennt. Es gibt, so sagt es Gadamer noch einmal in der Sprache seines Lehrers Heidegger, »keine steigende Beherrschung der eigenen Existenz, die dazu führte, daß man nicht mehr je neu nach dem Besten für sich zu fragen hätte, weil man es im voraus schon wüßte. Gerade als die Wachsamkeit der Sorge um sich selbst... ist die φρόνησις eigentlich das, was sie sein kann«.[52]

Die Aristotelische *Phronesis* umschreibt für Gadamer jenes eigenartige Für-sich-Wissen (εἶδος... γνώσεως τὸ αὑτῷ εἰδέναι)[53], das sich nicht urteilsmäßig »objektiviert«, ein Wissen in der konkreten Existenzsituation. Die *Selbstbegrenzung des Urteils* und Wissens im Abstand, der Objektivierbarkeit im Sinne der Wissenschaft, entbindet gleichwohl nicht von der *Betätigung der Urteilskraft.* Die *Phronesis* ist nicht einfach »subjektives« Wissen; sie ergänzt sich durch die *Synesis,* die hermeneutische Grundtugend des auf Einverständnis hinzielenden Verstehens.

Das hat Gadamer in der Auseinandersetzung mit Heideggers Aristoteles-Interpretation erkannt und am Aristotelischen Text auf die Probe gestellt. Wenn das Faktum der Beratung mit anderen einschließt, sie um ihr Urteil anzugehen, können diese offensichtlich für einen anderen und sein Bestes raten. Damit erhebt sich die Frage, ob ihr Wissen von glei-

51 Plato, Politeia x, 595c ff.

52 Praktisches Wissen, (FN 35), S. 241 f.

53 Eth. Nic. VI 9, 1141b 33. Vgl. Heideggers Wege, (FN 29), S. 32.

cher Art sein könnte wie der praktische Sinn, mit der möglichen Folge, daß das Für-sich-Wissen gar keine wesentliche Bestimmung dieses Sinnes wäre. Gerade diese Modifikation macht aber zuletzt die unvergleichliche Eigenart seiner Vernünftigkeit sichtbar.

Gadamer verzichtet auf den modernen Aufputz von »Intersubjektivität« und »Mitsein«. *Synesis* meint das Verständnis, womit wir im Beraten einem anderen folgen, der von sich und dem für ihn Besten erzählt; sie ist kein theoretisches Wissen, das sich beliebig auf andere übertragen oder gar in der Weise eines »Wissens für alle« haben läßt. Ihr Sachgehalt wie die Wissensweise entsprechen der *Phronesis* ganz, mit dem Unterschied, daß die *Synesis* nicht zur Tat anweist, sondern verstehend rät und urteilt. Dieses Verstehen ist es, das den Abstand des Für-sich-Wissens zum Wissen-für-Andere überbrückt. Aber das Verstehen im Abstand, die unvermeidliche Distanz des Urteilens, bedeutet nicht, daß das Urteil ohne den für das praktische Wissen wesentlichen Grundzug des »Für-sich« wäre. Ist doch Verstehen niemals bloßes Haben von Wissen noch sein Erwerb, sondern die Anwendung des eigenen Wissens zum Urteil über den praktischen Fall des anderen. Der Verstehende »hat« immer schon *Phronesis*, indem er mit sich und der Situation des anderen zu Rate geht; aber er muß sie der Tat voraus zum praktischen Urteil gebrauchen. Er muß, so lautet Gadamers Folgerung, »den Fall des anderen als *praktisches* Problem mit praktischem Sinn (nicht mit bloßer Verständigkeit) auffassen... Nur wenn man sich in des anderen Lage versetzt und nun seinen eigenen praktischen Sinn befragt, hat man das Verständnis und Urteil für den anderen, das er braucht. Auch das Wissen des Verständnisvollen ist also kein Wissen im Abstand, sondern trotz dem faktischen Abstand von Urteilendem und Handelndem ist die Intention des Urteils gerade die, für den anderen so zu denken, als ob man selbst seine Tat zu tun hätte«.[54]

Das weist ganz in die Richtung des Weges zur Wiedergewin-

54 Praktisches Wissen, (FN 35), S. 245 f.

nung des hermeneutischen Grundproblems in ›Wahrheit und Methode‹, die Gadamer von hier aus eingeschlagen hat. Die *Phronesis* besitzt in der Tat einen einzigartigen Bezug auf sich selbst. Das eben lehrt die Modifikation des Sinnes für das Tunliche durch die *Synesis*, bei der es sich im Für-sich-Wissen gleichursprünglich um ein Wissen-für-Andere handelt. Die Urteilskraft, die sich im verständigen Auffassen des Falles des Anderen betätigt, schöpft ihre Kraft aus keiner *Techne* oder Wissenschaft, sondern aus dem praktischen Sinn, der das Verstehen in den wechselnden Situationen des Handelns trägt. Der uns begegnende Einzelfall ist nie ein bloßer Fall, die Besonderung eines Gesetzes oder einer Regel. Er ist vielmehr stets selbst besondert, ein »individueller Fall«, weil er von keinem Regelkanon und keiner Methode erfaßt wird.

Für Gadamer – und darin besteht der Schritt der philosophischen Hermeneutik über die topische und dialektische Methode hinaus – besagt das nichts Geringeres, als daß die Beurteilung des Falles den Maßstab des Allgemeinen, nach dem sie geschieht, nicht einfach anwendet, sondern selbst mitbestimmt, ergänzt und berichtigt. Immer handelt es sich um hermeneutische Urteilskraft, um die komplementäre Betätigung von *Synesis* und *Phronesis*, des praktischen Wissens, das Heidegger als »das Gewissen« in die existenziale Daseinsanalytik eingeholt, aber dort auf sich isoliert hatte.

Für uns Heutige erhebt sich auf diesem Hintergrund die Frage nach der Eigenart des *Logos* der praktischen Philosophie. Wir befragen, was Aristoteles und der von ihm geprägten Tradition selbstverständlich erschienen ist: das »Faktum«, daß der *Logos* im Bereich der Praxis *nicht einfach* erscheint, in der bloß »theoretischen« Beziehung auf die Sache, so wie es sich mit ihr verhält, in der Sachlichkeit des Wissens im Abstand, sondern daß er *zweifach* (διττον) gefaltet ist. Er entfaltet sich in bezug auf den ausgesagten Sachverhalt als solchen *und* auf das *Hören des Gesagten*, jenes eigentümlich verdeckte Sprachphänomen, das in »Aussagen« wie der Bitte, dem Befehl, dem Wunsch immer schon mitgeht und so alles Sagen begleiten können muß. Das ist ein

Thema für sich, das hier nur am Rande angezeigt sei. Bei Aristoteles gehört das Mit-gehen auf dem Weg der Sorge jedenfalls zur »Mitte« der praktischen Philosophie, dem Mitte-Halten zwischen der das rechte Wort aussprechenden dianoetischen Vollzugsweise des sich besinnenden Lebens und dem ethischen Vollzug in der hörenden Besinnung.[55] Auf diese Mitte, die unbewältigte Problematik am Grunde einer jeden praktischen Philosophie, die den Namen verdient, weist uns Gadamers Zwischenbetrachtung im Weiterziehen der einen Linie von Heideggers Denkweg hin. Was hinter dem einzigartigen Selbstbezug der *Phronesis* aufscheint, ist die *akroamatische Dimension* des *Logos*, des Hörenkönnens auf das rechte Wort als ein Vermögen der ethischen Tugend, worauf die *Phronesis* angewiesen bleibt. So ist es bloßer Schein, wenn *Ethos* und *Phronesis* in ein zeitliches Nacheinander auseinandertreten. Beide sind ungetrennt (ἀχώριστα).[56] Ja, das der *Phronesis* aufgegebene Werk erfüllt sich gerade darin, im Bewegtwerden durch das wahre, auf die Mitte gerichtete Wort das Streben »richtig« zu machen und mit der Wahl der Mittel in die Entscheidungssituation mit-zunehmen,[57] eine Aufgabe, die das beständige Am-Werke-Sein des Handelnden voraussetzt und über den Sinn für das Tunliche das Sichverstehen auf das Gute gegenwärtig sein läßt.

55 Vgl. Eth. Nic. I 13, 1102b 18-1103a 7.
56 Eth. Nic. I 13, 1102a 30. Vgl. Praktisches Wissen, (FN 35), S. 246.
57 Vgl. Eth. Nic. VI 1, 1138b 16-24 mit 2, 1139a 20-25; 8, 1141b 10.

Die akroamatische Dimension der Hermeneutik

Im Denken der Gegenwart nimmt die philosophische Hermeneutik von Hans-Georg Gadamer eine ebenso wirkungsmächtige wie geschichtlich zweideutige Stellung ein. Das scheint dem hermeneutischen Prinzip der Wirkungsgeschichte ganz gemäß zu sein. Beruht doch nach Gadamers Einsicht die Möglichkeit des Verstehens darauf, daß der Sinn eines Textes immer anders ausgelegt, daß ein Gedachtes niemals nur nachgedacht, sondern denkend angeeignet und im Aneignen verwandelt wird.[1] Die in der Wirkung sich zeitigende Geschichte ist eine des »Andersverstehens«, worin das Nachdenken immer anderes mit-denkt und bedenken muß, wenn es überhaupt verstehen will.

Daß dem eine Zweideutigkeit anhaftet, daß ein Gedanke schon mit seiner schriftlichen Mitteilung von sich abfallen kann, dies gehört zu den ältesten Denkerfahrungen der griechischen Philosophie, zum Widerfahrnis des *Logos*. Dennoch widerspricht sie dem Prinzip nicht. Ja, gerade hier, mit der Übergabe des ursprünglich Gedachten an die Schrift, stellt sich das Problem des Andersverstehens in seiner ganzen Tragweite. Und ebenso bleibt wahr, was vielleicht erst in der Herausforderung des Verstehens durch die Schriftlichkeit vollständig ins Bewußtsein tritt: daß die Schwäche der *Logoi* ihre Stärke ist, daß sie sich auslegend zuzuwachsen vermögen, – die ursprüngliche Bewegtheit des »Wortes« in der Seele selbst, des *Logos*, der hörend zu verstehen ist und sich darin über die Grenzen des jeweils Gesagten hinaus vermehrt.[2]

1 Wahrheit und Methode. Grundzüge einer philosophischen Hermeneutik, Tübingen 1975⁴, S. 284 ff.
2 Heraklit, Fr. B 115.

I

Ich deute damit die akroamatische Dimension an, in die das hermeneutische Prinzip der Wirkungsgeschichte verweist, seine Erstreckung in verschwiegene Tiefen der okzidentalen Sprachphilosophie und Wissenschaft, die noch wenig bemerkt, geschweige denn ausgemessen worden sind.[3] Das nimmt sich um so erstaunlicher aus, als Gadamers Hauptwerk ›Wahrheit und Methode‹ seit seinem Erscheinen vor einem Vierteljahrhundert in die Tiefe gewirkt und den Glauben an die Allmacht wissenschaftlicher Methodik im Verein mit Wittgensteins Spätphilosophie und Thomas S. Kuhns Paradigmakonzeption der Wissenschaftsgeschichte zum Einsturz gebracht hat. Gewirkt hat das Potential an kritischer Reflexion, das sie enthält; und darüber hinaus die Aktualisierung der humanistischen Tradition, des Gedankens der »Bildung« aus dem Geist der neuzeitlichen *Humaniora*.[4] Die Hermeneutik, diese alte Kunstlehre der Auslegung überlieferter Texte, ist zur Instanz von Wissenschaftskritik und der Verabschiedung des überlieferten Bildes vom Menschen als einem Betrachter unveränderlicher Wahrheiten geworden.

Im Andersverstehen liegt immer auch ein Anlaß zu Mißverständnissen. Das ist, wie Gadamer uns gelehrt hat, nicht zu vermeiden; und es muß nicht einmal ein Anstößiges sein. Ja, es ist sogar ganz unvermeidlich, ein Zeugnis der Bedingtheit unseres Verstehens, das noch im Mißverstand seine Unbedingtheit beweist, die Produktivität, in der es sich neuen Sinnhorizonten öffnet. Davon soll hier nicht weiter die Rede

3 Eine rühmliche Ausnahme bietet die Untersuchung von J. Grondin, Hermeneutische Wahrheit? Zum Wahrheitsbegriff Hans-Georg Gadamers, Königstein/Ts. 1982. Vgl. auch von demselben Autor: Zur Entfaltung des hermeneutischen Wahrheitsbegriffs, in: Philosophisches Jahrbuch, Jg. 90 (1983), S. 145 ff.

4 Unter diesem Gesichtspunkt hat sich die von R. Rorty vollzogene Selbstauflösung der analytischen Schulrichtung auf Gadamers Hermeneutik berufen. Vgl. Philosophy and the Mirror of Nature (1979), dt. Übers. Frankfurt/M. 1981, S. 343 ff.

sein, auch nicht von den Umständen, welche die wahrhaft erstaunliche Wirkung von ›Wahrheit und Methode‹ begünstigten. Unser Interesse gilt dem Prinzip, das sich in dieser Wirkung »beweist«, dem Faktum, daß jedes Werk über sich hinausweist. Die Einheit des Sinnes, die sich zum Text fügt, dem Schriftwerk, das aus der Sprache heraussteht und in sich selbst steht, ist niemals eine: kein »Sinn an sich«, der mit dem zusammenfiele, was sein Urheber »eigentlich gemeint hat«. Der gemeinte Sinn *ist* und *bleibt* Richtungssinn, einer »für uns«, der aus dem Werksein herausdrängt und sich im Anderen seiner selbst, dem Am-Werke-Sein des Verstehens, vervielfältigt. Als einer gelangt er nur im Vielen zur Entfaltung; er entfaltet sich über das »Anderssein«, worin er einzig »bei sich« ist.

Für *dieses* Faktum, das Verhältnis des Textes zu seiner Auslegung, dem Gebrauch, der von ihm gemacht wird, ist die Wirkungsgeschichte Prinzip. Es ist das hintergründige Verhältnis des Einen zum Vielen, dem unser Interesse gilt, das hermeneutische Grundverhältnis: *Vieles ist zu sagen.*[5] Worin besteht der Charakter dieses Verhältnisses? Handelt es sich um ein »theoretisches« Prinzip, den Grundsatz der Hermeneutik, worauf sich das Verstehen »gründet«? Oder ist es eine praktische Maxime für das Geschäft der Textauslegung, das subjektiv gültige Prinzip, das sich, nach der dem Maximebegriff anhängenden Bedeutung, seiner Allgemeingültigkeit in fallweiser Anwendung versichern muß? Meint das Verhältnis keinen Satzverhalt, sondern die Sache selbst, einen Sach-Verhalt, der außerhalb der Reichweite von Sätzen spielt, eine Maxime im ursprünglichen Sinne der *maxima sententia*, die dasjenige, wovon in ihr die Rede ist, die *summa res* der Hermeneutik, gleichsam im Ausspruch beweist?

Eine Klärung dieser Fragen erscheint mir um so dringlicher, als uns Gadamer über den Status des Prinzips, aus welchen Gründen auch immer, im unklaren gelassen hat. Ja, er hat es

5 Vgl. M. Riedel, Occorre dire molto. La risposta del pensare nel tempo. In: Itinerari n. 3 (1984), 3-12.

erst nach dem Abschluß seines Werkes auf die erwähnte Formel gebracht.[6] Im Gedankengang von ›Wahrheit und Methode‹ ist sie gleichwohl überall leitend. Die *summa res* der Hermeneutik, ihre Hauptsache, sie kulminiert geradezu in der Exposition des Grundverhältnisses: der hermeneutisch möglichen und notwendigen Vervielfältigung des Sinnes eines jeden Textes durch sein Zursprachekommen in der Auslegung.[7] Was sie zeigt, ist die dem Andersverstehen immanente Produktivität, die Notwendigkeit, daß sich das Eine im Anderen seiner selbst »spiegelt«, um so zur Sprache zu kommen, – spekulativ, im Verhältnis der Spiegelung des Einen im Vielen. Das hermeneutische Verhältnis weist über die Hermeneutik selbst hinaus. Es verweist auf die bis hin zu Heidegger verschlossene Dimension der Dialektik am Grunde der abendländischen Metaphysik, auf die prinzipielle Einsicht des wirkungsgeschichtlichen Bewußtseins, was Sein und Seiendes sind: Eines und doch auch Vieles, das Immer-Andere in der Denkerfahrung des Selben.

II

Mit der Exposition des hermeneutischen Prinzips der Wirkungsgeschichte scheint Gadamer dem Weg der Kehre zu folgen, Heideggers Wendung der Seinsfrage von der Selbstauslegung des menschlichen Daseins zur sprachlichen Auslegung des Seins in den Grundworten der abendländischen Metaphysik, die immer anders sprechen. Wenn sich das so verhält – und daran läßt Gadamers Selbstdeutung, das entschiedene Mitgehen auf dem Weg der Kehre, keinen Zweifel –, stellt sich vorweg die Frage, was es bedeutet, daß Heidegger die hermeneutische Philosophie als die Sache des Gadamerschen Denkens von seinem eigenen Denkweg abgrenzt,

6 In dem Beitrag zur Bultmann-Festschrift: Martin Heidegger und die Marburger Theologie (1967), in: Heideggers Wege, Tübingen 1983, S. 40.

7 Vgl. Wahrheit und Methode, a.a.O., S. 446.

warum er die Titel »Hermeneutik« und »hermeneutisch« in seinem Spätwerk preisgegeben hat.[8]
Die Preisgabe ist auffällig genug, und wenn wir der Erklärung folgen, die Gadamer davon gibt, motiviert sie sich dadurch, daß Heidegger dem Begriff der Hermeneutik nicht länger zutraute, sein Denken von den Konsequenzen einer transzendentalen Bewußtseinstheorie freizuhalten.[9] Das mag mit Heideggers Sicht der »Kehre« im Einklang sein. Es bleibt trotzdem verwunderlich, wenn man bedenkt, daß sich der Titel »Hermeneutik« der Sache nach gegen die transzendentalphilosophische Einschränkung von Husserls phänomenologischer Methode auf das Erscheinende richtet. Er soll die spezifische Selbstbegrenzung der Phänomenologie aufheben, um sie durch ein ursprüngliches Verstehen desjenigen, was nicht bloß erscheint, sondern sich in seinem Sinn zeigt, aber dem Sinn nach gerade verborgen oder verdeckt bleibt, in die Geschichte der Transzendentalphilosophie seit den Griechen zurückfügen. Dieses Sinnverstehen, der Versuch, über das Sein und alles als »seiend« Erscheinende hinauszugehen zu dem Licht, aus dem her und in das es selbst in die Helle eines Verstehens kommt,[10] orientiert sich dort, wo das Problem des »Transzendentalen« entspringt, im Umkreis der Platonischen Frage nach der Idee des Guten, die noch über das Sein »hinausragt«. Den Kreis betritt Heidegger von Aristoteles her. Er durchmißt ihn am Leitfaden der *Frage nach dem Guten*, wie es die Menschen für die mensch-

8 Unterwegs zur Sprache, Pfullingen 1959, S. 98, 120f. Zur Abgrenzung von Gadamer vgl. das Zeugnis bei O. Pöggeler, Heidegger und die hermeneutische Philosophie, Freiburg/München 1983, S. 395.

9 Vgl. H.-G. Gadamer/J. Habermas, Das Erbe Hegels, Frankfurt/M. 1979, S. 45.

10 Das ist die Ursprungsformel des »Seinsverständnisses« in der Marburger Vorlesung: Die Grundprobleme der Phänomenologie (1927), in: Gesamtausgabe Bd. 24, Frankfurt/M. 1975, S. 400. Vgl. dagegen die Exposition des hermeneutischen Problems in ›Sein und Zeit‹, § 7, wo die Platonische Frage nach dem Guten schon ganz in den Hintergrund tritt.

liche Praxis zu fragen haben. Sie haben nach dem *Sinn von Sein* zu fragen, im Unterschied zur »theoretischen« Stellung der traditionell-aristotelischen Seinsfrage, die sich davon abgehoben auf das »Seiende als Seiendes« richtet. Heideggers Fragestellung in ›Sein und Zeit‹ verknotet die Fäden des transzendentalphilosophischen Problems so fest miteinander, daß eines ins andere läuft, daß beide Fragen auf dasselbe hinauslaufen, – für Gadamer das Erfahrungsbeispiel hermeneutischer Horizontverschmelzung im Verstehen, des Prinzips der Wirkungsgeschichte, das die Frage nach dem »Sinn von Sein« zuspielt. Und ein Beispiel für die ursprüngliche Spannweite, die universale Tragweite des hermeneutischen Problems, das sich, nach Gadamers Zeugnis,[11] hier zuerst eröffnet hat.

Auf diesem Hintergrund erscheint es vielleicht weniger verwunderlich, wenn Heidegger der Platonischen Fragerichtung nur eine Zeitlang folgt, ohne daß sie sich in seinem späteren Denken je ganz verliert.[12] Was sich trotz der entschiedenen Plato-Kritik am Beginn des Weges der Kehre durchhält, ist ein Hauptmotiv der Platonischen Dialektik: die Spannung von Vergessen und Erinnerung, das Verständnis des Denkens als *Anamnesis*. Und mit und neben ihm das zentrale Motiv des Neuplatonismus: die spekulative Deutung des Guten als des Göttlichen im Zusammenhang mit der Auslegung des Wortes der biblischen Überlieferung und deren entfernter Verwandtschaft mit dem Platonischen Verständnis des Dichters als des »Hermeneuten«, des Boten der Götter.[13] Das Göttliche bedarf der Verkündigung, des »Hermeneutischen« im Doppelsinn der *Botschaft* und

11 Vgl. Philosophie in Selbstdarstellungen, Bd. III, Hamburg 1977, S. 69.

12 Davon handelt mein Beitrag: Zwischen Plato und Aristoteles. Heideggers doppelte Exposition der Seinsfrage und der Ansatz von Gadamers hermeneutischer Gesprächsdialektik. In: Allgemeine Zeitschrift für Philosophie 2/1986, in diesem Band S. 96ff.

13 Ion, 534 d-e. Vgl. Unterwegs zur Sprache, Pfullingen 1959, S. 122.

Kunde vom Sein. Daran hält Heidegger um so mehr fest, als der Sinn von Sein in der Zeit ebenso entdeckt wie verdeckt, ja zeitlich wesensmäßig verborgen bleibt, – die Erfahrung der »Kehre«, daß zur Wahrheit des »Seins selbst« die Irre, zu seiner Entbergung die Verbergung bis hin zu völliger »Vergessenheit« gehört. Die Zeit ist die Ursprungsdimension der Seinserfahrung, in die das Hermeneutische zurückweist.

In der Sicht des späten Heidegger meint »Hermeneutik« schon am Ausgang seines phänomenologischen Denkwegs »weder die Lehre von der Auslegungskunst noch das Auslegen selbst, vielmehr den Versuch, das Wesen der Auslegung allererst aus dem Hermeneutischen zu bestimmen«.[14] Das ist zweifellos eine Umdeutung, da das »Hermeneutische« auf der Grundlage der ursprünglichen Bedeutung des Wortes »Hermeneutik«, wonach es das »Geschäft der Auslegung« bezeichnet, in ›Sein und Zeit‹ nicht in der Unmittelbarkeit der Botschaft, sondern primär als vermittelnde *Kunde* verstanden wird. Die Selbstauslegung des »Daseins« und nur diese, der Logos der Fundamentalontologie, hat den »Charakter des ἑρμηνεύειν, durch das dem zum Dasein selbst gehörigen Seinsverständnis der eigentliche Sinn von Sein und die Grundstruktur seines eigenen Seins *kundgegeben* werden«.[15]

Heideggers Umdeutung ist von Gadamers Begriff der Hermeneutik so weit nicht entfernt, mit dem gewichtigen Unterschied freilich, daß ›Wahrheit und Methode‹ jenes Hermeneutische am Phänomen der Auslegung auszuweisen sucht, methodisch also an jener Phänomenologie orientiert bleibt, die Heidegger als Denktitel gleichermaßen fallen läßt. Damit wird das Hermeneutische, die Botschaft und Kunde desjenigen, was sich dem Denken als »Sein« zuschickt,[16] zur rätselhaften, »unverständlichen« Sache, die das Verstehen herausfordert. Das eigentlich Herausfordernde an der Preisgabe der hermeneutischen Phänomenologie liegt in der von Heidegger angedeuteten Vermutung, daß das »Hermeneuti-

14 Unterwegs zur Sprache, a.a.O., S. 98.
15 Sein und Zeit, § 7, C. S. 37.
16 Unterwegs zur Sprache, a.a.O., S. 122.

sche« gar nicht mehr eine Sache, sondern einen Vorgang meint, der um einen Sach-Verhalt spielt. Was ist das für ein Vorgang? Und um welchen Sachverhalt handelt es sich?

III

Vorgänge lassen sich nicht »erklären«, wohl aber *erläutern* und *erörtern*, d. h. nach ihrem Ort, dem Ursprung und Richtungssinn, fragen. Eine solche Erörterung soll hier vorbereitet werden.[17] Nicht an Hand eines Vergleichs von Titeln, des Hin und Her von Begriffen, wie sie sich auf dem Weg von Heidegger zu Gadamer verschoben haben, oder gar von unterschiedlichen Standorten und Positionen auf dem Weg der Kehre. Davon sieht unser Versuch ab. Ein Ort läßt sich durch Vergleich vermessen. Und so lassen sich auch Ursprünge und Bewegungsrichtungen des Vorgangs bestimmen, der einen strittig gewordenen Sach-Verhalt umspielt: wie es sich mit der Sache selbst verhält, wie die Botschaft und Kunde vom »Sein« ausgelegt und verstanden werden kann. Diese Sache läßt weder Vergleich noch Abmessung zu. Denn sie hält sich in Bewegung, und dies eben darum, weil es sich gar nicht um eine Sache, sondern um einen Weg handelt, den Weg des Denkens zur Sprache, der als solcher ins Offene der hermeneutischen Erfahrung führt. Eine Vergleichung wäre also ganz unangemessen, zumal sich die Sache in Bewegung gar nicht um Positionen dreht. Sie bewegt sich um die *summa res* der Hermeneutik, die Hauptsache des Verstehens in der Zeit; und dahinter um die Abhebung von der metaphysischen Auslegung des Seins als des Seins des Seienden, um eine Interpretation der ontologischen Differenz, die über die ontologische Fragestellung im ganzen hinausweist.

Daß die Differenz des Seienden vom Sein hermeneutisch zu

17 Ich greife die von O. Pöggeler entfaltete Unterscheidung zwischen Erklären, Erläutern und Erörtern auf, die mir nicht nur für eine »Topologie des Seins« bedeutsam erscheint. Vgl. Der Denkweg Martin Heideggers, Pfullingen 1983², S. 281 f.

interpretieren sei, darin liegt das Hauptmotiv der Kehre, des Versuchs von Heidegger, das Phänomen des Verstehens über die Umkehrung der Frage nach dem Sinn von Sein in die nach seiner Geschichte *seinsgeschichtlich* zu denken. Ursprünglicher als das Auslegen ist das *Darlegen*, die Botschaft und Kunde vom »Sein selbst«. Zu sagen bleibt das Eine. Aber es wird von Anbeginn zwiefältig gesagt, als das *Eine Einende* im Sinne des überall Ersten und Allgemeinsten und zugleich das *Eine Einende* im Sinne des Höchsten, Göttlichen.[18] Und dieser Zwiefalt, dem Ungedachten der ontologischen Differenz, folgt das Denken der Seinsgeschichte. »Sein selbst – dies sagt: Anwesen des Anwesenden, d. h. die Zwiefalt beider aus ihrer Einfalt«.[19]

Die ontologische Differenz ist am Grund *Duplizenz*, das Zweifache des *ersten Anfangs*, das im *anderen Anfang* des Denkens als Unterschied des »Seins« hinsichtlich des ihm eigenen Sinnes *inmitten der Zeit* aufgeht. Heidegger spricht in Wendungen, die an den Platonischen Denkweg der Dialektik und dessen Artikulierungen des »ältesten Alten« der abendländischen Philosophie anklingen, von der »Mitte der Zwei«, dem Unterschied von Welt und Ding, der die Mitte von sich her auseinanderhält, auf die hindurch die Zwei zueinander einig sind.[20] So ist es sachlich zwingend und dem geschichtlichen Zurückdenken in den Anfang gemäß, wenn Heidegger auf dem Weg zur Sprache die *vorgängige Allseitigkeit des akroamatischen Phänomens*, des denkerischen Hörenkönnens auf den *Logos* und daran die zweifache Wegweisung für die Seinserfahrung aufdeckt. Auf dem *Weg hinauf*, dem Darlegen der Botschaft, die vom Sein Kunde bringt, ist es das Hören auf das »Geläut der Stille«, die Einfalt des Unterschieds, woraus sich dem sprachlich bestimmten Menschentum die Zwiefalt des Wortes zuspricht. Es ist der Weg zum »Hören« auf das Ungesagte an den Konfinien von Sprache und Welt, der im Schweigen die lautlose

18 Vgl. Identität und Differenz, Pfullingen 1957, S. 67.

19 Aus einem Gespräch von der Sprache, in: Unterwegs zur Sprache, Pfullingen 1982^7, S. 122.

20 Die Sprache, a.a.O., S. 25.

Stimme des Seins als jenes Sprachwesens frei gibt, das alles welthafte Sagen (des Denkens wie des Dichtens) durchstimmt.[21] Für den *Weg hinab* ist es die Zugehörigkeit des Menschen zum Sein, die das Wesen des Bezugs ausmacht. Denn der Bezug heißt »hermeneutisch« im Blick auf das Verwahren der Botschaft, die das Auslegen beansprucht und so den Menschen dazu gebraucht, den Zuspruch der Zwiefalt zu hören. Er »gehört« zu ihr, das meint: der Mensch *ist* jenes »Wesen«, das auf die Sprache zu hören vermag, eine Wendung, die verdeutlicht, daß das Wort »zugehören« dem Sinn von »Sein« entspricht, ja, vielleicht selbst ursprünglicher Seinsausdruck ist.[22]

Das ist nicht nur anfänglich-dialektisch gedacht, sondern ganz im Einklang mit dem verborgenen Problem am Grunde der abendländischen Logik und Metaphysik. Denn in ihr meint »Zugehörigkeit« das transzendentale Verhältnis zwischen Sein und Wahrheit, welches das Denken als eine Bewegung des Seins selbst und nicht primär als Verhalten eines Subjekts auszeichnet.[23] Darauf hat Gadamer hingewiesen. Es ist ein Gedanke der Wirkungsgeschichte, der, weitergedacht, mit dem Allseitigen des Hörens die Vorgängigkeit des akroamatischen Phänomens für die Erfahrung der Sprache im Verstehensvollzug erst voll zur Geltung bringt. Eingebettet in den Entwurf der Seinsgeschichte, wie sie ist, verdeckt sich Heideggers Besinnung auf den Zusammenhang des Hermeneutischen mit der Sprache die Tragweite der Entdeckung. Er sieht sie im Blick auf die Verwandlung des Denkens, den Absprung von der nachplatonischen Metaphysik. So tut er auf dem Weg der Kehre alles, um das

21 Vgl. O. Pöggeler, Der Denkweg Martin Heideggers, a.a.O., S. 280ff., der dafür nach einem in den ›Beiträgen zur Philosophie‹ (1936-1938) geprägten Ausdruck »Sigetik« gebraucht (nach brieflicher Mitteilung an Verf. vom 29. 9. 1987).

22 Unterwegs zur Sprache, a.a.O., S. 125f. Zur Semantik des Ausdrucks »zugehören« vgl. die knappen Bemerkungen bei E. Fränkel, Grammatik und Sprachwirklichkeit, München 1974, S. 167f., S. 506. Die Problematik ist noch weitgehend ungeklärt.

23 Vgl. Wahrheit und Methode, a.a.O., S. 434.

dialektisch Gedachte von der Nähe zur Dialektik fernzuhalten, ein Vorgang, der das unablässige Ringen um eine verwandelte Sprache herausfordert. Das zeigen die Leitworte des späten Heidegger aus dem Umkreis der Erfahrung der »Mitte der Zwei«, der spekulativen Dimension einer sich selbst überschreitenden Hermeneutik der »Sage des Seins«. Es sind Beispiele einer Sprachnot, die sich der Nähe des Versagens aussetzt.

Keines dieser Leitworte »ergibt« sich aus dem, was sich different verhält, weder der *Bezug* noch die *Zwiefalt*. Sie beziehen immer Eines auf das Andere, die *Einfalt* auf das *Zwiefältige*, ohne daß Zwiefalt und Bezug Relationen eines Sprachgeschehens wären. Sie sind reiner Selbstbezug, der sie bezuglos für sich sein läßt. Vollends für sich »ist« der *Unterschied* in der Mitte von Welt und Ding, der nur als dieser Eine »west«. In reiner Selbstbezüglichkeit hält er von sich her die Mitte auseinander, auf die zu und durch die hindurch Welt und Ding zueinander sind. Der Unterschied »vermittelt« nicht die Zwei, er versammelt sie aus sich, indem er sie in seinen »Riß« ruft. Und das Rufen schließt alles Dialektische von sich aus. So ist der Unterschied weder *Distinktion*, eine Unterscheidung des Sagens, noch *Relation unter dem Gesagten*. Er ist im höchsten Fall »Dimension«, kein Bezirk, worin sich das Wechselspiel von Sprechen und Hören ereignet, sondern der Auf-Riß der Sprache für das »Sein selbst«. In diesem Fall, d. h. zuhöchst, ist der Unterschied die Dimension, insofern er, auf dem Weg hinauf in das Geläut der Stille rufend, Welt und Ding in ihr Eigenes er-mißt.[24]

IV

Es ist der hörende Weltbezug des Menschen, der sich hier auftut, der als sprachliche Mitte für Welt und Ding allem das Maß seines Wesens freigibt. Er ist *spekulativ*, weil sich so die Sprache selbst »spiegelt« und als das, was sie *ist*, zum Vorschein kommt. Sie bringt das Spekulative zur Sprache: die

24 Unterwegs zur Sprache, a.a.O., S. 25 f., 29 f.

Zwiefalt des Sagens und Sichsagenlassens, das Sprechen, das nicht zugleich, sondern *zuvor* ein Hören ist, das *Zuvorgehörthaben* auf das Gesagte. Und er ist *geschichtlich*, weil sich das Spekulative über das Gespräch mit der Überlieferung als der Spiegelung des Einen im Vielen des Zusagenden entfaltet. Wenn Heidegger, der Erfahrung des Sprachgeschehens entgegen, das Spekulative nur *im Weg hinauf* zu erfassen sucht, auf der Spitze des Hermeneutischen im Selbstbezug der Stimme des Seins, so erklärt sich das aus der Voraussetzung, daß die Mitte der Sprache unmittelbar sei, mit nichts außer der Unmittelbarkeit des *sigetischen* Phänomens »vermittelt«. Es ist das Phänomen des schweigenden Hörens auf das Geläut der Stille, das sich im reinen Selbstbezug erfüllt, eine Erfüllung, die ebenso unmittelbar eintritt.
Die Frage drängt sich wie von selbst auf, ob sich Heideggers Denken an diesem Punkt wirklich von den Konsequenzen der transzendentalen Bewußtseinstheorie freizuhalten vermag, ob sich die traditionell-phänomenologische Richtung auf ein immanent Gegebenes für den Verlauf des Wegs zur Sprache auswirkt. Er mündet auf der anderen Seite des Sprachgeschehens in der gleichen Selbstbezüglichkeit des Sprechens, im unmittelbaren Verlautbaren und Rufen, das sich beim späteren Heidegger zum dichterischen Vorgang des Nennens steigert. Im Sichsagenlassen des Einen kann immer nur Dasselbe gesagt werden. So anders es seinsgeschichtlich auch benannt werden mag, der Name für das »Sein«, das Grundwort des Denkens, ist niemals *Logos*, sondern *Onoma*. Das Wort der Sprache bleibt auf die Sage des Seienden gestimmt. Aber sie vermag so nur zu sprechen, weil sie der Lichtung des Seins entspricht, dem einen Ereignis des Unterschieds, das sie jeweils nennt. Im seinsgeschichtlichen Austrag der Botschaft und Kunde vom Sein in der Zeit bekundet sich der Bann des ontologischen Grundverhältnisses, den Heidegger nicht durchbricht. Er löst sich erst über Gadamers hermeneutisches Prinzip der Wirkungsgeschichte, das auf dem *Weg hinab* in das Auslegen den Schritt zurück von *Onoma* zum *Logos* geht. Die Auslegung konkretisiert sich im Verhältnis von Text und Interpreta-

tion, in der Schriftlichkeit des sprachlich Überlieferten, die den unmittelbaren Wortgebrauch des Rufens und Nennens von vornherein eingrenzt. Es ist der Boden, dem der *Logos* erwächst: als Spiegelung der Schrift in der Sprache, die mit der Lautlosigkeit des Schreibens und Lesens das Phänomen des Hörens in seiner ganzen Tragweite aufschließt.

Obwohl davon in Gadamers Hauptwerk nicht ausdrücklich die Rede ist,[25] trägt es diese Spannung, die Grundspannung der Platonischen Dialektik und ihrer Wirkungsgeschichte bis hin zu Hegel, in sich aus. »Texte« sind *Poiesis* im anfänglichsten Sinn, Herstellung von Werken, die wie Bilder aus der Sprache herausstehen und in sich stehen. Sie stellen dar, was ist, ein »Sein zum Text«, das sich der hermeneutischen Erfahrung in anderer Weise spiegelt: nicht in der selbstbezüglichen Unmittelbarkeit des Einen, dem Hören auf die lautlose Stimme des Seins, sondern vermittelt, in der Selbstunterscheidung des Sprachlauts vom Buchstaben, der Zweiheit von *grámma* und *phoné*.

Wenn ich recht sehe, ist das der Punkt im Hintergrund, der Gadamers Gedankenzug bewegt und ihn letztlich von Heideggers Sprachauffassung wie vom neueren Gegenpol der »Grammatologie« wegträgt.[26] In der Zweiheit des Textes ist die Entzweiung angelegt, der Unterschied des »Zwischen«, jene Mischung von Fremdheit und Vertrautheit, die das schriftlich Überlieferte für uns hat. Gadamer spricht von einem Mangel an Unmittelbarkeit, der nicht als Defekt er-

25 Vgl. jedoch die deutliche Auszeichnung der Schrift in: Wahrheit und Methode, a.a.O., S. 152-156, 125, 365-373, 508, sowie die neueren Beiträge: Unterwegs zur Schrift? In: A. u. J. Assmann/Chr. Hardmeier (Hrsg.), Schrift und Gedächtnis, München 1983, S. 10ff. und Text und Interpretation, in dem gleichnamigen Band von Ph. Forget, München 1984, S. 24ff.

26 Vgl. Gadamers Distanzierung von J. Derrida, Grammatologie (frz. 1967), Frankfurt/M. 1974, in: Wahrheit und Methode, Gesammelte Werke, Bd. 2, Tübingen 1986, S. 368f. Die von Derrida aufgeworfene Frage des »Phonozentrismus« der abendländischen Logosphilosophie behandelt eine Untersuchung des Verf., die demnächst erscheinen wird.

scheint; denn an diesem scheinbaren Mangel, in der abstrakten Fremdheit des Textes öffnet sich gerade die akroamatische Dimension der Hermeneutik, die Aufgabe, das in der schriftlichen Überlieferung Vermittelte (und *alle* Überlieferung ist *Schrift*) in die Unmittelbarkeit des Hörens auf das Sichzusagende »zurückzuübersetzen«.[27] Dieses »Übersetzen« liegt dem begrifflichen Sprechen und jedem satzmäßigen Aussagen nach Art der Logik zugrunde, ohne »logisch« oder »begrifflich« vorgegeben zu sein. Es gibt sich akroamatisch, im *Pathos* des Hörenlassens des Gesagten und Sichzusagenden. So zeigt sich in *der Tiefe der Hermeneutik*, was sich der dialektischen Methode auf dem Weg von Kant zu Hegel und Marx verbirgt: das akroamatische Phänomen des *Logos*, ein altes Widerfahrnis, das die hermeneutische Philosophie in anderer Weise als das Geschehen am Grunde der Welt erfährt.

27 Vgl. Wahrheit und Methode, a.a.O., S. 279 und 367.

Zweiter Teil
Wege zur »zweiten Philosophie«

Ästhetik und Hermeneutik der Natur

Zur Stellung des Naturschönen bei Dilthey und dem jungen Lukács

Daß die *Hermeneutik*, die alte Kunstlehre der Auslegung von Schriftwerken, in der Neuzeit mit der *Ästhetik* zusammenhängt, der im Zeitalter der Aufklärung entstandenen Lehre vom Sinn für das Schöne in Kunst und Natur, ist bekannt. Es war Dilthey, der auf diesen Zusammenhang hingewiesen und dargelegt hat, wie sich von Winckelmann und Herder abwärts eine ästhetisch begründete Methode der Bild- und Textauslegung entwickelt, deren Regeln Schleiermacher nach dem Vorgang Friedrich Schlegels aus dem Verhältnis der Teile zum Ganzen eines sprachlichen Kunstwerks abgeleitet hatte. Seitdem ist sie *»auf das Ganze gerichtet, auf den inneren Geist des Werkes und des Kreises, aus welchem derselbe hervorgegangen ist«*.[1] Was aber hat die *Ästhetik* mit einer *Hermeneutik der Natur* zu tun?

Wenn wir diese Frage im Licht dieser der klassischen Epoche der deutschen Dichtung zugehörigen Disziplin zu beantworten suchen, dann geraten wir in Verlegenheit. Schließt doch jener Titel, wie er durch A. G. Baumgarten für die neue *Lehre vom Schönen* aufkommt, die Bezugnahme auf eine Naturhermeneutik aus. Für ihren Gegenstand, so schränkt Hegel gleich am Beginn seiner Berliner Vorlesungen ein, ist er »eigentlich nicht ganz passend, denn ›Ästhetik‹ bezeichnet genauer die Wissenschaft des Sinnes, des *Empfindens* ... Der eigentliche Ausdruck jedoch für unsere Wissenschaft ist ›Philosophie der Kunst‹ und bestimmter ›Philoso-

1 Das hermeneutische System Schleiermachers in der Auseinandersetzung mit der älteren protestantischen Hermeneutik (1860), in: Ges. Schr. Bd. XIV 2, Göttingen 1966, S. 650. Vgl. Die Einbildungskraft d. Dichters. Bausteine zu einer Poetik (1887), Ges. Schr. Bd. VI, Stuttgart/Göttingen 1958³, S. 103 f.; Die drei Epochen d. mod. Ästhetik und ihre heutige Aufgabe, a.a.O., S. 267.

phie der schönen Kunst‹«.[2] Hegel blickt auf den Streit zurück, der seit Kant um die Ästhetik entstanden war – »was andere Kritik des Geschmacks nennen«; jenen Streit, worin sich Kant noch in der ›Kritik der reinen Vernunft‹ in vermeintlicher Annäherung an die »Sprache und den Sinn der Alten« für die alte Gleichsetzung des griechischen *aisthesis* mit »sinnlicher Anschauung« ausgesprochen und unter einer »transzendentalen Ästhetik« die Lehre vom formalen Aufbau der Objekte der Sinneswahrnehmung, den Prinzipien der Anschauung a priori als Grundlage objektiv gültiger Naturwissenschaft, verstanden hatte (B 35 Anm.). Bis er sich dann in der ›Kritik der Urteilskraft‹ der neuen Gleichsetzung des »Ästhetischen« mit dem »Schönen« anschließt, indem er die Untersuchung des »Geschmacksvermögens« als eine »Kritik der ästhetischen Urteilskraft« durchführt, die sich über die Gebilde der »schönen Kunst« hinaus an denen der »schönen Natur«, an Pflanzen und Tieren, ja, am Menschen selbst als einem Naturgebilde, betätigt.

Der Kantischen Erweiterung der Grundfrage der Ästhetik nach der Möglichkeit des *Schönen der Kunst* um die Thematik des *Naturschönen* entspringt das Problem einer *Hermeneutik der Natur.* Es ist das Thema, das die Wirkungsgeschichte der nachkantischen Ästhetik, von Schelling, Hegel und Schleiermacher über F. Th. Vischer und Dilthey bis hin zu den philosophischen Antipoden unseres Jahrhunderts, zu Lukács und Adorno auf der einen, zu N. Hartmann und Heidegger auf der anderen Seite, durchzieht. Um das Neuartige der Problemstellung zu gewahren, müssen wir zunächst kurz das Alte berühren, die traditionell-metaphysische Lehre vom »Schönen in der Idee«, die als solche über die Natur als Inbegriff des »Physischen« hinausweist. Dem widerspricht nicht, daß sinnfällige Naturgebilde wie Pflanzen und Tiere, vornehmlich das Einzelne an ihnen, die Blätter, Blüten, Glieder, aber auch die Gestirne (z. B. der Mond), eine anziehende Gegend oder der Wind, lange vor Platon, dem Begründer der abendländischen Metaphysik, als

2 Ästhetik, hrsg. von F. Bassenge, Berlin 1955, Bd. 1, S. 49.

»schön« (καλόν) bezeichnet werden.[3] Meint doch dieses von Platon verselbständigte Prädikat noch platonisch das Zum-Vorschein-Kommen der »Gestalt«, ihr glanzvolles Erscheinen im Schein, wie es das deutsche Wort »schön« im merkwürdigen Einklang mit dem griechischen Grundwort für den Anblick alles Gestalthaften (= εἶδος, ἰδέα) bezeugt. Damit steht auch nicht im Widerspruch, daß der griechische Ausdruck für »schön« (= καλόν) zugleich menschlich geziemende Verhaltensweisen und so Verschiedenes wie Häuser und Geschenke, Zierrat und Gerät, ja, selbst die Wissenschaft und die durch sie »aufs Schönste und Beste« gewährte Ordnung menschlichen Zusammenlebens umschreibt. Der griechisch erfahrene Glanz des Schönen strahlt so weit aus, daß hier zwischen Menschenleben und Natur, zwischen Kunst und Wissenschaft kein Gegensatz besteht; daß ihr Erscheinen in der eingestaltigen »Idee des Schönen« ganz selbstverständlich das Wahre im Sinne der Offenbarkeit der Seinsordnung im Ganzen umspielt: den Bezug des Menschen zu dem ihm gemäßen *Ethos*, den »Ort« des Wohnens in der *Polis*, wie zu den Maßverhältnissen der *Physis*.[4] Und dieses ursprünglich griechische Wort für »Natur«, die *Physis*, umspielt ständig das Schöne in seiner Sinnesfülle, die so übermächtig ist, daß sie zuletzt die gänzlich unsichtbare Gestalt des Guten zu bestimmen erlaubt: in der Mischung des Schönen mit dem Wohlgefügten (συμμετρία) und Wahren (ἀλήθεια).[5] Noch Aristoteles nennt als Seinsbezüge des Schönen neben dem Gefügten Ordnung (τάξις) und Begrenztheit (ὡρισμένον), jene pythagoreischen Maßelemente,[6] die ursprünglich unverfügbare Harmonien der Töne, der Zahlen und schließlich des von Göttern und Menschen bewohnten *Kosmos* bezeichnen.

3 Homer, Il. 21, 108; Od. 14, 253, 299; 17, 304. Vgl. Plato, Phaidros, 230b.

4 Symposion, 210a-212b.

5 Philebos, 64d-65a; Phaidros, 249e-250d.

6 Pythag. B 27; Heraklit, B 8; B 102. Vgl. H.-G. Gadamer, Wahrheit und Methode. Grundzüge einer philosophischen Hermeneutik, Tübingen 1975³, S. 454 f.

Der Inbegriff des Wohlgefügten, Unverfügbaren – das bleibt das Schöne auch dann, nachdem die kosmische Seinsordnung im Christentum als Schöpfung Gottes verstanden wird. Ja, in der Sicht des Schönen hält sich jahrhundertelang das Ineinanderspielen von Grunderfahrungen der Kunst in Natur und umgekehrt durch, ein implizit hermeneutisches Spiel mit dem Bedeutungsreichtum der Worte *Poiesis* und *Physis*, *Ars* und *Natura*, von dem wir behaupten, daß es erst Kant im Rahmen eines hermeneutisch ausdifferenzierten Naturverständnisses zu regeln beginnt. Es ist, um unser Thema genauer zu umreißen, das spezifisch »ästhetische« Sensorium für das Naturschöne, das der Begriff der »Natur als Kunst« im Unterschied zur »Natur als bloßem Mechanismus« artikuliert.[7] Nach der Auflösung der christlichen Schöpfungsordnung durch die neuzeitliche Naturwissenschaft wird er im Medium der Reflexion individuell zweckmäßiger Naturform des Lebendigen *und* der individuell angeborenen Gemütsanlage (ingenium) des Genies entdeckt, »durch welche die Natur der Kunst die Regel gibt« (KU, § 46).

In beiden Fällen handelt es sich um ästhetisch reflektierte Naturbeziehungen, die sich wissenschaftlich nicht objektivieren lassen, aber darum nicht weniger »erfahrbar« sind. Im ersteren Falle erweckt die Reflexion ein spezifisch intellektuelles Interesse am Schönen, das es uns in einem über die Beziehung zur Kunst hinausweisenden Sinne *bedeutend* und darin als *hermeneutisch grundlegend* erscheinen läßt für die »Auslegung der Chiffreschrift, wodurch die Natur in ihren schönen Formen figürlich zu uns spricht« (KU, § 42). Als »Empfänglichkeit« eines solchen Interesses an der Betrachtung der Gestalt einer wildwachsenden Blume, eines Vogels, eines Insekts gründet das ästhetische Gefühl für ihre Schönheit im moralischen *Gefühl der Achtung vor dem Sittengesetz*, in der Intellektualität des Hörens auf die Stimme der Vernunft in uns, die zu allen endlichen Naturformen, ja, selbst fürs Endlose der raum-zeitlichen Sinnenwelt Totalität

7 Kritik der Urteilskraft, § 23, Akad. Bd. v, S. 246.

fordert und die ganze Natur als Himmel und Erde des menschlichen Lebens zuletzt im wortlosen Medium der *Stimmung* als bedeutsam erschließt. Diese eigentümlich sensibilisierte Intellektualität des ästhetischen Verhaltens, die bei Kant nichts mit »intellektueller Anschauung« zu tun hat, führt im Zusammenspiel der Urteile über das Schöne mit denen über das Erhabene der Natur den Gedanken einer zweckmäßigen Übereinstimmung mit ihr ein, der unserem Naturgefühl immanent ist, ohne durch ein gegebenes »Objekt« oder auch nur durch die aufgegebene Idee der Totalität (der »Welt« als Natur) ausweisbar zu sein (KU, § 29, Anm.). Nachdem mit dem technischen Progreß der Naturbeherrschung im Zeitalter der industriellen Revolution und des geschichtlichen Fortschrittsoptimismus diese Stimme der Vernunft übertönt wird, mußte sich das Sensorium für das Naturschöne und die damit verknüpfte Sensibilisierung menschlichen Naturverhaltens verlieren.

Der Verlust wird spürbar auf dem Weg der ästhetischen Theorie von Schelling über Hegel und Dilthey zum jungen Georg Lukács in seiner Heidelberger Philosophie der Kunst (1912-18). So verschieden, ja, gegensätzlich der Ansatz ihrer Fragestellung erscheint, so einheitlich ist ihr Ausgangspunkt. Er liegt in Kants Schritt zur transzendentalphilosophischen Umgestaltung der metaphysischen Lehre vom Schönen. Die deutsche Transzendentalphilosophie, so heißt es in Diltheys Übersicht über ›Die drei Epochen der modernen Ästhetik‹ (1892), »hat auf allen Gebieten das *schaffende Vermögen der Menschennatur* wieder zur Anerkennung gebracht. Hierin liegt der große Atem eigener innerer Erfahrung über den Menschen, der von Kant ausgeht und alles rings um ihn hob und belebte«.[8] Dilthey verweist freilich aus Kants Lehre vom *Genie* den Gedanken, daß es nur das Medium sei, »durch welches die Natur der Kunst die Regel gibt«, so daß ihm das Verhältnis des schaffenden Vermögens zu den *naturschönen Gestalten* problematisch wird. Für den

8 Die drei Epochen der modernen Ästhetik und ihre heutige Aufgabe (1892), Ges. Schr. Bd. VI, S. 268.

jungen Lukács rückt eben diese Frage, ob das von Menschen geschaffene Werk der Kunst oder das Schöne im Mittelpunkt der Ästhetik steht, augenblicklich die für das Schicksal der ganzen Ästhetik entscheidende Stellung der Naturschönheit wieder in den Vordergrund, die er mit Dilthey problematisiert.[9]

Bevor ich auf diese im einzelnen sehr verschiedenartigen Ansätze zu sprechen komme, mag es erlaubt sein, die Positionen jener beiden Denker kurz zu umschreiben. Lukács ist Dilthey während der Berliner Studienzeit begegnet; und die Wirkung der von ihm begründeten Richtung der Geisteswissenschaften ist in seinen ersten Schriften, von der Essaysammlung ›Die Seele und die Formen‹ (1911) über die ›Heidelberger Ästhetik‹ bis hin zur ›Theorie des Romans‹ (1920), überall gegenwärtig. Ja, selbst die Argumentation der ›Eigenart des Ästhetischen‹, Lukács' Spätwerk, verrät noch Spuren des Einflusses von Diltheys geistesgeschichtlicher Betrachtungsweise, der er sich nie ganz entzogen hat; im Unterschied zu Heidegger, dem eigentlichen Antipoden von Lukács.

Damit meine ich nicht, was diese Worte nahelegen: den Gegenfüßler, der auf der entgegengesetzten Hemisphäre lebt und so scheinbar »verkehrt« geht. Ich meine den Widerspielhalter, den die Sache des Denkens im Absprung von seinen Gegnern antreibt und, in seltsamer Konvergenz mit ihnen, in das Spiel der Kunst hineintreibt. Was ist das für ein Antrieb, der das Gegnerische vereinigt und eine Rückkehrbewegung zur Natur freisetzt, die wir über jene drei Denker hinaus auch bei Nicolai Hartmann und im Werk von Adorno und H.-G. Gadamer finden? Worauf will diese bis heute nicht zur Ruhe kommende Beschäftigung mit der Kunst hinaus? Dazu lautet meine These: nicht auf eine *Ästhetik der Natur* als Gegenstück zu derjenigen der Kunst, deren Kategorien (wie sich der junge Lukács ausdrückt),[10] sofern sie die objek-

9 Heidelberger Philosophie der Kunst (1912-14), hrsg. von G. Márkus/F. Benseler, Lukács, Werke, Bd. 16, Darmstadt/Neuwied 1974, S. 11.

10 Heidelberger Philosophie der Kunst (1912-14), a.a.O., S. 11f.

tive Struktur der Natur treffen, naturphilosophisch und, sofern sie eine normativ-ästhetische Struktur erzeugen, ästhetisch konstitutiv sind, so daß dann Ästhetik und Naturphilosophie, wie in den Zeiten der Romantik, »irgendwie« konvergieren würden. Das Ziel ist vielmehr eine *Naturhermeneutik*, diesen Titel als Bezeichnung für jene Aufgabe einer Resensibilisierung unserer Beziehungen zur Natur verstanden, die sich dem ästhetischen Denken der Gegenwart angesichts der durch den Aufstieg der Technik ausgelösten Lebenskrise des neuzeitlichen Menschentums stellt.
Die Konvergenz zwischen den Hemisphären liegt heute offen zutage. Unsere These bedarf jedoch der Erläuterung. So beginne ich mit einer Besinnung auf das Verhältnis von Natur und Kunst vor dem Entstehen der mathematischen Naturwissenschaft und der Ästhetik (I). In einem zweiten und dritten Schritt behandle ich die Aktualität der Frage nach dem Naturschönen bei Dilthey (II) und dem jungen Lukács (III), wobei ich im Ausblick zeigen möchte, daß sie trotz Lukács' Abbiegung vom geisteswissenschaftlichen Weg auch in seinem ästhetischen Spätwerk virulent bleibt (IV).

I

Die Ästhetik verweist ursprünglich nicht auf die Hermeneutik, sondern auf die Logik. Das hängt mit ihrer Entstehung in der europäischen Neuzeit zusammen, dem Wandel der Besinnung des durch die entstehende Naturwissenschaft geprägten Menschentums auf die Kunst und ihr Verhältnis zur Natur. Wie sich der neuzeitliche Mensch in der Begründung des ihm möglichen Wissens auf das *Ego cogito me cogitare*, die Selbstgewißheit des Denkens als Bedingung der Möglichkeit von Wissenschaft zurückbezieht, so knüpft er in der Besinnung auf das Schöne der Kunst an die sinnliche Gewißheit seines Fühlens an, das *Ego sentio me sentire* des Geschmacks. Die Ästhetik – das besagt der erst jetzt aufkommende Name für die ältere »Poietik«, die Lehre von der Nachahmung der Natur als Kunst im weitesten Sinne des

Wortes – soll im Feld der *Aisthesis*, der Zuständlichkeit des Gefühls und der Empfindung, dasselbe vollbringen, was die Logik im Gebiet des wissenschaftlichen Denkens erbracht hat: die Begründung einer »Logik der Sinnlichkeit«.

Sofern diese »Logik« die sinnfälligen, von der Wissenschaft ausgeklammerten Lebensbezüge zur Welt im »ästhetischen« Horizont des Menschen als Bewohner der Erde in sich aufnimmt, ist darin allerdings das Problem einer Naturhermeneutik latent. Bevor wir darauf zu sprechen kommen, müssen wir uns des *hermeneutischen »Als«* erinnern, wie es in Kants Rede von der »Natur *als* Kunst« mitschwingt, d.h. des griechisch gedachten Zusammenhangs der *Physis* mit der *Poiesis* und beider mit der *Hermeneia*, der »poietischen« Auslegungskunst.

Der Zusammenhang ist im Namen von *Hermes* angelegt, dem Seelenführer der Sterblichen im Leben wie im Tode, der mit Demeter, Hades und Dionysos dem Umkreis der chtonischen Religion angehört, der ältesten Schicht griechischer Mythologie. Hermes ist der Hüter des Lebendigen, der Tiere und Pflanzen; was im Homerischen Epos aufscheint, wenn er die dem sterblichen Menschen verborgene *Physis* des Heilkrauts an sichtbaren Zeichen enthüllt (Od. x, 302ff.). Dieser Zug geht von Anbeginn mit der Eigenschaft des Dolmetschers einher, der den Sterblichen göttliche Botschaft und Kunde auslegt. Bedeutet doch *hermeneúein* von Anbeginn: etwas entdecken und klar machen, was nicht ohne weiteres zugänglich ist, sei es die *Natur* im Sinne der *Physis*, des Seienden im Ganzen, das sich, nach dem Satz von Heraklit, zu verbergen liebt (Fr. 125); sei es das *Göttliche*, dessen geheime Zeichen es zu gewahren gilt; oder schließlich das sie »poietisch« deutende Dichterwort, das in mündlicher Tradition der Rhapsode und später der Grammatiker noch einmal auslegt. Und als eine Auslegung von Zeichen für das Sein, der die *Physis* von etwas benennenden »Worten« wie der »Werke« des Ganzen, das sie durchwaltet, fängt zwischen Anaximander und dem halbmythischen Pythagoras auch die Philosophie an. So wie es das ihren großen Anfang festhaltende Heraklit-Fragment B 112 andeutet: »Besonnenes Denken ist die mächtigste Tugend, und die Weisheit besteht darin, die Wahrheit zu sagen und zu handeln nach der Natur, auf sie hinhörend«.[11]

In diesem uns nur bruchstückhaft erhaltenen Überlieferungszusammenhang des ursprünglichen Wissens von der Natur (Fr. B 55), der *Opsis* mit der *Mathesis* und *Akoē* (Heraklits Wort für den hörenden Bezug zum *Logos* der *Physis*), geben die Platonischen Dialoge einen Einblick. Unter »Poiesis« versteht Plato ausdrücklich das wissende Hervorbringen von *Werken*, die aus dem Nichtsein ins Sein hervorgehen (Symp. 205b-c). Analog dazu wird dann auch das Seiende im Ganzen als eine Hervorbringung göttlicher Kunst gedacht (Tim. 27c ff.). Ohne sich davon ausdrücklich Rechenschaft zu geben, verfährt dieses »poietische« Denken hermeneutisch, sofern es die sonst unzugängliche Natur wie die einzelnen Naturgebilde im Horizont der sinnfälligen Vollkommenheit eines Kunstwerks aus dem Zusammenwirken seiner Bestandteile zum Ganzen versteht. Und die Teile, das sind noch bei Aristoteles, der die Analogie vollständig durchführt, die für Natur und Kunst gleichermaßen typischen Faktoren von *Materie* und *Form*, von *Bewegung* und *Zweck* der anschaulich gegebenen Einzeldinge: eines Hauses oder Baumes, eines Tieres oder Menschen, die mit der intellektuellen Anschauung des *Kosmos* in der Wiederkehr der Gestirne und Jahreszeiten wie der wiederkehrenden Typen im Erzeugungsvorgang des Lebendigen zur gegenständlichen Auffassung des Zweckzusammenhangs der *Physis* verknüpft sind. *Physis* ist der Inbegriff von *Leben* (Bios), das sich selbst bewegt, eine zwecktätige Kraft (Dynamis), die nach Art der *Techne*, aber ohne Zweckbewußtsein und bewußte Mittelwahl wirkt, wie sie der Mensch von seinem »technischen« Tun her kennt. Nach aristotelischer Auffassung ist das kein Mangel, sondern ein Vorzug der Natur, der Grund ihrer Vorbildlichkeit für den schaffenden Menschen, der sie durch Kunst entweder nachahmt oder vollendet. Was darüber hin-

11 Diels-Kranz, Fragmente der Vorsokratiker, Bd. 1, Berlin 1951[6], S. 176.

ausgeht, ist nicht mehr *Poiesis* im Sinne der von Kant so genannten »Technik der Natur«, sondern *Mechanik*: die Sache menschlicher *List* (= mechané), die in gesteigerter Mittelbewußtheit durch die Bewegung lebender oder lebloser Körper (Tiere und »Maschinen«) Zwecke zu erreichen sucht, welche die Natur selbst nicht vorsieht (wie das Heben von Lasten).

Die Mechanik ist bis zum Beginn der Neuzeit eine Werkzeugwissenschaft, die nicht zur Physik gehört. In diesem Punkt hat die griechische Atomistik trotz angestrebter Vereinfachung der Faktoren des Naturgeschehens nicht wesentlich anders gedacht. Im Gegenteil: Die Annahme der Eigenbewegung von Atomen, die sich aus dem Unendlichen »abteilen«, drückt auf ihre Weise die Grunderfahrung der Lebendigkeit der Natur aus. Darin löst sich der Widerspruch zwischen den vermeintlich »mechanischen« Prinzipien des Demokrit und seinen Beschreibungen von Zweckzusammenhängen im Bereich des Organischen. Und bedenkt man den von ihm erfundenen Vergleich komplexer Atomgebilde mit der Bildung von Worten aus den Buchstaben des Alphabets, so wird verständlich, daß in der Überlieferung der spätantiken Ärzteschule (Galen) Demokrit als bester Hermeneut des Kosmos gilt.

Erst im Christentum verengt sich die Bedeutung von *hermeneúein* auf die Exegese der Heiligen Schrift, auf Übersetzung und Kommentar. Sie ruft dann umgekehrt die Rede vom Buch der Natur für das Ganze der göttlichen Schöpfungsordnung hervor, einer Ordnung, in der auch die Figur von *Hermes* (in gnostisch-synkretistisch verwandelter Form)[12] immer wieder als Hüter des Lebendigen und Weggeleiter zu einem qualitativ bestimmten Naturverständnis erscheint. Ihre Wirkung reicht über die Jahrhunderte und hält sich bis hin zu den Begründern der neuzeitlichen Naturwissenschaft in verschiedenen Varianten durch. Ich erwähne das *Modell*

12 Die Vorlage ist das dem sagenhaften Hermes Trismegistos zugeschriebene Corpus Hermeticum (100-300 n. Chr.). Vgl. zuletzt C. Merchant, The Death of Nature (1980), dt. München 1987, S. 39f.

der Sinnesfülle, wie es in der Tradition der »hermetischen Physik« während der Renaissance durch Paracelsus und seine Nachfahren über R. Fludd bis hin zu J. Böhme inauguriert wird. Es erwächst der Makro-Mikrokosmos-Analogie, einer »Spiegelung« des Universums, dem sich die einzelnen Sinnesqualitäten aneinander und an den Gegebenheiten der Natur in ihrem Bezug zum menschlichen Organismus interpretieren. Die Natur, heißt es bei Paracelsus, muß so gedeutet werden, daß auch »die Augen den verstand begreiffen: unnd daß es in den Öhren thöne, wie der fall des Rheins, und daß das gethön der Philosophey also hell in den Ohren lige als die sausenden Winde auß dem Meer: unnd die Zunge dermaßen ein wissen trage, als des Honigs und der Gall: Und die Nasen schmecke ein jeglich Geruch des ganzen Subjects. Außerhalb dieser erkandtnuss ist widerwertig alles das, daß der Natur zugeleget unnd gegeben wird«.[13]
Dagegen behauptet sich das auf Demokrit zurückgehende Modell der *Lesbarkeit der Natur* in der stummen Sprache der Figuren und Zahlen sowie das *Modell ihrer Herausführung aus dem Schweigen*: nach der von Kepler formulierten Aufgabe, dem Himmel und der ganzen Natur mathematisch die Zunge zu lösen und ihre Stimme lauter erschallen zu lassen.[14] Auch in diesem Fall ist der Mensch Diener und Deuter der Natur, von der er nur soviel erkennen kann, als er deren Ordnung »interpretiert«. Er bleibt es, bis er mit der Galilei-Newtonischen Transformation der Mechanik zur Grundwissenschaft der Physik den Gedanken faßt, den Faktor »Materie« gegenüber der Form und dem Zweck zu isolieren und die »Natur« als System bewegter Körper in Raum und Zeit zu vergegenständlichen. Von hier aus ist es dann nur folgerichtig, die Deutungen des Lebens als zwecktätiger Kraft ganz aus der Naturerfahrung zu entfernen und die Empfindungsqualitäten von Licht, Farbe und Klang methodisch auf quantitative Verhältnisse der Anordnung und Be-

13 Das Buch Paragranum, hrsg. von F. Strunz, Leipzig 1903, S. 25 f.

14 Mysterium Cosmographicum, übers. von M. Caspar, Augsburg 1923, S. 5 f.

wegung von Masseteilchen zurückzuführen; ein Methodenbewußtsein, das sich seines Vorgehens in der fortschreitenden Vergegenständlichung aller Naturvorgänge durch die cartesianische Trennung von denkender und ausgedehnter Substanz vergewissert und die erkannten Bewegungsgesetze als Mittel der Naturbeherrschung benutzt.

Dieser Prozeß ist von den im folgenden zu behandelnden Denkern unter verschiedenem Blickwinkel untersucht worden. Am Beginn steht Diltheys Satz über die »Rationalisierung des Universums« und ihre Kehrseite, die »Verarmung des menschlichen Geistes«, der in seiner lebendigen Totalität mehr ist als in den wissenschaftlichen Verfahrensweisen zu methodischem Bewußtsein gelangt.[15] Dieses »Mehr« beinhaltet für den jungen Lukács die innige Verbundenheit des Bewußtwerdens der kosmisch-konstitutiven Naturgesetzlichkeit mit dem Menschen als bewußtem Sinnenwesen, die er, nach Robert Fludds instinktiver Abwehr von Keplers Mathematisierung der Natur, in Goethes Kritik an Newtons Farbenlehre und in der Philosophie des deutschen Idealismus zur Geltung gebracht sieht, der im Gegensatz zu jeder abstrahierenden Ausschaltung der Sinnesqualitäten gerade den »ganzen (sinnlich-wirklichen) Menschen« zum Organon der Erkennbarkeit der Natur gemacht hat.[16] Bei Dilthey (dessen Ansatz der junge Heidegger mit den Gedankengängen von Husserl integriert)[17] und Lukács (der die Problematik der »Naturqualitäten« zusammen mit dem Jugendfreund Ernst Bloch durchdenkt)[18] rückt über das Gewahrwerden der Kehrseiten des Rationalisierungsprozesses die Frage der *Autonomie der Kunst* und einer durch sie vermit-

15 Handschriftliche Zusätze und Ergänzungen der Abhandlung über die Typen der Weltanschauung, Ges. Schr. Bd. VIII, S. 164 f.

16 Heidelberger Ästhetik (1916-18), hrsg. von G. Márkus/F. Benseler, Lukács, Werke, Bd. 17, Darmstadt/Neuwied 1925, S. 188.

17 Vgl. Zur Bestimmung der Philosophie (1919), GA Bd. 56/57, Frankfurt/M. 1987, S. 113.

18 Vgl. G. Lukács, Briefwechsel 1902-1917, hrsg. von E. Karádi/E. Fekete, Stuttgart 1982, S. 112 und 307 f.

telten, autonomen Naturerfahrung in die Mitte des philosophischen Interesses.

II

Die Autonomieerklärung der Kunst erfolgt bei Dilthey im Rekurs auf die Erfahrung der *Individualität* des Kunstwerks inmitten der Rationalisierung des *Universums*.[19] Es bildet ein unteilbares Ganzes und als solches die erste, durch nichts ersetzbare Darstellung der menschlich-geschichtlichen Welt in ihrer *Individuation*. Sie schließt an der Peripherie die Nachbildung der Natur ein: der *Pflanzen-* und *Tierwelt* und der *Landschaft*, in denen, wie es Dilthey gemäß seinem Ansatz im individuellen Erlebnis beschreibt, das »erlebte individuierte Seelenleben aus der Lebendigkeit des Künstlers in untere Stufen projiziert wird«.[20] Die damit verbundene Öffnung des Kunstwerks zur Sphäre der Natur beruht auf dem Satz von der unlöslichen Verbindung alltäglicher *Lebenserfahrung*, *Kunst* und *wissenschaftlichem Denken*, im Gegensatz zur exakten Naturerkenntnis, die als Gesetzeswissenschaft von der Sinnesfülle des Naturlebens abstrahiert. Wie die Erfahrung unserer Lebenswirklichkeit, so bleibt auch unser Wissen von Natur und Geschichte an künstlerische Vermögen, besonders an das Mittel der sprachlichen Kunst, gebunden. Dilthey erinnert daran, wie die Höhepunkte der Historiographie durch solche der *Poesie* bedingt sind; wie sie in der Neuzeit zum Organ der Auffassung der Natur und der Auslegung menschlicher Welterfahrung wird, der Art, wie wir in Liebe, Ehe, mit Freunden unser Leben führen; und wie »das Leben selbst in seinen tiefsten Bezügen nur in dieser Atmosphäre von Poesie, Geschichtsschreibung, Denken über Menschliches atmet, wächst und sich gestaltet«.[21]

19 Die Einbildungskraft des Dichters, Ges. Schr., Bd. VI, S. 187; Die drei Epochen der modernen Ästhetik, a.a.O., S. 271.

20 Beiträge zum Studium der Individualität (1895/96), Ges. Schr. Bd. V, S. 273.

21 Ebd., S. 275, Anm.

Der Ausbildung der Kunst folgt die *Interpretation* als kunstmäßig nachbildendes Verstehen individueller Erlebnisse und der ihnen zugrundeliegenden Formen natürlicher und menschlich-geschichtlicher Individuation. Sie vermittelt zwischen Lebenserfahrung, Kunst und Wissenschaft, macht aber zugleich den spezifischen Zug der Autonomie des Kunstwerks bewußt: daß die in ihm dargestellten Menschen, Situationen, Schicksale wie durch einen Rahmen vom Zusammenhang unseres Lebens abgeschnitten sind.[22] Davon ausgenommen scheint einzig die *Nachbildung der Natur in der Dichtung*, die als Antwort auf die wissenschaftliche Rationalisierung des Universums von Rousseau über Herder und Goethe als elementarer Ausdruck des »ganzen Menschen« in der unauflöslichen Einheit des Fühlens mit dem Wollen und Vorstellen im Gebiet der Kunst durchbricht. Sie richtet sich darauf, die »innere Lebendigkeit der Natur immer neu aus dem lebendigen Verhalten des ganzen Menschen wiederherzustellen. Dem Dichter, sagt Dilthey unter Anspielung auf Ideen von Schillers 4. Brief über die ›Ästhetische Erziehung‹, »ist und bleibt die Natur stets lebendig, weil und sofern er als ganzer Mensch zu ihr sich verhält«.[23]
Der Bogen von der Naturdichtung zur Kunst der Interpretation mag Dilthey an seinen Studien zu Schleiermachers hermeneutischem System aufgegangen sein. Hatte doch Schleiermacher den Ausgangspunkt der Individuation im lebendigen »Keimentschluß« des sprachlichen Kunstwerks gefunden, den die Auslegungskunst unter dem Gesichtspunkt der Einheit der Individualität des Werkes und seines Urhebers nachzubilden bestrebt ist.[24] Daran erscheint die genetische Seite der Hermeneutik, deren Ziel es ist, das Ganze des Werkes in all seinen Teilen als »Tat« zu erfassen. In ihrer Nachbildung orientiert sie sich am Verhältnis des Sprechenden zu einem Hörenden, an der *akroamatischen Ursituation*,

22 Ebd., S. 279.
23 Die drei Epochen der modernen Ästhetik, a.a.O., S. 267.
24 Das hermeneutische System Schleiermachers in der Auseinandersetzung mit der älteren protestantischen Hermeneutik, Ges. Schr., Bd. XIX 2, S. 775 ff.

wie wir sie nennen könnten, die für das Verstehen stillschweigend (Dilthey spricht geradezu vom »schweigenden Denken«) vorausgesetzt wird. Wenn jede Rede, ob schriftlich fixiert oder nicht, einzig zu verstehen ist aus den Lebensmomenten des Redenden unter den Bedingungen seines Gesamtlebens, und wenn dieses aus der Gesamtheit der ihn bedingenden Umstände verstanden werden muß, dann gehört dazu nicht nur die Geschichte (Nationalität und Zeitalter), sondern die den Redenden (und Hörenden) immer schon umgebende Natur.

Die Zugehörigkeit der hermeneutischen Kunst zur Natur erklärt sich aus einem »eigentümlich Modernen«, das die »Alten« (das Griechentum wie das christliche Mittelalter) nicht kannten: dem *Primat des Naturgefühls* gegenüber der Anschauung des *Kosmos* als eines gegenständlich aufgefaßten Zweckzusammenhangs, wie ihn die Metaphysik dem Vergleich von Seinsmomenten der *Physis* mit denjenigen der *Poiesis* zugrundegelegt hatte. Nach der Auflösung der anschaulichen Vergleichsbasis durch die neuzeitliche Physik, der Gleichsetzung des Faktors »Materie« mit dem der Bewegung und beider mit dem Naturbegriff, erhält sich der Sinn für das Ganze in den Affekten der Bewunderung und Stimmung, die zur Vergegenständlichung unfähig sind und nun in der Hermeneutik Hilfe finden müssen. So hat es Kant gesehen. Die »Auslegung der Chiffreschrift ..., wodurch die Natur in ihren schönen Formen figürlich zu uns spricht«, unsere Bewunderung der schönen Gestalt einer wilden Blume, eines Vogels, eines Insekts, bezeugt die Verwandtschaft des moralischen Gefühls der Achtung mit dem ästhetischen, das Kant an die Instanz eines menschlichen Gemeinsinns als Bedingung der allgemeinen Mitteilbarkeit unseres Gemütszustands, d. i. der »Stimmung« aller Erkenntniskräfte zu einer Erkenntnis überhaupt bindet.[25] Mit Schleiermacher sieht Dilthey darin den Mangel einer Betrachtungsweise, die beim bloß pathematischen Gestimmtsein stehen-

25 Kritik der Urteilskraft, §§ 21 und 41. Akad. Bd. v, S. 239 und 301.

bleibt und nicht wirklich zur akroamatischen Ursituation fortschreitet, dem Hören darauf, was die Natur im Ganzen auf dem Grunde des Gefühls ihrer Lebendigkeit dem für sie Empfänglichen zu sagen vermag.

In der ›Einleitung in die Geisteswissenschaften‹ hat Dilthey die Entstehung des Naturgefühls als Zurücknahme der Metaphysik in das metaphysische Bewußtsein der Person beschrieben und an das *Auftreten der Naturdichtung* in der Neuzeit geknüpft: »Mit der Macht einer unwiderstehlichen Naturerscheinung hat sich zugleich mit der Durchführung der mechanischen Naturerklärung das tiefere Bewußtsein des Lebens in der Natur, wie es in der Totalität unseres eigenen Lebens gegeben ist, in der Poesie ausgesprochen; nicht als eine Art von schönem Schein oder Form, sondern als gewaltiges Lebensgefühl«.[26] Und er hat dann dieses Neue auf das Älteste vom Alten, die Erfahrung der Sprache der Natur bei Heraklit und den Pythagoreern, zurückgeführt: »Die Metaphysik verstummt. Aber von den Sternen her klingt, wenn die Stille der Nacht kommt, auch zu uns noch jene Harmonie der Sphären, von welcher die Pythagoreer sagten, daß nur das Geräusch der Welt sie übertönte; eine unauflösliche metaphysische Stimmung, welche jeder Beweisführung zugrunde lag und sie alle überleben wird«.[27] Mit dem Ursprung des Gottesglaubens verwoben, beruht sie für Dilthey auf der Unermeßlichkeit des Raumes und des reinen Lichts der Gestirne als Symbolen des Unergründlichen, dem Urquell der unserem Denken unerreichbaren Weltharmonie; und auf der gedankenmäßigen Ordnung, welche auch die einfache Bahn eines Gestirns am Himmel zu unserer geometrischen Raumanschauung in eine geheimnisvolle, aber lebendig empfundene Beziehung setzt. Zuletzt führt sie zurück auf Diltheys Eigenstes: die Entdeckung, daß sich das der Wissenschaft unzugängliche Geheimnis über die Erfahrung der *Individualität* und *Schönheit* des Weltganzen erschließt, – »Mysterien für die kausale Erkenntnis, die al-

26 Einleitung in die Geisteswissenschaften, Ges. Schr., Bd. 1, S. 372.

27 Ebd., S. 364 f.

lein dem anschauenden Geiste des Dichters und Denkers offenbar sind«.[28]

Ich habe anderwärts nachgewiesen, wie sich an der Erfahrung der Individualität als Grundzug des Universums die Fragestellung der ›Einleitung in die Geisteswissenschaften‹ erweitert; daß sie nicht nur die neukantianische Form annimmt, wie eine Erkenntnis der gesellschaftlich-geschichtlichen Welt möglich ist, mit der bekannten Antwort: weil wir sie selbst in den apriorischen Synthesen unseres schaffenden Vermögens hervorgebracht haben, sondern in einer bis heute nicht gewürdigten Fragerichtung lautet, wie Natur für uns existieren und der Umgang mit ihr gerechtfertigt werden kann.[29] An dieser Stelle möchte ich die dort aus wissenschaftsgeschichtlicher Perspektive gegebene Antwort im Ausgang von der Erfahrung der Schönheit ergänzen, wie sie dem neuzeitlichen Menschentum unter den Bedingungen der Rationalisierung des Universums im *Gefühl für das Naturschöne* zugänglich wird.

In einer Notiz zur Fortsetzung der Abhandlung: ›Über das Studium der Geschichte der Wissenschaften vom Menschen, der Gesellschaft und dem Staat‹ (1875) heißt es unter dem Titel: *Auslegung von schriftstellerischen Kunstwerken (Hermeneutik)*: »Daß in einem Kunstwerk mehr als was Erkenntnisinhalt. Das Schöne ist wahr. Aber Wahrheiten sind nicht schön = in der Schönheit ist mehr als in der Wahrheit«.[30] Dieses »Mehr« liegt nicht nur in dem von Kant gegenüber der Erkenntnis des Wahren festgehaltenen Primat des ästhetischen Gefühls (der Lust und Unlust). Es fällt auch nicht mit dem Phänomen des interesselosen Wohlgefallens am Schönen zusammen, das Kant mit Recht gegenüber unserem moralischen Interesse am Guten geltend macht. Es re-

28 Erkenntnistheoretische Fragmente (1874/79), Ges. Schr., Bd. XVIII, S. 196.

29 Einleitung in die Geisteswissenschaften, Ges. Schr., Bd. I, S. 9. Vgl. Vom Seins- zum Grenzbegriff. Die Natur in der Theorie der Geisteswissenschaften. In: Für eine zweite Philosophie, Frankfurt/M. 1988, S. 62 ff.

30 Manuskript *II*, Erstes Buch, Ges. Schr. Bd. XVIII, S. 109.

sultiert aus der hermeneutischen Lösung des »tiefsten Problems« der Ästhetik, dem Verhältnis der produktiven Kraft des Schaffenden zur Rezeption naturschöner Objekte und der von Dilthey vollzogenen Inversion der traditionell-metaphysischen Annahme eines objektiven Zweckganzen der Natur als Leben zur Erfahrung des Lebens »inmitten« der Natur. Parallel zur naturwissenschaftlichen Gesetzeserkenntnis führt sie zur Anerkennung einer natürlichen »Zweckmäßigkeit«, die der Erfahrung individueller Lebendigkeit ebenso immanent ist wie der Begegnung mit einem individuellen Kunstwerk. Und darum wird sie als »schön«, d. h. der Rezeptivität des inneren Lebens *entsprechend*, empfunden. Die Definition des Schönen als »Entsprechungszusammenhang« ist das Resultat von Diltheys Auseinandersetzung mit der teleologischen Naturmetaphysik des Aristoteles, eine Kritik, die in der Umstellung der metaphysischen Lehre vom Schönen auf das Lebensgefühl den Grundgedanken der Zweckmäßigkeit auf dem Boden der modernen Welt und der zu ihr gehörigen Wissenschaft bewahrt: »Die Sonderung der mechanischen Naturerklärung aus diesem Zusammenhang des Lebens, in welchem uns die Natur gegeben ist, hat erst den Zweckgedanken aus der Naturwissenschaft ausgestoßen. Er bleibt jedoch in dem Zusammenhang des Lebens, welchem die Natur gegeben ist, enthalten, und wenn man die Teleologie im Sinne der Griechen als dies Bewußtsein von dem gedankenmäßigen, unserem inneren Leben entsprechenden schönen Zusammenhang erkennt, ist diese Idee von Zweckmäßigkeit im Menschengeschlechte unzerstörbar«.[31]

Daß die Auffassung von Pflanzen und Bäumen oder auch von Tieren mitsamt ihrer natürlichen Umgebung als »schön« und ihre Nachbildung in der Kunst auf das »individuierte Seelenleben« fundiert sei,[32] ergibt sich aus dem Ansatz von Diltheys Ästhetik im erlebenden Subjekt, der darauf tendiert, sie »psychologisch« zu begründen und zur Erfah-

31 Einleitung in die Geisteswissenschaften I, a.a.O., S. 372.

32 Ges. Schr., Bd. V, S. 273. Vgl. oben, S. 12.

rungswissenschaft fortzubilden.[33] Auf dieser Grundlage, so scheint es, löst sich der Eindruck des Schönen in der Natur notwendig in ein bloß subjektivistisches Spiel von Impressionen auf. Das scheint nur dann so, wenn man vergißt, daß schon Schleiermacher das Naturschöne von der Ästhetik in die *Psychologie* hinübergezogen hatte: die Lehre vom Seelenleben des Menschen und seinem Zusammenhang mit dem allgemeinen Naturleben, wie es sich in der Gestaltung der Erdoberfläche oder an der pflanzlichen und tierischen Vegetation zeigt. Zur Psychologie gehört auch der »Sinn für die Natur«, die ästhetische Modifikation des Naturgefühls als des Wohlgefallens am Schönen, das sich auf anschaulich gegebene *Gestalten* nicht nach ihrer mathematischen und mechanischen Quantifizierbarkeit, sondern in der *lebendigen* Beziehung ästhetischer Sinnesqualitäten richtet. Die Gestalten sind dann gegeben als »Resultate und zu gleicher Zeit als Symbole des Lebens«.[34] Wir haben es hier nur mit der Beziehung der Natur zum Menschenleben und umgekehrt des Menschen mit dem Leben der Natur zu tun; mit einer »schönen« Mannigfaltigkeit, die gleichsam ohne Bild angeschaut wird, d. h. ohne eine bestimmte, abgeschlossene Einheit zu sein. Das Wohlgefallen am Naturschönen enthält so einen »spekulativen Gehalt«; freilich nicht als Gedanke oder Begriff ausgesprochen, sondern als *Gefühl*, das sich auch nur an Gegenständen realisiert, die »auf gewisse Weise das, was die Tendenz des Erkennenwollens ist, die Beziehung auf die Totalität, in einem einzelnen Fall zur Anschauung bringen«.[35] Und da es kein *Schema* (Bild) für die Naturschönheit gibt, bleibt als ästhetische Regel nur das *Symbol* übrig, die Ausdeutung der Abhängigkeit des einzelnen Teils in Beziehung zum Ganzen. Es ist das Grundverhältnis der Hermeneutik, womit die Enge der Kantischen Betrachtungsweise, die Bindung der Interpretation des Schönen an die figürlich anschaubare Gestalt und des Erhabenen an das gestalt- und formlose Naturgefühl, überwunden werden konnte.

33 Die drei Epochen der modernen Ästhetik, a.a.O., S. 266.
34 Psychologie, S. W., 3. Abt., Bd. 6, Berlin 1862, S. 201.
35 Psychologie, a.a.O., S. 209.

Daran schließt sich Diltheys Lösung des ästhetischen Problems an. Nach der vorgegebenen Exposition von Schleiermacher lautet es wie folgt: »Entweder liegt in dem schaffenden Vermögen des Menschen die Regel für die Schönheit, welche dann an Kunst und Natur angelegt wird, oder der Mensch schöpft aus der Beobachtung der Formen der Natur, in denen die Naturkraft sich am vollkommensten äußert, die Regel der Schönheit«.[36] Die Entscheidung zugunsten des zweiten Ausgangspunkts müßte mit Herder und Goethe ein Natursubjekt annehmen und liefe bei Verselbständigung des Standpunkts der Naturbeobachtung auf das von Friedrich Th. Vischer verfochtene Programm einer empirischen »Physiognomik« der Naturgestalten hinaus. Beides wird von Dilthey abgelehnt, weil sich hier die Grenzen verwischen, welche die ästhetische Lebendigkeit des Anschauens vom wissenschaftlichen und philosophischen Denken trennt.[37] In Betracht kommt nur der transzendentalphilosophische Ausgangspunkt im schaffenden Vermögen, den Kant allerdings noch von der Zergliederung des ästhetischen Gefühls trennt, ohne die ihm immanente Produktivität begreifen zu können; wie er auch das Schöne vom Erhabenen abgesondert und darum das Gestimmtsein im Verhältnis zur Natur lediglich daraufhin ausgelegt hatte, daß sie über uns als moralisch autonome Wesen keine »Gewalt« besitzt.[38]

Im Durchdenken dieser Positionen gelangt Dilthey über Schillers Bestimmung der Schönheit als lebendiger, atmender Gestalt zu dem Satz, daß der »ästhetische Vorgang die im Gefühl genossene Lebendigkeit in der Gestalt erfaßt und so die Anschauung bezeugt, oder diese Lebendigkeit in Anschauung darstellt und so das Leben in Gestalt überträgt, daß also Übersetzung in Gestalt und von Gestalt in Erlebnis hier beständig stattfindet«.[39] Es ist der Grundsatz einer am Sprachgeschehen orientierten Ästhetik. Er öffnet sie der für

36 Leben Schleiermachers, Bd. 2, Ges. Schr., Bd. XIV 1, S. 432.

37 Die Einbildungskraft des Dichters, a.a.O., S. 119.

38 Kritik der Urteilskraft, §§ 23 und 28, Akad. Bd. V, S. 245 und 260 f.

39 Die Einbildungskraft des Dichters, a.a.O., S. 117.

die Poetik grundlegenden Erkenntnis, daß die Kunst nicht Nachahmung einer schon vor ihr bestehenden Wirklichkeit ist, sondern eine »schöpferische Kraft zur Erzeugung eines sie überschreitenden und in keinem abstrakten Denken gegebenen Gehaltes«.[40] Und über das Exempel der Dichtkunst läßt er ihre Verwandtschaft mit der Hermeneutik erkennen, die sich zwar durch Schleiermacher zur ästhetischen Formbetrachtung erhoben, jedoch seitdem diesen Stand so wenig verlassen hat wie die traditionelle Poetik.[41]
Um ihn zu überwinden, geht Dilthey auf Schleiermachers psychologische Behandlung der Auffassung des Naturschönen zurück. Er greift einen Gesichtspunkt auf, den Schleiermacher selbst nicht zureichend durchgedacht hatte: daß Naturgefühle und überhaupt das Wohlgefallen an Naturgestalten »ursprünglich Zustände der Rezeptivität sind, wo der Gegenstand gegeben ist«, während er auf dem Gebiet der Kunst »erst durch freie Tätigkeit hervorgebracht wird«.[42] Dilthey würdigt Schleiermachers Einsicht, daß es für die Schönheit der Natur kein Schema und damit keine Naturästhetik geben kann. Woraus folgt, daß im rezeptiven Verhalten gegenüber der Natur stets Spontaneität mitenthalten ist. Aber sofern sich seine Ästhetik auf die Verwandtschaft der Tätigkeit im Auffassen des Naturschönen und im Schaffen richtete, hätte sie die Selbsttätigkeit des ästhetischen Schaffens für die Erfassung des Naturschönen im Gefühl zur Geltung bringen müssen.[43] Das hat Dilthey getan, indem er die beiden Ausgangspunkte von ästhetischem Schaffen (Spontaneität) und Genießen (Rezeptivität) miteinander verbindet. Am Leitfaden der Poetik gelangt Dilthey zu einer Breite der Zergliederung ästhetischer Zustände, die den inneren Zusammenhang von Metamorphosen der Bildlichkeit, des Sprachgeschehens von Übersetzen, Lesen und Hören und wechselnder Zustände von Stimmungen und Erwartungen im Verhältnis von Auffassen, Gedächtnis und Schaffen zur

40 Ebd., S. 116.
41 Die Einbildungskraft des Dichters, a.a.O., S. 124.
42 Psychologie, a.a.O., S. 206.
43 Leben Schleiermachers, Bd. 2, Ges. Schr. Bd. XIV, 1, S. 437.

Grundlage der Auslegung des Verhältnisses von Natur und Kunst macht. Und indem er das tut, verlagert sich das Gewicht der zunächst »psychologisch« genannten Zergliederung des ästhetischen Vermögens in die Richtung einer Hermeneutik der Natur.

Auf der Kunst der Interpretation der einzelnen Teile eines Kunstwerks aus dem Ganzen unseres Lebenszusammenhangs und seines Aufbaus in der Stufenfolge von Erlebnis, Ausdruck und Verstehen beruht die Lösung des mit Kants Genielehre problematisch gewordenen Verhältnisses der produktiven Kraft des Schaffenden zur Auffassung des Schönen in der Natur. Dilthey zeigt es am Beispiel der *Landschaftsmalerei*, wie hier das Auslegen nach beiden Seiten hin wirksam wird; wie sich das Erlebnis einzelner Bilder (von Bauernhäusern am Abhang eines Berges im Schwarzwald) mit wechselnden Zuständen von Stimmungen (des Friedens, der Abgeschiedenheit) und Erwartungen (von Stille und befriedigter Ruhebedürfnisse) verbindet; und wie dann die Umsetzung solcher Erfahrungen ins Landschaftsbild den symbolhaft gedeuteten Zusammenhang des Naturlebens in seinen Formen auf allgemeingültige Weise darstellen muß. Und da er der idealistischen Ästhetik darin Recht gibt, daß jedes authentische Kunstwerk seinen Gegenstand am ganzen Universum orientiert, das im Geist des Künstlers gegenwärtig ist, bricht er dem in der Lehre vom Genie latenten Subjektivismus die Spitze. Sind die höchsten künstlerischen Wirkungen an das »Persönlichste« unseres Erlebens geknüpft, so liegt doch ebenso in der genialen Persönlichkeit des Künstlers ein *Allgemeingültiges.* Das heißt in Diltheys Sprechweise: was von der eigenen Lebendigkeit aus als für das Verständnis des Lebenszusammenhangs erforderlich herausgehoben und verknüpft wird, das *Wesenhafte im Einzelnen* oder das *Typische*, nämlich eine Steigerung des Erfahrenen nicht im Richtungssinn einer leeren Idealität, sondern der Darstellung des Mannigfaltigen in einem Bildlichen, dessen Struktur die geringeren und gemischten Erfahrungen des

Lebens nach ihrer *Bedeutsamkeit* verständlich macht.[44] Und darin liegt zuletzt das ästhetisch *Notwendige*, nämlich daß der im Kunstwerk bestehende Zusammenhang dem Auffassenden so zwingend erscheint, wie er es für den schaffenden Künstler gewesen ist. Indem dieser Anforderung genügt wird, tritt aus der Erfahrung des Lebens das Wesentliche, Bedeutsame hervor.

Das ästhetische Verhalten, so ergibt sich, verläuft in der Stufenfolge eines Übersetzungsprozesses, der sich vom Schaffenden über das Werk bis hin zum Genießenden erstreckt. Das Ergebnis ist auch dann haltbar, wenn wir aus heutiger Sicht die unterstellte Identität zwischen dem produktiven und rezeptiven Verhalten nicht mitmachen und statt dessen den Zirkel in der Lösung des Grundproblems der Ästhetik unterstreichen: daß beide Verhaltensweisen intentional gerichtet sind, nämlich auf jeder Stufe das *Verstehen von Bedeutung voraussetzen.* Dilthey vertritt noch nicht die neukantianische Theorie vom Eingeschlossensein der Person in das Erlebnis, seine Immanenz im Bewußtsein, das dann wie durch einen »Sprung« aus der Erlebnissphäre den überzeitlichen Geltungssinn des Kunstwerks konstituiert. Die Immanenz ist vielmehr eine der Bedeutung in dem, dessen Bedeutung sie ist, der faktisch wirklichen Lebensbezüge, die nur in der Zeit erfahrbar sind.[45] Und »Bedeutung«, darauf kommt es uns an, ist kein ästhetischer Begriff, sondern ein hermeneutischer, worin der »tiefste Bezug des Lebens nach seinem Worte in einer Kategorie ringt«.[46]

Auf diesem Hintergrund beantwortet sich die von Dilthey gestellte Frage,[47] wie Natur für uns existieren und der Umgang mit ihr gerechtfertigt werden kann: nicht als »Natur an sich«, sondern als Leben inmitten der Natur, die wir selbst sind, im Lebenszusammenhang, worin sie uns ursprünglich gegeben und in der Vielfalt ihrer Gegebenheitsweisen zu

44 Vgl. Die drei Epochen der modernen Ästhetik, a.a.O., S. 281 mit Leben Schleiermachers, Bd. 2, Ges. Schr. Bd. XIV 1, S. 448.
45 Fragmente zur Poetik, Ges. Schr., Bd. VI, S. 319.
46 Leben und Erkennen, Ges. Schr., Bd. XIX, S. 375.
47 Einleitung in die Geisteswissenschaften I, Ges. Schr., Bd. I, S. 9.

verstehen ist. Dazu verhilft die Erfahrung der darstellenden Kunst, die festhält, was sich der alltäglichen Lebenserfahrung in der dominierenden Auseinandersetzung des Menschen mit seinesgleichen und der Gesellschaft immer wieder verflüchtigt und dem methodischen Zugriff nomologisch-erklärender Wissenschaft entzieht. Jedes Kunstwerk, das diesen Namen verdient, ist ein *Individuum*, diese Autonomieerklärung der Kunst meint zuletzt für Dilthey: es ist »als Lebendigkeit wahr, doch unergründlich, wie die Natur selber, da diese eben ein Teil des Lebens ist, daher vieldeutig, inexplikabel«.[48]

Es wäre eine eigene Aufgabe zu zeigen, warum der späte Dilthey ergänzend zu seiner methodologisch begründeten Unterscheidung des geisteswissenschaftlichen Verstehens vom naturwissenschaftlichen »Erklären« und der damit gesetzten Abwehr der älteren *interpretatio naturae*,[49] das Programm einer Naturhermeneutik anvisiert; eine Vision, die im Rückgang auf das akroamatische Urverhältnis, den Vollzug des »schweigenden Denkens« im Hören auf die »Sprache der Dinge« (das im Unterscheiden vergleicht, gleichfindet, distinguiert), geschichtlich verloren gegangene Züge eines sympathetisch gestimmten Wissens des Menschentums um elementare Naturvorgänge in ihrer qualitativ bestimmten Eigenart und Bedeutsamkeit zurückholt. Der Dialog mit dem Kunstwerk ist immer schon einer mit der Natur, die uns nicht nur in der Weise eines »Gegenstands der Erkenntnis«, sondern vorgegenständlich gegeben ist: im dialogischen »Gegenüber«, worin wir ihr in der Kunst begegnen. Natur ist so, recht verstanden, eine hermeneutische Kategorie, in der die Besinnung auf uns selbst mit dem Anderen zusammentrifft, das wir nicht sind und nach Ausdruck im Wort der Philosophie ringt. So wie es Dilthey am Beginn seiner Erläuterungen zu Schleiermachers ›Psychologie‹ für den Standpunkt der Selbstbesinnung programmatisch erklärt: daß er an sich nicht ausschließen würde, die »Tatsachen der

48 Leben und Erkennen, a.a.O., S. 358.

49 Die Entstehung der Hermeneutik, Ges. Schr., Bd. v, S. 317.

Natur und die Theorien über diese Tatsachen begreiflich zu machen und in ihrem allgemeinen Zusammenhang aufzuzeigen. Im Gegenteil hat es die Philosophie eben nur damit zu tun, wie uns die Natur gegeben ist und wie sowohl ihre fundamentalen Begriffe als die Formen der Verknüpfung ein Ausdruck unseres Totalwesens (nicht wie Schelling meinte, unserer Intelligenz) sind, und sich solchergestalt das Problem zu stellen, wie also zu den so entstehenden Gesetzen des Naturganzen im wissenschaftlichen Geiste jenes sich verhalten müsse, das so sich ausdrückt«.[50] Die Linien zur Ästhetik brauche ich an dieser Stelle nicht weiter nachzuzeichnen. Ich muß mich damit begnügen, ein Problem anzudeuten, das sich abschließend wie von selbst aufdrängt.

So dunkel sich der Vergleich des unausschöpfbaren Gehalts der großen Werke der Kunst mit der Unergründlichkeit der Natur ausnehmen mag: in einem Punkt wirkt er wahrhaft erhellend. Er beleuchtet die fundamentale Zweideutigkeit am Grunde der idealistischen Identifizierung der »Natur an sich« mit einer sie als Subjekt-Objekt vergegenständlichenden »Kunst«, die Kants Nachfolger bis hin zu Hegel und Marx entgangen ist. Als Teil des Lebens kann Natur nicht gleichbedeutend sein mit »Kunst« im Sinne von »Technik«. Wie fragwürdig diese Übersetzungen für die Entsprechung der *Physis* mit der *Poiesis* sind, hat erst Heidegger gesehen, der uns das ganze Ausmaß des Unterschieds zwischen der antiken *Techne*, der neuzeitlichen »Technik der Natur« und der modernen Kraftmaschinentechnik vor Augen geführt hat. Auch die *Physis* gilt als *Poiesis*, als aufbrechendes Hervorbringen und Entbergen von Werken der Natur. Sie ist es sogar in höchster Weise, weil sie, im Unterschied zur handwerklichen und künstlerischen *Poiesis*, den Aufbruch des Hervorbringens, z. B. das Aufbrechen der Blüte ins Erblühen, in ihr selbst (ἐν ἑαυτῷ) hat.[51] Aber so wird die *Physis* nur *gedeutet*. Für sie selbst steht das Wort *Poiesis* nicht. Denn die so verstandene »Natur« ist *Zoē* und *Bios*, wofür

50 Leben Schleiermachers, Bd. 2, Ges. Schr., Bd. XIV, 1, S. 464 f.

51 M. Heidegger, Die Technik und die Kehre, Pfullingen 1962, S. 11.

bei Aristoteles nicht die *Poiesis* im Sinne des Hervorbringens, sondern die *Praxis* einsteht, das mit »Leben« gleichbedeutende Wort für »Miteinanderumgehen« und »Handeln« im Doppelsinn von Tun und Leiden.

III

Von hier aus fällt ein Licht auf die Beziehung von Mensch, Natur und Kunst in den ästhetischen Schriften von Georg Lukács, und zwar sowohl auf die Frühschriften zur Ästhetik (1912-1918) als auch auf das Spätwerk, die ›Eigenart des Ästhetischen‹ (1963). Es widmet der »Naturschönheit« ein selbständiges Kapitel (15), das schon für die Heidelberger Kunstphilosophie konzipiert, aber damals nicht geschrieben worden ist.[52] Tatsächlich gehört diese Thematik beiden Phasen von Lukács' Denkweg an, auch wenn die methodische und geschichtliche Behandlung jeweils eine ganz andere ist: am Anfang die Orientierung an Kant und der neukantianisch modifizierten Lebensphilosophie von Dilthey und Simmel und dann, nach der Epochenscheide von 1918, an der Wende von Hegel zu Marx.

Am Dokument der Wende, dem Buch über ›Geschichte und Klassenbewußtsein‹ (1923), sind die ursprünglich ästhetischen Motive der Problemstellung noch gut zu erkennen. Das transzendental-philosophische Prinzip der Kunst impliziert nach Lukács das Schaffen einer konkreten Totalität infolge einer Konzeption von Form, die auf die konkrete Inhaltlichkeit ihres Substrats gerichtet und deshalb in der Lage ist, die »zufällige« Beziehung der Teile zum Ganzen aufzulösen, Zufall und Notwendigkeit als bloß scheinbare Gegensätze aufzuheben. Seine methodische Begründungsfunktion hatte Fichte in dem Satz ausgesprochen, daß die Kunst den transzendentalen Gesichtspunkt zum »gemeinen« macht, d. h. daß in ihr dasjenige, was transzendentalphilosophisch

52 Brief an Paul Ernst, Oktober 1912, in: Briefwechsel 1902-1917, hrsg. von E. Karádi/E. Fekete, Stuttgart 1982, S. 298 f.

ein Postulat der Welterklärung schien, in fertiger Vollendung vorliegt – als ein Beweis dafür, daß diese Forderung der Transzendentalphilosophie aus der Bewußtseinsstruktur des Menschen notwendig folgt. So stellt sie sich die Aufgabe, jenes Subjekt der Tathandlung aufzufinden, als dessen Produkt die konkrete Totalität der Wirklichkeit begriffen werden kann. Nur unter der Voraussetzung der Begreifbarkeit seines bewußtseinsmäßig konstituierten »Daseins« als eines die Wirklichkeit durchdringenden Formprinzips, auf das die Gleichgültigkeit dem Inhalt gegenüber mit allen daraus entstammenden Problemen des Dinges an sich (der »intelligiblen Zufälligkeit«) nicht mehr zutrifft, gibt es nach Lukács die methodische Möglichkeit, »über den formalen Rationalismus konkret hinauszukommen und durch eine logische Lösung des Irrationalitätsproblems (der Beziehung der Form zum Inhalt) die gedachte Welt als vollendetes, konkretes, sinnvolles, von uns ›erzeugtes‹, in uns zum Selbstbewußtsein gelangtes System zu setzen«.[53] Und in diesem Zusammenhang weist Lukács darauf hin, wie die methodisch so selten verstandene *Naturphilosophie* von Schelling und Hegel aus der transzendentalphilosophisch begründeten *Sonderstellung der Kunst* erwächst, ja, daß selbst Goethes Kampf mit Newton und das methodische Zurückgehen auf die qualitative Naturphilosophie der Renaissance erst auf diesem Hintergrund aufgeklärt und ganz verstanden werden kann.

Es sind Fragen, die das Denken des jungen Lukács im Ausgang von Diltheys (und Simmels) Charakterisierung der neuzeitlichen Wissenschaft bewegen. Ihre Tendenz, so heißt es in der Preisschrift über die Entwicklungsgeschichte des modernen Dramas (1908), besteht in der »Zurückführung der qualitativen Bestimmungen auf rein quantitative. Es entscheiden nur quantitative Unterschiede, z. B. daß wir dermaßen qualitative Unterschiede wie die Differenzen des Lichts und des Schalls es sind, so empfinden, wie wir sie empfinden

53 Geschichte und Klassenbewußtsein (1923), Neuwied 1970, S. 250 f. (= Samml. Luchterhand 11).

... Die Entwicklung führt von der unmittelbaren sinnlichen Empfindung zur vermittelten, zur intellektuellen Apperzeption; die Kategorie der Qualität wird durch jene der Quantität verdrängt, d. h. – in der Sprache der Kunst gesagt – die Symbole durch die Definition, die Analyse«.[54] Von der »Natur«, so hatte Lukács' Heidelberger Lehrer Emil Lask die dadurch entstandene (neukantianisch legitimierte) Situation charakterisiert, wissen wir nichts, als daß sie das »isolierte und ertötete Bedeutungsfremde« ist.[55] Ihre Ertötung, so sieht es der junge Lukács, tötet die »zweite Natur«, das *Ethos* des Menschen im Gegenüber zur »ersten Natur«, die er in seine durch Wissenschaft strukturierte Umwelt hineinzieht – das später so genannte *Problem der Verdinglichung*. Der Autor des Essaybandes über ›Die Seele und die Formen‹ (1910) und der ›Theorie des Romans‹ (1916-20) exponiert es als eines der ›Entweltlichung‹ verinnerlichter Subjektivität, die ihre »Heimat« – den umweltlich vertrauten Ort menschlichen Wohnens – verloren hat. Lukács drückt es drastisch aus, wenn er feststellt, daß die »Fremdheit der Natur, der ersten Natur gegenüber«, nämlich das »moderne sentimentale Naturgefühl«, nur die »Projektion des Erlebnisses« sei, daß die »selbstgeschaffene Umwelt für den Menschen kein Vaterhaus mehr ist, sondern ein Kerker«.[56] Im gebrochenen Verhältnis zur »ersten Natur« – traditionell gesprochen: zur *Physis* – bricht sich das neuzeitliche Mißverhältnis zur »zweiten«, der Weltverlust des moralisch-postulatorischen Verhaltens im *Ethos der Gesinnung* und *Stimmung* gegenüber der noch nicht ertöteten, der lebendigen Natur, die es begleitet. Lukács denkt in den Bahnen der neukantianischen Konstitutionstheorie des »Gegenstands der Erkenntnis«,

54 Entwicklungsgeschichte des modernen Dramas (Ung.), Bd. I, Budapest 1911, S. 88, zit. nach I. Herrmann, Die Gedankenwelt von Georg Lukács, Budapest 1978, S. 62.

55 Zum System der Wissenschaften, Ges. Schr., hrsg. von E. Herrigel, Bd. III, Tübingen 1924, S. 263.

56 Die Theorie des Romans. Ein geschichtsphilosophischer Versuch über die Formen der großen Epik (1916, 1920), Neuwied/Berlin 1963, S. 62.

ohne für das »allein reale Subjekt« (Diltheys »ganzen Menschen« in der Einheit von Erkennen, Wollen, Fühlen) ein adäquates Objekt zu finden. »Im Naturerlebnis«, mit diesen Worten zieht schon der Autor der ›Theorie des Romans‹ eine kritische Bilanz gegenüber seiner eigenen Herkunft aus dem Neukantianismus, »löst das allein reale Subjekt die ganze Außenwelt in Stimmung auf und wird, ob der unerbittlichen Wesensgleichheit des kontemplativen Subjekts mit seinem Objekte, selbst zur Stimmung; und das reine Erkennenwollen ... verwandelt das Subjekt zum asubjektiven, konstruktiven und konstruierten Inbegriff erkennender Funktionen«.[57]

Die Frage nach dem Verhältnis von Mensch, Natur und Kunst stellt sich in ›Geschichte und Klassenbewußtsein‹ (1923) im Ausgang von Hegels System, das die »zweite Natur« lediglich als menschliche »Gewohnheit« bestimmt hatte. Nach Lukács unterscheiden sich die bei Hegel systematisierten Formen des absoluten Geistes (der Kunst, Religion und Philosophie) von denen des objektiven (Ökonomie, Recht, Staat), der die rein zwischenmenschlichen Beziehungen gestaltet, wesentlich dadurch, daß sie »zugleich Auseinandersetzungen mit der Natur sind, mit der ihn umgebenden wie mit der, die er in sich vorfindet«.[58] Freilich darf der Unterschied nicht verabsolutiert werden, denn »Natur« ist für Lukács eine wesentlich *gesellschaftliche Kategorie.* Sie ist es in dreifacher Hinsicht: 1. Als Inbegriff der Gesetzmäßigkeit quantifizierter Naturvorgänge, wie er von der ökonomischen Struktur des aufsteigenden Kapitalismus gefordert und von Kepler über Galilei und Newton bis hin zu Kant ausformuliert wird; 2. als Wertbegriff des Rechts, der die natürliche Gesetzmäßigkeit sozialer Vorgänge statuiert und 3. als Inbegriff der »Stimmung« und des »Gefühls, daß die gesellschaftlichen Formen (die Verdinglichung) den Menschen seiner Innerlichkeit entkleiden«. Das bringt die

57 Die Theorie des Romans, a.a.O., S. 62 f.

58 Geschichte und Klassenbewußtsein (1923), a.a.O., S. 372. Vgl. auch: Zur Ontologie des gesellschaftlichen Seins. Neuwied/Berlin 1971, S. 9 ff. (= Sammlung Luchterhand 49).

moderne Kunst zur Darstellung. Sie erfaßt die »Seele«, jene Seite des menschlichen Innern, die »Natur geblieben ist oder wenigstens die Tendenz, die Sehnsucht hat, wieder Natur zu werden. ›Sie sind, was wir waren‹, sagt Schiller von den Naturformen, ›sie sind, was wir wieder werden sollen‹«. Lukács leitet daraus die Stabilität der Geltung der Kunst ab, den Schein ihres übergeschichtlichen Wesens. Er beruht darauf, daß sich in ihr vorwiegend eine Auseinandersetzung des Menschen mit der Natur abspielt, wobei die Richtung ihrer Formgebung so weit gehen kann, daß die von ihr gestalteten Beziehungen der Menschen zueinander wiederum in »Natur« zurückverwandelt werden – ein gesellschaftlich-geschichtlicher Schein, den die Kunst selbst nicht durchdringt. Es ist damit ähnlich bestellt wie mit der Stimmung als Inhaltsform. Sie setzt genauso undurchdrungene und undurchdringbare Objekte (Dinge an sich) voraus wie das Naturgesetz. Die Stimmung erschließt auch nicht die Natur im Ganzen, sondern dieser scheinbare Gipfelpunkt der Verinnerlichung in der auf sie bezogenen Kunst und ästhetischen Theorie bedeutet gerade den völligen Verzicht auf ihr wirkliches Durchdringen.[59]

Um *dieses* Fazit zu begreifen, müssen wir auf die Autonomieerklärung der Kunst in Lukács' früher Ästhetik zurückgehen. Sie erfolgt im Namen der *Faktizität des Kunstwerks*, der Erfahrung, »daß es gewisse, von Menschen geschaffene Gebilde gibt, die, obwohl sie den Stempel der hervorbringenden Persönlichkeit tragen, unabhängig von ihr und rein durch sich, durch die eigene Kraft ihres immanenten Form-Material-Komplexes unmittelbare Wirkungen auszuüben fähig sind«. *Es gibt Kunstwerke – wie sind sie möglich?* So fangen die frühen ästhetischen Untersuchungen an.[60] Der späte Lukács hat in dieser Frage den ersten Schritt zur Ontologie gesehen, die den neukantianischen Primat des ästhetischen Urteils hinter sich läßt und nach dem *Dasein*, der *Existenz* dieser Gebilde fragt; zu Recht, sofern wir an den

59 Vgl. Geschichte und Klassenbewußtsein, a.a.O., S. 248.

60 Heidelberger Philosophie der Kunst, a.a.O., S. 9; Heidelberger Ästhetik, a.a.O., S. 9.

ontologischen Ansatz im »Es gibt« und die daraus gewonnenen Grundzüge der Autonomie der Kunst denken: das Auf-sich-Gestelltsein und die In-sich-Abgeschlossenheit des Werkes, sein einsames Für-sich-Bestehen: Züge, die uns, phänomenologisch vertieft und entfaltet, in Heideggers Abhandlung über den ›Ursprung des Kunstwerks‹ entgegentreten. Aber die Antwort auf die Frage – *durch die Form* – bleibt ebenso traditionell der neukantianischen Konstitutionstheorie des »Gegenstands« der Ästhetik verhaftet, wie die ihr zugrundeliegende Annahme einer das Material »formenden« *ästhetischen Setzung*. Es ist die Formung des »Objekts« durch das ästhetische »Subjekt« (den Schaffenden), die *Subjekt-Objekt-Beziehung*, die der transzendentalphilosophischen Konstitutionstheorie zugrundeliegt; wobei »transzendental« bei Lukács (abweichend von Kant) heißt: die »Intention der Subjekttranszendenz auf das Werk ebenso wie das Werk selbst in seiner Gegenständlichkeit«.[61] Sie zielt auf den Nachweis der Geltung des zentralen »Werts« der ästhetischen Sphäre, des traditionell so genannten »Schönen«. Daß die ästhetische Setzung nicht über das Werk hinausgehe, daß es neben seiner Realisierung jenes Zentralwerts nicht noch andere Realisationen außerhalb der vom Menschen geschaffenen Gebilde geben kann, z. B. in der Natur, dies ist die Hauptthese von Lukàcs' frühen Schriften. Sie führt ihn noch einmal zur Auseinandersetzung mit dem von Dilthey exponierten *Grundproblem der Ästhetik*, wie es sich im Blick auf die Entwicklung von Kant über Schelling zu Hegel und seiner Schule stellt.

Die Grundlinien der Argumentation sind uns bekannt und brauchen hier nur verdeutlicht zu werden. Sie folgen dem mit Dilthey geteilten Einspruch gegen eine Metaphysik des Schönen, für die sich »das Geltungsreich dieses (in sich vieldeutigen) ästhetischen Zentralwerts nicht nur auf das Verhalten der Kunst, sondern auch auf das der Natur gegenüber« bezieht. Der Urentwurf, die ›Heidelberger Philoso-

61 Die Subjekt-Objekt-Beziehung in der Ästhetik, in: Logos Bd. VII (1917/18), S. 22.

phie der Kunst‹ (1912-1914), exponiert das Problem rein methodisch, wobei der Ansatz in der Faktizität dadurch verstärkt wird, daß Lukács vom »Kunsterlebnis« ausgeht, dessen Sinn (nach einer geschichtlich fragwürdigen Zurückleitung auf Kants Lehre vom interesselosen Wohlgefallen) eben darin bestehen soll, autonom zu sein. Es lautet: »... entspricht der reinen Immanenz des ästhetischen Erlebnisses (dessen Charakter seit Kant als klar erkannt vorausgesetzt werden darf) notwendig irgendein ihm angemessenes Objekt?«[62]
Wird diese Frage bejaht – und wir wissen, daß Lukács dies mit der Anerkennung der Faktizität des Kunstwerks und der Notwendigkeit der daraus entspringenden Geltungsfrage getan hat –, bieten sich zwei Möglichkeiten, die Problematik der Annahme naturschöner Objekte und ihres Verhältnisses zum Schaffenden zu lösen. Für die erste – die Ausscheidung des Naturschönen aus der Ästhetik – paraphrasiert Lukács Kants ›Kritik der Urteilskraft‹, wenn er zur Begründung anführt, daß in diesem Fall die Immanenz (die Kantische »Interesselosigkeit«) nur ein subjektives Verhalten sei, das der gewollten und erreichten Immanenz des Werkes notwendig entspricht und aus ihr folgt. Ein entsprechendes Verhältnis zur »Natur« kann dann nur darauf beruhen, »daß in ihr ein ›glücklicher Zufall‹ Konstellationen zustande bringt, die ein ähnliches Verhalten *möglich*, aber *niemals notwendig* machen können. Es gibt also höchstens dem ästhetisch-normativen Verhalten verwandte *Erlebnisse der Natur* gegenüber, aber keine Ästhetik der Natur als Gegenstück zu der der Kunst«.[63] Für die zweite Lösung paraphrasiert Lukács Schelling und den ihm gedanklich nahen Goethe: Das Dasein, die Existenz naturschöner Objekte wird mit dem Argument gerettet, daß sie eine Folge auf sie intendierter, objektiver Kräfte und Gesetze, ja, das Ziel der Natur selbst, die Offenbarung ihres Wesens, sind, wobei es dann zwar eine Ästhetik der Natur gibt, die aber mit der »Naturphilosophie« zusammenfällt.

62 Heidelberger Philosophie der Kunst, a.a.O., S. 11.
63 Ebd.

Wird hingegen die Frage verneint, daß der Immanenz des ästhetischen Erlebnisses ein ihm angemessenes Objekt korrespondiert, erscheint das Zusammentreffen der objektiven Immanenz des Kunstwerks mit der subjektiven Immanenz des ästhetischen Verhaltens schlechterdings *zufällig*. Sowohl Natur wie Kunst können, wie Lukács treffend bemerkt, die Immanenz des Erlebnisses hervorrufen – der Standpunkt von Dilthey, den nicht zufällig das Beispiel der Landschaftsmalerei illustriert. Die Kunst hätte dann aber jeden für sich bestehenden Wert verloren. Was sie leisten kann, wäre nicht ihre notwendige Folge, und nicht sie allein würde ästhetische Wirkungen hervorrufen. Das Wesentliche wäre die subjektive Immanenz des Erlebnisses, das als solches in sich vollendet ist und so vom Objekt wohl *erweckt*, aber *nicht erzeugt* wird; und für das Subjekt läge zuletzt der entscheidende Akzent auf dem ästhetisch-rezeptiven Verhalten, das, sofern es nicht rein in sich abgeschlossen bleibt, als Vorbereitung für ein anderes Verhalten, das ethische, erscheint. Und wenn trotz alledem das Objekt auch hier zu einer Bedeutung gelangte, so würde es mehr die Natur als die Kunst sein, die sie erhält.[64]

Lukács bezieht sich auf das moralisch motivierte Interesse am Schönen, womit Kant die ästhetische Immanenz durchbrochen und den Schritt zur Naturhermeneutik vollzogen hatte: »Da es aber die Vernunft auch interessiert, ... daß die Natur wenigstens eine Spur zeige oder einen Wink gebe, sie enthalte in sich irgendeinen Grund, eine gesetzmäßige Übereinstimmung ihrer Produkte zu unserm von allem Interesse unabhängigen Wohlgefallen ... anzunehmen: ... kann das Gemüt über die Schönheit der *Natur* nicht nachdenken, ohne sich dabei zugleich interessiert zu finden«.[65] Um »Bedeutung« für den sie auffassenden Menschen zu erlangen, wird vorausgesetzt, daß er »vorher schon sein Interresse am Sittlich-Guten wohlgegründet«, d. h. sich selbst als Person im Gegenüber zur Natur konstituiert und so nicht nur Ge-

64 Heidelberger Philosophie der Kunst, a.a.O., S. 12.
65 Kritik der Urteilskraft, § 42, Akad. Bd. v, S. 300.

fallen an schönen Formen ihrer Hervorbringungen (Kant sagt: der Produkte), sondern an deren *Dasein* gefunden hat – gleichsam als intelligiblen »Naturen« (»Zwecken an sich«), ohne daß »ein Sinnenreiz daran Anteil hätte, oder er auch irgend einen Zweck damit verbände«.[66] Lukács erblickt darin in neukantianischer Reduktion des Kantischen Standpunkts eine Vermischung der ästhetischen mit der ethischen Sphäre. Von einer solchen Problemstellung aus könnte die Faktizität der Kunst nie aufgehoben werden. Daß es Kunstwerke (und einen Schaffensprozeß) gibt, bleibt das Faktum, dem die Folgen jener Voraussetzung – das Durchbrechen der ästhetischen Immanenz im Übergang zur Ausdeutung der Sprache der Natur – nie eine Notwendigkeit zu geben vermag.

Lukács bezieht sich in diesem Zusammenhang auf den »ungewollten methodischen Sprung« in der idealistischen Produktionsästhetik. Dem Kantischen Grundgedanken der Lehre vom Genie: daß es nur das Medium sei, »durch welches die Natur der Kunst die Regel gibt«, vermag er so wenig zu teilen wie Dilthey. Wir haben gesehen, wie Dilthey der Genielehre dadurch die Spitze bricht, daß er das Individuelle als Darstellung der Individuation versteht und zur Erfahrung der Lebendigkeit der Natur hin öffnet; daß damit der hermeneutische Prozeß der Auslegung des Wesenhaften im Einzelnen, des Typischen und seiner Bedeutung im Ganzen durch den Schaffenden einsetzt, der (nach dem Grundsinn der Hermeneutik) ein Prozeß der *Mitteilung* von Individuum (dem Kunstwerk) zu Individuum ist; und wie der Mitteilungsprozeß in ungeteilter Ganzheit zugleich den genialisch Produzierenden und den Rezeptiven betrifft, die Kongenialität des Verstehens und Auslegens, worin der ästhetische Vorgang kulminiert.

Die Möglichkeit einer solchen Öffnung und einer der Form des Kunstwerks adäquaten Verständigungsform wird in der ›Heidelberger Philosophie der Kunst‹ im Namen der Autonomie des ästhetischen Verhaltens bezweifelt. Der Zweifel

66 Ebd., S. 299.

wirkt um so radikaler, als Lukács faktisch von Diltheys Standpunkt der Unhintergehbarkeit individuellen Erlebens ausgeht, auch wenn er im Prinzip den Ansatz in der Individualität des Kunstwerks abweisen muß. »Wir werden ... in die Erlebniswirklichkeit als in etwas Unaufhebbares und nur als Selbstverständlichkeit Erlebbares hineingeboren. Darum wird für das einfache Nachdenken, das nur die in dieser Wirklichkeit, die sich in einer historisch gegebenen Fülle vor uns ausbreitet, deutlich sich aufweisenden Linien zu Ende läuft, die Wirklichkeit aber nicht in ihrem wirklichen Wesen zu begreifen sucht, alles durch die geschichtlich gegebene Vergangenheit der Menschheit Produzierte in einer Atmosphäre der natürlichen Notwendigkeit und fernab von jeder Fragwürdigkeit stehen«.[67] In direkter Anspielung auf Dilthey spricht Lukács von dem »ununterbrochenen und nicht durchbrechbaren Strom der geschichtlich erlebten Kontinuität«, der sich von unseren Möbeln bis zu den Kathedralen, von Zeitungsnovellen bis zur ›Divina Commedia‹ hindurchzieht. Wie darin die Werke der Kunst den Charakter der Abgeschlossenheit abzustreifen scheinen, so scheint auch die den Menschen umgebende Welt, die Natur einbegriffen, ihre drückende Verworrenheit und quälende Stummheit zu verlieren; im Medium der Kunst, dem Organ, durch das die zur wahren Mitteilung prädestinierte Seele, die des Genies, sprechen kann, scheinen sie einfach, klar, laut und selbstverständlich zu werden. Und so scheint über das menschlich »Selbstverständliche« die Kunst des Verstehens einen hohen Sinn zu erlangen. Es scheint, als werde »die Möglichkeit der allgemeinen und restlosen Mitteilbarkeit von allem Menschlichen in ihr offenbar und durch ihre Existenz gesichert«.
In Wahrheit wird dadurch die Kunst selbst zum Vehikel (unter vielen anderen) der Mitteilung. So versucht Lukács den Scheincharakter eines Überschrittes von der Ästhetik zur Hermeneutik zu entlarven. Er verweist auf die *Gefahr* einer Bestimmung der Kunst unter dem Aspekt der Mitteilung und Sehnsucht nach Verständigung: daß ihre über das

67 Ebd., S. 15.

Angenehme und Erfreuliche des bloß Erlebnishaften hinausgehende Bedeutung die einzig wirkliche Garantie ihres Bestehens, die Werke der Kunst, aufheben und deren Tiefenwirkung, den »alles entscheidenden Prozeß des Reinmachens und der Selbsterkenntnis von Sehnsucht«, überspringen muß. Und er trägt alle Argumente zusammen, die gegen den Schritt aus der Immanenz der Erlebniswirklichkeit sprechen. Das Hauptargument liefert die Paradoxie der Ausdrucksmittel, die an das Wesen des Erlebnisses in seiner qualitativen Einzigartigkeit nicht heranreichen. Entweder besitzen sie eine Tendenz zur Eindeutigkeit und Kontrollfähigkeit: dann sind sie abstrakt, Begriffe des Theoretisierungsprozesses der Wissenschaft, die dem rein qualitativen Inhalt der Erlebniswirklichkeit unangemessen sind; oder sie sind ihm adäquat: als qualitativ gefärbte bzw. rein auf Ausdruck von Qualität angelegte Zeichen und Andeutungen, die aber dann nicht festzustellen erlauben, ob sie – eindeutig, unverwechselbar und ohne Verfälschung – wirklich das mitteilen, was mit ihnen beabsichtigt wurde. Lukács läßt dagegen auch nicht Übereinstimmungen von Ausdrucksreaktionen gelten, den Einklang von Gefühlen bei verschiedenen Menschen in einzelnen Lebenslagen, wie er überhaupt dieses bei Dilthey zur Natur-Hermeneutik überleitende Phänomen nur am Rande berührt. Es erscheint als »kontemplatives Gegenstück« des praktischen Verhaltens zur Umwelt: als »Stimmung«, welche die Dinge »umgibt«, wodurch angezeigt wird, daß sie zwar im »Erlebnis der Stimmung aufgenommen werden, daß ihr Gegebensein für den erlebenden Menschen von dieser Stimmung abhängig ist, zugleich jedoch, daß ihr Dingsein, ihre eigentliche Gegenständlichkeit von der Stimmung unberührt bleibt und bleiben muß«.[68]
Nach dem Entwurf der ›Heidelberger Ästhetik‹ (1916-18), dem wir diese Beschreibungen entnehmen, handelt es sich dabei um ein natürliches und unmittelbar-erlebendes Verhalten des »ganzen Menschen«, das nur bereits fertigen Ge-

68 Vgl. Heidelberger Philosophie der Kunst, a.a.O., S. 21 mit Heidelberger Ästhetik, a.a.O., S. 31 f.

genständen, d.h. der Natur als Teil des Lebens gegenüber, möglich ist. Setzt doch jede Synthesis, jedes Erzeugen des »Gegenstands der Erkenntnis«, konstitutionstheoretisch ein Abrücken von der Unmittelbarkeit des Lebens, die theoretisierende Aufhebung des »ganzen Menschen« der Erlebniswirklichkeit zugunsten eines transzendental normativen Erkenntnissubjekts voraus. Lukács scheint die neukantianische Geltungstheorie im Rückgang auf Kierkegaard zu durchbrechen, wenn er die Verwandlung des »ganzen Menschen ›ganz‹« (seine »Bereitschaft« zur Rezeption) durch einen *Sprung* erfolgen läßt, der die alltägliche Lebenswirklichkeit hinter sich zurückläßt. Das scheint nur so. Denn die Verwandlung verdankt sich einzig der bloßen Abwendung vom Akt des Erlebens und der Zuwendung zu den im Werk bereits objektivierten Erlebnissen: dem Umstand, daß jedes Kunstwerk in der ästhetischen Sphäre als ein autarker *Kosmos* erscheint, außer welchem nichts da ist und auch nicht da sein kann, das sich mit absoluter, selbst die Möglichkeit eines Vergleichs ausschließender, Klarheit von der Alltagswelt abhebt.

Als reinster Typus von Kontemplation ist das ästhetische Verhalten auf der Seite des Rezipierenden nichts als Hingabe an ein völlig unabhängig und geschlossen »entgegengeltendes« Sinngebilde und so für die Geltung des Werks unentbehrlich, das in seiner absoluten Beziehungslosigkeit zu jedem Sein diese Emporhebung (den »Sprung«) notwendig voraussetzt.[69] Und für die Seite des Produzierenden ist es der strukturell homogene Vorgang des künstlerischen Tuns, das, vom Erlebnis ausgehend, im vollendeten Werk übergangslos in reine Objektivität umschlägt. Lukács bedient sich hier nicht mehr der Sprache von Kierkegaard, sondern von Hegel, wenn er, in Übersteigerung des idealistischen Produktionsgedankens, das Sein des Werkes als »Selbstsetzung« des mit sich identischen Subjekt-Objekts interpre-

69 Heidelberger Ästhetik, a.a.O., S. 65 f. Vgl. den instruktiven Beitrag von G. Márkus, Zur Entwicklungsgeschichte der Philosophie des jungen Lukács, in: A. Heller (Hrsg.), Die Seele und das Leben, S. 192 ff.

tiert. Es ist »eine derart nach innen gewendete, selbstherrlich gewordene reine Produktivität, daß die Tätigkeit aufhört, ein Hervorbringen der – notwendig relativ subjektfremden – Inhalte, eine Tätigkeit an etwas zu sein, daß sie ein ›ewiges Schaffen‹ wird, in dem produktive Energie und Produziertes zur vollendeten Identität, zur absoluten Indifferenz kommen, in dem Subjekt und Objekt zusammenfallen«.[70]
So schließt sich nirgends der Kreis, der bei Dilthey vom Erlebnis über das Werk zum Verstehen führt. Ja, er wird nicht einmal ausgeschritten, da er durch eine (vom Ansatz in der Autarkie des Kunstwerks geforderte) *Theorie des Mißverständnisses* geradezu unterbrochen wird.[71] Sie hat die Form einer logischen Paradoxie: Erlebnisse sind *einzeln*, die in ihrer Einzelheit nur durch die Kunst darzustellen sind. Um sich mitzuteilen, setzen sie eine *Verallgemeinerung* voraus, die ihre Einmaligkeit und Einzigartigkeit notwendig verdirbt. Lukács' Beispiel ist das Farbenerlebnis. Die Farbe, die in der logischen Sphäre mitgeteilt wird, hat »nichts mehr mit den Erlebnissen der Sinne zu tun, noch weniger mit den Unterschieden, die sich in ihrer Qualität bei den verschiedenen Individuen ausweisen«. Aber schon die Sprache weist eine solche Diskrepanz zwischen dem Allgemeinen und Einzelnen, dem Vermittelten und Unmittelbaren auf. Wer sich ihrer Mittel bedient, erfährt daran die Unmöglichkeit, das Einzelerlebnis durch Wortbegriffe auszudrücken – der Grund des ewigen Mißverständnisses, das die Kunst ausräumen soll. Dem Kunstwerk wird darum die »Rolle zugewiesen, eine normative und allgemeine Unmittelbarkeit zu haben; einen objektiven überindividuellen Wert zu besitzen, der einerseits mit den subjektiven Prozessen seiner Realisation notwendig verbunden ist, andererseits aber von ihnen nie in seinem Wesen getroffen wird«. So entsteht ein doppeltes Mißverständnis, eine Welt, »die von keinem der beiden

70 Heidelberger Ästhetik, a.a.O., S. 116.

71 Heidelberger Philosophie der Kunst, a.a.O., S. 201. Die Theorie stammt von L. Popper. Vgl. Brief an G. Lukács vom 7. Okt. 1910 (Briefwechsel, a.a.O., S. 146) und die knappe Skizze in: Schwere und Abstraktion, Berlin 1987, S. 77.

(dem Ausdruck und dem Verstehen) adäquat erreicht wird, die aber zu beiden in notwendigen normativen Beziehungen steht«.[72]

Die Theorie des Mißverständnisses hemmt die hermeneutische Transformation der Ästhetik, was hier nicht weiter auszuführen ist. Für unsere Absicht genügt es, noch einmal die Grundlinien der Problemexposition des Naturschönen nachzuzeichnen, die Lukács' ›Heidelberger Ästhetik‹ in der Wende von Kant zu Hegel auszieht. Sie folgt den Phänomenen des organischen Lebens, die Hegel mit dem Problem der Naturschönheit verknüpft hatte. Die Hegelsche ›Ästhetik‹ handelt von der »natürlichen Lebendigkeit als schöner« und meint damit, daß im Pflanzen- und Tierreich das Wahre der Idee (die Einheit von Begriff und Realität) in ihrer nächsten Naturform als Leben unmittelbar in einzelner Wirklichkeit da ist; nicht *an sich*, sondern *für uns*: das die Schönheit auffassende *Bewußtsein*.[73] »Schön« erscheint z. B. die Tiergestalt, die willkürliche (spontane) Bewegung, die Proportioniertheit ihrer Glieder. Mit Schleiermacher spricht Hegel in diesem Zusammenhang vom »Natursinn« und einer »sinnvollen Anschauung« der Naturgebilde, auch der regelmäßigen oder bizarren Formen der anorganischen Natur. Unter Anspielung auf die Zweideutigkeit des Wortes »Sinn«: daß es einmal die Organe der unmittelbaren Auffassung (die Sinne als Inbegriff von Sensibilität) und zum anderen »die Bedeutung, den Gedanken, das Allgemeine der Sache« bezeichnet, verweist Hegel darauf, daß von dieser Art die »Goethesche Beschauung und Darlegung der inneren Vernünftigkeit der Natur und ihrer Erscheinungen« ist, eine »Ahnung« des Begriffs in seiner Entsprechung zur Realität, zu welcher die »Anschauung der Natur als schöner« vordringt.

Es ist Goethes Absicht einer über Kant hinausgehenden

72 Die Kunst als ›Ausdruck‹ und die Mitteilungsform der Erlebniswirklichkeit, in: Neue Hefte der Philosophie 5, S. 28 ff. Vgl. M. Ebadian, Die Problematik der Kunstauffassung Georg Lukács', Hamburg 1977, S. 38.

73 Hegel, Ästhetik, a.a.O., S. 156 f.

Auslegung der Sprache der Natur in ihrem Bezug zum sinnlich-sittlichen Wesen des Menschen,[74] die auch Lukács in ihren Konsequenzen für die Ästhetik durchdenkt. Im Blick auf die wissenschaftstheoretische Situation der neuzeitlichen Naturwissenschaft vergleicht Lukács Goethes prinzipielle Stellungnahme gegen Newton mit der Polemik von Robert Fludd gegen Kepler, worin die »hermetische« Physik als eine der Naturqualitäten zum ersten Mal gegen die Quantifizierung der Naturvorgänge ausgespielt worden war: »Mathematicorum vulgarium est, circa *umbras quantitativas* versari, chymici et Hermetici *veram corporum naturalium medullam* complectentur«.[75] Für Goethe ist die mathematische Methode ebenso »schattenhaft«, ja, mehr noch: sie »vergewaltigt« die Natur und läßt sie auf der Folter »verstummen«. Der Maßstab seiner Kritik an Newtons Optik und Farbenlehre ist noch einmal die Einheit von Mikro- und Makrokosmos im *Modell der Sinnesfülle der Natur*, das Lukács mit richtigem Gespür für geschichtliche Zusammenhänge auf die »doppeltleitende Stellung des Organischen im System« des absoluten Idealismus (von Schelling und Hegel) zurückführt: als »letztlich Bestimmendes sowohl für Aufbau und Wesensart des Objekts wie für Beschaffenheit und Niveau des Subjekts«.[76] In seiner niemals auf abstrakt-allgemeine Gesetze reduzierbaren Selbstvollendung zum »Organismus« unablöslich mit dem All verbunden, läßt sich das Phänomen des Organischen nur als sein verkleinertes Spiegelbild begreifen, womit es zum Organon der Gesamterkenntnis und zum inneren Vorbild jeder erkennenden Tätigkeit wird.

So besteht das »Künstliche« (= Technische) der Newtonischen Methode, wogegen sich Goethe mit Schelling und Hegel auflehnt, nach Lukács einerseits in den (nicht aus dem

74 Zur Farbenlehre, in: Goethes Werke, hrsg. von E. Trunz, Bd. 13, Hamburg 1955, S. 315 f.

75 Monochordium mundi symphoniacum J. Kepler oppositum, Frankfurt 1617. Vgl. F. Freudenberg (Hrsg.), Paracelsus und Fludd, die beiden großen Okkultisten und Ärzte des 15. und 16. Jahrhunderts, Berlin 1918.

76 Heidelberger Ästhetik, a.a.O., S. 189.

Wesen des rein gewordenen »Urphänomens« selbst stammenden) abstrakt-übergreifenden Gesetzeszusammenhängen, in die es eingefügt und zu denen es – durch ebenfalls »künstlich« eingreifende Experimente – in angeblich erklärende Beziehungen gebracht werden soll, und andererseits liegt es in der notwendigen Ausschaltung des Menschen und seiner sinnlichen Beschaffenheit aus den subjektiven Bedingungen der Erkenntnis. Obwohl auch Goethe und dessen Anhänger im Streit mit Newton von »Gesetzen« sprechen, sollen diese Gesetze gerade die *vom Menschen aus* abgegrenzten Sphären des Theoretischen der »Kontemplation« und seines sinnlich-sittlichen Verhältnisses zur Natur in unangetasteter Einheitlichkeit begreifen lassen; sie sollen die »intelligible Zufälligkeit« des Menschen und seiner »Sinnlichkeit« aufheben, indem sie jene Beschaffenheit genetisch rechtfertigen und den transzendentalen Ort der wesenhaften Erkenntnis aufzeigen. Hier ist dann, wie es Lukács im Absprung vom Kantischen Weg formuliert, »der zum Erkenntnisorgan gewordene intuitive Verstand nichts als das Zur-Bewußtheit-Bringen des ›ganzen Menschen‹; nicht das abstrakt-konstruierte und darum bloß des diskursiven Denkens fähige theoretische Subjekt soll Träger der Erkenntnis sein, sondern der klargewordene, sich selbst bewußte und in dieser Bewußtheit sich vollendende ›ganze Mensch‹. Es ist die vertiefte und bewußtergewordene Wiederaufnahme des Mikrokosmos-Gedankens der deutschen Renaissance-Philosophie: das Erkennen-wollen der Wirklichkeit durch eine andere Wirklichkeit; ein symbolisch-metaphysischer Empirismus«.[77]

Aus unserer Sicht ist es der entscheidende Schritt zur Verwandlung der »hermetischen« Naturphilosophie zu einer Hermeneutik der Natur, die als solche erst nach der Kantischen Durchleuchtung der Tragweite und Grenzen neuzeitlicher Naturwissenschaft und der neuartigen, aber ungeklärten Synthese des Organizismus der Renaissance mit dem Mechanismus-Gedanken im Zeitalter der Aufklärung (Leib-

77 Ebd.

niz) möglich geworden war. Das bezeugt Goethes Lehre von den Farben, die sie im Ausgang vom Modell der Sinnesfülle als »Taten und Leiden des Lichts« begreift. Farbe und Licht stehen untereinander in dem »genauesten Verhältnis« und gehören zugleich der »ganzen Natur« an, die sich dadurch dem »ganzen Menschen« an einem Teil, dem Sinn des Auges, »besonders offenbaren will«. Und ebenso entdeckt sie sich dem Sinn des Hörens, dem die Zugehörigkeit des Einzelnen zum Ganzen allererst offenbar wird. Mit Goethes Worten, die sich wie ein Kommentar auf den methodischen Zugang der »hermetischen« Philosophie der Natur ausnehmen, deren Spur wir bis auf Heraklit und die Pythagoreische Schule zurückverfolgen können: »Man schließe das Auge, man öffne, man schärfe das Ohr, und vom leisesten Hauch bis zum wildesten Geräusch, vom einfachsten Klang bis zur höchsten Zusammenstimmung, von dem heftigsten leidenschaftlichen Schrei bis zum sanftesten Worte der Vernunft ist es nur die Natur, die spricht, ihr Dasein, ihre Kraft, ihr Leben und ihre Verhältnisse offenbart, so daß ein Blinder, dem das unendlich Sichtbare versagt ist, im Hörbaren ein unendlich Lebendiges fassen kann«.[78]

Lukács bemerkt Goethes Schritt über die Renaissance-Philosophie hinaus, ohne das Problem einer Naturhermeneutik zu erkennen. Indem er darin lediglich eine Überwindung der »anthropologischen Aporien« des Platonismus erblickt, deutet er Goethes Farbenlehre und die sie teils ergänzenden, teils begründenden Bestimmungen des Schönen als Schritt zu einer systematisch erweiterten *Naturästhetik*. Wenn das Wesen der Welt ein absolut Einheitliches ist und seine endgültige Aufgipfelung im Menschen erhält, dann ist die notwendige Gebundenheit des Ästhetischen an den »sinnlichen Menschen« kein Abbiegen mehr von dem eigentlichen Weg des Geistes, keine eitle Selbstgefälligkeit der Kreatur und auch nicht eine verworrene, unbewußte Erkenntnis, die zur Klarheit gebracht und so überwunden werden soll. Es ist etwas schlechthin Letztes und Absolutes, das in der alltägli-

78 Zur Farbenlehre, a.a.O., S. 315.

chen Lebenserfahrung selbst wurzelt. Lukács hält es mit Recht für keinen Zufall, daß sowohl Goethe wie die Verteidiger seiner Farbenlehre in der Praxis der Malerei ein Argument gegen Newton gewonnen haben. Ist doch die Kunst der Farbgebung nichts anderes als die intuitiv-praktische Anwendung dessen, was zu begreifen Goethes Bemühen war: die wirkliche Wesenheit der Farben in der sinnlich-sittlichen, konkreten Totalität ihrer Selbstauswirkung und die wesenhaften Beziehungen zwischen ihnen, die aus dieser ihrer konkreten Beschaffenheit abzulauschen sind, so daß die Farbenlehre an der Praxis der Malerei sich bestätigen und zugleich die Aufgabe erhalten kann, die der Malerei längst fehlende »Kenntnis des Generalbasses ... einer aufgestellten, approbierten Theorie, wie es in der Musik der Fall ist«, zu übernehmen.

In diesem Punkt des Zusammentreffens von Natur und Mensch, des Sinnes für das Auge mit dem für das Gehör, oder, wie es Lukács neukantianisch umschreibt: der innigen Verbundenheit des Bewußtwerdens der kosmisch-konstitutiven Naturgesetzlichkeiten mit dem Menschen als bewußtem Sinnenwesen, bestimmt sich die Stellung des Schönen zwischen Natur und Kunst. Goethes Definition: »Das Schöne ist eine Manifestation geheimer Naturgesetze, die uns ohne dessen Erscheinung ewig wären verborgen geblieben«,[79] setzt nach Lukács einen neuen ästhetischen Gegenstand. Es ist die konkrete Naturschönheit, der die Philosophie der Kunst auf die Spur zu kommen sucht. Am Himmel, so hatte Kepler gesagt, gibt es kein moralisch Gutes oder Böses, sondern nur harmonische Verhältnisse: Schönheit.[80] Und auf Erden? Mit dieser Frage erhält der Gegensatz von Kepler und Fludd, als »ewiger Gegensatz« betrachtet, einen neuen Aspekt. Ihr Widerstreit, so sieht es der junge Lukács, »ist der Kampf von zwei metaphysischen Schönheitsideen, von zwei unvereinbaren Konzeptionen einer Ästhetik der

79 Maximen und Reflexionen.

80 Opera, ed. Frisch, Bd. 1, S. 315. Vgl. W. Dilthey, Weltanschauung und Analyse des Menschen seit Renaissance und Reformation, Ges. Schr. Bd. 11, S. 345.

Natur ... Während für die erste Anschauung der Ort der Schönheit die von jeder Konkretion losgelöste reine Gesetzlichkeit ist, die Schönheit also zu der der Proportionen und Relationen wird, zur Schönheit der einheitlich erfaßten Ganzheit der Natur, der extensiven und absoluten Totalität des Makrokosmos, erscheint das Schöne für die andere Betrachtungsweise in den konkreten Erscheinungen in ihrer Konkretheit als mikrokosmisches Spiegelbild der Schönheit des Ganzen, das aber nur in seiner konkreten Vollendung, als wahrer Kosmos im Kleinen, dieser Vollendung fähig werden kann«.[81]

So endet die Suche nach einer Ästhetik der Natur zuletzt in der Aporie. Auf den Wegen von Kepler, der »Weltharmonik« als Erzeugnis einer »künstlerischen Phantasie« (Dilthey), in der sich mathematisches Denken mit musikalischem Gefühl und ästhetischer Stimmung verknüpft, kann nur die abstrakt-theoretische Erkenntnis zur wahren Kontemplation der unverfälschten Schönheit führen; während für die an Fludd anschließende Linie der »hermetischen« Naturphilosophie in jedem Ding, wenn es nur wahrhaft erfaßt wird, das Prinzip der Schönheit als »Prinzip des zum Wert gewordenen Lebens« gegenwärtig ist. Lukács analysiert den Gegensatz beider Schönheitsideen in Kategorien der neukantianischen Konstitutionstheorie, weshalb er auch die wahrhafte Erfassung der Dinge durch das von der Sinnlichkeit getragene Formprinzip der Anschauung bedingt sieht. So gewahrt er nicht, wie schon Goethe dieses Prinzip durchbricht: warum es bei Goethe die symbolische Form der Kunst ist, die weiterführt und zur Klarheit bringt, was in der Natur, so wie sie uns unmittelbar gegeben ist, nicht ausnahmslos eindeutig zutage tritt, sondern »gedeutet« werden muß. Und so schlägt er unversehens die Brücke von Goethe zu Aristoteles auf der einen, zu Hegel auf der anderen Seite, wenn er behauptet, das Begreifen der konkreten Naturschönheit, die »weder erkenntnismäßig auf das sinnlich unfaßbare Ganze der Natur gerichtet ist noch plato-

81 Heidelberger Ästhetik, a.a.O., S. 190.

nisch-erotisch sich an den schönen Dingen entzündend und der wahren Heimat der Seele entgegeneilend zur abstrakten Transzendenz führt«, mache ein philosophisch bejahendes und positiv bewertendes Verhalten zur Kunst möglich.
Nach Aristoteles ahmt Kunst nicht nur nach, sondern vollendet, was die Natur ins Werk zu setzen unvermögend ist.[82] Und nach Hegel offenbart sich derselbe (absolute) Geist in der Schönheit von Natur und Kunst, die beide gleich wesentlich und unentbehrlich sind, weil in beiden dieselbe Idee erscheint. Sie kann sich nur im Schein vollenden: Das Schöne ist das »sinnliche Scheinen der Idee«.[83] Im Gegensatz zum Platonismus ist bei Goethe und Hegel nicht mehr das »mathematisch Wohl-Proportionierte, das Krystallinische der wirkliche Träger der Schönheitsidee, sondern das rätselhaft in sich Vollendete, das Lebendige, Seelenerfüllte und diese Erfülltheit in seiner Erscheinungsform Ausstrahlende; und darum ist auch in der Kunst das allen Regeln Entrückte, das scheinbar von selbst Gewachsene die adäquate Objektivation der Schönheit«.[84] So kehrt sich die Kantische Formel von der Natur als Kunst um; schon bei Kant, der vom Produkt der schönen Kunst gefordert hatte, daß »die Zweckmäßigkeit in der Form desselben von allem Zwange willkürlicher Regeln so frei« erscheine, »als ob es ein Produkt der bloßen Natur sei«.[85] Schöne Kunst muß »als Natur anzusehen« sein: im spezifisch ästhetischen Bewußtsein davon, daß sie Kunst ist. Lukács zitiert F. Schlegel, der diese Spannung im hermeneutischen »Als« des Vergleichs der Kunst mit der Natur nicht ohne Grund auf das ursprünglich platonische Phänomen der *Erinnerung* bezieht: »Schön ist, was uns an die Natur erinnert, und also das Gefühl der unendlichen Lebensfülle anregt. Die Natur ist organisch, und die höchste Schönheit daher ewig und immer vegetabilisch ...«[86]

82 Physik II, 199a.
83 Heidelberger Ästhetik, a.a.O., S. 191.
84 Ebd., S. 192.
85 Kritik der Urteilskraft, § 45, Akad. Bd. V, S. 306.
86 Ideen, 86. Prosaische Jugendschriften, hrsg. von J. Minor, Wien 1906², Bd. 12, S. 298. Das Wort »vegetabilisch« ist hier nicht mit

Daß dieser Standpunkt, auf dem sich die Formel von der Natur als Kunst umkehrt und im Kreisgang des Verstehens neue Deutungsmöglichkeiten öffnet, mit den Prämissen der neukantianischen Konstitutionstheorie des Ästhetischen unverträglich ist, liegt auf der Hand. Und tatsächlich stellt Lukács hier erneut die Frage, wie eine solche »Vereinheitlichung« von Natur und Kunst in der Idee der Schönheit möglich sei. Die Antwort lautet: nur unter der Voraussetzung, daß für die Objektstruktur beider Gebiete der organisch-konkrete Naturbegriff *ästhetisiert* und der Begriff der Kunst *theoretisiert* wird. Daraus ergibt sich für die *Verhaltungen* des transzendentalen Subjekts zur Natur und Kunst, daß sie infolge der theoretisierenden Grundstruktur über das Ästhetische hinausgehen und (»dem theoretischen Meinen und Verstehen sich annähernd«) einander *gleichgesetzt werden müssen*. Um das Streben auf substantielle Subjektivität zu erfüllen und die hier geforderte intellektuelle Anschauung verwirklichen zu können, sind sie dann gezwungen, den »theoretisch-konstruierten wie den ästhetisch-stilisierten Subjektbegriff hinter sich zu lassen und einem Ideal des ›ganzen Menschen‹, das aber als erreichbar gedacht wird, zuzustreben«.[87]

An diesem Punkt kommt Lukács der Position von Dilthey am nächsten, der eben dieses Ideal des »ganzen Menschen«, in der Mannigfaltigkeit seiner Kräfte, »dies wollend fühlend vorstellende Wesen«, mit dem theoretischen Rationalisierungsprozeß des Universums konfrontiert und für die Sensibilisierung der Naturbeziehung des Menschen über die Ästhetik zur Geltung zu bringen versucht hatte. Ja, er steht sogar im Begriff, von diesem Annäherungspunkt her die hermeneutische Wende zu vollziehen. Ist doch die »Hermeneutik« nichts anderes als eine Vereinigung der theoretischen mit der ästhetischen und ethischen Verhaltungsart; so wie es

»pflanzenhaft«, sondern (dem Ursinn des spätlateinischen Ausdrucks *vegetatio* entsprechend) mit »belebend« zu übersetzen.

87 Vgl. dazu H. Rosshoff, Zur Form des Gegenstandsbegriffs bei Emil Lask und dem frühen Georg Lukács, Phil. Diss. Berlin 1970, S. 92.

E. Lask für die Natur instinktiv geahnt, aber ebenso instinktiv abgewehrt hat, wenn er notiert: »Wo irgendwelche Anteilnahme an Natur, da immer irgendwelche Einschmuggelung, Verlebendigung, Einfühlung oder Inbeziehungsetzen zu Menschlichem, Ästhetisierung usw.«[88] Mit Lask charakterisiert Lukács den Unterschied der Logik (als Inbegriff von Rationalität) zur Ethik und Ästhetik als verschiedene Verhaltungsweisen der transzendentalen Subjektivität. Während die logische Verhaltung nur ein ideales, konstruiertes »Subjekt« unterstellt (also keines, das sich erlebnismäßig ausweisen läßt) und die ethische ein über alle Natur erhabenes Subjekt postulieren muß, dem es sich im unendlichen Progreß der Moralisierung anzunähern gilt, kennt einzig das ästhetische Verhalten ein natürliches, endliches Subjekt: den »ganzen Menschen« der Erlebniswirklichkeit. Wenn dessen Erlebnis, wie Lukács in Anlehnung an die von Husserl begründete Methode der phänomenologischen Reduktion annimmt, in der intentionalen Gerichtetheit auf das Kunstwerk »gereinigt« und auf eine »den immanenten Erlebnisanforderungen vollendet angemessene Welt«, die ihm im Werk »entgegengilt«, bezogen werden muß, um dessen Gelten in sich zu verwirklichen, dann hätte es über die von Lukács gesuchte »Verwandlung« des »ganzen Menschen« zum »Menschen-ganz« durch den hermeneutischen Prozeß des Verstehens aus der Enge der Subjektivität herausgeführt werden können. So wie es das ursprünglich transzendentale Konzept des »Menschen-ganz« nahelegt, das für den jungen Lukács eine Reduktion menschlicher Erlebnismöglichkeiten »auf ganz bestimmte und in dieser Bestimmtheit homogen gewordene innere Organe der Aufnahme der Welt« ... beinhaltet, wodurch »eine in bezug auf diese Organe aufgebaute, innerlich zur Totalität gefügte Welt in seinem Erlebnis erfüllt aufleben kann«.[89] Und von hier aus hätte dann auch das Naturerlebnis über seinen Eingang in die vom Kunstwerk eröffnete Welt hermeneutisch exponiert und zur Grundlage

88 Zum System der Wissenschaften, a.a.O., S. 264.
89 Heidelberger Ästhetik, a.a.O., S. 99f.

eines sensibilisierten Naturverständnisses erhoben werden können.

IV

Daß Lukács diesen Weg nicht beschreitet, hat Gründe, die in seinem Anfang angelegt sind. Der Hauptgrund ist m. E. die mehr von Hegel als von Husserl beeinflußte Auffassung, daß die Methode der Reduktion nur das Zerfallen der »natürlichen Wirklichkeit« (und nicht die »ästhetische Objektbildung«) zum Resultat hat. Warum? Weil dieses »Objekt« – das Kunstwerk – »isoliert«, außer jedem »Zusammenhang« mit dem Erlebnis oder dem »Medium« des Verstehens, *gesetzt* wird, – was M. Webers Eindruck des »Problematischen« an der von Lukács gebrauchten Kategorie »Erlebniswirklichkeit« hervorgerufen haben mag.[90] Statt der lebensphilosophisch unterstellten Wirklichkeitsbezüge des Erlebnisses kehrt die Theorie der ästhetischen Setzung geradezu seine stilisierte Künstlichkeit hervor. So scheidet das rezeptive Naturerlebnis aus der Ästhetik ganz aus, weil es »keine Intention auf das Werk haben kann«; mit der zusätzlichen (uns bekannten) Begründung, daß das Anlegen eines fremden Maßstabes an das Kunstwerk im Namen des Naturschönen das ästhetische Verhalten nicht nur transzendieren, sondern zugleich theoretisieren würde.[91]

Das ist schon die Position des späten Lukács,[92] die hier nicht weiter erörtert werden kann. In der mittleren Phase seines Denkwegs ist er in dieser Frage zeitweilig unentschieden. In der ›Heidelberger Ästhetik‹ hatte er *mit* Hegel das Natur-

90 Brief an Georg Lukács vom 22. März 1913, in: G. Lukács, Briefwechsel 1902-1917, a.a.O., S. 321.

91 Heidelberger Ästhetik, a.a.O., S. 108.

92 Vgl. die Eigenart des Ästhetischen (1965), Bd. 2, Berlin/Weimar 1981, S. 383 ff. – Die Kontinuität mit dem Frühwerk unterstreicht A. Heller, Die Philosophie des alten Lukács, in: R. Dannemann (Hrsg.), Jenseits der Polemik, Frankfurt/M. 1986, S. 131.

schöne dem Kunstschönen untergeordnet und *an* Hegel die Aporie der idealistischen Lösung des Grundproblems der Ästhetik in dem Faktum erblickt, daß es einerseits »nur als ein Reflex des dem Geiste angehörigen Schönen« und andererseits am organischen Leben erscheint (dem das Schöne lediglich in der Form der »Zufälligkeit« anhaftet, sofern es sich in der Natur niemals mit eindeutiger Notwendigkeit »objektiviert«).[93] In ›Geschichte und Klassenbewußtsein‹ sieht Lukács darin ein bestätigendes Prinzip für das »Zurückweichen der Naturschranke« (Marx), das alles auf eine (rein gesellschaftliche) Ebene zu bringen beginnt: auf das Niveau der »verdinglichten Beziehungen« der kapitalistischen Zivilisation. Dem Idealismus fehlt freilich eine klare Einsicht in diese Zusammenhänge. War es doch für die damalige Stufe der Erkenntnis unmöglich, hinter den beiden Begriffen der Natur, die, wie der marxistisch argumentierende Verfasser jenes Buches nun schreibt, »die kapitalistische Wirtschaftsentwicklung hervorgebracht hat, der Natur als ›Inbegriff von Naturgesetzen‹ (der Natur der modernen, mathematischen Naturwissenschaft) und der Natur als Stimmung, als Vorbild des von der Gesellschaft ›verdorbenen‹ Menschen (der Natur von Rousseau und der Kantschen Ethik), ihre gesellschaftliche Einheit, die kapitalistische Gesellschaft, mit ihrer Auflösung aller reinen Naturbeziehungen zu erblicken«.[94]

Wie wir wissen, steht dazwischen der »Wertbegriff« der Natur, die Suche nach einem zum Menschen gehörigen Naturverständnis, worin die »Tendenz zur Überwindung der Problematik des verdinglichten Daseins« hervortritt: »Die Natur bedeutet hier echtes Menschsein, das wahrhafte, von den falschen, mechanisierenden Formen der Gesellschaft freigewordenen Wesen des Menschen: den Menschen als in sich vollendete Totalität, der die Zerrissenheit in Theorie und Praxis, in Vernunft und Sinnlichkeit, in Stoff und Form innerlich überwunden hat oder überwindet«. Und wir wissen

93 Heidelberger Ästhetik, a.a.O., S. 195 f.
94 Geschichte und Klassenbewußtsein, a.a.O., S. 376.

vom Nachhall dieses Naturbegriffs im neuromantischen Traum des jungen Lukács: daß sich die Überwindung aller Widersprüche in den großen Werken der Kunst vollzieht, jener Sphäre, worin sich, im Unterschied zur Religion und Philosophie, die »Beziehung des Menschen zur Natur« am reinsten darstellt. In der Kunst und durch sie soll der »gesellschaftlich vernichtete, zerstückelte, zwischen Teilsystemen verteilte Mensch gedanklich wiederhergestellt werden«.[95] Daß Lukács auf den Bahnen der ›Heidelberger Ästhetik‹ *der Kunst diese Mission überträgt*, erklärt sich nicht zuletzt daraus, daß er in ›Geschichte und Klassenbewußtsein‹ die geschichtliche »Objektivierung«, d.h. die Vergegenständlichung des Menschen im Arbeitsprozeß (zu Recht, wie mir scheint) mit der »Entäußerung« seiner individuellen Lebendigkeit gleichsetzt, die sich einzig im Kunstwerk zu erhalten vermag. Weil er mit M. Weber davon ausgeht, daß die »weltgeschichtliche Sendung des im Kapitalismus gipfelnden Zivilisationsprozesses das Erlangen der Herrschaft über die *Natur*« ist, erkennt er, daß die »Naturgesetze« der Gesellschaft (auch wenn ihre »Rationalität« erkannt wird und dann eigentlich am stärksten!) die Funktion haben, die Unterwerfung der Natur unter die Vergesellschaftung zu erfüllen. So konnte er ungeachtet seiner fortdauernden Abhängigkeit vom neukantianischen Primat der Kulturphilosophie anerkennen, daß die Natur, wenn sie eine »gesellschaftliche Kategorie« ist, einen *wesentlich menschlichen* Faktor darstellt; denn nur in solcher Kategorisierung ist sie mit dem Aufbau der gesellschaftlich-geschichtlichen Welt einer Epoche vermittelt. Und dann konnte er schließlich mit Recht behaupten, daß in dem Maße, wie der okzidentale Kapitalismus die eigentliche Vergesellschaftung aller menschlichen Naturbeziehungen vollzog, die wahre und konkrete Selbsterkenntnis des Menschen als *Gesellschaftswesen* möglich wurde. Darin liegt die große und bleibende Bedeutung seines Lebenswerkes, das schließlich ganz der Herausarbeitung der »Besonderheit« der ästhetischen Sphäre innerhalb der gesellschaft-

95 Ebd., S. 252.

lich-geschichtlichen Welt gewidmet bleibt. Seine Grenze besteht gleichwohl darin, daß Lukács die durch die Faktizität des Kunstwerks offengehaltene Möglichkeit der wahren und konkreten Selbsterkenntnis des Menschen als *Naturwesen* nicht voll hat ins Auge fassen können; daß die Perspektive einer Wiedererlangung der Natürlichkeit in nicht verdinglichten Beziehungen zur Natur im Licht des historischen Materialismus nur idealistisch gebrochen erscheinen kann.

Naturhermeneutik und Ethik im Denken Heideggers

Das Problem einer Hermeneutik der Natur ist alt, älter als die hermeneutische Philosophie unseres Jahrhunderts. Es stellt sich schon in der ›Einleitung in die Geisteswissenschaften‹ (1883), Diltheys Hauptwerk, das nicht nur in Abhebung von dem Methodenvorbild wissenschaftlicher Naturerkenntnis danach fragt, wie eine Erkenntnis der gesellschaftlich-geschichtlichen Welt möglich ist, sondern zugleich die Frage aufwirft, wie Natur für uns existieren und der Umgang mit ihr nach geisteswissenschaftlichen Prinzipien begründet werden kann.[1] Das Problem selbst geht auf die Kantische Bestimmung des Geistes als belebendem Prinzip in unserem »Gemüt« zurück, das seine Kräfte zweckmäßig in Schwung setzt. Für Kant fällt es mit dem »Vermögen der Darstellung ästhetischer Ideen« zusammen, Gedanken, die vieles zu denken veranlassen und dabei zu einem durch die Natur abgesteckte »Erfahrungsgrenze hinaus Liegendem wenigstens streben«.[2] Wohin? Zur metaphysischen Idee einer »anderen Natur«, welche die Einbildungskraft (als produktives Erkenntnisvermögen) dem Stoff abringt, den ihr die wirkliche gibt: von Naturgebilden wie den schönen Formen einer wildwachsenden Blume, eines Vogels, eines Insekts und von Naturphänomenen wie Licht (in der Farbgebung) und Schall (in der Harmonie der Töne), die unter allen sonstigen Darstellungsmitteln (Zahlen, Figuren, Zeichen) einzig die Sprache der Dichtkunst erreichen und verstehbar machen kann.

Es ist das Problem einer Deutung der überquellenden Mannigfaltigkeit der Natur, ihres figürlichen »Auseinander«, das nicht in der äußeren Anschauung a priori (als ein im Raum Gegebenes) aufgeht, sondern sich auf die »innere Anschau-

1 Einleitung in die Geisteswissenschaften I (1881), Ges. Schr. Bd. I, S. 9.

2 Kritik der Urteilskraft, § 49, Akad. Bd. V, S. 313 f.

ung« bezieht, der (als Form des »inneren Sinnes«, d. h. der fortrückenden Zeit) kein Begriff völlig adäquat sein kann.[3] Weshalb? Weil die durch Einbildungskraft im Zusammenspiel mit dem inneren Sinn gedeuteten Naturgebilde und Phänomene nicht an ein Beharrliches im Raume (Substanz) gehalten sind, so daß sie begrifflich (durch kategoriale Bestimmung der Natur als Dasein aller Erscheinungen unter Gesetzen) definiert werden könnten, mathematisch und/oder dynamisch. In ihrem figürlichen Charakter verrät sich gerade der »höhere Sinn« einer Schrift, die nicht mehr in Zahlen, sondern in Chiffren und Zeichen geschrieben ist und so der Auslegung bedarf.

Naturhermeneutik verweist auf eine *Metaphysik des Naturschönen*, die sich von der *Metaphysik der Natur* im Sinne einer metaphysischen Grundlegung der Naturwissenschaft abstößt. Aber diese Hermeneutik, darauf kommt es mir im Blick auf unser Thema an, gründet in einer *Metaphysik der Sitten* und der in ihr grundgelegten Lehre vom moralischen Gefühl der Achtung vor dem Sittengesetz, die sich über das gebotene Anerkennen des Anderen als eines Selbstzwecks hinaus (der *Autonomie* des Menschen als Person) zur Anerkennung der Zweckmäßigkeit von Sonderformen der Natur (ihrer *Autotelie*) erhebt, worin sie ihre Wurzel hat. Von ihr vermerkt Kant, daß sie nicht auf die Anthropologie als Lehre vom menschlichen Verhalten und Handeln gegründet, sondern nur auf sie angewandt werden kann. Warum? Weil sie dasjenige betrifft, was das deutsche Wort »Sitten« und das lateinische *mores* nur unzulänglich anzeigen: die ursprünglich metaphysische Habe als Naturanlage des Menschen. Eine Metaphysik der Sitten zu haben ist nach Kant »selbst *Pflicht*, und jeder Mensch hat sie auch, obzwar gemeiniglich nur auf dunkle Art in sich; denn wie könnte er ohne Prinzipien a priori eine allgemeine Gesetzgebung in sich zu haben glauben?«[4] Kant redet nicht von »Metaphysik und Anthropologie«, als würde es sich um inhaltlich verschiedene Diszi-

3 Kritik der Urteilskraft, § 49, Akad. Bd. v, S. 314. Vgl. J. Simon, Sprache und Raum, Berlin 1969, S. 121 f.

4 Metaphysik der Sitten, Einleitung, Akad. Bd. vi, S. 216.

plinen handeln, sondern von einer »zwiefachen Metaphysik«, die sich im Bereich der Sitten anders artikuliert als in dem der Natur, d. h. auf dem anderen Grunde des Sittengesetzes und der in ihm ausgesprochenen Anerkennung des Menschseins im Menschen als eines »Zweckes an sich«. Dieser Problematik verdankt sich der Ansatz einer Naturhermeneutik bei Heidegger, der die von Dilthey und Kant herkommende Frage nach der ursprünglichen Existenz der Natur (»wie sie für uns da sein kann«) aufgreift und beantwortet. Ja, in gewisser Hinsicht steht sie sogar am Ausgang seines Denkwegs. Denn er ist nicht nur, wie das Heideggers Selbstdarstellung akzentuiert, durch die Fragestellung der Metaphysik als »erster Philosophie« geprägt, die nach dem Verhältnis des Seins zum Seienden fragt (was dem Seienden als solchem zukommt), sondern durch die Erfahrung der Fraglichkeit des Verhältnisses von »Leben« und »Dasein« und das darin beschlossene Problem einer »zweiten Philosophie«, die mit Kants Idee der »zwiefachen Metaphysik« ans Licht tritt. Diese Behauptung möchte ich zu Beginn meines Vortrags erläutern, der Heideggers Rekonstruktion der Metaphysik der Natur und Sitten im Horizont des anfänglich gedachten Verhältnisses von *Physis* und *Ethos* des Menschen behandelt (I). Danach erörtere ich das aporetische Naturverständnis im Umkreis des Denkens von ›Sein und Zeit‹ (1927) (II). Und abschließend soll wenigstens angedeutet werden, wie sich auf dem Weg zur Kehre (und die vielberedete »Kehre« ist in der Sache nichts anderes als die Antwort auf die Aporie, d. h. die Ausweglosigkeit des zunächst *begangenen* Denkwegs) das Problem einer Hermeneutik der Natur stellt (III). Es handelt sich um eine schrittweise Entfaltung des Verhältnisses von *Physis* und *Ethos* des Menschen im Rahmen des Rückgangs in den Grund der Metaphysik, der, so lautet meine These (die allerdings für das Spätwerk zu differenzieren ist),[5] als Versuch ihrer Grenzbestimmung, und das heißt: der Bestimmung der Grenzen der aus ihr

5 Vgl. dazu meine demnächst erscheinende Abhandlung: Naturhermeneutik als Metaphysik? Heideggers Weg zum »anderen Anfang« der Philosophie.

entsprungenen neuzeitlichen Physik und Ethik verstanden werden muß. Wir sind, sagt Heidegger in seinem frühesten Versuch einer Neubestimmung der Idee der phänomenologischen Philosophie als Wissenschaft vom Ursprung (1919) im Rückblick auf die Verkümmerung des Denkens durch die transzendentalphilosophisch eingeschränkte Gegenstands- und Werttheorie, »in die Kümmerlichkeit der Wüste gegangen und harren darauf, statt ewig Sachen zu *erkennen*, *zuschauend* zu verstehen und verstehend zu schauen. ›... und Gott der Herr ließ aufwachsen ... *den Baum des Lebens mitten im Garten* – und den Baum der Erkenntnis des Guten und Bösen.‹ (1 Mose 2.9)«.[6]

I

Die »Wüste« ist nach Nietzsche das Geschick des Nihilismus, das Heidegger, noch ohne sich auf ihn zu berufen, im Prozeß der wissenschaftlichen Theoretisierung und seinem Gegenstück, in dem von Nietzsche selbst vollendeten Prozeß der Wertsetzung, am Werke sieht. Beide führen zu dem sich steigernden Objektivierungsprozeß der neuzeitlichen Wissenschaft, dem von Anbeginn Heideggers Kritik gilt. Ihr Maßstab ist das Verstehen des Ursprungs der Theoretisierung aus dem »Leben«, Diltheys Lebensphilosophie, die Heidegger mit Husserls Phänomenologie zusammendenkt, um der Parole: *Zu den Sachen selbst*! den ihr anhaftenden, mit dem Neukantianismus konvergierenden, Zug der »Entlebung« zu nehmen.

Das ist, in wenigen Strichen, die philosophische Situation, der die Frage nach der Natur erwächst, und es scheint mir wichtig zu sehen, daß sie dort ansetzt, wo sich Kant das Problem einer Naturhermeneutik stellt. Heidegger notiert die Kant noch entgangene Ambivalenz des Prozesses wissenschaftlicher Objektivierung. »Die Entdeutung der sekundären Qualitäten«, so heißt es in der Kritik am Primat der Dingerfahrung gegenüber der Lebenserfahrung in der neu-

6 Die Bestimmung der Philosophie (1919), GA Bd. 56/57, S. 65.

kantianischen Konstitutionstheorie des »Gegenstands der Erkenntnis«, der Farben und Töne in die »physikalischen Invarianten von Äther- und Lichtschwingungen ist im Sinne der Theorie und des Theoretischen eine Ver-deutlichung, vom Prozeß der Entlebung aus gesehen bereits eine hochkomplizierte Stufe naturwissenschaftlicher Objektivierung«.[7]

Die Rede von Ent-lebung und Entdeutung findet sich im Kontext von Heideggers Versuch, den »Losriß« der theoretischen Welt von der »natürlichen«, dem »Erlebnis« der mit Dilthey so genannten »Umwelt«, in seiner Notwendigkeit und in seinen Grenzen verständlich zu machen. Es ist dasselbe Motiv, das Husserls Rückgang auf die Intentionalität des Bewußtseinserlebnisses trägt, reicht aber bei Heidegger weit über die phänomenologische Konstitutionstheorie und ihre Anbindung der Ursprungswissenschaft an die Idee einer »Wissenschaft vom Ersten« oder »ersten Philosophie« hinaus. Fällt sie doch nicht in die Gegenstandssicherung der Erkenntnis und deren Richtungssinn zurück: als ob zunächst Gegenstände da sind als nackte Wirklichkeiten, sinnlich wahrgenommene Naturgegenstände, die dann »im Verlauf des Erfahrens einen *Wertcharakter* angezogen bekommen, damit sie nicht so nackt herumlaufen«.[8] Die Konstitution der Natur, so hat der junge Heidegger gegenüber Husserl und dem Neukantianismus eingewandt, gibt nicht das Fundament ab für höhere Gegenstandsarten: »Vielmehr entspringt die Gegenständlichkeit *Natur* erst aus dem Grundsinn von gelebter, erfahrener, begegneter Welt«, ein Sinn, den für Heidegger die »Geschichte des Begriffs ›natura‹« bezeugt.[9]

Wir stehen damit am Ausgangspunkt des Problems der Naturhermeneutik, ihres Ursprungs im Programm einer »Ontologie« oder »Hermeneutik der Faktizität«, das Heideggers Denkweg präludiert. »Ontologie« benennt hier keine Diszi-

7 Die Bestimmung der Philosophie, a.a.O., S. 90.

8 Phänomenologische Interpretationen zur Aristoteles, GA Bd. 61, S. 91.

9 Ebd., S. 91.

plin im Aufgabenbezirk neuscholastischer Philosophie, die nach dem Sein des Seienden fragt und dieses in den seit Aristoteles eingeschlagenen Denkbahnen wiederum als Seiendes bestimmt, als Welt, als Gott oder Natur. Ihr Name, der mit der »natura hominis« zu tun hat,[10] steht für ein »auf Sein als solches gerichtetes Fragen und Bestimmen«, ohne den Sinn vom Sein vorweg festzulegen, nach dem zeitgenössischen Vorurteil, als sei die »Ontologie der Naturgegenstände oder eine dieser parallel laufende der Kulturgegenstände ... die einzige oder gar die prototypische Ontologie«.[11] Das grundsätzliche Ungenügen der überlieferten und zeitgenössischen Ontologie besteht nach Heidegger gerade darin, daß für sie von Anfang an die Gegenständlichkeit von bestimmten Gegenständen Gegenstand für ein indifferentes theoretisches Meinen ist bzw. daß das materiale Gegenstandsein ein Vorbild darstellt für bestimmte regionale Ontologien oder durch sie hindurch die »Welt« ist, ohne daß der von Kant freigelegte Doppelsinn von »Natur« als »Welt« und als »Gegenstandsgebiet« beachtet wird: »Natur als Welt« ist »nur formalisiert aus Dasein, Geschichtlichkeit«, weshalb diese Unterscheidung nicht die Grundlage unserer faktisch vorgängigen Erfahrung von *Zeit* und faktischer *Leiberfahrungen* sein kann. Indem sie diese Erfahrungen der Faktizität des Lebens in der Welt (seinen Aufgang mit der *Geburt* und das Ende im *Tod*) überspringt, verlegt sich die herkömmliche Ontologie den Zugang zu dem innerhalb der philosophischen Problematik entscheidenden Seienden: Dem »*Dasein*, aus dem und für das Philosophie ›ist‹«.[12]
Es handelt sich um den Prototyp der »Fundamentalontologie«, diesen Titel so verstanden, wie ihn Heidegger auf dem Weg zu ›Sein und Zeit‹ gebraucht: nicht als Losung im zeitgenössisch beliebten »Anlaufen gegen Kant«, sondern als Fortführung der Kantischen Aufgabe einer Grundlegung der dem Menschen »natürlichen« Metaphysik. Die Hermeneu-

10 Ontologie (Hermeneutik der Faktizität), GA Bd. 63, Anhang VI, S. 109.

11 Ebd., S. 51.

12 Ebd., S. 3.

tik der Faktizität stellt nicht mehr konstitutionstheoretisch eine bestimmte Wirklichkeit hin, »z. B. den Kosmos der Natur und dessen Bezeichnung als Welt, worin Lebewesen vorkommen, sondern wächst aus dem durch das Verbum ›leben‹ angezeigten Phänomen, das sich als unser Leben, das wir leben, in bestimmter Weise zur Anschauung bringen läßt.«[13] Im Rekurs auf die Mannigfaltigkeit der Rede von Leben als intransitivem »Am-Leben-sein« und der verbal-transitiven Bedeutung von »die Zeit verleben«, »seinen Beruf leben«, »etwas erleben« schlägt der durchgängige ontologische Sinn von »Leben = Dasein, in und durch Leben ›Sein‹« an. Heidegger spricht davon, daß sich dieser Sinn der überlieferten Metaphysik im Modus des ihr eigenen, am *Sehen* von Gegenständen orientierten Welterkennens, verstellt hat; daß er gewöhnlich »schwach und verloren meist nur eben ›anschlägt‹ und ihm zumeist nicht eigentlich Gehör gegeben wird«.[14] Es wird nicht als fundierend verstanden, was sich doch von selbst versteht: »›Die Selbstverständlichkeit des Da‹, das Aufgehen«.[15]

Kein Zweifel: Wenn wir diese Sätze durchdenken, dann haben wir die Einheit des Heideggerschen Werkes vor uns. Und wenn wir bedenken, daß in diesem Kontext das »Erlebnis« als »Ereignis« bezeichnet wird[16] und das ganzheitliche Gefüge der mit den Ausdrücken »Leben« und »Welt« bezeichneten Phänomene sich (lange bevor Husserl das Wort so verwendet) zur »Lebenswelt« zusammenschließt, dann verstehen wir, warum Heidegger auch den Terminus »Welt« (jenes »Etwas«, was seine Beziehungsmannigfaltigkeit zu »leben« anzeigt) verbalisiert und schon am Ausgang seines Weges die Wortbildung: »Es weltet« wagt, die auf Späteres vorausdeutet: nicht nur, daß »Welt« aufgeht wie ein Samen-

13 Phänomenologische Interpretationen zu Aristoteles, a.a.O., S. 86.

14 Phänomenologische Interpretationen zu Aristoteles, a.a.O., S. 85.

15 Ontologie (Hermeneutik der Faktizität), a.a.O., S. 112.

16 Vgl. Die Bestimmung der Philosophie, a.a.O., S. 75, 85 ff., 91, 94 u. ä.

korn aus der Erde, sondern daß im Aufgang »Natur« waltet und das Walten als solches Wesen und inneres Gesetz der Sache (des »Seins« selbst) ist.[17]

Statt weiter Zeugnisse dafür anzuhäufen, wie sich hier die Kehre vor der Kehre vorbereitet, will ich mich auf eines beschränken, das mir in unserem Zusammenhang von besonderem Gewicht zu sein scheint. Heidegger spricht davon, daß das Leben faktisch in sich bewegt ist, ja, daß es geradezu mit der *Faktizität des sich verstehenden Daseins zusammenfällt*, das sich selbst auslegt. Es handelt sich um die Aufgabe, »interpretativ vorzudringen zu einer Bewegung, die eine *eigentliche* Bewegtheit des Lebens ausmacht, *in* der es und *durch* die es ist, von der aus demnach das Leben nach dem Seinssinn so oder so bestimmbar wird; die verständlich macht, wie ein solches Seiendes genuin in eine seiner verfügbaren und aneignenden Habensweisen zu bringen ist (Problem der Faktizität, κίνησις – Problem)«.[18] Als Interpretationsziel zeichnet sich jedoch im Aufzeigen der Bewegtheit ab, daß »das faktische Leben, als in der Welt lebend, die Bewegung eigentlich (!) nicht selbst macht, sondern die Welt als das Worin und Worauf und Wofür des Lebens lebt«.[19] Die *Bewegung*, so umschreibt es der frühe Heidegger, wird ontologisch nur vom jeweilig genuinen *Aufenthalt* her gesehen, der Welt, worin das Dasein immer schon ist und sich verhält.[20] In dieser Zweiheit baut sich jede Ontologie auf, die griechische, die ebenso ihren eigentümlichen »Aufenthalt« hat wie die christliche und neuzeitliche von Descartes bis hin zu Husserl und Heidegger selbst, der jenen zweifachen Aufbau begreift.

Wenn wir ihn aus der Sicht von Heideggers früher Aristote-

17 Vgl. Vom Wesen des Grundes (1929), Wegmarken, Frankfurt/M. 1967, S. 52 und 60, sowie: Die Grundbegriffe der Metaphysik (1929/30): GA Bd. 29/30, S. 45 f.

18 Phänomenologische Interpretationen zu Aristoteles, a.a.O., S. 117.

19 Ebd., S. 130. Vgl. H.-G. Gadamer, Der eine Weg Martin Heideggers, in: Ges. Werke, Bd. 2, Tübingen 1987, S. 423.

20 Ontologie (Hermeneutik der Faktizität), a.a.O., S. 109.

les-Zuwendung betrachten, so verweist der Aspekt der »Lebensbewegtheit« auf die *Kinesis*-Problematik der *Physis*, der Aspekt des »Aufenthalts« auf das *Ethos*, den Ort, an dem der Mensch in der Welt lebt. Es ist interessant zu bemerken, wie sich Heidegger dabei den Aufbau der griechischen Ontologie denkt, wie er das Problem des Prinzips und des Prinzipiellen (ἀρχή – αἴτιον) in der Aristotelischen »Wissenschaft vom Ersten« mit dem des *Logos* und dem Problem des Seienden und Seinssinnes (in der Spannweite von ὄν – οὐσία – κίνησις – φύσις) zusammennimmt; und wie sich die »Archontik« der theoretischen Philosophie über Heideggers Interpretation der Bewegung als *Weg der Sorge* zugleich auf die *Ethik* bezieht, die Prinzipienlehre der praktischen Philosophie. Das Wort »Sorge« umschreibt ursprünglich den Aristotelischen Begriff der *Praxis*, den Aristoteles mit *Bios* gleichsetzt, dem *Leben*, das im Vollzug *Kinesis* ist, also in irgendeiner Weise mit der Frage nach der *Physis* zu tun hat.

In welcher Weise, das ist die Fragestellung, der sich Heidegger im Kontext der hermeneutischen Exposition der Seinsfrage mehrfach angenommen hat. Sie schärft den Blick für die Aporie am Grunde der Metaphysik: daß Aristoteles die Frage der »Wissenschaft vom Ersten« nach dem *Sein von Seiendem* nicht mehr im Rekurs auf Seiendes als solches zu beantworten vermag. Es muß etwas sein, das nicht wieder mit dem, was es kategorial bestimmt, charakterisiert werden kann. Aus dieser Aporie hilft sich Aristoteles damit, daß er sagt, das Sein sei ὥς φύσις τις: »so etwas, was von sich her schon da ist« und sich von selbst bewegt – im Unterschied zu der von außen bewegten *Poiesis*.[21] Die *Physis* enthält das Prinzip der Bewegung in sich. So erhebt sich die von Heidegger nicht ausdrücklich gestellte Frage, inwiefern es zur Archontik der »ersten Wissenschaft« gehört. Sie führt in eine neue Aporie. Denn die Erforschung der einheitlichen Prinzipien des Seienden als Seienden schließt die Richtung auf Anderes wie die Bewegung aus. Sobald dieses Prinzip

21 Met. XI 7, 1064b 10-14; VI 1, 1026a 27-31; XI 4, 1062a 29-33.

hinzukommt, geht die »erste« in eine »andere« Wissenschaft oder Philosophie über, die für Aristoteles die *Physik* ist; mit Übergängen zur Lehre vom Lebendigen (von Pflanzen, Tieren, Menschen), sofern *Physis* im engeren Sinne *Bios* bedeutet.

Heidegger streift die Aporie des Verhältnisses von erster und zweiter (»anderer«) Philosophie bei Aristoteles, ohne sie zu durchleuchten. Ähnlich aporetisch ist seine vorläufige Charakterisierung der Wahrheit als *Unverborgenheit* mit Hilfe des Physisbegriffs. *Alétheia*, das griechische Wort für Wahrheit, ist eine Bestimmung des Seienden, sofern es begegnet. Was nicht bedeutet, als könnte Seiendes nicht sein ohne die Unverborgenheit. Ist doch die Natur, »auch, bevor sie entdeckt ist«, gleichsam »an sich« wie Heidegger sagt, der diese bis hin zu Kants Grenzziehung zwischen Erscheinung und »Ding an sich« fortwirkende Sprechweise im Umkreis seines Hauptwerkes sogar auf das voraristotelische Naturverständnis zurücküberträgt, wenn er den Ausspruch des Heraklit: φύσις κρύπτεσθαι φιλεῖ (Fr. B 123) mit dem Satz übersetzt: »Das an sich Seiende und sein Wesen liebt es, sich zu verbergen, in der Verborgenheit zu bleiben«.[22]

Mit dieser in sich zweideutigen Auffassung des griechisch verstandenen »Naturseins« und der darauf gebauten »Natur-Metaphysik« des Aristoteles[23] – Sein als *Physis* im Sinne von *Ansichsein* und *Wesen* – hat sich Heidegger immer wieder auseinandergesetzt, ohne die Zweideutigkeit wirklich zu beheben. Der Ausdruck »Natur-Metaphysik« ist zweideutig, da sich die Metaphysik schon im Titel auf die Natur bezieht. Nach Kant ist es die »Wissenschaft, die gleichsam außer dem Gebiet der Physik, jenseits derselben liegt«.[24] Daran fügt sich Kants Bezeichnung der »Metaphysik der Sitten« wie von selbst an, der Ethik des Sollens, die bei Aristoteles keine Parallele hat. Die Aristotelische Betrachtung des Ethischen liegt von vornherein außerhalb des Ge-

22 Metaphysische Anfangsgründe der Logik, GA Bd. 26, S. 281.

23 Vgl. Die Bestimmung der Philosophie, a.a.O., S. 27.

24 Vorlesungen über Metaphysik, ed. M. Heinze, Abh. d. K. Sächs. Ges. d. Wissen Phil.-Hist. Kl. Bd. XVI.

sichtskreises der neuzeitlichen Ethik mit ihrer Alternative von Gesinnungs- oder Erfolgsethik. Nach Heidegger orientiert sich Aristoteles daran, inwieweit das menschliche Dasein die Möglichkeit hat zu sein, »Sein« im griechischen Sinne abgelesen an der *Physis* des *Kosmos*, dem Immersein der Welt. Es wird gesehen hinsichtlich seiner Seinsmöglichkeit als solcher, eine Sicht, der »am meisten der Ausdruck: Haltung, eigentlich Sein« entspricht.[25]

Wir halten fest: *Physis* und *Ethos* bedeuten gleichursprünglich »Sein«.[26] Entscheidend ist, wie beide zusammenhängen, was Heidegger nach dem alten Grundsatz der Hermeneutik, beim Auslegen vom Hellen ins Dunkel zu gehen, auf dem Weg zu ›Sein und Zeit‹ zu klären sucht. Der Versuch hält sich an die spätantike Einteilung der Philosophie in Logik, Physik und Ethik, eine Orientierung, die der ›Brief über den Humanismus‹ (1946) im Rückblick auf den eigenen Gang ins Dunkel noch einmal aufnimmt. In Frage steht nicht die Gliederung philosophischer Disziplinen, sondern der metaphysisch erfahrene und ausgesprochene Seinszusammenhang zwischen *Physis* und *Ethos*, der sich in der Spätantike und dann vollends in der Neuzeit auflöst. So hebt der Klärungsversuch die antike *Epistéme physiké* als Wissenschaft der *Physis*, der Natur in dem ganz weiten Sinne der »Welt« als lebendigem *Kosmos*, von der neuzeitlichen Physik ab, der Wissenschaft vom Materiellen, Leblosen der Welt, von der Materie im Hinblick auf deren Bewegungsgesetze. Die *Physis* umfaßt den universalen Bereich desjenigen, was überhaupt vorhanden ist, das Weltganze: Gestirne, Erde, Pflanzen, Tiere, Menschen, Götter. »Ethik« ist das Wissen vom *Ethos*, dem »eigentlichen Sein« im Sichgehaben und -verhalten des Menschen zu anderen Menschen und ihm selbst: die Wissenschaft, worin der Mensch nach der Physik noch einmal vorkommt. Und »Logik« ist die Wissenschaft vom *Logos*, dem Reden zu anderen und zu sich selbst als Verhal-

25 Interpretation der platonischen Dialoge ›Sophistes‹ und ›Philebos‹ (1924/25), S. 87.

26 Vgl. schon Ontologie (Hermeneutik der Faktizität), a.a.O., S. 99.

tung, durch die der Mensch alles Gehabe und Verhalten leitet und auf deren Grunde er seinem Sein die Führung gibt. Diese so verstandene »Logik« ist »ontologisch« in einem den Zusammenhang zwischen den drei Gebieten bekundenden Sinne von *Logos*: als etwas, worin sich die Einheit von Mensch (ἦθος) und Welt (φύσις) ursprünglich zeigt. Heidegger erwähnt, daß noch Kant diese Einteilung der »Natur der Sache vollkommen angemessen« und daran nichts zu verbessern fand. Und zu Kants Bemerkung, man brauche nur das »Prinzip« hinzutun, um sich der Vollständigkeit und Richtigkeit jener Unterscheidungen zu versichern, merkt Heidegger an, daß »gerade diese Aufgabe eine fundamentale Angelegenheit der Philosophie in sich birgt, die bis heute nicht erfüllt, ja, am Ende noch nicht einmal als Aufgabe und Frage richtig erfüllt ist«.[27]
Es ist die Aufgabe einer Neubestimmung des ursprünglich menschlichen »Aufenthalts« in der Welt am Leitfaden der in ›Sein und Zeit‹ exponierten Seinsfrage, und das heißt zugleich: der Frage danach, was in der Geschichte der »ersten Philosophie« bis hin zu Kant und Hegel als Prinzip zur Sprache gebracht worden ist. Ihr wenden wir uns im zweiten Gang unseres Vortrags zu: zunächst in einer Art von Zwischenbetrachtung, die darlegen soll, daß mit dieser Aufgabe alles auf das Problem eines hermeneutisch vertieften Naturverständnisses hindrängt, ohne daß es wirklich zum Austrag gelangt.

II

Die Aufgabe findet sich verschlüsselt in der Formalisierung der Hermeneutik der Faktizität als der »Tatsächlichkeit des Faktums Dasein« und der darin beschlossenen Auslegung menschlichen In-der-Welt-Seins, das sich verstehen kann als in seinem »Geschick« verhaftet mit dem Sein von Seiendem, das innerhalb seiner eigenen Welt begegnet: sowohl mit geschichtlich hervorgebrachten Werkzeugen und Werken als

27 Logik. Die Frage nach der Wahrheit, GA Bd. 21, S. 4f.

auch mit Hervorbringungen der Natur.[28] Denn dies unterscheidet Heideggers »Phänomenologie des Daseins« von der Hegelschen »Phänomenologie des Geistes«, daß sie sich nicht in dem Entwurf auf eine Seinsverfassung erfüllt, durch die sie sich über alles naturhaft Seiende erhebt. Heidegger stellt vielmehr schon hier die Erfahrung von Natur und Geschichte in den anfänglichen Horizont der *Physis* und des *Ethos* zurück. Wenn dem Dasein ein Verstehen des Seins alles nicht daseinsmäßigen Seienden zukommt, dann gehört dazu auch die Natur, die ihm immer schon in gewisser Weise enthüllt ist, zunächst und zuerst als Naturmacht und Naturerzeugnis.[29] So entspricht der Rede vom »Geschick« nicht eigentlich die Geschichte, sondern die der Welt immanente *Bewegtheit*, wie sie den »natürlichen« Begriff von ihr im Sinne der *Physis* charakterisiert. Und die Rede, daß Dasein »in« der Welt ist, charakterisiert den *Aufenthalt*, das *Ethos* des Menschen. Gegen die neuzeitliche Annahme eines idealistisch stilisierten Erkenntnissubjekts, das sich zur Welt wie zu einer Totalität von Gegenständen verhält, um sich darin selbst zu vergegenständlichen, unterstreicht der Ausgang vom In-der-Welt-Sein den Zug des *In-Seins als solchem*, der das pathematisch gestimmte Sich-befinden des Daseins »inmitten« von Seiendem und damit die Unmöglichkeit betont, sich das Ganze als Gegenstand vorzustellen.[30] Und in der Erläuterung dieses für die Seinsverfassung der *Sorge* (dem *Sich-Vorweg-Sein* und dem *Sein-bei-der Welt*) grundlegenden Elements weist schon ›Sein und Zeit‹ auf die ursprünglich ethische Dimension des Aufenthalts im Sinne des Wohnens und Pflegens hin. »In« leitet sich her von »innan-, wohnen, habitare, sich aufhalten«; »an« bedeutet: » ... ich bin gewohnt, vertraut mit, ich pflege etwas. Der Ausdruck hängt zusammen mit ›bei‹; ›ich bin‹ besagt wiederum: ich wohne,

28 Sein und Zeit, Tübingen 1957⁸, S. 56. Vgl. H.-G. Gadamer, Kant und die hermeneutische Wendung, in: Ges. Werke, Bd. 3, S. 218 f.

29 Kants Kritik der reinen Vernunft, GA Bd. 25, S. 29.

30 Vgl. H.-G. Gadamer, Der eine Weg Martin Heideggers, in: Ges. Werke, Bd. 3, S. 426.

halte mich auf bei ... der Welt als dem so und so Vertrauten. Sein als Infinitiv des ›ich bin‹ bedeutet wohnen bei ..., vertraut sein mit«.[31]

Im Strukturelement des In-Seins (mit den Existenzialen Befindlichkeit, Verstehen und Rede) ist das Problem einer Hermeneutik der Natur latent. Es artikuliert sich in der Analyse des gestimmten Sichbefindens als Ausdruck der Geworfenheit und Weltoffenheit des Daseins, dem sie sich in der Zerstreuung ins Mannigfaltige ihrer Phänomene und deren Einigung zugleich erschließt (»... Natur als das, was ›webt und strebt‹, uns überfällt, als Landschaft gefangen nimmt«; im Auf- und Niedergang der Sonne die Gegenden von Leben und Tod bestimmt usf.). Und sofern Naturphänomene dieser Art dem wissenschaftlichen Entdecken entzogen sind (»Die Pflanzen des Botanikers sind nicht Blumen am Rain, das geographisch fixierte ›Entspringen‹ eines Flusses ist nicht die ›Quelle im Grund‹«),[32] ist es in Heideggers (gegen Husserl gerichteter) Exposition des Phänomenbegriffs von der Verdecktheit der »Sachen selbst« her angelegt, die das phänomenologische Verfahren zur Auslegung von Bekundungszusammenhängen motiviert, worin sie sich einzig »geben«. Die Phänomenologie erweitert sich zur *Hermeneutik des Daseins*, der die Aufgabe zufällt, sich in der Klärung des eigenen Seinsverständnisses und des Seins des nichtdaseinsmäßigen Seienden den Sinn von Sein selbst kundgeben zu lassen. Indem sie damit den Horizont herausarbeitet für »jede weitere ontologische Erforschung des nicht daseinsmäßigen Seienden, wird diese Hermeneutik zugleich ›Hermeneutik‹ im Sinne der Ausarbeitung der Bedingungen der Möglichkeit jeder ontologischen Untersuchung«.[33]

Daß sie für das Sein der Natur nicht zur Entfaltung gelangt, hat Gründe, von denen hier nur zwei erwähnt seien. Der

31 Vgl. Sein und Zeit, § 29, S. 135 ff. und 374 mit § 14, S. 70; Metaphysische Anfangsgründe der Logik im Ausgang von Leibniz (1928), GA Bd. 26, S. 174.

32 Sein und Zeit, S. 70.

33 Ebd., S. 37.

eine (Heidegger hat ihn selbst »entscheidend« genannt)[34] besteht darin, daß der Ausdruck »Welt« in ›Sein und Zeit‹ im ontischen Sinne von »Umwelt« eingeführt wird, »worin« ein faktisches Dasein als dieses lebt und sich zum nächstbegegnenden Natursein in der Weise zweckgerichteten Entwerfens und Zutunhabens verhält. Der Wald wird als Forst, der Berg als Steinbruch, der Fluß als Wasserkraft, der Wind als »Wind in den Segeln« verstanden.[35] Im Entwurf der Natur auf den Horizont umweltlicher Zuhandenheit und dessen methodischer Steigerung durch das wissenschaftliche Entdecken, das sie in der Physik auf pure Vorhandenheit von Gegenständen hin (Massenpunkte in raum-zeitlicher Bewegung) entwirft, bleibt mit der Natur selbst (was »webt und strebt«) die Geworfenheit und Befindlichkeit des Verstehens im Hintergrund.[36] In der Geworfenheit gründet aber die Zerstreuung ins Mannigfaltige des Seienden von Natur und Geschichte, die Faktizität, die mit der temporalen Interpretation des Seins im Faktum der Weltzeit (die entgegen der Meinung Kants am Physischen ebenso unmittelbar vorgefunden wird wie am Psychischen)[37] in die Hermeneutik des Daseins zurückkehrt. Daraus erklärt sich, warum Heidegger auf dem Weg zur Kehre das Seinsverständnis am »Seienden im Ganzen« orientiert. Die Möglichkeit, daß es Sein im Verstehen gibt, »hat zur Voraussetzung die faktische Existenz des Daseins, und diese wiederum das faktische Vorhandensein der Natur«.[38] Ja, mehr noch: daß sie schon »da« ist, gibt geradezu die Voraussetzung dafür ab, daß das Dasein als je faktisches sich tragen lassen kann von Seiendem, das es nicht ist, mit dem es sich aber zunächst gerade auf Grund der Zerstreuung identifiziert. Zum metaphysischen Wesen des

34 Vom Wesen des Grundes, in: Wegmarken, Frankfurt/M. 1967, S. 52.

35 Sein und Zeit, a.a.O., S. 70.

36 Vgl. O. Pöggeler, Der Denkweg Martin Heideggers, a.a.O., S. 208.

37 Sein und Zeit, a.a.O., S. 419.

38 Metaphysische Anfangsgründe der Logik im Ausgang von Leibniz, S. 199.

Daseins gehörig, bildet sie die Grundlage für eine *Metaphysik der Natur* im Sinne der *Physis*, die sich nach dem Erscheinen von ›Sein und Zeit‹ abzeichnet. Das Dasein, heißt es in der letzten Marburger Vorlesung, »kann sich tragen lassen von dem, was wir in ganz weitem Sinne Natur nennen. Nur was seinem Wesen nach geworfen und befangen in etwas ist, kann sich davon tragen und umfangen lassen«.[39]

Heidegger verkennt nicht die Abkunft des Sichtragenlassens aus dem mythischen Dasein, das sich dieser Seinsart nicht bewußt wird, wie es überhaupt das Wesen faktischer Zerstreuung ausmacht, daß die »Geworfenheit und Befangenheit sich selbst zutiefst verborgen bleibt und gerade dadurch die Einfachheit und ›Sorg-losigkeit‹ eines absoluten Geborgenseins in das Dasein kommt«.[40] Das mag die Latenz des hermeneutischen Problems der Natur erklären, und man denkt an dieser Stelle unwillkürlich an Heideggers Abwehr von Goethes »verschwommenem« Naturpantheismus, die sich bis ins Spätwerk durchhält. Aber das Hauptmotiv ist ein anderes. Es liegt in der fundamentalontologischen Transformation der *Hermeneutik der Faktizität* in eine *Metaphysik des Daseins*, die auf den Spuren von Husserl noch einmal die Absicht der theoretischen Selbstkonstitution der »Subjektivität des Subjekts« verfolgt und darüber an der »zwiefältigen Metaphysik« die von Kant entdeckte Seite der *Metaphysik der Sitten* (zeitweilig) aus dem Blick verliert.

Das erscheint überraschend, bedenkt man die Verwurzelung von Kants ›Metaphysik der Sitten‹ in der metaphysischen Naturanlage des Menschen, die von der Fundamentalontologie durch eine existenzial gewendete Kategorienlehre entfaltet werden soll. Und tatsächlich versteht Heidegger unter einer Metaphysik der Sitten soviel wie »Ontologie der Existenz«, die unter Berücksichtigung der Vieldeutigkeit des Kantischen Naturbegriffs und der Rede von der »menschlichen Natur« gegen das neukantianische Mißverständnis von Kants ethischem Formalismus auf den naturteleologischen

39 Ebd., S. 174.

40 Vgl. Hölderlins Hymnen ›Germanien‹ und ›Der Rhein‹, (1934/35) GA Bd. 39, S. 150.

Grund des Sittengesetzes zurückgeführt wird. Ich zitiere dazu den Passus aus der ›Grundlegung zur Metaphysik der Sitten‹ mit Heideggers Kommentar: »Die Wesen, deren Dasein zwar nicht auf unserem Willen, sondern der Natur beruht, (d. h. der Natur im Sinne der physischen Organisation), haben dennoch, wenn sie vernunftlose Wesen sind, nur einen relativen Wert als Mittel und heißen daher *Sachen*, dagegen vernünftige Wesen *Personen* genannt werden, weil ihre Natur (hier besagt Natur soviel wie φύσις gleich essentia) sie schon als Zwecke an sich selbst, d. i. als etwas, das nicht bloß als Mittel gebraucht werden darf, auszeichnet, mithin sofern alle Willkür einschränkt (und ein Gegenstand der Achtung ist).«[41] Dem entspricht in der existenzialontologischen Analytik die formale Bestimmung des Daseins als eines Seienden, das ontisch dadurch ausgezeichnet ist, daß es diesem Seienden in seinem Sein um dieses Sein selbst geht – die Struktur des Selbstverhältnisses, die in der Seinsverfassung des Daseins gründet, zu dem es gehört, »daß es in seinem Sein zu diesem Sein ein Seinsverhältnis hat. Und dies wiederum besagt: Dasein versteht sich in irgendeiner Weise und Ausdrücklichkeit in seinem Sein ... *Seinsverständnis ist selbst eine Seinsbestimmtheit des Daseins*«.[42] Was zuletzt sagt, daß seine ontische Auszeichnung darin besteht, daß es ontologisch ist.

Mit dem Verständnis von Natur als *Physis* kommt Kants formaler Naturbegriff ins Spiel (das »Wort Natur bloß in *formaler* Bedeutung genommen, da es das erste innere Prinzip alles dessen bedeutet, was zum Dasein eines Dinges gehört«, wie die Natur des Feuers, der Pflanze, der Person),[43] von dem Heidegger zu Recht zeigt, daß er nicht mit der Natur als Gegenstand der Naturwissenschaft gleichbedeu-

41 Grundlegung zur Metaphysik der Sitten, WW (Cassirer), Bd. 4, S. 286 f.; Heidegger, Grundprobleme der Phänomenologie (1927), GA Bd. 24, S. 196.

42 Sein und Zeit, S. 12.

43 Metaphysische Anfangsgründe der Naturwissenschaft, Vorrede, Akad. Bd. IV, S. 467.

tend ist.[44] Im Unterschied zum Neukantianismus erkennt Heidegger, daß Kant »die Transzendentalphilosophie vorordnet einer Metaphysik der Natur in dem Sinne, als Natur einen bestimmten Bezirk des Vorhandenen, etwa die physische Natur, umfaßt, die dann möglicher Gegenstand der Physik ist«.[45] Vor der Untersuchung metaphysischer Anfangsgründe der Naturwissenschaft sowie der Rechts- und Tugendlehre liegt die Grundlegung der Verfassung der Natur überhaupt, noch abgesehen davon, ob es physische oder psychische Natur ist. Was Kant im *Methoden*-Kapitel der ›Kritik der reinen Vernunft‹ unmißverständlich dahingehend ausdrückt, daß die Transzendentalphilosophie qua Ontologie zum Thema hat das System »aller Begriffe und Grundsätze, die sich auf Gegenstände überhaupt beziehen, ohne Objekte anzunehmen, die *gegeben wären*« (B 873), gegeben als Vorhandenes für den inneren oder äußeren Sinn. Aus der Perspektive von Heideggers früher Einsicht in die Aporie am Grunde der Metaphysik formuliert: Ähnlich wie bei Aristoteles beantwortet sich bei Kant die Frage der ersten Philosophie nach dem Sein von Seiendem (des Erscheinenden wie der ihm zugrundeliegenden »Dinge an sich«) nicht im Rekurs auf Seiendes als solches, sondern damit, daß »Sein« die »Natur überhaupt« ist, verstanden als Inbegriff der Prinzipien möglicher Erfahrung, wozu für Kant auch das Prinzip des Kategorischen Imperativs und die in ihm ausgesprochenen »Vorschriften« solcher Handlungen gehören, die »in der Geschichte des Menschen anzutreffen sein könnten« (B 835).

Wenn Heidegger den in der ›Grundlegung zur Metaphysik der Sitten‹ weiter ausgezogenen Begriffskreis der Natur (nach Kant das »einzig gegebene Objekt, in Ansehung dessen die Vernunft regulativer Prinzipien bedarf«)[46] hermeneutisch nicht aktualisiert, so läßt sich das gewiß mit dem Verlust des reinen Kreditivs einer Seinsordnung erklären,

44 Phänomenologische Interpretation von Kants Kritik der reinen Vernunft, GA Bd. 25, S. 63.

45 Ebd.

46 Kritik der reinen Vernunft, B 712.

wie sie Kants Metaphysik der Sitten und des Schönen in der Natur impliziert. Aber es hat auch einiges mit dem Einbruch von Husserls transzendental-phänomenologischer Konstitutionstheorie in die Gedankenführung von ›Sein und Zeit‹ zu tun.

Der Gedanke zielt im Hauptwerk auf die Konstitution des eigentlichen Ganzseinkönnens des Daseins im Vorlaufen zum Tod und die Freilegung der ekstatischen Bewegung der Zeitlichkeit als abschließendem Verstehenshorizont der Sorge, worin mit der Auszeichnung des Künftigen im Strukturmoment des *Sich-Vorweg-seins*, der Beziehung des Gewesenen auf das *Schon-Sein-In* ... und der Einschränkung des Gegenwärtigen im *Sein-bei-der-Welt* auf die augenblickliche Entschlossenheit der ethische Sinn des Sichaufhaltens in der Welt nicht nur unterbestimmt, sondern in die Bewegtheit der Zeit hineingerissen und damit verfehlt wird: das Problem der Transzendenz der Welt, das, ohne Bezug auf die Naturgegebenheiten von Geburt, Leiblichkeit und Einheit des Lebenszusammenhangs gestellt, seinen Angelpunkt in der Entrückung auf die Zukunft, der schematisierten Zeitekstase des »Umwillen seiner selbst«, findet.[47] Nach der Vorlesung über ›Metaphysische Anfangsgründe der Logik im Ausgang von Leibniz‹ (1928) und dem Kant-Buch (1929) konstituiert diese Bewegung den Zusammenhang der Transzendenz des Daseins mit der Freiheit im Übersteigen der Natur, den Vollzug der dem Menschen natürlichen Metaphysik. Seine Beschreibung verfängt sich in einer ähnlichen Aporie, wie sie die idealistische Transzendentalphilosophie durchzieht: »Die Objekte werden zuvor überschritten, genauer: das Seiende, was hernach Objekt werden kann. Das Dasein ist geworfenes, faktisches, durch seine Leiblichkeit ganz inmitten der Natur, und gerade darin, daß dieses Seiende, inmitten dessen es ist, und wozu es selbst gehört, von ihm überschritten wird, liegt die Transzendenz. Mit anderen Worten: das Dasein ist als transzendierendes über die Natur hinaus, obzwar es als faktisches von ihr umschlungen bleibt.

47 Vgl. Sein und Zeit, § 69, S. 364 f.

Als *transzendierendes*, d.h. als *freies* ist das Dasein der Natur etwas Fremdes«.[48] Insofern kann es nicht ethisch neutral sein: das Motiv dafür, weshalb Heidegger das Problem der Transzendenz mit dem des *Verhaltens* verknüpft. In der Abhandlung: ›Vom Wesen des Grundes‹ (1929) heißt es dazu: »Sofern ... das Dasein als Selbst existiert – und nur insofern – kann es ›sich‹ verhalten *zu* Seiendem, das aber vordem überstiegen sein muß. Obzwar inmitten des Seienden seiend und von ihm umfangen, hat das Dasein als existierendes die Natur immer schon überstiegen«.[49] Es läßt sie nicht sein, was sie ist. Im Blick auf die von uns hervorgehobene Unterscheidung am Ausgang von Heideggers Denkweg gesprochen: Es hält sich bei ihr nicht auf, weil der auf das »umwillentliche« Ganzseinkönnen gerichtete Entwurf alles faktisch Geworfene überschreitet. Wohin? Auf die Welt, die damit ganz der transzendierenden Bewegung anheimfällt. Die Welt wird als die »jeweilige Ganzheit des Umwillen eines Daseins durch dieses selbst vor es selbst gebracht. Dieses Vorsichselbstbringen von Welt ist der ursprüngliche Entwurf der Möglichkeiten des Daseins, sofern es inmitten von Seiendem zu diesem sich soll verhalten können. Der Entwurf von Welt aber ist, imgleichen wie er das Entworfene nicht eigens erfaßt, so auch immer *Überwurf* der entworfenen Welt über das Seiende«.[50]

In der Wiederholung des transzendentalen Begründungsdenkens bricht am Verhältnis von Natur und Welt die ganze Aporetik der Vergegenständlichung auf, die Heideggers Denkweg in die »Kehre« führt. Der Entwurf der Welt auf den Verstehenshorizont ihrer Durchsichtigkeit, die sie als jeweilige Ganzheit eines Daseins durch dieses selbst vor es selbst bringen soll, denkt sie wie einen Gegenstand, was dem Ansatz des In-der-Welt-Seins widerstreitet: »Welt als Ganzheit ›ist‹ kein Seiendes«, so sagt es Heidegger selbst, »sondern das, aus dem her das Dasein *sich zu bedeuten gibt*, zu

48 Metaphysische Anfangsgründe der Logik im Ausgang von Leibniz (1928), a.a.O., S. 212.

49 Vom Wesen des Grundes, in: Wegmarken, a.a.O., S. 35.

50 Ebd., S. 54f.

welchem Seienden und wie es sich dazu verhalten kann«.[51] Nach der Abhandlung ›Vom Wesen des Grundes‹ gehört dazu die Natur nicht. Sie ist nicht etwas, wozu wir uns verhalten – obwohl sich alles Verhaltenkönnen im Überstieg konstituiert. Kein Seiendes könnte offenbar werden, wenn es nicht *Gelegenheit* fände, in eine Welt einzugehen – wofür im Festhalten des Konstitutionsgedankens die Natur als exemplarische Seinsart einsteht. »Die physische Natur«, so wird im Umkreis von ›Sein und Zeit‹ die Aporie umschrieben, kann nur »innerweltlich vorkommen, wenn Welt, d. h. Dasein existiert. Die Natur kann aber sehr wohl in ihrer eigenen Weise sein, ohne innerweltlich vorzukommen, ohne daß menschliches Dasein und damit eine Welt existiert. Und nur weil die Natur *von sich aus* vorhanden ist, kann sie auch dem Dasein innerhalb der Welt begegnen«.[52]

III

Um diese Aporie zu lösen, konnte die »merkwürdig großartige Vereinfachung« (H.-G. Gadamer) nicht genügen, in der ›Sein und Zeit‹ das Überspringen des Weltphänomens am Anfang der abendländischen Philosophie zugunsten der Natur mit dem Prozeß der Naturvergegenständlichung in der neuzeitlichen Wissenschaft zusammengezogen und das leitende Seinsverständnis unter dieselbe Kategorie der »Vorhandenheit« gebracht hatte. Wenn das Dasein, nach den Andeutungen am Schluß von ›Sein und Zeit‹, seine umfassende ontologische Durchsichtigkeit erst im Horizont des geklärten Seins des nichtdaseinsmäßigen Seienden empfängt, das heißt auch dessen, was, nicht zuhanden und nicht vorhanden, nur »besteht«,[53] und wenn es zutrifft, daß die Welt nicht »besteht«, sondern sich »zeitigt«, dann fragt sich, wovon hier als einem »Bestehenden« die Rede ist: ob von der

51 Vom Wesen des Grundes, a.a.O., S. 55.

52 Phänomenologische Interpretation von Kants Kritik der reinen Vernunft (1927/28), a.a.O., S. 19.

53 Sein und Zeit, § 66, S. 333.

Natur, die auf eigene Weise da sein kann, indem sie sich in ihrem Kreis wiederholt? Von der Selbständigkeit des für sich bestehenden Dinges oder vom Werk der Kunst, das der Zeit widersteht und in der Welt des »Umwillen« keinen Ort hat? Von der Differenz des Seins vom Seienden, wie Heidegger rückblickend nahelegt,[54] die sich auf dem Hintergrund der Frage: Was ist Metaphysik? (1929) mit der Denkerfahrung des im ›Nicht‹ bestehenden Unterschieds artikuliert? Ist es die ontologische Differenz, die sich nicht vom menschlichen Dasein her verstehen läßt, weil der Mensch nur sein kann, was er »ist«, sofern er sich darin immer schon aufhält? Oder ist es gar der Aufenthalt selbst, der metaphysisch ungedachte, von der Seinsart des Zuhandenen und Vorhandenen her nicht zu denkende Bezug des Menschen zum Sein, der nicht vom Menschen geschaffen und auch dann nicht »nichts« ist, wenn sich das Sein im Gang der Metaphysik in die Vergessenheit zurückzieht?

In der Tat sind es diese sich auf dem Weg der Kehre erschließenden Bekundungszusammenhänge der Wahrheit des Seins von nichtdaseinsmäßigem Seienden, die das Sichkundgebenlassen der Phänomene vor die Aufgabe eines hermeneutisch vertieften Verständnisses der Natur und Sitten stellt. Es handelt sich um die großen Einzugsbereiche des »Seienden im Ganzen«, wohin der Mensch hinaussteht und sich im Hinblick auf den Bezug zum Sein versteht; Bereiche, an denen sich im Ausschreiten der Kehre vom Dasein zum Sein des »Da« die Wahrheit im Ganzen als Unverborgenheit »lichtet« und immer wieder verbirgt, also zur Auslegung gebracht werden muß. Obwohl Heidegger dabei den Titel: »Hermeneutik« preisgibt, hat er doch am *Hermeneutischen* selbst im ursprünglichen Sinne des *Bringens von Botschaft und Kunde* festgehalten. Die Sache des Denkens bleibt dieselbe: die

54 Brief über den Humanismus, in: Wegmarken, a.a.O., S. 154, mit Verweis auf ›Sein und Zeit‹, § 44: »Was es bedeutet: ›Sein ist‹, wo es doch von allem Seienden unterschieden sein soll, kann erst konkret gefragt werden, wenn der Sinn von Sein und die Tragweite von Seinsverständnis überhaupt aufgeklärt sind« (230).

Auslegung menschlichen In-der-Welt-Seins, das sich verstehen kann als in seinem »Geschick« verhaftet mit dem Sein von Seiendem, was innerhalb seiner eigenen Welt begegnet. Sie hat sich lediglich »gedreht«, sofern es auf dem Weg der Kehre um die Annahme des Geschicks des Seins geht, d. h. um das auslegende Entgegennehmen desjenigen, was dem Denken im hörenden und erblickenden Entsprechen widerfährt: »Es galt und gilt noch, das Sein des Seienden zum Vorschein zu bringen; freilich nicht mehr nach der Art der Metaphysik, sondern so, daß das Sein selbst zum Scheinen kommt. Sein selbst – dies sagt: Anwesen des Anwesenden, d. h. die Zwiefalt beider aus ihrer Einfalt«.[55] Die Zwiefalt ist die seinsgeschichtlich entfaltete Differenz, die den Menschen zu ihrem Wesen in Anspruch nimmt, weil der Mensch erst dann sein kann, was er »ist«, wenn er dem Zuspruch der Zweifalt entspricht und sie in ihrer Botschaft bekundet. Damit tritt als das Vorwaltende und Tragende in der Beziehung des Menschen zum Sein die *Sprache* heraus. Sie bestimmt das hermeneutische Verfahren der Auslegung, das sich nicht nach Art der ästhetischen Metaphysik auf Chiffren, sondern auf Winke und Gebärden von Worten bezieht, Urworte des Denkens wie *Logos, Physis, Ethos*, die sie auslegend zum Sprechen bringt und an Seinserfahrungen ausweist. Und sie bestimmt den *hermeneutischen Bezug*, diesen Titel so verstanden, wie er nach Heidegger gefaßt werden muß: als »Bezug« im Sinne von Brauchen und Beibringen, weil der Mensch in seinem Wesen gebraucht ist und in einem Brauch steht, der ihn beansprucht.[56]

Durchdenken wir diese Sätze aus dem Spätwerk, dann gewahren wir noch einmal die Einheit von Heideggers Denkweg. Und wenn wir bedenken, daß »Brauchen« und »Brauch«, »in Gebrauch nehmen«, Grundworte der von den Griechen herkommenden *Ethik* sind, der Prinzipienlehre der praktischen Philosophie, dann erschließt sich uns in der Verschiedenheit der Wege vor und nach der Kehre die Ein-

55 Aus einem Gespräch von der Sprache (1953/54) in: Unterwegs zur Sprache, Pfullingen 1959, S. 122.

56 Ebd., S. 125.

heit von Heideggers Werk. Im Zusammenhang unserer Fragestellung erscheint der Rückgang in den Grund der Metaphysik als ein dreifacher Gang: als Schritt zurück hinter die theoretische Metaphysik der Natur (1), hinter die ästhetische Metaphysik des Schönen (2) und schließlich hinter die praktische Metaphysik der Sitten (3). In jedem der drei Schritte spielt mit der Entfaltung der Naturhermeneutik die entfaltete Differenz hinein, worin die »metaphysische Naturanlage des Menschen« wurzelt, die nach der Kehre nichts anderes meint als die zum Menschsein gehörige Unterscheidung des Seins vom Seienden. Der Rückgang in den Grund der Metaphysik sucht dann zu erfahren, was die Unterscheidung selbst und als solche in sich trägt: den hermeneutischen Bezug des Menschen zum Sein.[57]

Dem kann ich hier nicht mehr nachgehen. Ich beschränke mich darauf, die einzelnen Schritte ein Stück weit mitzugehen, bis an den Punkt, wo sie zusammenlaufen. Den Schritt hinter die Metaphysik des Schönen habe ich an die zweite Stelle gesetzt; nicht nur aus chronologischen Gründen, weil die Schrift über den »Ursprung des Kunstwerks« (1936) entstanden ist, als der Schritt hinter die Metaphysik der Natur, wie sie Heidegger in der Nachfolge von Kant und Husserl als regionale Ontologie der Naturwissenschaft konzipiert hatte, schon getan war. Und was die entscheidende Zuwendung zu Hölderlin (in der Vorlesung von 1934/35: Hölderlins Hymnen ›Germanien‹ und ›Der Rhein‹) erbrachte, konnte den eingeschlagenen Denkweg nur bestätigend vertiefen. Er setzt, allerdings, beim Phänomen der Stimmung an, das nach der Metaphysik des Schönen von Kant abwärts über Novalis und Hölderlin bis hin zu Dilthey die Natur im Ganzen erschließt, ohne daß sich mit diesem Ganzen in der Beziehung auf das Naturschöne die noch für Kant fraglose Hinnahme einer teleologischen Naturordnung verbindet: »Natur ist ursprünglich im Dasein offenbar dadurch, daß dieses als befindlich-gestimmtes *inmitten von* Seiendem existiert. Sofern aber Befindlichkeit (Geworfenheit) zum We-

57 Nietzsche, Bd. 2, Pfullingen 1961, S. 242-246.

sen des Daseins gehört und in der Einheit des vollen Begriffs der *Sorge* zum Ausdruck kommt, kann allein hier erst die *Basis* für das *Problem* der Natur gewonnen werden«.[58] Gewiß: von den Phänomenen der Stimmung und Befindlichkeit führt kein Weg zur Bestimmung der Natur als *Physis* und deren Beziehung auf die *Erde* als Stätte menschlichen Wohnens, wie sie die Abhandlung über das Kunstwerk am Beispiel des Tempels vor Augen legt.[59] Wohl aber vom Phänomenzusammenhang, den Heidegger »Sorge« nennt: am Anfang seines Denkens das Wort für *Praxis*. Was in der Einheit des vollen Begriffs der Sorge zum Ausdruck kommt, geht in die Richtung, den Menschen wieder in sein Wesen zurückzubringen.[60] Es verweist auf die *Ethik*, worunter im Zusammenhang der Kehre die Besinnung auf den Aufenthalt im Sinne des Wohnens auf der Erde verstanden wird. Und diese Besinnung – das ist das Neue, was die »Kehre« bringt und im Durchdenken der Katastrophen dieses Jahrhunderts Schritt für Schritt entfaltet – bezieht von vornherein die Natur in sich ein.

Wir können das Heideggers Absicht entnehmen, die ontischen Konnotationen der Umweltnatur durch phänomenologische Beschreibungen von Umringcharakteren des Lebendigen abzubauen, der in sich zentrierten Seinsweisen des Pflanzen- und Tierreiches, die nichts für uns Vorhandenes sind. So erscheinen sie nur der Alltäglichkeit des Daseins, das diese Auffassung als die »natürliche« ausgibt und den

58 Vom Wesen des Grundes, Wegmarken, a.a.O., S. 52 Anm.

59 Der Ursprung des Kunstwerks, in: Holzwege, S. 31. Vgl. dazu die systematische Interpretation bei F.-W. von Herrmann, Heideggers Philosophie der Kunst, Frankfurt/M. 1980, S. 117ff. – Es verdient hervorgehoben zu werden, daß die Erde als Figur bereits in der Cura-Fabel des Hyginus vorkommt, die ›Sein und Zeit‹ zur Verdeutlichung der Interpretation des Daseins als Sorge heranzieht (§ 42, a.a.O., S. 197f.). Als »Begriff« entsteht sie im Kontext des »Schrittes zurück« hinter die Metaphysik der Natur zur Physis, was schon die Vorlesung über den Anfang der abendländischen Philosophie (1932) anzeigt.

60 Brief über den Humanismus, a.a.O., S. 151.

Weg dazu verlegt, die »spezifische Natürlichkeit in der Natur selbst zu sehen«.[61] Diese Analysen muß ich beiseitelassen, obwohl sie für die heutige Diskussion um ein »ökologisches« Naturverständnis höchste Aktualität haben. Uns interessiert ein anderes: nämlich daß Heidegger Vormeinungen dieser Art am Leitfaden der Winke und Gebärden aufbricht, die solche Worte wie *Physis* und *Ethos* umspielen: Urworte des Denkens, was »Metaphysik« und »Ethik« nicht sind.

So ist denn die im Schritt zurück hinter die Metaphysik der Natur gesuchte »Metaphysik« eine solche der *Physis* in dem Sinne, wie Heidegger das Wort auslegt: als sich selbst bildendes Walten des Seienden im Ganzen. *Physis*, das Waltende, »besagt nicht nur das *Waltende* selbst, sondern das Waltende in seinem Walten oder das *Walten* des Waltenden«. In dieser Doppeldeutung offenbart es sich im Gefolge der denkerischen Auseinandersetzung mit dem Waltenden in der ihm wesentlichen Unentschiedenheit. Was für die unmittelbare Erfahrung das übermächtig Waltende ist, nimmt für sich den Namen φύσις in Anspruch: »das Himmelsgewölbe, die Gestirne, das Meer, die Erde, das, was den Menschen ständig droht, zugleich aber auch wieder schützt, fördert, trägt und nährt, was so bedrohend und tragend von sich aus waltet, ohne das Zutun des Menschen«.[62] In der Weite jener Erfahrung, die ursprünglich das Göttliche mitumfaßt, steht auch das *Ethos* als Ausdruck des »Waltenden« im menschlichen Lebensverlauf. Was der Mensch an sich erfährt, Zeugung, Geburt, Kindheit, Reifen, Altern, Tod, sind keine »Geschehnisse in einem heutigen und engen Sinn des spezifisch biologischen Naturvorgangs, sondern gehören in das allgemeine Walten des Seienden«.[63] Und darüber hat sich der Mensch immer wieder ausgesprochen, seit er sich in der Sprache aufhält. Zur Aussprache gebracht wird das Walten des waltenden Seienden im Ganzen, seine Ordnung und

61 Die Grundbegriffe der Metaphysik. Welt-Endlichkeit-Einsamkeit, GA Bd. 29/30, S. 401 ff.

62 Ebd., S. 46.

63 Ebd., S. 38 f.

Satzung, das *Gesetz*. Es ist kein Gegensatz, sondern die »Gegenerscheinung« zur *Physis* – »was die Griechen νόμος, Setzung, Satzung nennen oder ἦθος, Gesetz, Regel im Sinne des Sittenhaften, was auf Bindung aus Freiheit und auf Zuweisung aus Überlieferung beruht ..., was dann unter dem Einfluß der Moral zum Ethischen herabgesetzt wurde«.[64] Wie Heidegger im Schritt zurück hinter die Metaphysik der Natur den verborgen fortwirkenden Anfang und Ursprung der »Physik« aufsucht und in der Auslegung des Waltens der *Physis* findet, so sucht er im Schritt hinter die Metaphysik der Sitten nach einer »Ethik«, die ebenso, wenn auch in anderer Hinsicht, auf das Walten des Seienden im Ganzen hinausdenkt und insofern meta-physisch ist. Denn Physik und Ethik als Moralwissenschaft, das ist Heideggers Überzeugung am Ausgangspunkt der Kehre, können nie durch Wissenschaft selbst, sondern nur durch eine »andere Metaphysik, d. h. eine neue Grunderfahrung des Seins, verändert werden«. Und diese Veränderung muß ausgehen von der ursprünglichen Nennkraft der Grundworte des Denkens, die schon eine wesentliche Auslegung des Seins sind.[65] Das Wort *Ethos* bedeutet das Sichaufhalten an einem gewohnten Ort, dem Wohnort, der für Heidegger auf das Wohnen des Menschen inmitten des Seienden verweist; genauer und der Gebärde des Wortes *Ethos* gemäß: auf die alles Verhalten durchwaltende Haltung.[66] Im Gegensatz zum Unwesen der Ethik als neuzeitlicher Sitten- und Tugend- und Wertlehre ist das »Wesentliche am *Ethos* die Art, wie der Mensch sich an das Seiende hält und dabei sich behält und hält und sich halten läßt«. Als Bindeglied zwischen *Physis* und *Ethos* erweist sich so das Sich-im-Erscheinen-Halten, das Heidegger dem Spielraum des griechisch »gesagten« Wortes *Physis* entnimmt: »Es sagt das von sich aus Aufgehende (z. B. das Aufgehen einer Rose), das sich eröffnende Entfalten, das in

64 Vgl. Einführung in die Metaphysik, GA Bd. 40, S. 18.
65 Vgl. Hölderlins Hymnen ›Germanien‹ und ›Der Rhein‹, GA Bd. 39, S. 196.
66 Heraklit, S. 206 und 217.

solcher Entfaltung in die Erscheinung-Treten und in ihr sich Halten und Verbleiben ...«[67]
Darum richtet sich auch das Wissen der alles Verhalten durchwaltenden Haltung, die *Ethik* im Sinne der »Urmeinung« des Wortes, auf das Seiende im Ganzen, obwohl es den Anschein hat, als würde sie nur den Menschen in den Blick nehmen, also anthropologisch begründet sein. Das scheint nur so. Denn der Mensch wird in der ursprünglich hermeneutischen Ethik, wie sie Heidegger vorschwebt, nicht als ein abgesonderter Teil des Ganzen betrachtet, sondern »gerade nach der Hinsicht, daß der Mensch und er allein an das Seiende im Ganzen sich hält, zum Seienden im Ganzen sich verhält und so sich selbst, d. h. dieses Verhalten je aus einer Haltung ... vollzieht und pflegt; τό ἦϑος ist die Haltung des Aufenthalts des Menschen inmitten des Seienden im Ganzen«.[68] Der Mensch scheint so die Mitte des Ganzen zu sein und ist sie auch wiederum nicht. Im Seinszusammenhang des *Ethos* verbirgt sich vielmehr, was der Mensch »ist«, das eigentümliche, ihn auszeichnende Wesen. »Der Mensch (ich zitiere noch einmal) ist, wohnt inmitten des Seienden im Ganzen ohne doch dessen Mitte zu sein im Sinne eines Grundes, der alles Seiende vermittelt und trägt«.[69]
Auf diesem Hintergrund ist Heideggers Bemühen zu sehen, über den im Wort *Physis* gelegenen Hinweis auf das »Wesen der Wahrheit« im Doppelsinn der Entbergung und Verborgenheit des Seins die Aporie aufzulösen, in der sich die frühe Charakterisierung der *Aletheia* als Unverborgenheit im Rückgang auf das Aristotelische Verständnis des Natürlichen als desjenigen, was von sich aus immer schon da und entborgen ist, verfangen hatte. Damit wurde es möglich, das Heraklitische Fragment (B 123: φύσις... κρύπτεσϑαι φιλεῖ mit dem der Sache angemesseneren Satze zu umschreiben: »Das Walten der Dinge hat in sich selbst das Streben, sich zu verbergen«. Oder, in Heideggers Anverwandlung des Heraklitischen Ausspruchs für das eigene Denken: »Das

67 Einführung in die Metaphysik, a.a.O., S. 16.
68 Hölderlin, S. 206.
69 Ebd., S. 206.

Walten des Seienden im Ganzen hat in sich selbst das Streben, sich zu verbergen«.[70] In der Auslegung des Spielraums der *Physis* und ihrer Zusammengehörigkeit mit dem *Ethos* ließ sich dann aus der so gegebenen Endlichkeit und Wandelbarkeit der dem Menschen möglichen Wahrheit der Gedanke der Seinsgeschichte entwickeln, worin die Hermeneutik der Natur auf das Niveau der Frage nach dem Sinn, d. h. nach der Wahrheit des Seins, gehoben werden konnte.

Damit wurde es für Heidegger möglich, im Schritt über die »erste« zur »anderen Philosophie« hinaus zusammenzunehmen, was im Umkreis von ›Sein und Zeit‹ auseinanderfiel: Das Bewegtsein als Geschehensvollzug des Verstehens in der Zeit mit der Besinnung auf den Aufenthalt, den Bezug des Menschen zur Wahrheit des Seins; eine Möglichkeit, die das seinsgeschichtliche Denken so vollbringt, wie es sich in Kunst und Dichtung geschichtlich schon vollbracht hat. Daher die Zuwendung zum Kunstwerk, die das Problem der Naturhermeneutik dorthin zurückstellt, wo es zwischen Kant und Dilthey entstand: »Die Kunst und ihr Werk sind nur notwendig als ein Weg und als ein Aufenthalt des Menschen, in dem ihm die Wahrheit des Seienden im Ganzen sich eröffnet«.[71] Und daher die Notwendigkeit, die Aufgabe der Ethik im Zeitalter der Atomphysik neu zu durchdenken. So wie es der ›Brief über den Humanismus‹ (1946) für die Sache des Heideggerschen Denkens selbst anzeigt: »Soll ... der Name Ethik dies sagen, daß sie den Aufenthalt des Menschen bedenkt, dann ist dasjenige Denken, das die Wahrheit des Seins als das anfängliche Element des Menschen als eines eksistierenden denkt, in sich schon die ursprüngliche Ethik«.[72]

70 Die Grundbegriffe der Metaphysik, a.a.O., S. 41 und 51.
71 Nietzsche, Bd. 1, S. 100.
72 Wegmarken, a.a.O., S. 187.

Wie ist eine Ethik der Natur möglich?

Heidegger und die Notwendigkeit des »anderen Anfangs« der Philosophie

Die Frage meines Vortrags richtet sich an die mit der ökologischen Krise unseres Jahrhunderts aufgekommenen Versuche, das herkömmlich anthropozentrische Feld der Ethik als Lehre vom sittlich verantwortlichen Verhalten des Menschen gegenüber sich selbst und seinesgleichen um die Dimension eines verantwortlichen Verhaltens gegenüber der Natur zu erweitern. Sie ist kantisch formuliert, was Kant, der Inaugurator dieser Art von Anfragen, die transzendentalphilosophisch nach den »Bedingungen der Möglichkeit« einer Wissensdisziplin fragen, gewiß nicht gebilligt haben würde. In der *Sache* nicht, weil sich *Natur* im transzendentalen Sinne des »Daseins aller Erscheinungen unter Gesetzen« durch Anschauungsbedingungen konstituiert, die keinen Ansatzpunkt für eine ethische Lehre gewähren. Und *methodisch* nicht, weil sich die Frage nach der »Bedingung der Möglichkeit« auf die Konstitution von Naturgesetzen einschränkt: was ihre Gesetzlichkeit ermöglicht; eine Fragestellung, die die Kantische Ethik für das Sittengesetz als einem »Faktum der Vernunft« bekanntlich ausschließt. Zwar fragt auch Kant über anthropozentrische Voraussetzungen der bisherigen Ethik hinaus. Aber seine Frage gilt nur der Unterscheidung eines empirisch bedingten vom erfahrungsfreien Zugang zur Ethik, dem Unterschied der *Anthropologie* als menschen-sitten- und völkerkundlicher Ausgelegtheit von einer *Metaphysik der Sitten*, »um zu wissen, wie viel reine Vernunft ... leisten könne, und aus welchen Quellen sie selbst diese ihre Belehrung a priori schöpfe, es mag übrigens das letztere Geschäft von allen Sittenlehrern (deren Namen Legion heißt), oder nur von einigen, die Beruf dazu fühlen, getrieben werden«.[1]

1 Grundlegung zur Metaphysik der Sitten, Vorrede, Akad. IV, S. 388 f.

Legion, das sind inzwischen die Namen derer, die eine Naturethik, auch Umwelt- oder Bioethik genannt, vertreten und dabei teils auf metaphysische, teils auf naturästhetische »Quellen« zurückgreifen. Und da sich nicht wenige von ihnen auf Heidegger stützen, mag es erlaubt sein, mit Heidegger, der wie kein anderer nach Kant und Hegel die Transzendentalphilosophie über ihre Grenzen hinausgebracht und die ethische Dimension der Verantwortlichkeit in ihrer ganzen Tiefe durchmessen hat, diese Frage zu stellen: *Wie ist eine Ethik der Natur möglich?* Im Zuge der Besinnung auf die in Heideggers Seinsfrage von Anbeginn freigelegte Dimension der *Sprachlichkeit* der Verantwortung lautet unsere These: Eine Ethik der Natur ist nur auf dem Boden einer *Naturhermeneutik* möglich: als Auslegung des *Seinsverhältnisses*, das zwischen menschlichem »Da-sein« und dem Erscheinen des Natürlichen in der Natur spielt.

Von einem »Verhältnis« sprechen auch die Vertreter der heutigen Naturethik, aber so, daß sie sich den Spielraum des Seins im Erscheinen von Natur im Begriffshorizont der traditionell-ontischen *Naturmetaphysik* verstellen. In diesem Ansatz einer Ethik geht es »wesentlich um ein *Verhältnis* des Menschen zur Natur – als dem nicht von ihm Gemachten, vielmehr allen Machen und Handeln (Poiesis und Praxis) vorausliegendem Substrat. Und zwar liegt es voraus und zugrunde sowohl auf der Objekt- wie auf der Subjektseite«.[2] Das Substrat ist »natürlich«: auf der Seite des Objekts die *Materie* als vermeintlich statisches Material und »Rohstoff« der Technik, auf der Subjektseite ein von Natur *aus sich* bewegtes Substrat, nämlich *Leben*, das durch seine *Umwelt* ermöglicht wird. Durch *dieses* Verhältnis motiviert sich der ökologische Ansatz einer Ethik der Natur. Das Lebewesen »Mensch« fällt kraft seiner »Vernunft« aus der natürlichen Umwelt heraus, die alles Lebendige umgibt. Und seit dem Aufkommen der neuzeitlichen Naturwissenschaft und der aus ihr entbundenen Technik ist er in der Lage, sich immer

2 Vgl. R. Maurer, Ökologische Ethik. In: W. Beer/G. de Haan (Hrsg.), Ökopädagogik, Weinheim 1985, S. 57f.

weiter über die Natur zu erheben, sie als Objekt zu distanzieren und schließlich über technisch fortschreitende Eingriffe in die Umwelt das Leben selbst zu vernichten. »Verhältnis« heißt dann die Distanz, die zwischen menschlichem Verstand (oder Vernunft) als einem Handlungsfaktor einerseits und der objektivierten Natur andererseits besteht und einen Freiheitsspielraum eröffnet, der die Naturethik zu ihrer Frage führt: wie der »wissenschaftlich-technische Verstand« dahin geleitet werden kann, daß der Mensch die technische Naturbeherrschung »nicht beliebig ins Werk setzt, sondern nur so, daß dabei Leben ermöglichende Umwelt nicht zerstört wird und in seiner natürlichen Vitalität nicht verkümmert«.[3]

Wir haben den Ansatz dieser Ethik nicht weiter nachzuzeichnen, um zu erkennen, daß er ganz auf metaphysischen Vorstellungen vom Menschen als einem *animal rationale* beruht. So muß sie sich denn zwangsläufig des Minimalvokabulars der antiken und neuzeitlichen Metaphysik bedienen, der Rede von der Materie als »Substrat« oder »Rohstoff«, von »Objekt« und »Subjekt«. Aber damit nicht genug. Als ob sich das von selbst verstünde, begründen die Vertreter der Naturethik ihren Ansatz im Gesichtskreis von »Wert« und »Gesetz«. Der Kreis scheint sich zu erweitern. Wenn Werte, in der Bahn neuzeitlicher Subjektphilosophie gedacht, die »Vergegenständlichung der Bedürfnisziele des vorstellenden Sicheinrichtens in der Welt als dem Bild«[4] sind, dann kann »Bedürfnis« vieles heißen, vom Hunger, der durch Bearbeitung und Aneignung natürlicher Ressourcen zu befriedigen ist, bis hin zum naturästhetischen Gefühl, das eine Landschaft als »schön« empfindet und darin das Natürliche, um mit Kant zu sprechen, als *zweckmäßig*, ja, *selbstgenügsam* und über menschliche Zwecksetzungen *erhaben* freigibt.

Der Rückgriff der ökologischen Ethik auf die metaphysische Lehre vom Naturschönen entfaltet jedoch nicht die in ihr

3 Ebd., S. 59.

4 Vgl. M. Heidegger, Die Zeit des Weltbildes, in: Holzwege, GA Bd. 5, Frankfurt/M. 1977, S. 101 ff.

angelegte Metaphysik des Erhabenen der Natur, die bei Heidegger zur Verwandlung der Naturästhetik in eine Hermeneutik des Natürlichen in der Natur weiterführt. Das hat Gründe, die ich, bevor meine These differenziert werden kann, wenigstens kurz darlegen möchte; wie ich überhaupt zur Verständigung über unser Thema die ökologische Fragestellung näher beleuchten muß. Den Hauptgrund sehe ich in der Gleichsetzung des ästhetischen Naturgefühls mit dem »Erleben« als einem »Wertempfinden«, die hinter der hermeneutischen Wende zum Verstehen zurückbleibt und die Subjekt-Objekt-Beziehung, statt sie zu überwinden, für das Verhältnis von Mensch und Natur befestigt: »Werthaft bestimmt ist Naturschönheit lediglich in Relation zum Betrachter, der sie genießt«, – eine utilitaristische Argumentation, die das Schöne mit dem Angenehmen und Nützlichen verwechselt und die Empfänglichkeit für das Naturschöne durch die Universalisierung des Wertbegriffs mystifiziert. Sofern der Mensch ein Bedürfnis danach kennen soll, die »Welt der Dinge mit einem phänomenal von jedem Bedürfnis abgelösten, selbständigen – ästhetischen oder metaphysischen – Wert auszustatten, ist die Natur Ressource für ihn auch in dem Sinne, daß sie die metaphysische Durchdringung, die religiöse Kontemplation, die ästhetisch-erotische Besetzung erlaubt«.[5]

Der naturästhetische Ansatz im Gesichtskreis des *Wertes* bleibt anthropozentrisch. Er kann die Frage, ob es eine in engerem Sinne ethische Verpflichtung dafür gibt, die Natur als an ihr selbst schützens- und bewahrenswert zu betrachten, nicht beantworten. Das trifft auch für den Ansatz im Gesichtskreis des *Gesetzes* zu, die Versuche, im Anschluß an die Kantische Lehre von der Gesetzgebung der moralisch-praktischen Vernunft eine solche Verpflichtung zu begrün-

5 Vgl. D. Birnbacher, Sind wir für die Natur verantwortlich? In: D. Birnbacher (Hrsg.), Ökologie und Ethik, Stuttgart 1980, S. 132f. Einen neuen Ansatz unter (stillschweigender) Anknüpfung an Heideggers Termini der »Befindlichkeit« und »Umgebung« unternimmt G. Böhme, Für eine ökologische Naturästhetik, Frankfurt/M. 1989.

den. »Gesetz« ist bei Kant »ein Satz, der einen kategorischen Imperativ (Gebot) enthält«.[6] Und da der Imperativ nicht auf »vernünftige Wesen überhaupt (deren es etwa auch heilige geben könnte), sondern auf Menschen als vernünftige *Naturwesen* geht«, beschränkt sich Kants Ethik auf eine Begründung der »Pflicht des Menschen *gegen* den Menschen (sich selbst oder andere Wesen)«.[7] Zwingt nun die Gefahr der Zerstörung unserer Umwelt und natürlichen Vitalität zur Rücksichtnahme auf die außermenschliche Natur, verliert der Kategorische Imperativ: »Handle nur nach derjenigen Maxime, durch die du zugleich wollen kannst, daß sie ein allgemeines Gesetz werde«, den beanspruchten Charakter der Unbedingtheit. Er muß dann im zweiten Teil lauten: »... durch die du zugleich wollen kannst, daß sie *im Rahmen des von Natur Möglichen* ein allgemeines Gesetz werde«.[8] Wobei das »von Natur Mögliche« nach R. Maurer, dem sich diese Umformulierung verdankt, nicht nur dasjenige wäre, was eine wissenschaftlich erkannte Natur an technischen Potentialen in die Hand des Menschen gibt, sondern einen handlungs-orientierenden Sinn hätte, den eine sensibel vernehmende Vernunft erkennen könnte.

Maurer beruft sich dafür auf Heidegger, dem er in dem von mir herausgegebenen Sammelband zur ›Rehabilitierung der praktischen Philosophie‹ eine bedeutende Studie gewidmet hat.[9] Worin die »sensibel vernehmende Vernunft« besteht, wird freilich nicht verdeutlicht, weder von Kant noch von Heidegger her, dessen Seinsdenken Maurer, mißverständliche, wie mir scheint, als »erste Philosophie« versteht. So

6 Metaphysik der Sitten, Einleitung IV, Akad. VI, S. 227.

7 Metaphysische Anfangsgründe der Tugendlehre, Einleitung I, Akad. VI, S. 379.

8 Vgl. R. Maurer, Ökologische Ethik? In: Allgemeine Zeitschrift für Philosophie, Jg. 7 (1982), S. 24.

9 Von Heidegger zur praktischen Philosophie, in: M. Riedel (Hrsg.), Rehabilitierung der praktischen Philosophie, Bd. 1, Freiburg 1972, S. 415 ff.; modifiziert auch in: R. Maurer, Revolution und ›Kehre‹. Studien zum Problem gesellschaftlicher Naturbeherrschung, Frankfurt/M. 1975, S. 24 f. und 41.

vermag er nicht zu sehen, daß Heideggers Denkweg, statt in »praktischer Philosophie« zu münden, von ihr ausgeht, d.h. von Anbeginn unterwegs zu einer »anderen Philosophie« ist, der »zweiten«, wie sie in Abhebung von der durch Husserls Phänomenologie erneuerten Idee der »ersten Philosophie« genannt werden könnte. Und in ihr, das will meine These sagen, ist von Anbeginn die Naturphilosophie im Sinne einer Hermeneutik der Natur enthalten.

Ich nehme damit die Frage nach der Natur auf, die mein Lehrer Karl Löwith, zusammen mit Oskar Becker, einem der ältesten Heidegger-Schüler, im Blick auf die in ›Sein und Zeit‹ beabsichtigte Ausarbeitung eines »natürlichen Weltbegriffs« an Heidegger gerichtet hat. Aber ich frage sie nicht in der rückwärts gewandten Blickrichtung einer kosmisch autarken »Natürlichkeit der Natur«, sondern so, wie sie sich Heidegger am Beginn seines Denkwegs gestellt hat: als Frage nach dem Verhältnis zwischen menschlichem In-der-Welt-Sein und der erscheinenden Natürlichkeit *in* der Natur. Es ist die Fragestellung einer »anderen«, der »zweiten Philosophie«, diesen Titel so verstanden, wie er von Aristoteles und Kant her verstanden werden muß: als Besinnung auf das Verhältnis der »ersten« zur »zweiten Natur«, aristotelisch gesprochen: der *Physis* zum *Ethos* des Menschen. Weil sie beide »in Bewegung sind«, fallen sie von Aristoteles bis hin zu Kant aus dem Einzugsbereich der »ersten Philosophie« heraus, der nacharistotelisch so genannten Transzendentalphilosophie oder Metaphysik, die nach dem Seienden als solchen, d.h. hinsichtlich seines Seins, fragt, ohne Bewegtseiendes wie Leben (βίος) oder Verhalten und Handeln (πρᾶξις) in sich einzubeziehen.[10]

Eben dies hat Heidegger getan; in Übereinstimmung mit Kant, für den »Bewegung eines Objekts im Raum« zwar nicht in eine reine Wissenschaft vom Typ der Geometrie, aber Bewegung als Beschreibung eines Raumes im Handlungsvollzug der sukzessiven Synthesis des Mannigfaltigen in der äußeren Anschauung durch produktive Einbildungs-

10 Aristoteles, Met. XI 3, 1061b 5 ff.

kraft nicht allein zur geometrischen Grundwissenschaft der Natur, sondern »sogar zur Transzendentalphilosophie gehört«.[11] Und in dieser erweiterten Form wird sie dann zur »Metaphysik von der Metaphysik«, nämlich der *Natur* und *Sitten*. Die Idee einer »zwiefältigen Metaphysik« bildet den Hintergrund für die von Heidegger auf dem Weg zu ›Sein und Zeit‹ vollzogene Verwandlung der traditionell-ontologischen Frage nach dem Sein von Seiendem zur Frage nach dem »Sinn des Seins«: Ist es möglich, sich erkennend und handelnd zum Seienden zu verhalten, ohne »Sein« zu verstehen? Was bedeutet und worauf beruht das Verstehen von »Sein«?[12] Sofern diese Fragestellung hermeneutisch motiviert ist, zeichnet sich darin das Problem einer Naturhermeneutik ab; *pro-ontologisch*, wie ich im I. Teil meines Vortrags zeigen möchte, da die Anknüpfung der Seinssinnfrage an ein ursprünglich gelebtes Seinsverständnis noch nicht auf eine Fundamentalontologie zielt. Daher kommt es mir zur Vorverständigung über unser Thema darauf an, den fundamentalontologischen Ansatz von ›Sein und Zeit‹ genauer ins Auge zu fassen, was ich im II. Teil unter dem Gesichtspunkt der von Löwith und Becker vermißten Frage nach der Natur versuche. Und in einem III. Teil werde ich dann ausführen, wie sich auf dem Hintergrund der hermeneutisch ungeklärten Problematik des Verhaltens zur Natur der fundamentalontologische Weg »kehrt«: *metontologisch*, um Heideggers Ausdruck für den ersten Schritt in die »Kehre« zu gebrauchen. Im »Zurückschlagen« des Leitfadens der ursprünglichen Sinnfrage auf ihren Ursprung fragt die Metontologie nach dem Sein des Seienden im Ganzen; nicht nur der *Natur* und *Sitten*, sondern der *Kunst*, die als eine Hermeneutik des Naturschönen auf der Grundlage der von Heidegger neu verschlossenen Erfahrung des Erhabenen in der Natur verstanden werden darf (III). Erst hier läßt sich die Frage der Naturethik so stellen, daß sie sich nicht ökologisch auf unsere Umwelt einschränkt. Im Umkreis der metontologisch

11 Kritik der reinen Vernunft, B 155, Anm.

12 Vgl. Kant und das Problem der Metaphysik (1929), Frankfurt/M. 1931², S. 201.

verwandelten Fragestellung kommt das »Seinsdenken« als die »eigentliche Ethik« zur Sprache, die keine von satzmäßig formulierten Gesetzen und Werten, sondern eine der *Verhaltenheit* ist: des *Ethos* für Mensch *und* Natur im Zeitalter der planetarischen Technik (IV).

I

Daß es keine Sätze der Ethik geben kann, diese Einsicht verbindet den frühen Heidegger mit dem frühen Wittgenstein, dem Zeitgenossen des Untergangs aller Gesetzes- und Werttafeln des alten Europa im Feuerbrand des 1. Weltkriegs. Und in der Einsicht: *es gibt nur ethische Handlungen*, sind sie sich auch später gleich geblieben; bis hin zur Folgerung, daß die Ethik »transzendental« und mit der Ästhetik »eins« sei; daß einzig die Kunst das Ethische ausdrükken und vom »Willen« als seinem »Träger« nicht gesprochen werden kann.[13] Gesprochen werden kann und muß vom konkreten Sichverhalten hier und jetzt, wofür nach Heidegger nicht nur das intentionale *Verhalten-zu* ..., sondern das *»In-solchem-Verhalten-Sein«* entscheidend ist.[14]

In dieser ersten Abhebung von Husserls phänomenologischer Erforschung der Intentionalität des Bewußtseins und ihrer gegenständlichen Ausrichtung finden wir die Spur der »Ontologie des Daseins«, Heideggers Bezeichnung für die Kantische »Metaphysik der Sitten«, der es im Blick auf unser Thema nachzufragen gilt. Hinter der Rede von »Sein« und »Angst« hat Wittgenstein mit kongenialem Verständnis das verwandte Motiv verspürt, gegen die Grenzen der Sprache anzurennen, ein Anrennen gegen die »Welt« als demjenigen, was der Fall ist, das Wittgenstein mit »Ethik« gleichsetzt.

13 Vgl. Tractatus logico-philosophicus 6.42-6.43 mit Vortrag über Ethik, hrsg. von J. Schulte, Frankfurt/M. 1989, S. 18. Die Bemerkungen zu Heidegger bei F. Waismann, Wittgenstein und der Wiener Kreis, in: L. Wittgenstein, Schriften Bd. 3, Frankfurt/M. 1980, S. 68 f.

14 Phänomenologische Interpretationen zu Aristoteles, (1921/22), GA Bd. 51, Frankfurt/M. 1985, S. 51.

Tatsächlich ist Heidegger von Anbeginn gegen das Verfallen der Welt angerannt, den Hang zur Uneigentlichkeit, den er überall am Werk sieht, im faktisch geschichtlichen Leben des Einzelnen, der Völker und Kulturen ebenso wie in der theoretischen Ausformung des Faktischen zum Prinzip transzendentaler Konstitutionstheorien vom Typ der neukantianisch-phänomenologischen Wertethiken, die unabhängig vom »Wert des bloß natürlichen, d. h. vitalen Lebens« gelten sollen, ja sogar mit der Verfallenheit an die Unbedingtheit der Geltung von Naturgesetzen im Prozeß der Vergegenständlichung durch die neuzeitliche Physik den Grund dafür abgeben, der Natur »Sinn« und »Bedeutung« abzusprechen.[15]

Dagegen beruft sich der junge Heidegger auf Naturerfahrungen im Zusammenhang des faktischen Lebens, die sich dem konstitutionstheoretischen Zugriff entziehen. Gemeint ist nicht nur die »Natur draußen«, die wir uns erinnernd vergegenwärtigen, etwa den Tannenzapfen, der sich an der Tanne ablöst, oder den Stein, der sich vom Felsen loslöst und fällt,[16] sondern die Anschauung der Natur nach einer Bergbesteigung: »Man ist oben angekommen und jeder erlebt schweigend«.[17] Die Natur »gibt« sich jedoch nicht anschaulich, sondern *in* einer Situation, die das der Anschauung Gegebene unter je eigenen Hinsichten zusammenhält. So spricht Heidegger auch nicht vom »Erlebnis«, das Einzelnes auf sich einschränkt. Er zieht es vor, vom *Ereignis* zu sprechen, einem Geschehen, das in wechselnden »Situationen« stattfindet, worin sich die Hinsichten verschieben. Es handelt sich um ein Grundwort des späten Heidegger, das uns am Ausgang seines Denkwegs entgegentritt und die Notwendigkeit der Auslegung von Naturerfahrungen motiviert: »Man ist ganz dem Ereignis hingegeben, man sieht

15 Vgl. H. Rickert, Kulturwissenschaft und Naturwissenschaft, Tübingen 1926⁷, S. 20.

16 Vgl. Logik. Die Frage nach der Wahrheit (1925/26), GA Bd. 20, Frankfurt/M. 1976, S. 314.

17 Zur Bestimmung der Philosophie (1919), GA Bd. 56/57, Frankfurt/M. 1987, S. 206.

eine Sonnenscheibe, die Wolken, die Gesteinmassen von dieser bestimmten Form, aber *nicht* als bestimmte Masse, die ich eben bestiegen ... Andererseits ist keine theoretische Gegenständlichkeit möglich. Die Gegenstände sind nicht mehr durch die Situation zusammengehalten: sie sind isoliert. Aber es wird ein neuer, andersartiger Zusammenhang konstituiert durch den *Sinn* der gegenständlichen Gerichtetheit«.[18] Es ist die Auslegung der Erscheinung von Natur als »das, was ›webt und strebt‹, uns überfällt, als Landschaft gefangenhält«, Phänomene, die sich nach ›Sein und Zeit‹ an der Grenze zur werkhaft erschlossenen Umwelt zeigen. Darin erschöpft sich jedoch das hermeneutische Problem der Naturerfahrung nicht. Was uns klar wird, wenn wir uns der pro-ontologischen Frage nach dem ›Sinn von Sein‹ zuwenden, die Heidegger im Zuge der Ausarbeitung einer »Ontologie« des faktischen Lebens unter dem Titel der »Hermeneutik der Faktizität« stellt.

Die Hermeneutik versagt sich dem »Traum idealer Möglichkeiten« letztbegründeter Erkenntnis, jenem Programm der »ersten« Philosophie als strenger Wissenschaft und seine Ausweitung auf die Ethik, die in der Suche nach einem »an sich« geltenden System der Werte und Wertbeziehungen blind wird für »Bezüge, die in der lebendigen Sittlichkeit bzw. Faktizität als dem Wie ihres möglichen Seins- und Vollzugssinnes zuweilen vorzukommen pflegen«.[19] Wir stoßen hier auf die früheste Spur von Heideggers Ontologie, die eigentlich eine Met-Ontologie ist, der Versuch, das *In-solchem-Verhalten-Sein* im Rückgang auf die Aristotelische Lehre von den ethischen und dianoetischen Tugenden im II. und VI. Buch der ›Nikomachischen Ethik‹ zu dechiffrieren. Das Verfehlen, so übersetzt Heidegger die Aristotelische Bestimmung der Tugend als eigentlich menschlicher Verhaltung aus ihrer Gegenmöglichkeit, »ist vielfältig (denn das Schlechte gehört zum Unbegrenzten ...), das Rechthandeln aber ist μοναχῶς, von *einer* Art. ... Und daher gehört zur

18 Ebd.

19 Phänomenologische Interpretationen zu Aristoteles, GA Bd. 61, S. 51.

Schlechtigkeit das Übermaß und das Zurückbleiben, zur Tugend aber das Mitte-Halten«.[20] Um sich darin zu halten, bedarf es des Wissens vom wahrhaft Guten als Ziel des Handelns und der richtigen Mittelwahl durch »fürsorgliches Sichumsehen« (der *Phronesis*) im je konkreten Lebensumgang. Zwischen hinsehendem Verstehen (der *Sophia*) und reinem Vernehmen (dem *Nūs*) auf der einen, dem herstellenden Verfahren (Techne) und dem ausweisenden Bestimmen (Episteme) auf der anderen Seite ist die *Phronesis* eine der Grundhaltungen des *Bewahrheitens* (ἀληθεύειν), was Heidegger im Blick auf ihren möglichen Verlust als »Vollzugsmöglichkeit echter Seinsverwahrung« übersetzt.[21]

Diese Wendung begleitet Heideggers Denken bis hinein ins Spätwerk. So empfiehlt es sich, noch einmal hervorzuheben, daß »Faktizität« kein »Faktum der Vernunft«, das Sittengesetz, sondern die lebendige Sittlichkeit in eins mit ihrer Neigung zum Verfallen meint. Sie widerfährt auch dem faktischen Leben selbst und seinem Umgang mit der Natur. Wo immer es sich ausgeprochen hat und Gegenstand des auslegend bestimmenden Fragens ist, steht diese Gegenständlichkeit in der Vorhabe als welthaftes Vorkommnis. Daß wir heute noch von der »Natur« des Menschen, der »Natur« der »Sache«, oder von ihr als »Objekt« der Wissenschaft sprechen, hat geschichtliche Motive, die Heidegger bis auf die Selbstverfehlung des Verstehens in der griechischen Philosophie zurückverfolgt. Das reine Verstehen »bringt nicht ... das menschliche Leben im Wie seines faktischen Seins in Verwahrung, die σοφία hat es überhaupt nicht zu ihrem intentionalen Worauf, es ist ja ein Seiendes, das ist gerade dadurch, daß es je anders sein kann« – die ontologische Charakteristik des Seinsfeldes der fürsorgenden Umsicht, von der Heidegger zeigt, daß sie nicht aus ihr selbst, sondern im Vergleich mit einer bestimmt (d. h. verfallend) vollzogenen,

20 Arist. Eth. Nic. III 5, 1106b 24-34. Vgl. Phänomenologische Interpretationen zu Aristoteles, a.a.O., S. 108.

21 Phänomenologische Interpretationen zu Aristoteles (Anzeige der hermeneutischen Situation), hrsg. von H.-U. Lessing, in: Dilthey-Jahrbuch Bd. 6, 1989, S. 255 f.

ontologischen Radikalisierung der Idee des Bewegtseienden entspringt.[22] Und die Vergleichsmöglichkeit gewährt die Bewegung des *Herstellens*, die auf ein Werk zielt: »Sein ist *Fertigsein*, das Sein, in dem die Bewegung zu *ihrem* Ende gekommen ist«.[23]

Die »erste Philosophie«, das will Heidegger sagen, verfehlt den Seinssinn der Faktizität. Aristoteles scheint ihn einzig dem sich entsprechenden *Logos* der fürsorgenden Umsicht abzugewinnen, der das Leben »da« ist im konkreten Wie eines Womit des Umgangs. Die Verhaltung der Sorge wäre dann auf die Ethik und Politik zentriert. Es gibt jedoch einen Übergang zur »zweiten Philosophie«. Heidegger deutet nämlich an, wie die Faktizität mit der Physik verbunden ist. Als Band erweist sich die Entsprechung des *Logos* mit der *Physis* im Sinne von *Bios*, der nach Aristoteles mit den Vollzugs- und Zeitigungsweisen menschlicher *Praxis* gleichbedeutend ist. In der eigenen Faktizität, so heißt es dazu unter offensichtlicher Anspielung auf die faktische Leibgebundenheit des Verhaltens, »ist als wirksam da das Wie, in dem schon die ›alten Physiker‹ die Natur gesehen, angesprochen und besprochen haben«.[24]

In welchen Seinsweisen Natur »da« sein kann, das ist eine Frage, die Heidegger auf dem Denkweg zu ›Sein und Zeit‹ und in diesem Werk verschieden beantwortet. Am Ausgang steht die Erkenntnis, daß die »Objektivität« der theoretischen Gegenstandsbestimmung als »Natur« unter dem neukantianisch-phänomenologischen Gesichtspunkt der »Bedingungen der Möglichkeit« nicht die einzig mögliche Weise darstellt und darum nicht zum problemführenden Seinssinn erhoben werden kann. Entspringt doch die Gegenständlichkeit »Natur« erst aus dem Grundsinn von gelebter, erfahrener, begegneter »Welt«; ein Sinn, den für Heidegger die »Geschichte des Begriffs ›natura‹«, das heißt: die Mannigfaltigkeit der Weisen bezeugt, in denen faktisches Leben

22 Phänomenologische Interpretationen zu Aristoteles (Anzeige der hermeneutischen Situation), a.a.O., S. 260f. (Man. S. 37f.).

23 Ebd.

24 Ebd., S. 265 (Man. S. 45).

sich selbst gezeitigt hat und zeitigend mit sich spricht. In der gesprochenen und aus der Überlieferung zu uns sprechenden Sprache schlägt der durchgängig ontologische Sinn von »Leben = Dasein, *in* und *durch* Leben ›Sein‹«, an, worin die Hermeneutik der Faktizität Stand nimmt. Heidegger bemerkt, daß sich dieser Sinn der ontischen Naturmetaphysik in der ihr eigenen Verhaltung theoretischer Gegenstandsbestimmung verstellt hat; daß er gewöhnlich »schwach und verloren meist nur eben anschlägt« und ihm zumeist nicht Gehör gegeben wird. Es wird nicht als fundierend verstanden, was sich doch von selbst versteht: »Die Selbstverständlichkeit des ›Da‹, das Aufgehen«.[25]

Wenn wir diesen frühen Hinweis in seinem Gewicht für das Problem einer Naturhermeneutik bedenken, werden wir es nicht verwunderlich finden, daß nach Heidegger das zur Intentionalität gehörige Seinsverständnis sowohl das Sein des Daseins als das Sein des nichtdaseinsmäßigen innerweltlichen Seienden, von Menschenhand hervorgebrachte Werke *und* Naturdinge, die von sich aus »sind« (wie »Berg, Wald, Wiese, Bach, Ährenfeld und Vogelruf«), ja, selbst die wissenschaftlich entdeckte und vergegenständlichte Natur, umgreift. Im Umgang mit diesem Seienden, Natur im weitesten Sinne, »*verstehen* wir, daß es *ist* als Vorhandenes, als Seiendes, auf das wir stoßen, an das wir ausgeliefert sind, das von sich her schon immer ist«.[26] Wir mögen uns allenfalls wundern, wie weit Heidegger dabei mit der ontologischen Charakterisierung der Natur als Inbegriff des Vorhandenseins der konstitutionstheoretischen Tendenz zur Vergegenständlichung entgegenkommt; daß sich der ontologische Unterschied zwischen »Dasein« und »Natur«, gemessen an der Cartesianischen Scheidung von *res cogitans* und *res extensa*, als so disparat erweist, daß es den Anschein hat, als seien beide Seinsweisen unvergleichbar und nicht (wie noch bei Descartes) bestimmt aus einem allgemeinen Seinsbegriff. Das scheint nur dann so, wenn wir außer acht lassen, daß die

25 Ontologie (Hermeneutik der Faktizität), GA Bd. 63, S. 112.
26 Die Grundprobleme der Phänomenologie (1927), GA Bd. 24, Frankfurt/M. 1975, S. 240.

von Heidegger gestellte Seinsfrage nicht primär nach dem Seienden im Allgemeinen, sondern nach dem *Seienden im Ganzen* fragt. Und in dieser Fragerichtung tritt komplementär zum »Aufgehen« als dem »Da« der *natürlichen Natur* im ursprünglichen Seinssinn von *Physis* das »Aufhalten« hinzu, die Da-Seinsweise der *sittlichen Natur* im Sinne des *Ethos*: die dem Menschen anvertraute Möglichkeit »zu sein«. Sie verweist auf das Mitte-Halten als *Verhaltung*, die in der Gegenmöglichkeit zum Verfallen die Seinsverwahrung des Daseins *in* einem *Aufenthalt* trägt.

Wir stoßen damit auf das Grundphänomen des *In-Seins*, das die »Hermeneutik der Faktizität« unter dem Titel der *Vertrautheit* einführt (§ 24) und auf den *Begegnischarakter der Welt* in der Bewegung des *Sorgens* zurückführt, dem »Aufhalten beim Leben selbst« als Vollzugs- und Zeitigungsweise des *In-der-Welt-Seins*.[27] Das Aufhalten-bei ... verhält; es läßt verweilen und im Verweilen die ruinante Bewegtheit der Sorge (ihr mögliches »Verfallen« an die Welt) anhalten. Nur im Aufhalten wird »die Bewegung sichtbar, und damit von ihm her die Möglichkeit der Gegenbewegung«.[28] Der Aufenthalt ist immer schon einer *in* der Welt und *bei* den innerweltlich begegnenden Dingen, also niemals auf das Feld einer anthropozentrischen Ethik eingeschränkt. In der Beschreibung der Phänomene des Inseins – der Vertrautheit, der Bewegung, der Sorge – zeigt sich zugleich, daß die Hermeneutik nicht ethisch indifferent sein kann; wofür sich Heidegger auf den Satz des Aristoteles beruft, wonach die Auslegung, das An- und Besprechen von etwas ... mit anderen, »da« sei, um »eigentliches Sein von Lebendem (in seiner Welt und mit ihr) zu gewährleisten« (ἡ δ' ἑρμηνεία ἕνεκα τοῦ εὖ).[29] So bleibt ihr aufgegeben, den »echten und nicht beliebigen Aufenthalt zu gewinnen«: die wiederum hermeneutisch bestimmte Aufgabe der »Aufenthaltsdeutung«, die Heidegger als die »höchste« der Philosophie ansieht.

27 Ontologie (Hermeneutik der Faktizität), a.a.O., S. 108 f.

28 De anima I 5, 420b 18 ff. Vgl. Ontologie (Hermeneutik der Faktizität), a.a.O., S. 10.

29 Ontologie (Hermeneutik der Faktizität), a.a.O., S. 10.

Es ist *diese* Erweiterung des Programms der Ontologie des faktischen Lebens um die Frage des »*Wie* der Aufenthaltsdeutung (von welchem Sein her): Wie die Seinslehre den Aufenthalt, dieser eine Logik bestimmt«,[30] die uns über die einheitliche Richtung von Heideggers Wegen hinaus die Einheit seines Werkes erschließt. Die Aufgabe der Aufenthaltsdeutung enthält den Schlüssel zum Verständnis der Hermeneutik, die selbst ein Aufenthalt im Unterwegs des Denkens zu der ihm anvertrauten Sache ist: das »je eigene Dasein in seinem Seinscharakter diesem Dasein selbst zugänglich zu machen, mitzuteilen, der Selbstentfremdung, mit der das Dasein geschlagen ist, nachzugehen«. In der Hermeneutik, so konkretisiert Heidegger die Aufgabe, »bildet sich für das Dasein eine Möglichkeit aus, für sich selbst verstehend zu werden und zu sein«, das »Sein« aus der »Entfremdung« im Verfallen ans scheinhaft Seiende herauszuholen, mit ihm bekannt und vertraut zu machen, um *für sich selbst wach zu sein*.[31] Und das schließt die Ausbildung einer anderen Haltung gegenüber der Natur, das Wachwerden für ihre Natürlichkeit, ein.

Denken wir dieser Bestimmung der höchsten Aufgabe der Philosophie auf dem Hintergrund von ›Sein und Zeit‹ nach, gelangen wir mit Wittgenstein zum Ergebnis, daß jenes Werk auf einer verschwiegenen Ethik beruht. Sie kann sich nicht in einem Grundsatz oder in der Gründung von Gesetzen und Werten auf die metaphysische Ausgelegtheit des Seins durch ein Seiendes (die Natur, Gott, den Willen) aussprechen, weil Heidegger einsieht, daß mit dem Zerfall des alten Europas der Rechtsgrund solcher Auslegung für die Bedingtheit ethischer Verhaltungen brüchig geworden ist. Während Wittgenstein dem Schweigen verfällt, treibt Heidegger die Einsicht, daß über Ethik so nicht mehr geredet werden kann, ins Fragen. Ja, sie veranlaßt geradezu die Frage nach dem »Sinn von Sein«.

30 Ebd., S. 108.
31 Ebd., S. 15.

II

Als das, was sie sind, lassen sich Verhaltungen nicht »begründen« oder gar satzmäßig deduzieren, sondern nur exponieren. Sie sind Seinsweisen des *Daseins*, das erst einmal in seiner *Position*, als »Stelle« des Seinsverständnisses, erfahren und dann entsprechend als Ort der Fragestellung gedacht werden soll. So können und müssen sie im Verstehen des Sinnes von »Sein« erörtert und ausgelegt werden. Die Auslegung expliziert, was sie implizit enthalten und von sich her fordern: ein hermeneutisch vertieftes Verständnis der »Bedingung der Möglichkeit« von *Verhaltung* überhaupt, den Ausblick auf einen neuen, dem Menschen möglichen *Aufenthalt* in der Welt.

Vergegenwärtigen wir uns den Abstand zur Frage der »ersten Philosophie«, die nach dem Sein von Seiendem (ὄν ᾗ ὄν) fragt: was diesem *an sich* und nicht im Blick auf anderes (wie die Bewegung, das Verhalten, die Zeit) zukommt. Diesen Hinblick nimmt Heideggers Exposition der Seinsfrage auf. »Seiend« ist alles, worüber wir sprechen oder wozu wir uns so oder so verhalten, auch das Erörtern, Auslegen und Verstehen als Verhaltungen desjenigen Seienden, das wir selber sind. In den Vorbegriff des Seienden tritt mit dem möglichen Ansprechen und Besprechen das *Verhalten* zu ihm expositorisch ein. Das Gefragte der auszuarbeitenden Frage, das *Sein*, meint »das, was Seiendes als Seiendes bestimmt, – das, woraufhin Seiendes, mag es wie immer erörtert werden, je schon verstanden ist«.[32] Es ist der *Sinn* von Sein, der das Verstehen von Seiendem ermöglicht und in die Exposition der Seinsfrage einrückt; mit der durch den Ausgang vom Verhalten vorgezeichneten Bestimmung der *Zeit* als transzendentalem Horizont des Seinsverständnisses. Und die Möglichkeit der Zeitigung des Verstehens im Verhalten zu Seiendem exponiert dann den Vorbegriff des *Daseins* als jenem Seienden, dem es in seinem Sein um dieses Sein selbst geht: die Selbstverständlichkeit des »Da«, das sich im Vollzug des Verhaltens beim Sein von Seiendem aufhält, zu dem

32 Sein und Zeit, § 2, S. 6.

es sich jeweils verhält, zunächst und zuerst bei jenem Sein, das es selbst *zu sein hat*; was besagt, daß ihm ein *Seinsverhältnis* eignet, und zwar nicht nur zum je eigenen Sein, sondern auch zum Sein des innerweltlich Seienden (der Natur, der Geschichte, dem Werk der Kunst), also zum Sein im Ganzen, woraufhin es sich im verstehenden Verhalten immer schon überstiegen hat und übersteigt (das aufbrechende Problem der *Transzendenz* des Daseins).

Es ist der Vorbegriff zur Fundamentalaufgabe der »Klärung des Sinnes vom Sein«, der expositorisch »zuletzt« erscheint und darum nicht vollständig von der fundamentalontologischen Position her bestimmt werden kann: als ob die »Bedingung der Möglichkeit« von Verhaltung und eines möglichen Aufenthalts im Selbstverhältnis des Daseins und das zu ihm gehörige Verstehen im »Worumwillen« seines Verhaltens gründe, wie Heidegger in der Nachfolge des transzendentalen Konstitutionsgedankens von Husserl und Kant eine Zeitlang gedacht hat.[33]

Die Rede vom »Seinsverhältnis« artikuliert eher Erfahrungen des Verhaltens in all seiner (transzendentalphilosophisch gar nicht auszumessenden) Bedingtheit.[34] Und dafür steht unter anderem die faktische Naturerfahrung und der Nachweis der Unmöglichkeit ein, die Verhaltungen des Daseins auf der Grundlage theoretischer Gegenstandsbestimmung am Leitfaden der Idee von Sein als beständiger Vorhandenheit und einer vorhandenen Subjekt-Objekt-Beziehung ontologisch angemessen in den Blick zu bringen. »Nicht zu viel, sondern zu wenig wird für die Ontologie des Daseins vorausgesetzt, wenn sie von einem weltlosen ›Ich‹ ausginge, um ihm dann ein Objekt und eine ontologisch grundlose Beziehung zu diesem zu verschaffen«, heißt es in § 63 von ›Sein und Zeit‹, mit dem Zusatz, daß der Blick »zu kurz« trage, wenn »das Leben« zum Problem gemacht und dann

33 Die Nachweise dazu liefert meine Studie: Naturhermeneutik und Ethik im Denken Heideggers, in: Heidegger Studies 3 (1989), S. 153 ff., in diesem Band S. 230 ff.

34 Vgl. den richtigen Hinweis von G. Figal, M. Heidegger. Phänomenologie der Freiheit, Frankfurt/M. 1988, S. 72.

auch gelegentlich der Tod berücksichtigt wird; wenn sich die ontologische Thematik auf ein ›theoretisches Subjekt‹ beschränkt, um es dann »nach der praktischen Seite« in einer beigefügten ›Ethik‹ zu ergänzen.[35]
Heideggers Hauptwerk blickt von vornherein, nämlich mit der Analyse des *In-der-Welt-Seins*, nach einer ursprünglichen Ethik aus. Ihr Ansatz liegt in der Analytik des *In-Seins als solchen* (Kap. 5). »In« leitet sich her von »innan-, wohnen, habitare, sich aufhalten«; »an« bedeutet »... ich bin gewohnt, vertraut mit, ich pflege etwas. Der Ausdruck hängt zusammen mit ›bei‹; ›ich bin‹ besagt wiederum: ich wohne, halte mich auf bei ... der Welt als dem so und so Vertrauten. Sein als Infinitiv des ›ich bin‹ bedeutet wohnen bei ..., vertraut sein mit«.[36] Im Strukturelement des In-Seins ist das Problem einer Ethik der Natur latent, das wir aus der Hermeneutik der Faktizität hergeleitet haben. In der existenzialen Redeweise von ›Sein und Zeit‹ beschließt dieser Begriff in sich das In-der-Welt-Sein eines innerweltlich Seienden, des Daseins, das sich »verstehen« kann als »in seinem ›Geschick‹ verhaftet mit dem Sein von Seiendem, das ihm innerhalb seiner eigenen Welt begegnet«.[37] Und das sind sowohl menschlich erzeugte Werke als auch Erzeugungen der Natur: Pflanzen und Tiere und überhaupt »Leben« als Seinsart, der das Dasein natürlicherweise zugehört.
›Sein und Zeit‹ bekräftigt den hermeneutischen Ansatz in der Faktizität: »Natur« ist ein ontologisches und kein ontisches Problem wie für die Naturmetaphysik von Aristoteles bis hin zu Kant, die sie mit »Welt« (als *Kosmos, Mundus, Universum*) gleichgesetzt und sich dabei in der ungeklärten Unterscheidung von erzeugender und erzeugter Natur (natura naturans-naturata) verfangen hatte. Das Problem einer Ontologie der Natur muß von der Phänomenologie als Hermeneutik des Daseins her exponiert werden; es ist ein Bestandteil der Seinsfrage: Natur ist selbst ein »Seiendes«, das inner-

35 Sein und Zeit, § 63, S. 315 f.
36 Ebd., § 12, S. 53 f., § 29, S. 135 f.
37 Ebd., § 12, S. 56.

weltlich erscheint und auf verschiedenen Wegen und Stufen entdeckbar wird.[38]

Ich gebe die Stationen kurz an. Der *erste* und nächste Weg verläuft über das Umweltphänomen, die Bewandtnisganzheit von Werken und Werkzeugen, worin sich »Natur« im technisch besorgten Umgang erschließt. Das herzustellende Werk verweist auf die Brauchbarkeit von Werkzeugen und »Materialien«. Es ist »angewiesen« auf Leder, das aus Häuten von Tieren gewonnen wird, die innerhalb der Welt vorkommen, gezüchtet oder ohne Züchtung, Lebendiges, das als »Rohstoff« behandelt und im hergestellten Werk »verbraucht« wird, worin es verschwindet. Im technischen Werk und Werkzeug liegt die Verweisung auf Stahl, Eisen, Erz, Gestein, Holz. Kurzum: »Im gebrauchten Zeug ist durch den Gebrauch die ›Natur‹ mitentdeckt, die ›Natur‹ im Licht der Naturprodukte«.[39] Es ist die Entdeckung der *Umwelt-Natur*, die bei Heidegger im Durchgang der ihm vertrauten Natursicht der »häuslichen Welt der Werkstatt« (dem *Oikos* im vorökologischen Sinne dieses Wortes) erfolgt und der öffentlichen Werk-Welt moderner Industriegesellschaften zugeordnet wird: der gedeckte Bahnsteig, der dem Unwetter, die Beleuchtungsanlage, die der Dunkelheit, die Uhr, die dem Sonnenstand und einer je bestimmten Konstellation im Weltsystem Rechnung trägt.[40] Heidegger hebt hervor, daß hier Natur nicht ontisch als das nur noch *Vorhandene* (die »Materie«) verstanden werden darf, aber ebensowenig verstanden werden kann als *Naturmacht* oder in der Natürlichkeit ihres Erscheinens (als Blume am Rain, als Quell im Grund). Sie muß vielmehr ontologisch als *Zuhandensein* verstanden werden: »Der Wald als Forst, der Berg als Steinbruch, der Fluß als Wasserkraft, der Wind als ›Wind in den Segeln‹«.[41]

Der *zweite* Weg geht von der Phänomenologie des *In-Seins* aus, der eigentlich fundamentalontologischen Frage, wie sich

38 Ebd., § 14, S. 63.
39 Ebd., § 15, S. 94.
40 Ebd., § 16, S. 95.
41 Ebd.

das Sein des »Da« über die Erschließung seiner Geworfenheit in die »Welt« durch das faktische Sichbefinden und den Entwurf von Verstehensmöglichkeiten »lichtet«. Es versteht die Überantwortung an die Faktizität: daß es ist und (in augenblicklicher »Entschlossenheit«) »zu sein hat«. »Dasein« selbst (und kein Naturprodukt) ist das »Licht«, die Lichtung, worin das Sein von Natur erscheint. Aber nicht in der Wahrheit des Seins, im Erscheinen ihrer Natürlichkeit, wie Heidegger auf dem Weg zur »Kehre« sagen wird. So weit sind wir noch nicht. Wir suchen lediglich eine Spur, indem wir die hermeneutisch vorgängige Erschlossenheit von Sein überhaupt auf die Erschließung (= Lichtung) des »Da« und diese auf die Vorgängigkeit des *Seinlassens* zurückbeziehen.

Sie beginnt mit der Analyse des *Bewendenlassens*, was ontisch bedeutet: innerhalb eines faktischen Besorgens ein Zuhandenes so und so *sein* lassen, *wie* und *damit* es so ist. Vorgängig »sein lassen« besagt dann nicht, etwas zuvor erst in sein Sein bringen und herstellen, sondern je schon »Seiendes« in seiner Zuhandenheit entdecken und so als das Seiende dieses Seins begegnen lassen. Es ist das ontologische Problem der *Freigabe* umweltlicher Mannigfaltigkeit von zuhandenem Zeug auf das mögliche Ganze eines Bewandtniszusammenhangs, worauf die transzendentalphilosophische Frage nach den »Bedingungen der Möglichkeit« zielt. Sie betrifft auch und gerade die Natur als »Einheit« des mannigfaltigen Vorhandenen. Daß sie nur entdeckbar wird auf dem »Grunde der Erschlossenheit einer Möglichkeit ihrer«, ergibt sich aus dem Entwurfscharakter des Verstehens, worin sich das Dasein im Spielraum eines Seinkönnens (aus Freiheit) konstituiert.[42] Was besagt, daß die Auffassung von Natur als Gegenstand theoretischer Erkenntnis sie zu einem vermeinten *Bestand* herabzieht, während das verstehende Entwerfen »die Möglichkeit als Möglichkeit sich vorwirft und als solche sein läßt«.[43] Das transzendentale Seinlassen ist

42 Ebd., § 31, S. 144f. Vgl. auch § 69, S. 489f.
43 Ebd., § 31, S. 144f.

nach ›Sein und Zeit‹ ein Freisein des Daseins für seine eigenste Möglichkeit, den »Entwurf« als »Leistung« der »Sorge«, die zugleich die Seinsart der Geworfenheit umfaßt.
Im Ausschreiten des Weges der Sorge weist Heidegger unter Berufung auf die »Natur, die uns umfängt«, die Meinung ab, als sei der Naturbegriff gleichzusetzen mit dem gegenständlichen Bestand von technischem Arbeitsmaterial oder der Gegenständlichkeit von Massenpunkten in beständiger Bewegung. Wohl ist die von uns erfahrene Natur auch im »Umfangen« innerweltlich Seiendes, zeigt aber »weder die Seinsart des Zuhandenen noch des Vorhandenen in der Weise der ›Naturdinglichkeit‹«.[44] Wie dieses Sein der Natur zu verstehen sei, läßt Heidegger unbestimmt. Bestimmt bleibt lediglich, daß *alle* Seinsmodi des innerweltlich Seienden ontologisch in der »Weltlichkeit« fundiert sind.
Auf diesem *dritten* Weg zeichnen sich im Umkreis von ›Sein und Zeit‹ zwei Richtungen ab. Die eine führt über die Verschärfung der Einsicht, daß die Rede als bedeutungsmäßige Artikulation des Verstehens von »Welt« *Sprache* ist, die in der ihr wesentlichen Einheit von Sprechen und Hören des Gesprochenen (der »Zusage«) den Charakter der *Geworfenheit* hat, den Heidegger schon in ›Sein und Zeit‹ der *Erde* zuordnet;[45] die andere über die Stimmung der *Angst*, die das Vertrautsein mit der alltäglich besorgten »Welt« auflöst und vor das Nichts an Gegenständlichkeit bringt, so daß das *In-Sein* in die Lage des »Unzuhause« kommt, d. h. des Nichtwohnenkönnens, der Verfehlung des Aufenthalts. Damit entfällt nicht die Möglichkeit einer Neugründung des Verhaltens, das Fragen danach, wie ein Seinsverhältnis des Daseins möglich ist und was es heißt, in einer Verhaltung zu sein. Im Gegenteil: Erst auf dieser Stufe von ›Sein und Zeit‹ wird mit der Frage nach dem »Nichts«, der Nichthaftigkeit eines Sichaufhaltens bei der Natur, das sich lediglich als

44 Ebd., § 31, S. 211 f. Vgl. O. Pöggeler, Der Denkweg Martin Heideggers, Pfullingen 1983², S. 254 f.

45 Das geschieht in der Interpretation der *Cura*-Fabel, Sein und Zeit, § 43, S. 198 f. Vgl. dazu Anmerkungen im »Hüttenexemplar«, GA Bd. 2, S. 117 und 214. Ebd., § 43, S. 198 f.

theoretisches »Sichenthalten von jeglicher Hantierung und Nutzung« mißversteht[46] und deshalb notwendig in praktisch-technisches Naturverhalten umschlägt, die Seinsfrage auf das Niveau der fundamentalontologischen Aufgabe der Klärung des »Sinnes von Sein« gehoben. Und das meint, was es für das Dasein heißt, Seiendes als dasjenige, was es in Wahrheit ist, *sein zu lassen*.

III

Die Frage nach dem *Seinlassen* reicht weiter als der Ansatz der Seinsfrage, die im Stufengang der Fundamentalontologie zuletzt nach der zeitlichen Erschlossenheit des »Da« als Bedingung der Möglichkeit dafür fragt, daß Seiendes sein kann, das als »In-der-Welt-Sein« existiert.[47] In dieser Fragerichtung wird das Phänomen des In-Seins über die Grundstimmung der Angst ausgelegt. Die Angst löst das Dasein aus dem verfallenden Sichaufhalten beim innerweltlich Seienden, indem sie es auf das pure »Daß« der einzelnen, eigensten Geworfenheit zurückwirft. Um darin »Halt« zu finden, bedarf es des Vorlaufs in die »eigenste« Möglichkeit des Ganzseinkönnens im »Sein zum Tode« und Gewissenhabenwollen, worin sich die verschwiegene Ethik vielleicht am deutlichsten ausspricht: im Hören auf den schweigenden Ruf des Gewissens als Ruf der Sorge »aus der Ferne in die Ferne«.[48] Er holt das Dasein aus der Aufenthaltslosigkeit des sich selbst überlassenen Gegenwärtigens, das sich im Nachlaufen der Gegenwart zerstreut und zu keinem Verweilen kommt, heraus und bringt es vor sich selbst. Wohin? Nicht zur Übernahme der Geworfenheit in der vorlaufenden Entschlossenheit als eigentlichem Wohnen des Daseins in der Lichtung des Da,[49] wie es die Erweiterung der Seinsfrage zur Frage nach dem Ursprung der Wahrheit im Sinne der Ver-

46 Sein und Zeit, § 13, S. 83.
47 Sein und Zeit, § 68, S. 463.
48 Ebd., § 55, S. 271.
49 Ebd., § 68, S. 459.

wahrung des ins offene Gelichteten nahelegt, sondern in die Unbestimmtheit seiner »Grenzsituation«, in die es sich zuletzt geworfen findet. Und von dort her gewinnt es sein eigentliches Ganzseinkönnen, den »Entschluß« zu handeln. Existierendes In-der-Welt-Sein bestimmt sich im »Augenblick«, dem äußersten Gegenphänomen zur Aufenthaltslosigkeit, der die Existenz in die *Situation* bringt und mit ihrer Freigabe das eigentliche »Da« in seiner Ganzheit erschließt: die Zeitigung aus *Freiheit*.

Die Bewegungen der Natur, so hatte Heidegger am *Beginn* des fundamentalontologischen Weges gesagt, laufen nicht »in der Zeit« ab wie »in« einem Scharnier. Sie »begegnen nur ›in‹ der Zeit, sofern ihr Sein als reine Natur entdeckt ist. Sie begegnen ›in‹ der Zeit, die wir selbst sind«.[50] Dasein zeitigt qua Zeit sein Sein, es ist ständig in sich bewegt. Mit diesem Fazit am *Ende* des Weges von ›Sein und Zeit‹ gerät die Fundamentalontologie in die Aporie. Die Bewegung stellt sich auf sich selbst, so daß dem Verstehen nichts bleibt, von dem aus sie gesehen werden kann. Wenn es wahr ist, daß sie erst im Aufenthalt sichtbar wird, dann muß sich der Weg »kehren«. Denn nicht nur die Idee von Sein als beständiger Vorhandenheit, auch die Idee der Zeit als stetig fortreißender Bewegtheit verhindert es, die Verhaltungen des Daseins ontologisch angemessen zu erblicken. So stellt sich erneut die Aufgabe der Aufenthaltsdeutung, eines vertieften Verständnisses unseres existierenden In-der-Welt-Seins, das eben darin besteht, daß wir uns »zum Seienden, das wir *nicht* sind, und zu *dem* Seienden, das wir selbst sind, *verhalten* und für dieses Verhalten immer schon eine *Haltung* suchen müssen«.[51]

Diese Suche ist es, die Heidegger in die »Kehre« treibt; sie ist keine Umkehr, sondern ein Ausschreiten des eingeschlagenen Weges, wie sich zeigt, wenn wir ihn ein Stück weit mitgehen. Den Ausgangspunkt finde ich in der letzten Marburger Vorlesung über ›Metaphysische Anfangsgründe der

50 Prolegomena zur Geschichte des Zeitbegriffs (1925), GA Bd. 20, S. 442.

51 Vom Wesen der Wahrheit (1931/32), GA Bd. 34, S. 120.

Logik‹ (1928). In dem Verstehen von Sein, so verdeutlicht Heidegger den Weg von ›Sein und Zeit‹, »liegt zugleich der Vollzug des Unterschieds von Sein und Seiendem« – die *ontologische Differenz*, die mit der Unterscheidung das Verhältnis der Unterschiedenen betrifft: »Es gibt Sein nur, wenn Dasein Sein versteht. Mit anderen Worten: die Möglichkeit, daß es Sein im Verstehen gibt, hat zur Voraussetzung die faktische Existenz des Daseins, und diese wiederum das faktische Vorhandensein der Natur. Gerade im Horizont des radikal gestellten Seinsproblems zeigt sich, daß all das nur sichtbar ist und als Sein verstanden werden kann, wenn eine mögliche Totalität von Seiendem schon da ist«.[52] Daraus ergibt sich die Notwendigkeit, über den Sinn von Sein hinaus nach dem *Sein des Seienden im Ganzen* zu fragen, eine Fragestellung, die dann im Vollzug der so gekehrten Seinsfrage die Frage nach der *Wahrheit des Seins* im Sinne seiner Unverborgenheit (und Verbergung) hervortreibt. Sie liegt im Wesen der Ontologie selbst und resultiert aus ihrem Umschlag in das metontologisch-existenzielle Fragen, von dem Heidegger ausgegangen ist. Hier ist der Bezirk der Hermeneutik des Daseins, der »Metaphysik der Existenz«, hier erst »läßt sich die Frage der Ethik stellen«.[53]

Die neue Fragestellung artikuliert sich in der Vorlesung: ›Was ist Metaphysik?‹, die in klarem Abstand zum ontologischen Begründungsdenken den wesenhaften Unterschied zwischen dem *Erfassen des Ganzen des Seienden an sich* (das grundsätzlich unmöglich ist) und dem *Sichbefinden inmitten des Seienden im Ganzen* herausarbeitet, das »ständig« in unserem Dasein geschieht. Es ist das Geschehen der *Angst*, die das Ganze ins Nichtige entgleiten und dadurch die ursprüngliche Offenheit des Seienden als eines solchen »sein« läßt: »daß es Seiendes ist – und nicht Nichts«. Erst die Erfahrung des Nichts läßt uns inmitten des Seienden »da« sein und uns zu ihm verhalten: »Da-sein heißt: Hineingehalten-

52 Metaphysische Anfangsgründe der Logik, GA Bd. 26, Frankfurt/M. 1978, S. 199.

53 Ebd.

heit in das Nichts«,[54] die Bewegung der Transzendenz, in der es je schon über das Seiende im Ganzen hinaus ist. Ohne sie »könnte es sich nie zu Seiendem verhalten, also auch nicht zu sich selbst. Ohne ursprüngliche Offenheit des Nichts kein Selbstsein und keine Freiheit«.[55] Im Verstehen dieses Geschehens, des Transzendierens zum Sein, kommt das »Seiende im Ganzen seiner eigensten Möglichkeit, d. h. in endlicher Weise zu sich selbst«.[56]

Der Gedankengang der Vorlesung umkreist die *andere Stelle* des Seinsverständnisses, das *Nichts* in seiner Zugehörigkeit zum nichthaft-positiven Doppelsinn der Unverborgenheit und Verbergung als eigenste, endlich-geschichtliche Ermöglichung des Entbergens von Seiendem überhaupt, der »Seinsverwahrung«. Sie läßt jedoch die Möglichkeit einer Verhaltung für den Menschen offen, der lediglich als »Platzhalter des Nichts« erscheint. So bleibt es hier wie in der Abhandlung: ›Vom Wesen des Grundes‹ (1929) und im Buch über ›Kant und das Problem der Metaphysik‹ (1929) bei dem widersprüchlichen Versuch, die Transzendenz als »Ur-Handlung« des Daseins im zeitlichen Horizont der »Freiheit« als einem transzendentalen Naturbegriff zu denken, der die Möglichkeit des Verhaltens gegenüber der Natur ausschließt. Natur läßt sich nicht primär als etwas Seiendes antreffen, wozu wir uns verhalten. Sie ist etwas »im Ganzen«, das sich ursprünglich dem Dasein dadurch offenbart, daß es »als befindlich-gestimmtes *inmitten* von Seiendem existiert. Sofern aber Befindlichkeit (Geworfenheit) zum Wesen des Daseins gehört und in der Einheit des vollen Begriffs der *Sorge* zum Ausdruck kommt, kann allein hier erst die *Basis* für das *Problem* der Natur gewonnen werden«.[57]

Was sich in der Einheit des vollen Begriffs der Sorge ausdrückt, weist über die Bewegung der Transzendenz im zeit-

54 Was ist Metaphysik? In: Wegmarken, GA Bd. 9, S. 114 f.

55 Ebd., S. 115.

56 Vgl. Vom Wesen der menschlichen Freiheit (1930), GA Bd. 31, S. 12.

57 Ebd.

lichen Horizont der Freiheit voraus auf ihren Halt: die gesuchte *Haltung*, die Heidegger im Vollzug der Kehre die *Verhaltenheit* nennt.[58] Das geschieht in dem Vortrag: ›Vom Wesen der Wahrheit‹ (1930), der die Freiheit in der Abkehr von der transzendierenden Bewegung als das »*Freisein* zum Offenbaren eines Offenen« bestimmt, welches das jeweilige Seiende das seinläßt, was es ist. »Seinlassen« bedeutet, sich auf die Offenheit des Offenen einzulassen, in die jegliches Seiende hineinsteht, das sie von sich her und zugleich von weit her (seit dem Anfang der geschichtlich gezeitigten Zeit) mit sich bringt, als das abendländische Denken bei den Griechen dieses Offene als das Wahre (τὰ ἀληθέα) im Sinne des Unverborgenen gedacht hatte. Es ist die alte Problematik der *Seinsverwahrung*, die uns hier in gewandelter Fassung entgegentritt. Das Seinlassen ist eines aus Freiheit, die sich auf die Entbergung des Seienden einläßt; eine Haltung, die der technischen und epistemischen, der fürsorgenden und vernehmenden Verhaltung des »Entbergens« (Heideggers Wort für ἀληθεύειν) voraus- und zugrundeliegt. Die Entborgenheit selbst, so deutet es Heidegger jetzt, wird »verwahrt« in der Haltung des »ek-sistenten Sich-einlassen, durch das die Offenheit des Offenen, d.h. das ›Da‹ ist, was es ist. Im Dasein wird dem Menschen der langehin ungegründete Wesensgrund aufbehalten, aus dem er zu ek-sistieren vermag«.[59] Ohne daß das »Da« einer solchen Gründung schon fähig oder gar bedürftig gewesen wäre, bildet sich die Haltung des ek-sistenten Sicheinlassens im Aufkommen der Frage danach aus, was das Seiende sei. In dieser Frage wird »erstmals die Unverborgenheit erfahren. Das Seiende im Ganzen enthüllt sich als φύσις, die ›Natur‹, die hier noch nicht ein besonderes Gebiet des Seienden meint, sondern das Seiende als solches im Ganzen, und zwar in der Bedeutung des aufgehenden Anwesens. Erst wo das Seiende selbst eigens in seine Unverborgenheit gehoben und verwahrt wird,

58 Vgl. Vom Wesen der Wahrheit, in: Wegmarken, GA Bd. 9, S. 190.

59 Ebd., S. 189.

erst wo diese Verwahrung aus dem Fragen nach dem Seienden als solchen begriffen ist, beginnt Geschichte«.[60]

Wenn »Freiheit« die Verhaltenheit des Seinlassens ist, dann muß diese Haltung mit der *Physis*, dem anfänglichen Namen für die Wahrheit des Seienden im Ganzen, zusammenhängen. Diesem Zusammenhang hat Heidegger im Übergang vom fundamental-ontologischen zum seinsgeschichtlichen Weg nachgedacht, der in den Grund der Metaphysik zurückgeht. In unserer Sicht handelt es sich um einen Rückgang hinter die antike und neuzeitliche Metaphysik der Natur und Sitten, der das Seinsverhältnis im Austrag der ontologischen Differenz des Seins zum Seienden im Ganzen durchmißt, worin sich der Mensch immer schon aufhält; eine schrittweise Exposition der Aufgabe der *Aufenthaltsdeutung*, die, recht verstanden, das Konzept der Seinsgeschichte wie der späteren Topologie des Seins (die Entfaltung des Ansatzes der Naturhermeneutik zum *Weltgeviert*) trägt.

Der Rückgang hinter die Naturmetaphysik beginnt in der Freiburger Vorlesung über ›Die Grundbegriffe der Metaphysik‹ (1929/30), von der Eugen Fink gemeint hat, sie sei unterwegs gewesen zur Verwandtschaft des Menschen mit der Natur.[61] In der Tat handelt es sich für Heidegger darum, die eigenständige Seinsweise der Lebewesen zu erfassen, die weder umweltlich zuhanden sind noch wie Vorhandenes betrachtet werden können, das sich einer vorhandenen »Umwelt« anzupassen hat. Diese heute »ökologisch« sehr beliebten Termini werden mit Verweis auf den Grundsinn des Wortes abgelehnt. *Ökologie* »kommt von οἶκος, Haus. Es bedeutet die Erforschung dessen, wo und wie die Tiere zu Hause sind«,[62] ihre *Lebensweise* im offenen Beziehungsge-

60 Ebd., S. 189 f.

61 M. Heidegger/E. Fink, Heraklit, Frankfurt/M. 1970, S. 234.

62 Die Grundbegriffe der Metaphysik (Welt-Endlichkeit-Einsamkeit), GA Bd. 29/30, Frankfurt/M. 1983, S. 382. Vgl. dazu den ausgezeichneten Beitrag von Kah Kyung Cho, Ökologische Suggestibilität in der Spätphilosophie Heideggers, in: Bewußtsein und Natursein, Freiburg/München 1987, S. 45 f.

füge einer Umgebung. *Ob* und *wie* es sie »gibt«, erörtert Heidegger in einer hermeneutisch besonnenen, für die heutige Problemlage unverändert gültigen, Auseinandersetzung mit der damaligen Ökologie (von Uexküll, Buytendijk). Das Wesen des Lebendigen kann nur in phänomenologischer Reduktion zugänglich werden; was nicht heißt, daß es gegenüber dem menschlichen Dasein geringwertig oder eine niedere Stufe sei. Das Leben erscheint vielmehr »als ein Bereich, der einen Reichtum des Offenen hat, wie ihn vielleicht die menschliche Welt gar nicht kennt«.[63] Heidegger vermeidet die Rede von »Anpassung« und »Selbsterhaltung« des Lebendigen, die sich einer ökonomischen Betrachtungsweise des Menschen verdankt, wie er überhaupt die anthropozentrische Perspektive konsequent abbaut, auch diejenige der Teleologie, die mit dem Problem der Naturhermeneutik nichts zu tun hat. Sie gehört vielmehr zur ontischen Naturmetaphysik, die in der Ökologie fortwirkt. Erst mit der Klärung der ontologischen Differenz wird die Frage entscheidbar, ob die Annahme einer Teleologie der Allheit des Seienden einen rechtmäßigen philosophischen Sinn hat oder nicht lediglich den Einbruch des gesunden Menschenverstands in die philosophische Problematik beweist. Daß die ontologische Struktur der Um-zu-Bezüge in einem *Worumwillen* gründet, dies hatte Heidegger schon vor der »Kehre« festgehalten, »sagt nichts darüber, ob die ontischen Beziehungen zwischen dem Seienden, der Natur und dem Dasein einen Zweckzusammenhang darstellen«.[64]
»Von Hause aus« ist die Natur nicht für den Menschen und umwillen des Menschen vorhanden.[65] Sie »umfängt« ihn *und* das Lebendige. Heidegger versucht, die eigentümliche Unbestimmtheit dieses »Umfangens« sichtbar zu machen, indem er der umtriebhaften Bewegtheit des Lebewesens ein *Hingenommensein* durch dasjenige zuschreibt, was es je umgibt und zum *Benehmen* gegenüber Anderem öffnet, das es

63 Ebd., S. 17ff.
64 Die Grundprobleme der Phänomenologie, GA Bd. 24, S. 419.
65 Vgl. Kah Kyung Cho, Ökologische Suggestibilität in der Spätphilosophie Heideggers, a.a.O., S. 49.

nicht ist. In der Öffnung zum Umgebenden erringt sich jedes Tier »in eigener Weise den Umring, mit dem es einen Bezirk umringt und sich einpaßt«.[66] Was metaphysisch und vom Menschen her gesprochen »Selbsterhaltung« heißt, *ist* dieses »Ringen um den das Umtriebsganze umringenden Umring«, der es während der Dauer seines Lebens »benimmt«, ein Benommensein, das ihm die Möglichkeit der Offenheit des Anderen »als« eines Seienden »nimmt«. Vom Tier aus gesprochen dürfte das Andere so nicht beschrieben werden, da diese Unterscheidung (die hermeneutische *Als*-Struktur der »Welt«) nur auf dem Weg der sprachlichen Benennung nähergebracht werden kann. Und darin liegt immer schon, wie in jeder Sprache, der Bezug zum »Sein«, grundsätzlich gefaßt: das »eigentliche Geschehen jenes Unterschieds von Sein und Seiendem«, das uns die natürliche Natur verstehen läßt und *zugleich* mit dem Erfassen der Natürlichkeit ein ihr gemäßes Verhalten ermöglicht. Warum? Weil der »Bezug zum Seyn überhaupt der Grund eines Verhältnisses in einem Verhalten einer Haltung ist«.[67]

Das ist die Antwort der ›Beiträge zur Philosophie‹ (1936/37), die von einer ursprünglichen »Verwandlung« der Natur im Geschehen des *Ereignisses* sprechen. Aber vorgedacht hat sie Heidegger in der Exposition des Problems der Naturhermeneutik in der Vorlesung über ›Die Grundbegriffe der Metaphysik‹. Und es scheint mir zur abschließenden Verständigung über unser Thema wichtig zu bemerken, daß Heidegger die gesuchte Haltung im Fortdenken der für den Austrag der ontologischen Differenz wesentlichen Hineingehaltenheit des Daseins in das Nichts findet. Im Unterschied zum Benehmen der Lebewesen (dessen Seinsart von hier aus gedeutet wird) gründet menschliches Verhalten auf der Beziehung zur Offenbarkeit des Seienden als solchen, die den Charakter des »Sich-darauf-Einlassens« im Sinne des »Sein- und Nicht-sein-Lassens« hat. Was besagt: es vermag innezu-

66 Die Grundbegriffe der Metaphysik, a.a.O., S. 401.
67 Beiträge zur Philosophie, GA Bd. 65, S. 452 und 32.

halten, sich zurückzuhalten, zu ver-halten – in der Weise der *Verhaltenheit*, die hier und in den »Beiträgen« den »Grund der Sorge« umschreibt.[68]

Er fehlt in der Alltäglichkeit des Menschen und seiner Geschäftigkeit, die sich vom unterschiedslosen Offenbarmachen des verschiedenartigen Seienden als Vorhandensein leiten läßt. Der Alltagsmensch und der wissenschaftliche Fachmensch verhalten sich dann zum Leblosen, Lebendigen und zum Menschentum selbst wie zu einem verfügbaren Bestand, ohne daß zuvor ein im Sein gegründetes Verhältnis zum Seienden im Ganzen und seinen Bereichen wach ist. In den ›Beiträgen‹ sind es die Grundstimmungen des *Erschrekkens* und der *Scheu*, die die *Verhaltenheit* in der *Mitte halten*; ein Gefüge, das Heidegger in der Verwandlung der Kantischen Lehre vom Erhabenen in der Natur entfaltet.

Erinnern wir uns: Das Erhabene ist nach Kant die »ehrfurchterregende Großheit…, zu dem die Annäherung … einladend, die Furcht aber, in der Vergleichung mit demselben in seiner eigenen Schätzung zu verschwinden, zugleich abschreckend ist«.[69] Für das Erhabene der Natur (ragende Felsen, das Meer, Naturgewalten) kommt letztere Möglichkeit für Kant so wenig in Betracht wie für Heidegger, der zu diesen Gedankengängen auch dadurch angeregt worden sein mag, daß nach Kant das Erhabene (im Unterschied zum Naturschönen) nichts Zweckmäßiges in der Natur voraussetzt.[70] Zurück bleibt lediglich das Gefühl der *Achtung*, ein Naturgefühl, das uns über uns selbst »hinaussetzt«. Bei Heidegger ist es der hermeneutisch radikalisierte Gedanke des »Sichversetzens« in den Umringzusammenhang des Lebendigen, der den Leitfaden zum Verständnis des Seinsverhältnisses zur Natur abgibt. In einer der eindringlichsten Passagen der ›Grundbegriffe‹ weist Heidegger auf, wie die einzelnen Umringe der Tiere (vom Holzwurm in der Eichenrinde über den am Baum klopfenden Specht bis hin zum Eich-

68 Vgl. Die Grundbegriffe der Metaphysik, a.a.O., S. 398 mit Beiträgen, a.a.O., S. 32.

69 Anthropologie, § 68, Akad. VII, S. 243.

70 Kritik der Urteilskraft, § 23.

hörnchen, das ihn aufscheucht) füreinander offen sind; wie der ganze Zusammenhang der Offenheit der Umringe des Tierreichs von einem ungeheuren und von uns erst geahnten Reichtum des Inhalts und der Bezüge ist und zugleich abgründig unterschieden bleibt von der Offenbarkeit des Seienden; so geschieden wie unser Menschenleib von dem mit ihm verwandten tierischen Organismus.

Die diese Deutung umspielenden Stimmungsmomente: Erschrecken und Scheu, kehren in dem Versuch wieder, die eigene Offenbarkeit der lebendigen Natur verstehend auszulegen. Er richtet sich gegen die wissenschaftliche Ausgelegtheit der lebendigen und leblosen Natur: nicht nur dagegen, als sei für die Lebewesen das Seiende *an sich* vorhanden, sondern auch gegen die Auffassung (die man als die »natürliche« ausgibt), daß sie *für uns* vorhanden sind; womit der Weg dazu verlegt wird, die »spezifische Natürlichkeit in der Natur selbst zu sehen«.[71] Heidegger erblickt sie im Grundzug des Versetztseins der Umringe ineinander, der aus dem Ringen des Lebendigen selbst erwächst. Wenn wir bedenken, so folgert Heidegger aus dieser Grundart von Sein, deren Verständnis sich der Ontologie des Vorhandenen, des Zuhandenen und des Daseins entzieht, »daß in jedem solchen Ringen das Lebewesen sich etwas von der Natur selbst wiederum in seinen Umring einpaßt, dann müssen wir sagen: Es offenbart sich uns in diesem Ringen der Umringe ein innerer Herrschaftscharakter des Lebendigen innerhalb des Seienden überhaupt, eine innere, im Leben selbst gelebte Erhabenheit der Natur über sich selbst«.[72]

Anders als Kant räumt Heidegger mit dieser Folgerung den Lebewesen so etwas wie eine eigene Würde und Autonomie ein.[73] Das scheint dem Buchstaben nach Kant zu widersprechen, der nach der Namenerklärung des Erhabenen (dasjenige, was schlechterdings groß ist) in den »Sinnendingen« der Natur davon nichts finden mochte. In der Denkart

71 Die Grundbegriffe der Metaphysik, a.a.O., S. 403.
72 Ebd.
73 Vgl. Kah Kyung Cho, Ökologische Suggestibilität in der Spätphilosophie Heideggers, a.a.O., S. 50f.

scheint er mir mit Kant einig zu sein, nur daß er den moralisch begründeten Gedanken unserer Überlegenheit über die Natur im Namen des *homo noumenon* aus den dargelegten Gründen nicht teilt und es ablehnt, das Erhabene lediglich in eine »Geistesstimmung« (die ästhetische Reflexion über vorgestellte »Naturobjekte«) zu verlegen. Es *für die Natur* in ihrer *Beziehung zum Menschen* festzuhalten, das ist der von Nietzsche[74] her erhobene Anspruch, dem Heideggers Naturhermeneutik zu genügen sucht.

Sie tut es in der verstehenden Abhebung des Menschenleibes von der bloßen »Natur«, wie sie den tierischen Organismus umfängt, eine Grenzziehung, die dem Kantischen Gedankengang an Schärfe nichts nachgibt. Unser Leib hängt »zwischen« Höhe und Abgrund, er ist »ein Durchgang von einem zum anderen und offener Aufenthalt zu beiden, aber nie nur ein in sich Verschlossenes und dabei sich Verhülltes, Selbst-loses«, als welches »Natur« im Unterschied zum existierenden Da-sein begriffen werden muß. Erst auf Grund eines methodischen Absehens vom Leib als *menschlichem* Leib wird er zu etwas der Natur *Entsprechendem*. Diese Hinsicht auf ihn bedarf selbst eines methodischen Leitfadens, nämlich des *Verstehens von Natur überhaupt*. Die Frage, wie es möglich sei (»Woher verstehen wir das«), ist schon beantwortet: nie in »subjektiver« Erfahrung eigener Leiblichkeit, sondern aus der Erfahrung von »Welt«, zu der sich Dasein verhält, unserem *In-der-Welt-Sein*, worin Natur, wie es Heidegger nun auslegt, immer schon »waltet« und leibhaft erfahrbar ist. Als *was* erfahren? Als *Naturgewalt*, die nach Heidegger, im Gegensatz zu Kants Deutung des Dynamisch-Erhabenen der Natur am Leitfaden des ästhetischen Urteils, *Macht* über uns hat. So zeigt sie sich, wenn sie hereinragt in das uns Mächtige der *Kunst* und *Technik*. Denn erst dann erscheint sie als jenes Ganze, »dessen der Mensch letztlich *nicht* mächtig ist und dem er doch verhaftet bleibt und davon er getragen ist; was übermächtig ist

74 Vgl. Nachgelassene Fragmente (1872/73), Sämtl. Werke, hrsg. von G. Colli/M. Montinari, Krit. Studienausgabe, Bd. 7, München 1980, S. 426 und 436.

und als solches den Menschen in sein Wesen ... je so oder so stimmt. In der Gestimmtheit ist Natur ursprünglich da«, nämlich als *Ge-walt* in dem von Heidegger gedachten, vorgedachten Sinne der Versammlung des *Waltens* im Erscheinen von Tag und Nacht, Himmel und Erde, Land und Meer, Fortpflanzung, Wachstum, Verfall: »Natur als solche *waltet* nur, wo *Sein* verstanden ist; Sein aber ist verstanden im Seinserstrebnis oder, wie die Griechen sagen, im ἔρως.«[75] Unter »Eros« versteht Heidegger die ursprüngliche Gestimmtheit des Daseins, in der die »umfangende« Natur immer schon mit »da« ist: nicht nur in den Grundstimmungen der Angst und des Grauens (Entsetzens), sondern der Heiterkeit und des Frohlockens, der Freude im Anblick ihrer Erscheinungen. Der *Eros* strebt nach etwas, das im nächsten Anschein des Begegnenden für sich einnimmt und zugleich das entfernteste Sein zum Vorschein bringt. Und das ist, griechisch gedacht, das *Schöne* (καλόν). Heidegger beschränkt das Schöne in der Idee (das im verstehenden Entwerfen vorgebildete Sein als Wesensverfassung des Seienden) nicht auf die Lehre vom Natur- und Kunstschönen, die sich im Zeitalter der Aufklärung zur Disziplin der *Ästhetik* zusammenschließen. Vielmehr stellt er es in den Zusammenhang zurück, worin es bei den Griechen zur Sprache kommt. Das Phänomen des Schönen erschöpft sich weder im Gesichtskreis der Frage nach der Kunst noch in dem der Frage nach der Wahrheit, sondern muß verstanden werden im Gedankenzug des ursprünglich metaphysischen Fragens nach dem Verhältnis des Menschen zum Seienden im Ganzen. Wahrheit und Schönheit, so drückt sich Heidegger im Rückgang hinter die metaphysische Ästhetik aus, sind das »Geleucht« (ein Vorklang der »Lichtung«), was selbst das »Sein« aufscheinen läßt: »Sie gehören zusammen in dem Einen, Entscheidenden: das Sein selbst offenbar zu halten und offenbar zu machen«.[76]

75 Vom Wesen der Wahrheit (1931/32), GA Bd. 34, S. 237f.
76 Nietzsche: Der Wille zur Macht als Kunst (1936/37), GA Bd. 43, Frankfurt/M. 1985, S. 90f., 236f., 240, 247.

IV

Es ist uns hier nicht möglich, die auf diesem Gang aufbrechende Frage nach dem »Ursprung des Kunstwerks« (1935/36) mit dem umfassenderen Thema menschlicher Naturbemächtigung und ihrer Grenzen zusammenzudenken, das im Ausschreiten des seinsgeschichtlichen Weges immer mehr in den Mittelpunkt von Heideggers Denken rückt.[77] Wir müssen uns damit begnügen, im Rahmen der von uns behandelten Problematik der Naturhermeneutik die Schritte anzugeben, die Heidegger am Beginn der »Kehre« in dieser Richtung gegangen ist. Der erste Schritt bezieht die Frage nach der Offenbarkeit des Seins auf den *Anfang der abendländischen Philosophie.* Die Seinsfrage ist so umfassend, daß sie nur am Nichts ihre Grenze findet. Selbst das »Sollen« des Sittengesetzes bleibt darin einbezogen. Es ist nicht »nichts«, da das Gesollte ja »sein soll«, auch wenn dieses »Sein« nicht mit dem »Seienden« im Sinne des Vorhandenen zusammenfällt. Davon stößt sich das Denken von Plato abwärts bis hin zu Kant ab. Bei Kant ist das Sein des Seienden die *Natur* als »Dasein aller Erscheinungen unter Gesetzen«, denen das *eine* Sittengesetz gegenübertritt. In der nachkantischen Philosophie, die das Seiende als Erfahrbares von Natur und Geschichte objektiviert, gerät das Sollen in seiner Maßgeblichkeit in die Krise, so daß versucht wird, es »kulturphilosophisch« auf den Begriff des *Wertes* zu gründen. Der Versuch läßt aber die Natur als Inbegriff des »Wertlosen« verschwinden.[78] Darum muß das Sein von Grund aus und in der ganzen Weite seines möglichen Wesens neu erfahren werden, wenn das europäische Menschentum, statt sich in der zeit-losen »Idee« einer von ihrem Naturgrund abgelö-

77 Vgl. dazu F.-W. von Herrmann, Technik und Kunst im seynsgeschichtlichen Fragehorizont. In: W. Biemel/F.-W. von Herrmann (Hrsg.), Kunst und Technik. Gedächtnisschrift zum 100. Geburtstag von Martin Heidegger, Frankfurt/M. 1989, S. 25 ff.

78 Das stand Heidegger in der Gestalt seines ersten Freiburger Lehrers H. Rickert vor Augen. Vgl. Kulturwissenschaft und Naturwissenschaft, Tübingen 1926^7, S. 20.

sten »Kultur« zu verlaufen, sein geschichtliches Dasein erneut ins Werk setzen soll. Und dabei geht es um nichts Geringeres als um »eine aus dem zu eröffnenden Wesen des Seins (φύσις) entspringende Bestimmung des Menschseins«.[79]

Der *zweite* Schritt erfolgt in der Zuwendung zur Dichtung und Sprache in ihrer Zugehörigkeit zum »Dasein« im Menschen. Es erhebt ihn noch über das Erhabene in der Natur, daß er dasjenige Seiende ist, wodurch sich das Seiende als solches »*hindurchspricht* und so *ausspricht*«.[80] Darin wird das »Ungeheure« und »Wunderbare« deutlich, daß sich im Menschen, einer »kleinen Ecke im All des Seienden«, das Ganze des Seins offenbart; und mit ihm die Ungeheuerlichkeit im Wunder der *Sprache*. Es wird offenbar an der eigentümlichen »Sprachlosigkeit der Natur im Ganzen«; wenn wir bedenken, daß »andererseits nichts eindringlicher zu uns ›sprechen‹ kann als das Walten der Natur im Großen und Kleinsten«.[81] Um auf die Frage nach der Sprache eine Antwort zu finden, muß zuvor die Subjekt-Objekt-Beziehung aufgegeben werden. Was in unserem Zusammenhang besagt, nicht einfach »sprachlose Natur« und »sprechenden Menschen« nebeneinanderzusetzen, sondern beide im Hören auf die Sprache einander anzunähern. Denn der Offenbarkeit des Seins im »einzigen« Sinne dieses Wortes kommen wir erst dann nahe, »wenn wir grundsätzlich bedenken, wie die Dichtung als Grundgeschehnis des geschichtlichen Daseins des Menschen zur Natur – vor aller Naturwissenschaft – sich verhält«.[82]

Sie verhält sich zu ihr in der Weise der *Deutung* der Naturmacht. »Mächtig« ist die Natur, weil sie »göttlichschön« ist,

79 Vgl. Der Anfang der abendländischen Philosophie (1932), Man. S. 60 f. mit Einführung in die Metaphysik (1935), GA Bd. 40, Frankfurt/M. 1983, S. 213 f.

80 Vom Wesen der menschlichen Freiheit (1930), GA Bd. 31, Frankfurt/M. 1982, S. 135.

81 Hölderlins Hymnen ›Germanien‹ und ›Der Rhein‹ (1934/35), GA Bd. 39, Frankfurt/M. 1980, S. 76.

82 Ebd.

und das heißt: in »leichtem Umfangen« allgegenwärtig »erzieht«. Es sind die Schlüsselworte von *Hölderlins Dichtung*, die Heidegger ermöglichen, die Bedeutung des »Umfangenden« (= Waltenden) im Schönen und Erhabenen der Natur zu erschließen. Ihre Allgegenwart hält die äußersten Gegensätze einander entgegen: den Gegensatz von Himmel und Erde, von Göttern und sterblichen Menschen; eine Vordeutung auf das »Geviert«, über die Heidegger im Umkreis der *Hölderlin-Vorlesungen* die Nennkraft des von den Griechen überlieferten und seit langem in die Vieldeutigkeit verbrauchten Wortes »Natur« im Sinne der *Physis* zurückgewinnt.[83] Und damit gewinnt er Einblick in das Wesen der Dichtkunst als Grundgeschehnis des geschichtlichen Daseins in seinem Verhältnis zur Erscheinung der natürlichen Natur, die zum Ge-wohnten im Sinne des *Ethos* »zieht«.

Diesen Zug arbeitet der *dritte* Schritt heraus, den Heidegger in der Frage nach dem Ursprung des Kunstwerkes vollzieht. Während das technische Werk als »Zeug« mit der Verweisung in die öffentliche Umwelt zugleich in die *Umwelt-Natur* verweist, »Natur« verstanden als die »Welt des Verfügbaren« (der Verfügung über ihre Erzeugnisse, als seien es solche der Technik), weist das Werk der Kunst auf ihre Unverfügbarkeit. Es unterweist darin, was das »Umfangen« meint: nicht die *natura naturans* als Inbegriff der *erzeugenden* Natur, in deren Gleichsetzung mit der »Welt« sich die Metaphysik verfangen hatte, sondern die anfänglich erscheinende Natur im Ursinn der griechisch gedachten *Physis*. Und dieser Sinn, darauf kommt es uns im Mitvollzug des Schrittes »hinter« die metaphysische Lehre vom Schönen an, schließt die Erscheinung des *Ethos* im anfänglich zu denkenden Sinn dieses Wortes ein.

Der Ursprung des Kunstwerks und des Künstlers ist die Kunst, die das Schöne erscheinen läßt. Schönheit aber ist eine Weise, wie sich die Wahrheit als Unverborgenheit des Seienden im Geschaffensein des Werkes »ereignet«. Das

83 Vgl. Erläuterungen zu Hölderlins Dichtung (1944), Frankfurt/M. 1951, S. 39 ff. und 51 ff.

Schaffen denkt Heidegger zusammen mit dem Verfertigen von Werk-Zeug als ein Hervorbringen, das von ganz eigener Art ist. Daß »Sein« *Fertigsein* ist, diese Bestimmung des Grundsinns der Faktizität am Ausgangspunkt des fundamentalontologischen Weges gilt nur für das hervorgebrachte Zeug, das über sich selbst hinweg dahin entlassen ist, in der Zweckdienlichkeit aufzugehen. Es gilt nicht für das Geschaffensein der Kunst, die über das Schöne die Wahrheit ins Werk »setzt«, indem sie im »N.N. fecit« das »factum est« anzeigt: *daß* Unverborgenheit faktisch geschehen ist und im Verstehen dieses Geschehens geschieht;[84] *hermeneutisch*, wie wir *hinzufügen* dürfen, da Heideggers Besinnung auf das Wesen des Kunstwerks die Ästhetik des Schönen (als Lehre vom künstlerischen Schaffen und Genießen, dem ästhetischen »Erlebnis«) in die Hermeneutik zurücknimmt.

Wir verdeutlichen uns dies am Beispielkontext des *Kunstwerk*-Aufsatzes, der die Einheit des Gedankengangs erhellt, den Heidegger seit ›Sein und Zeit‹ zurückgelegt hat. Das Beispiel des van Goghschen *Schuh*-Bildnisses veranschaulicht, daß sich Seiendes von der Seinsart des Zeugs nicht in der bloßen, auf den Menschen zentrierten, Dienlichkeit und Zweckhaftigkeit erschöpft; daß dazu »in Wahrheit« das »Zu-sein« gehört, die dem Gebrauch eigene *Verläßlichkeit*. Das Bildnis bildet nicht nur »seiendes« (= fertiges) Schuhzeug ab, sondern zeigt in den Spuren des Getragenseins auf die Mühsal und Last alltäglich besorgenden In-der-Welt-Seins. Sie verweisen über den Gebrauch hinaus auf den »Grund der Sorge«, die anfänglich ethische Dimension des *Aufenthalts*. Sie kommt im Kunstwerk zum Vorschein, weil der Schaffende das Irdische am Werk, den »Stoff« des Hervorbringens, so gebraucht, daß er in seinem Entwurf von Welt das Geworfene selbst, die *Erde* »in Brauch nimmt«, d. h. dasjenige »sein« läßt, was sie »in Wahrheit« ist: die unhintergehbare Bedingung all unseres Wissens und Könnens.

84 Der Ursprung des Kunstwerks, GA Bd. 5, Ebd., S. 52 f.

Im großen Werk der Kunst ist die Wahrheit am Werk, nicht nur ein Wahres. Das verdeutlicht beispielhaft C. F. Meyers Gedicht: ›*Der römische Brunnen*‹. Es nimmt vorweg, worauf die Frage nach dem Wesen des Kunstwerks zielt: daß die Wahrheit ein zugleich bewegtes und ansichhaltendes Geschehen ist, das in dieser Doppelung die Unverborgenheit als solche in ihrem Bezug auf das Seiende im Ganzen, d. h. »bergend«, zu verstehen gibt. Heidegger interpretiert es nicht, weil das Gedicht (»Aufsteigt der Strahl und fallend gießt / Er voll der Marmorschale Rund, / Die, sich verschleiernd, überfließt / In einer zweiten Schale Grund, / Die zweite gibt, sie wird zu reich, / Der dritten wallend ihre Flut, / Und jede nimmt und gibt zugleich / Und strömt und ruht«) das Wahrheitsgeschehen selbst in der Einheit von Bewegtheit und Ver-halten auslegt.

Erst vom Aufenthalt her, hatte der junge Heidegger bemerkt, wird die Bewegung sichtbar. Die Kunst und ihr Werk, so heißt es jetzt in der Ausfaltung dieser Intuition, »sind nur notwendig als ein Weg und als ein Aufenthalt des Menschen, in dem ihm die Wahrheit des Seienden im Ganzen ... sich eröffnet«.[85] Was damit gemeint ist, führt das Beispiel des griechischen Tempels vor Augen, der noch in seinem heutigen Da-Stehen auf dem Felsgrund das Ganze einer »Welt« herauskommen und aufgehen läßt: Nicht nur den Glanz und das Leuchten des Gesteins, das erst das Lichte des Tages, die Weite des Himmels, die Finsternis der Nacht zum Vor-schein bringt, sondern im sicheren Ragen den unsichtbaren Raum der Luft und das Wogen des Meeres, in der steinernen Gestalt das sie umgebende Leben, Baum und Gras, Adler und Stier, Schlange und Grille, die so erst als die gestalteten Lebe-wesen erscheinen, die sie sind. »Dieses Herauskommen und Aufgehen selbst und im Ganzen«, so lautet Heideggers Fazit, »nannten die Griechen frühzeitig die φύσις. Sie lichtet zugleich jenes, worauf und worin der Mensch sein Wohnen gründet. Wir nennen es die *Erde*. ... Die Erde ist das, wohin das Aufgehen alles Aufge-

85 Nietzsche, GA Bd. 43, S. 98.

hende, und zwar als ein solches, zurückbirgt. Im Aufgehenden west die Erde als das Bergende«.[86]

Mit der Rückbindung der »Welt« an das »Walten« des Natürlichen in der Natur und dessen Bindung an die »Erde« als Stätte menschlichen Wohnens findet Heidegger die verbindliche Haltung für das Verhalten zum Seienden im Ganzen: das *Ethos* in dem sich hier abzeichnenden Richtungssinn des *Brauchs*. Und es scheint mir kein Zufall zu sein, daß sie über die Hermeneutik des Kunstwerks gefunden wird. Dem geht die Besinnung auf den Anfang der abendländischen Philosophie vorher. Sie läßt Heidegger erkennen, daß die ältesten griechischen Denker nicht in der Haltung von »Physikern« nach der *Physis* fragen (als ob in Naturvorgängen wie Wachstum und Schwinden das ursachenmäßige Aufeinanderfolgen von Umständen und Eigenschaften bestimmend wäre), sondern daß sie nach dem »Sein« des Seienden forschen, dessen Sein im φύειν besteht, dem »Wachsen« und »Hervorgehen«, nämlich aus der *Erde*; und daß sie dabei das Aufgehen und Erscheinen, das »Geleucht« der *Physis*, in den Blick nehmen.[87] Aber *daß* und *wie* die Erde *gebraucht* wird, dieser Zug tritt erst in der Antwort auf die Frage nach dem Ursprung des Kunstwerks voll heraus.

Das Walten des Natürlichen in der Natur geschieht für das Menschentum auf der Erde, der hervorkommend-bergenden, mühelos-unermüdlichen, worauf der geschichtliche Mensch sein Wohnen in der Welt gründet. Das zeigt die Kunst im Geschehen der Wahrheit, das sie in der Zeit ins Werk setzt. Es läßt die Erde eine Erde sein. Warum? Weil der Künstler im Gebrauch des ihr verdankten Stoffes die Erde eigens »herstellt«. Es ist ein Brauchen, das den Stoff nicht verbraucht und mißbraucht, sondern erst zu ihm selbst befreit, indem im Kunstwerk der Stein zum Tragen und Ruhen, die Farbe zum Leuchten, der Ton zum Klingen, das Wort zum Sagen kommt. Der Stein lastet und bekundet seine Schwere, die uns entgegenlastet, ohne daß wir *dieses*

86 Der Ursprung des Kunstwerks, GA Bd. 5, S. 28.
87 Der Anfang der abendländischen Philosophie, a.a.O., S. 17.

Lasten kausal erklären oder zahlenmäßig berechnen könnten. Ebenso die Farbe: Sie »leuchtet auf und will nur leuchten. Wenn wir sie verständig messen und in Schwingungszahlen zerlegen, ist sie fort. Sie zeigt sich nur, wenn sie unentborgen und unerklärt bleibt«.[88] Die Erde, so lautet Heideggers Prophezeiung, die sich bald aufs Schrecklichste erfüllen sollte, läßt jede rechnerische Zudringlichkeit in eine Zerstörung umschlagen. Das Ziel der Naturbeherrschung, die technisch-wissenschaftliche Vergegenständlichung der Natur, bleibt eine »Ohnmacht des Wollens«. Trotz aller wissenschaftlichen Neuentdeckungen entgleitet der Naturwissenschaft, »was eigentlich der Gegenstand dieser Entdekkungen ist: die Natur und der Bezug des Menschen zu ihr und seine Stellung in ihr«.[89]

Daran erinnert Heideggers Denken auf dem Weg zum »anderen Anfang« der Philosophie. Um seine Tragweite für die gesuchte Wiederherstellung des verlorengegangenen Seinsverhältnisses zur Natur zu ermessen, versuchen wir im Blick auf die eingangs gestellte Frage nach der Möglichkeit einer Naturethik den Punkt zu bestimmen, an dem der Abstieg vom fundamentalontologischen Höhenweg im Vollzug des seinsgeschichtlichen Denkens auf der Bahn der Kunst mit der Tiefe des einfachsten Gedankens zusammentrifft, den Heidegger gedacht hat.

Heideggers Gedanke erscheint ebenso faßlich wie groß. Und das Große an ihm ist, daß er, durch die Erfahrung des Wahrheitsgeschehens der Kunst angestoßen, den Anfang der abendländischen Philosophie ereignishaft denkt. Das geschaffene Kunstwerk verwandelt die gewöhnlichen Bezüge zur Welt und Erde und hält uns dazu an, in der im Werk geschehenen Wahrheit zu verweilen. Es ist auch hier die »Verhaltenheit des Verweilens«, die das Geschaffene erst das Werk sein läßt, das es ist. Dieses Seinlassen nennt Heidegger die *Bewahrung des Werks*, die alles Geschaffene braucht, um »seiend«, d.h. ausgelegt und verstanden zu werden. Und

88 Ebd., S. 33.

89 Vgl. Grundfragen der Philosophie (1937/38), GA Bd. 45, Frankfurt/M. 1984, S. 53.

darauf ist das Kunstwerk wie das Werk des Denkens von Anbeginn, im »ersten Anfang« der abendländischen Philosophie, bezogen. Auf dem seinsgeschichtlichen Weg legt ihn Heidegger als den »Fang« der *Physis* in dem der Wahrheit (ἀλήθεια) entsprechenden *Logos* aus. Es ist ein Entsprechen auf dem Grunde der Stimmung des *Erstaunens* (θαυμάζειν), das die seinsgeschichtliche Auslegung in die einstige Größe hoch- und zugleich in die Tiefe des »anderen Anfangs« zurückwirft, auf die *Erde*, der das Denken entsteigt. Es übersteigt sie in der Suche nach einer Ethik, die sich entweder auf die Entsprechung zur *Physis* oder *metaphysisch* (in der Entgegensetzung des »Guten« und »Gesollten« zum Sein) zu gründen sucht.

Diesen Überstieg des metaphysischen Begründungsdenkens nimmt Heidegger zurück, indem er das Problem der Ethik in die Frage nach dem Wesen des *Ethos* verwandelt, welche Frage auf die *Verhaltenheit* als Grundstimmung des Bezugs zum Sein zielt, womit der »andere Anfang« der Philosophie beginnt.[90] Die Ethik ist keine *durch* die Natur oder *über sie hinaus* im metaphysischen Willenswesen fundiert, das unserem Tun und Lassen das Unmögliche eines Sittengesetzes für Vernunftwesen überhaupt aufzwingt. Sie kann nur eine Ethik *für* das Wohnen des Menschen auf der *Erde* sein, die im unscheinbaren Gesetz des Möglichen als dasjenige geborgen bleibt, das sie ist. Im Aufgang des Natürlichen in der Natur west die Erde als das Bergende, das sich zugleich verbirgt. So wie es Heidegger aus dem Heraklitischen Satz (Fr. 123) über die *Physis* heraushört, worin im Wesenden der Wahrheit die Verhaltenheit als ein mögliches *Ethos* für die natürliche Natur anklingt: φύσις κρύπτεσαι φιλεῖ, »Das Aufgehen ... dem Sichverbergen schenkt's die Gunst«.[91]

90 Vgl. Grundfragen der Philosophie, GA Bd. 45, S. 1 f. und 178 f.
91 Vorträge und Aufsätze, Pfullingen 1978⁴, S. 263.

Dritter Teil
Rückfragen in den Anfang

Erster und anderer Anfang

Hegel und das Problem des Ursprungs der griechischen Philosophie

Daß die Philosophie zweifach anfängt, wie es der Titel unseres Vortrags andeutet, mag sich im Blick auf den Anfangstext der Hegelschen *Logik* befremdlich ausnehmen. Nennt er doch ein schlechthin Einfaches, den Gedanken des *Seins*, der nichts anderes voraussetzt als das Denken selbst und dieses eine Wort: »Sein, reines Sein – ohne alle weitere Bestimmung«.[1] Es macht den Anfang, weil es in seiner unbestimmten Unmittelbarkeit nur sich selbst gleich, weil es weder innerhalb seiner selbst noch nach außen hin von einem Anderen unterschieden ist.

Wenn der Anfang in dieser Gleichheit mit sich ein absolut Ruhendes darstellt, das in seiner Unbestimmtheit buchstäblich »nichts denken läßt«, und wenn dann das Denken im Gleichfinden des *Nichts* mit dem *Sein* zu sich selbst findet und zum *Werden* als erster logischer Kategorie fortgeht, dann fragt sich angesichts der Charakterisierung jener Anfangsbegriffe, was den Denkvollzug eigentlich in die Dialektik hineintreibt. Wie kommt die Bewegung vom Sein über das Nichts zum Werden zustande, wenn das Sein sich selbst gleich und in Ruhe sein soll? In letzter Instanz, antwortet Schelling, der noch zu Hegels Lebzeiten jene kritische Anfrage aufgeworfen und damit die Krisis der Sache der Hegelschen *Logik*, der dialektischen Methode der Begriffsbewegung, ausgelöst hatte, ist es »nur der Umstand, daß es in der Tat ein reicheres und inhaltvolleres Sein gibt, und daß der denkende Geist selbst schon ein solches ist; also [...] nicht eine in dem leeren Begriff selbst, sondern in dem Philosophierenden liegende und ihm durch seine Erinnerung aufge-

1 G. W. F. Hegel: Wissenschaft der Logik. 1. Buch, 1. Abschnitt, Kap. 1 – In: Ders.: Sämtliche Werke. Jubiläumsausgabe. Hrsg. von H. Glockner, Bd. 4. Stuttgart 1927. 33. (Fortan zitiert unter Jub.)

drungene Notwendigkeit, die ihn nicht bei jener leeren Abstraktion stehen läßt«.[2]
Schellings Kritik verweist auf die Gabe des Seins, von der das Denken im Vollzug des prädizierenden Ist-Sagens Gebrauch macht, dieses »Ist« nicht als bloße Funktion der Kopula des Satzes oder als Hilfszeitwort der Grammatik, sondern im verbalen Sinn des »ursprünglichen Wortes« verstanden, das dem Denken vorgesprochen erscheint. Es artikuliert die vorprädikative Sphäre der Wahrheit des Seins, die sich sprachlich gibt und hintergründig auch bei Hegel ins Spiel kommt. Sie eröffnet den *Text* der Logik, worin sie sich, unter Vermeidung des Ist-Sagens, namentlich (in der Nominalisierung des Zeitworts »sein«) datiert. Und sie spielt im *Kontext*, der den Text kommentierend begleitet. Mit der sprachlichen Gabe gibt sich die Geschichte vor, die überlieferte Lehre vom Sein, woran der Anfang der *Logik* »erinnert«. Hegel berichtet vom Anfang des Denkens in der eleatischen Schule und »vorzüglich« bei Parmenides, der »sein Vorstellen und auch das Vorstellen der Folgezeit zu dem reinen *Gedanken*, dem Sein als solchem, geläutert und erhoben und damit das Element der Wissenschaft erschaffen hat«. (Jub 4, 96) Der Kontext ist narrativ. Er erzählt davon, was in der Zeit für die Begründung des Wissens getan worden ist, von den Taten der »Heroen der denkenden Vernunft«, welche die logischen Grundsätze der Wissenschaft formulieren. Hegel will jedoch nicht bloß berichten, wie es gewesen ist, er will das Wesentliche erkennen, und das heißt nach dem Text der *Logik*: warum es so und nicht anders gewesen ist. »Was das Erste in der Wissenschaft ist«, so lautet denn die Folgerung für den Seinsgedanken des Parmenides, »hat sich müssen geschichtlich als das Erste zeigen«. (Jub 4, 96)
Diese Folgerung findet sich nicht in der Urfassung der *Wissenschaft der Logik* von 1812, sondern in der systematischen

2 F. W. J. Schelling: Zur Geschichte der neueren Philosophie (1827). – In: Schellings Werke. Hrsg. von M. Schröter. Bd. 5. München 1928. 201.

Revision dieses Werkes, die Hegel am Ende der Berliner Zeit vorgenommen hat. Er konnte sie vorher nicht ziehen, weil die Urfassung zurückhaltender berichtet, weil sie (unter Absehung von seiner Schule) lediglich davon spricht, daß Parmenides »unter den Menschen der erste gewesen zu sein scheint«, der sein Vorstellen und das der Folgezeit zu dem »reinen Gedanken des Seins geläutert und erhoben« habe[3] – Umschreibungen, die das Einzigartige des geschichtlichen Vorgangs festhalten. Und er brauchte sie nicht zu ziehen, weil die Fassung von 1812 die Lehre vom Sein in die Konstellation eines zweifachen Anfangs hineinstellt, des »ersten« bei *Parmenides* mit dem Satz: *Nur das Sein ist und das Nichts ist gar nicht*, und des »anderen« bei *Heraklit* mit dem Gegensatz: *Das Sein ist so wenig als das Nichts* oder, nach der von Hegel erzählten Geschichte des anderen Anfangs bei Heraklit: *Alles fließt*, das heißt: *Alles ist Werden*.

Den hier exponierten Hauptsätzen des anfangenden Denkens wird im folgenden näher nachzugehen sein. Offensichtlich haben wir es nicht nur mit einer Exposition der Bewegung des Erkennens im Medium von Sätzen, sondern mit derjenigen von Bewußtseinsgestalten zu tun, in denen es sich wiedererkennt.[4] Der Fortgang vom »ersten« zum »anderen Anfang« ähnelt jenem Denkweg der Erscheinung des Logischen, den sich Hegel in der *Phänomenologie des Geistes* am Leitfaden einer »Wissenschaft der Erfahrung des Bewußtseins« gebahnt hatte.[5] Der Zuwachs an Wissen erfolgt im

3 G. W. F. Hegel: Wissenschaft der Logik. Faksimiledruck nach der Erstausgabe von 1812. Hrsg. von W. Wieland. Göttingen 1966. 30. Vgl. G. W. F. Hegel: Gesammelte Werke. Bd. 11. Wissenschaft der Logik. Erster Band. Die Objektive Logik (1812/1813). Hrsg. von F. Hogemann u. W. Jaeschke. Hamburg 1978. 48. (Fortan zitiert unter GW.)

4 Zum Motiv der Wiedererkennung vgl. H.-G. Gadamer: Hegel und die antike Dialektik. – In: ders.: Hegels Dialektik. Fünf hermeneutische Studien. Tübingen 1971. 7 ff.

5 Es hat seinen tieferen Sinn, wenn der Herausgeber der 2. Auflage (im Rahmen der Werke), Johannes Schulze, dem Werk das Heraklit-Wort voranstellt: ψυχῆς ἐστι λόγος ἑαυτὸν αὔξων.

Einklang mit der Sache des Denkens, wie sie die phänomenologische Dialektik auf der Bahn von *Mnemosyne*, der *Erinnerung* des entäußerten Geistes an seinen Ursprung, zu entfalten sucht, mit seiner Bestimmung als »Werden zu sich«, dessen Resultat die »Sichselbstgleichheit« des Geistes in seinem »Anderssein« ist.[6] Und dieses dialektische Fortgehen von einer Gestalt zur anderen auf dem Boden der sich zuwachsenden »Erfahrung des Bewußtseins« kehrt in der Urfassung der *Logik* wieder in der Zweiheit des »ersten« und »anderen Anfangs«. Sie geht zurück zum Ursprung, indem sie an den *Übergang* und darin an das *Hinausgehen* erinnert, den wesentlichen Zug in der Epoche des anfangenden Denkens. Der Fortgang vom Ersten, sagt Hegel, »ist in der Philosophie zugleich der *Rückgang* zu seiner Quelle, zu seinem wahrhaften Anfang. Somit beginnt im Hinausgehen über den Anfang zugleich ein neuer Anfang, und der Erste zeigt sich damit als nicht der Wahrhafte«. (GW 11, 51)

I

Diesen Kontext hat Hegel in der 2. Ausgabe der *Logik* verändert und dabei die Unterscheidung des ersten vom anderen Anfang gestrichen. Was erhalten bleibt, ist neben den exponierten Grundsätzen der Name von Parmenides, der sich jedoch in der Perspektive des Jacobischen Spinozismusstreits mit dem von Spinoza zur Denkgestalt des neuzeitlich gedachten Pantheismus zusammenzieht. Dadurch verselbständigt sich der logisch begründende Text, zumal Hegel aus dem narrativen Kontext auch jene der phänomenologischen Dialektik des Meinens folgenden »Behauptungen des reflexionslosen Seins« tilgt, die es entgegen der vorausgesetzten Unmittelbarkeit durch ein Anderes bestimmen (nach Definitionen des Typs: *Das Sein ist das Absolute*) oder daran nur um den Preis von Tautologien (*Das Sein ist das Sein – Das*

6 Vgl. G. W. F. Hegel: Phänomenologie des Geistes. Jub 2, 555, 573, 619.

Sein ist) festhalten können. Sie meinen Anderes als sie sagen, sofern sie nichts Bestimmtes sagen, womit auf dieser Ebene »dieselbe Bewegung, das Werden, vorhanden« ist, nur daß »statt des Seins ein Sagen sie durchläuft«. (GW 11, 52)[7] Das rechtfertigt gewiß nicht die Bemerkung der Urfassung, daß der Gang des Gedankens über Parmenides hinaus durch die »Reflexion« zustande gekommen sei, daß das Sein gleich Nichts ist.[8] Aber es macht den Reflexionstyp verständlich, den die dialektische Methode in Anspruch nimmt. Erinnert sie doch mit *ihrem* Wort am Anfang: »*Reines Sein*, oder vielmehr nur Sein; satzlos ohne Behauptung oder Prädikat«, an die vordialektische Sphäre des logisch Unmittelbaren und Vermittelten, ans *sprachlich Mittelbare des Sagens*, wovon die Sache der Dialektik in der Tat abhängt.[9] Es bedeutet darum mehr als einen Texteingriff, wenn Hegel zuletzt die hieran anknüpfende phänomenologische Spur des »anderen Anfangs« verwischt, wenn er nun auch das Ende der Entwicklung des logischen Wissens nicht mehr in die mittelbare »Gestalt eines *unmittelbaren* Bewußtseins, als Bewußtsein eines Seins, das ihm als ein Anderes gegenübersteht«, sondern in die des unmittelbaren Seins im Sinne des *Seienden* (der Natur wie des Geistes) entläßt, das so von der logischen Begründung abhängig wird.[10] In Wahrheit, das will Hegel sagen, und er sagt es mit der Verschiebung seines eigenen Denkens vom Ursprung des Erinnerungswissens im zweiteiligen *System der ›Phänomenologie des Geistes‹* zur Grundlegung der *Wissenschaft der Logik* im *Enzyklopädie-System*, das nach dem Schema der dialektischen Methode vom logisch verselbständigten Wissen über die Naturphilosophie zur Philosophie des Geistes fortschreitet, kennt die Logik

7 Vgl. W. Wieland: Bemerkungen zum Anfang der Hegelschen Logik, a.a.O. 196-201.

8 So mit Recht D. Henrich: Anfang und Methode der Logik. – In: ders.: Hegel im Kontext. Frankfurt/M. 1971. 91.

9 Vgl. H.-G. Gadamer: Die Idee der Hegelschen Logik. – In: ders.: Hegels Dialektik. 63 f.

10 Vgl. Wissenschaft der Logik. 1. und 2. Aufl. a.a.O., 9 und 74.

nur *einen* Anfang. Und dieser Anfang ist »derselbe« wie der »Anfang der eigentlichen Geschichte der Philosophie«.[11] Das ist ein Vorgang von großer Tragweite, weil damit das Sein in der Richtung der metaphysischen Wissenschaftsidee der Neuzeit auf den Grund und das Begründen hin fixiert wird. Er gibt Aufschluß darüber, wie sich das logische Begründungswissen nach der Preisgabe des phänomenologischen Anfangs mit dem System und der Geschichte der Philosophie verklammert. Die Klammer konnte erst dann angelegt werden, nachdem auf dem Weg von der *Wissenschaft der Logik* zur *Enzyklopädie der philosophischen Wissenschaften* der ursprünglich phänomenologische Systemanfang mit dem Erinnerungswissen zugunsten des Begründungswissens verdrängt und das in der Unterscheidung des ersten vom anderen Anfang enthaltene Moment der logischen Freiheit, der Spontaneität von Gestalten des Logischen, hinter der Notwendigkeit des Begriffs zurückgetreten war. Dieser Vorgang verdient unsere Aufmerksamkeit um so mehr, wenn wir bedenken, daß die Hegelsche Unterscheidung aus der Perspektive von Nietzsches Rückgang auf die »Philosophie im tragischen Zeitalter der Griechen« durch Heidegger aufgenommen und gegen Hegels Begreifen des Anfangs aus der Vollendung ihres Ganges zum »System der Wissenschaft« gewendet worden ist.

Der »erste Anfang«, das ist in Heideggers »Erinnerung« an den Weg der abendländischen Philosophie von Parmenides bis hin zu Hegel die Denkgeschichte des logisch begründeten Seins von Seiendem, der *Ontologie*, die als *Metaphysik* die »Wissenschaft vom Ersten« im Sinne des Grundes heißt, im Unterschied zum »anderen Anfang«, der ein in dieser Geschichte ursprünglich verborgenes Geschehen erinnert. Hegels Logik, so wendet Heidegger ein, fängt dagegen mit dem Ende an. Statt wirklich in den Ursprung einzukehren, hält sie sich im Fortgang an die Entwicklung des reinen Begriffs, dem der Anfang logisch durchsichtig wird.[12] Da-

11 System der Philosophie. Erster Teil. Logik. § 86. Jub 8, 206.

12 M. Heidegger: Identität und Differenz. Pfullingen 1957. 50. Vgl.

nach verfährt die dialektische Reduktion des Denkgeschehens auf die logische Form von Grundsätzen in der Geschichte der Philosophie,[13] worin Hegels System die höchste Stufe der *Synthesis* darstellt. Ihr voraus geht die *Antithesis* in der mit Descartes beginnenden Bewußtseinsphilosophie, in der sich das Subjekt dem Objekt entgegensetzt und damit sich selbst als Erstes setzt. Im Verhältnis zu diesen beiden Stufen stellt die Ontologie die Stufe der *Thesis* dar, der Bestimmung des Seins in der ursprünglichen Weise des unbefangenen Setzens, wie es Hegel ausdrückt.[14] Und der Fortgang ist, daß dieses Sein nicht bloß als *bestimmt seiend, sondern als das sich Bestimmende* aufgefaßt wird – in der abgeleiteten, d.h. methodisch begründeten, Weise des sich absolut begreifenden Begriffs.

Die Einwände gegen den methodischen Gestus der Dialektik rühren an die Aporie zwischen Erinnern und Begründen, die im Ausgang vom »ersten« Anfang die abendländische Philosophie bis hin zu Hegel durchzieht. Heidegger gewahrt sie im Austrag der ontologischen Differenz des Seins zum Seienden, der in dem metaphysischen Versuch, das Einfache des einzig-einen Seins auf ein onto-logisch Allgemeines und Einziges zu gründen, dieses Eine ursprünglich zwiegestaltig und immer anders ankommen läßt, ohne sich dem Geschehen am Grunde des Zwiegestaltigen zu öffnen.[15] Um Heideggers Frage aufzunehmen, müssen wir freilich hinter die Reduktion der philosophischen Überlieferung auf ein Gerüst von Grundsätzen zurückfragen. Was uns an Hegels Rede vom »anderen Anfang« zu denken gibt, ist die zweifa-

H. Boeder: Topologie der Metaphysik. Freiburg, München 1978. 55 f.

13 Vgl. M. Heidegger: Hegel und die Griechen. – In: ders.: Wegmarken. Frankfurt/M. 1967. 261 f.

14 G. W. F. Hegel: Einleitung in die Geschichte der Philosophie. Hrsg. von J. Hoffmeister (1940), in 3. Aufl. besorgt von F. Nicolin. Hamburg 1959. 223.

15 M. Heidegger: Was ist Metaphysik? Einleitung zur 5. Auflage. Frankfurt/M. 1949. 18 f; ders.: Identität und Differenz. 55 f und 67 f.

che Bestimmung des Grundes und Ursprungs der griechischen Philosophie. Es handelt sich um ein *geschichtliches Problem*, um die Klärung der Genese des Unterschieds zwischen erstem und anderem Anfang und des Anteils, den dabei das phänomenologische Erinnerungswissen nimmt. Und es ist ein *Sachproblem*: wie sich Erinnerungs- und Begründungswissen zueinander verhalten und dieses Verhältnis das Verständnis der Grundsätze des anfangenden Denkens bestimmt.

II

Die Reduktion des überlieferten Denkgeschehens auf *thetische Grundsätze* und ihrer Wechselbeziehungen auf die Form von *Antithesen*, die nach Vereinigung in epochalen *Synthesen* drängen, das sind die Verfahren der Bestimmung der logischen Idee nach Hegels Enzyklopädie-System. Vom Begründungswissen methodisch gefordert, gliedern sie die einzelnen Epochen ihrer Erscheinung wie den geschichtlichen Verlauf des abendländischen Denkens. Und so bringen sie sich auch in der Exegese der Fragmente von Parmenides und Heraklit zur Geltung.[16] Die Reduktion zielt auf Urteilsenthaltung, eine *Epoché*, die in das allgemeine Beurteilungsprinzip der *Einleitung* in die Geschichte der Philosophie mündet. Entblößt man die geschichtlich überlieferten Grundsätze der philosophischen »Systeme« von allem, was ihre zeitliche Gestaltung und Anwendung auf das Besondere ausmacht, bleiben die Stufen der Gestaltung der Idee selbst

16 G. W. F. Hegel: Vorlesungen über die Geschichte der Philosophie. Jub 17, 310f u. 348. – Zu dem (hier nicht weiter untersuchten) Verfahren der thetischen Reduktion und ihrer metaphysischen Problematik vgl. die instruktive Studie von K. Düsing: Hegel und die Geschichte der Philosophie. Darmstadt 1983. 16ff, ferner den Beitrag ders.: Dialektik und Geschichtsmetaphysik in Hegels Konzeption philosophiegeschichtlicher Entwicklung. – In: Logik und Geschichte in Hegels System. Hrsg. von H. Ch. Lucas/G. Planty-Bonjour. Stuttgart 1989. 127-145.

nach ihren rein begrifflich bestimmten Momenten zurück; und am Fortgang vom einen zum anderen Begriffsmoment läßt sich dann umgekehrt die Notwendigkeit des Verlaufs der geschichtlichen Erscheinungen bestimmen. Darum lautet das Urteil, das Hegel vorweg formuliert: Das Anfängliche ist als solches, das sich nicht fortbewegt, notwendig ein logisch Abstraktes, Ärmstes und Leerstes an Bestimmungen, das seine Konkretion, seinen Reichtum und seine Erfüllung erst noch finden muß. Das Denken findet sie am Ende, in der Vollendung des tiefer bestimmten Begriffs des Geistes, den keine frühere Philosophie befriedigt. Was er darin finden will, ist die logische Idee, der Begriff in seinem Dasein, das er selber ist. In solcher Bestimmtheit kann sie jedoch anfänglich nicht »vorhanden« sein. (Jub 17, 70ff, 76f)
Von diesen Formeln heben sich aufs Merkwürdigste die enthusiastischen Formulierungen des einleitenden Kapitels zur Geschichte der griechischen Philosophie ab, worin Hegel die Notwendigkeit eines Rückgangs auf eben diesen Anfang motiviert. Hier finden wir die umgekehrte Behauptung: daß sich der Geist bei den Griechen zu Hause und befriedigt weiß. Warum? Weil sie das Volk mit dem »Charakter der freien schönen Geschichtlichkeit, der Mnemosyne« sind. Was sie gewesen sind, heißt es in unverkennbarem Anklang an das Leitmotiv der *Phänomenologie des Geistes*, haben sie für sich erinnert und dabei den fremden Ursprung entweder vergessen oder ins abgründige Dunkel der Mysterien zurückgedrängt. Die Griechen »wissen von dem Grund und Ursprung als einem Grunde und Ursprung, – aber bei ihnen. Sie haben somit von Allem, was sie besessen und gewesen, eine Geschichte sich gemacht«. Darin liegt der »Keim der denkenden Freiheit, und so der Charakter, daß bei ihnen die Philosophie entstanden ist«. Die Entwicklung des Gedankens, sagt Hegel, und er sagt es im Hinblick auf sein eigenes Vorhaben einer diesen Grund und Ursprung begreifenden Philosophiegeschichte, ist bei den Griechen aus »uranfänglichen Elementen hervorgetreten, hat sich entfaltet; und wir können sie betrachten, ohne weitere äußere Veranlassungen aufsuchen zu müssen. Um griechische Philosophie zu be-

greifen, können wir bei ihnen selbst stehen bleiben«. (Jub 17, 189f)

In welchem Umfang Hegel dies getan hat, läßt sich kaum abschätzen, weil uns der früheste, in nächster Nachbarschaft zur ›Phänomenologie des Geistes‹ konzipierte Entwurf zur Geschichte der Philosophie von 1805/06 lediglich in rudimentärer Form erhalten ist. Wir besitzen ihn als Palimpsest, worauf im Blick auf das schließlich zur Ausführung gekommene Enzyklopädie-System die Heidelberger und Berliner Vorlesungen eingetragen und mit Auszügen von Schülernachschriften vermischt worden sind.[17] So dürfen wir vermuten, daß die Einleitung zur Geschichte der griechischen Philosophie zu den Vorlagen des Jenaer Konzepts gehört haben muß. Die Vermutung erhärtet sich, wenn wir das System in seiner Anwendung auf die Geschichte der Philosophie »dekonstruieren«, will sagen: die Umschriften abtragen, um die Urschrift zu entdecken.

In ihr lagern, wenn ich richtig sehe, zwei Schriften übereinander. Die erste ruht auf dem phänomenologischen Grund des Erinnerungswissens, Hegels jugendlicher Deutung von *Mnemosyne*, der Muse des Denkens, als »Bewußtsein« im weitesten Sinne des Wortes,[18] der auf die ihm mit dem jungen Hölderlin gemeinschaftliche Erfahrung des Zurückdenkens an das »Älteste vom Alten«, die »Quelle« der abendländischen Logosphilosophie, zurückweist.[19] Darüber erhebt

17 Man vergleiche das Vorwort von K. L. Michelet zur 1. Ausgabe der Vorlesungen über die Geschichte der Philosophie (1833). Werke Bd. 13, V-VI und die meinen Deutungsversuch bestätigenden Ausführungen von O. Pöggeler: Geschichte, Philosophie und Logik bei Hegel. – In: Logik und Geschichte (Anm. 16), 101-126.

18 Vgl. Vorlesungen über die Geschichte der Philosophie. Jub 17, 189f und 366 mit Phänomenologie des Geistes, Vorrede. Jub 2, 31f und 45.

19 Das belegt der Bericht von K. Rosenkranz: Hegels Leben. Berlin 1844. 180. Zu Hölderlins Theorie der Erinnerung vgl. jetzt D. Henrich: Der Gang des Andenkens. Beobachtungen und Gedanken zu Hölderlins Gedicht. Stuttgart 1986. 131ff.

sich als zweite Schicht die Deutung des wesentlichen Denkgeschehens der Wahrheit des Seins, des Übergangs vom ersten zum anderen Anfang, am Leitfaden geometrischer Gestaltenerzeugung. Es ist der eigentümlich pythagoräisierende, spielerisch-spekulative Grundzug ihrer Darstellung, der Archetyp einer dialektischen »Reflexion«, den die spekulative Philosophie in der phänomenologischen Verklammerung mit der Wissenschaft der Erfahrung des Bewußtseins verwendet, während er sich im späteren Enzyklopädie-System verliert.
Um das Verhältnis dieser inhaltlich sehr verschiedenen Textschichten zu klären, mag ein Blick auf die formalen Momente hilfreich sein, über die sie ineinanderspielen. Die Philosophie, so behauptet Hegel, und auch darin klingt der Auftakt seines Denkens in der Gemeinschaft mit Hölderlin nach, wird aus dem Geist von *Mnemosyne* geboren, dem Keim der denkenden Freiheit, der geschichtlich in der Epoche des Untergangs der griechischen Poliswelt in Kleinasien und der damit verbundenen Herausforderung des Okzidents durch den Orient aufgeht. (Jub 17, 190f) Die Aufgabe besteht darin, gegenüber der Maßlosigkeit der orientalischen Versenkung des Geistes in die Natur ein Maß zu finden, – das Maß des Seins auf Erden. Über das Schöne der Kunst wird es gefunden in der begrenzenden Gestaltung, dem »unbefangenen Hervorgehen« der Grundworte des anfangenden Denkens nach Art von Punkten, Linien, Winkeln, die sich zu Dreiecken, dem abstrakten Gestaltelement der Fläche, und schließlich, durch Ausziehen einer jeden Linie, zur Vielheit von Seitendreiecken ausbilden, bis sich die Flächen zuletzt zum prismatischen Körper, der Figur des in sich durchsichtigen Begriffs, zusammenschließen.[20] Hegel spricht etwas vage von einer »Verdoppelung des Dreiecks«, ohne sie

20 Jub 17, 138f, ferner die Einleitung in die Geschichte der Philosophie. Hrsg. von J. Hoffmeister. 243 (Vorlesungen 1823-1827). Vgl. dazu zuletzt die erhellende Studie von H. Schneider: Zur Dreieckssymbolik bei Hegel. – In: Hegel-Studien. 15 (1980), 55ff.

ihrerseits figürlich zu veranschaulichen, wie er überhaupt einräumt, daß das Bild dem nicht gemäß sei, worauf es anspielt. Es steht für die Sache des Denkens, dem kein Bild genügen kann. Denn dafür muß das Gegenbild des Wortes eintreten, die *Sprache*, die Hegel als Ursprung von *Mnemosyne*, der »absoluten Muse«, auffaßt.[21] Darauf werden wir noch zurückkommen. An dieser Stelle halten wir lediglich fest: Die Charakterisierung des Ganges der griechischen Philosophie durchbricht das triadische Schema der dialektischen Methode. Nach dem Muster der *Phänomenologie des Geistes* hebt sich die Richtung des Denkens auf den Gegenstand von derjenigen auf das Bewußtsein ab, so daß Hegel zu einer *Zweiteilung der Wege* gelangt: vom ionisch-pythagoreischen *Ausgangspunkt* beim Natur- und Zahlsein über die von Parmenides und Heraklit gezogenen *Grundlinien* des »reinen« Seins und Werdens bis hin zu Anaxagoras, bei dem sie in der Vernunftfigur des Dreiecks, dem maßgebenden Gestaltelement der Fläche, *zusammenlaufen*.[22]

Daraus erklärt sich die Verdoppelung des Anfangs und dessen Auseinandertreten zu immer »anderen« Anfängen in der Wiederholung der phänomenologisch geprägten Dialektik, wie sie, abweichend vom logischen Kontext des Enzyklopädie-Systems, die Urfassung der Seinslogik *und* den Urtext der Vorlesungen über die Geschichte der Philosophie durchzieht. Da der Gedanke von Thales (mit dem sie »eigentlich« beginnt) bis hin zu Anaxagoras (»Hier fängt erst an ein Licht aufzugehen«)[23] unmittelbar und unbestimmt bleibt, besitzt

21 K. Rosenkranz: Hegels Leben. 180 f. G. W. F. Hegel: Jenaer Realphilosophie (1805/06). Hrsg. von J. Hoffmeister. Hamburg ²1969. 181 ff. Ders.: Philosophische Propädeutik (1808/09). Jub 3, 210. Vgl. V. Verra: Storia e Memoria in Hegel. – In: Incidenza di Hegel. Ed. F. Tessitore. Morano-Napoli 1970. 3 ff.

22 G. W. F. Hegel: Vorlesungen über die Geschichte der Philosophie. Jub 17, 135 ff u. 203 ff. Vgl. zuletzt G. Schmidt: Hegel und Anaxagoras. – In: Hegel und die antike Dialektik. Stuttgart 1990.

23 Jub 17, 210 u. 396. Vgl. dazu J. D'Hondt (Ed.): Hegel et la

die Philosophie des frühen Griechentums den so nur ihr eigenen Charakter, daß »dies Sichentwickeln ein unbefangenes Hervorgehen der einzelnen Bestimmungen aus jenem einfachen Grunde ist, der an sich schon alles enthält«.[24] Hier liegt die Lösung des Rätsels der Konstruktion des »Dreiecks aus Dreiecken«, die sich im Fortgang der Bestimmung des »einfachen Grundes« verdoppeln. Aufs Ganze gesehen kommt Hegel gelegentlich sogar zu einer *Vierteilung des Denkwegs der griechischen Philosophie*. Die zwei Dreiecke, die oben und unten am Prisma sind, sollen nicht nur »zwei sein als verdoppelt, sondern sie sollen in durchdringender Einheit sein«.[25] Dazu müssen die Anfänge wiederholt werden. Die Notwendigkeit der Wiederholung veranschaulicht, was sich dem Anschauen entzieht: den ursprünglichen Prozeß der Manifestation des Logischen. Es manifestiert sich in Gestalt des philosophischen Bewußtseins, das sich sprachlich äußert, um sich des Seins sprechend und hörend zu erinnern. Beide Seiten gehen ineinander über und bilden auf jeder Seite des Denkens, unbeschadet der Widerlegung der den jeweiligen Bewußtseinsgestalten zugrundeliegenden Sätze, eine Einheit. Denn zum Widerlegen gehört das Widerklingen,[26] die geistige Bezeugung des Gedachten. Ohne sie würde das Bewußtsein gar nicht zur Vernunft kommen, d. h. nichts Gewesenes als wesentlich entgegennehmen und vernehmen. Ja, darin besteht geradezu der Grundzug der Vernunft: daß sie sich im Widerklang vernimmt. Nachdem sie in Anaxagoras aufgegangen war, mußte sich die auf dem Gipfelpunkt der griechischen Philosophie in Plato und Aristoteles verdoppelte Vernunft noch einmal verdoppeln (neu-

pensée grecque. Paris 1974; vor allem die Beiträge von C. Ramnoux, a.a.O., 9-26, und D. Saintillan: Hegel et Héraclite, a.a.O., 27-84.

24 A.a.O., 240.

25 Jub 17, 138 f. Vgl. dazu den Bericht über die Jenaer Dreieckskonstruktion bei K. Rosenkranz: Hegels Leben. 102 ff.

26 G. W. F. Hegel: Einleitung in die Geschichte der Philosophie. 46 und 126 f.

platonisch wie neuaristotelisch),[27] um sich des Geschehens der Seinserinnerung bewußt, um von der Vernunft zum sichwissenden Geist werden zu können.

III

In diesem Doppelprozeß geschieht das Hinausgehen, der Übergang des Seins in die Reflexionsform des Wesens. So versteht es sich von selbst, daß davon am Anfang der ›Logik‹ nicht geredet werden kann. Ihn in der geforderten Unmittelbarkeit zu denken, schließt die Forderung ein, hinter der Wissenschaft die »Erinnerung« zurückzulassen, daß das Sein »Resultat der vollkommenen Abstraktion ... ist«, die auf dem Weg der *Phänomenologie des Geistes* die sinnliche Gewißheit des Ist-Sagens zum unmittelbaren Wissen vom »reinen Sein gereinigt« hat.[28] Um *dieser* Anforderung zu genügen, muß die »Wissenschaft« nach Hegel »innerhalb ihrer selbst, nämlich vom Wesen aus, jene einseitige Unmittelbarkeit des Seins als eine vermittelte darstellen«.[29] So verlegt sich der Weg ganz in die »Bewegung des Seins selber«, die methodisch so angelegt wird, als würde es »durch seine Natur sich erinnern«, ohne dazu der Geschichte zu bedürfen. Das scheint nur so und wird teils durch die Zweideutigkeit des Wortes »Erinnerung«, teils durch die revidierte Fassung

27 Jub 19, 10. Vgl. W. Beierwaltes: Hegel und Proklos. – In: ders.: Platonismus und Idealismus. Frankfurt/M. 1972.

28 So schon *Logik*. 1. Aufl. 35.

29 Vgl. Logik. 2. Aufl. Jub 4, 481 mit 593 ff. Diesen Zusammenhang erhellt das Werk von M. Theunissen: Sein und Schein. Die kritische Funktion der Hegelschen Logik. Frankfurt/M. 1980. 82 ff. Dem von Theunissen unterstrichenen Scheincharakter des »Anfangs« widerspricht freilich Hegels Auszeichnung der traditionellen Ontologie gegenüber der neuzeitlichen Bewußtseinsphilosophie (vgl. z. B. Vorrede zur 2. Aufl. der Logik, Jub 4, 30 f), mit der sich für Hegel (wie für Husserl) die Fragwürdigkeit des scheinhaften Objektivismus der europäischen Wissenschaft erst in aller Schärfe stellt. Das Problem verdient eine gesonderte Untersuchung.

der *Logik* begünstigt. Sie erweckt den Anschein, als könnte das reine Wissen von vorn beginnen und das Erinnerte (nach dem gewöhnlichen Gegensinn zum Gedächtnis) durch den Entschluß zu denken vergessen, während die Urfassung ausdrücklich festhält, daß der logische Anfang »aus der vorhergehenden Bewegung des Bewußtseins herkommt«.[30] Der Schein löst sich auf, wenn wir bedenken, daß sich diese Bewegung im Anfangskontext der ›Logik‹ wiederholt, daß die logische Dialektik des reinen Seins die phänomenologische der sinnlichen Gewißheit in sich einholt. Und dafür stützt sie sich auf den »anderen Sinn« des »Sichinnerlichmachens«, den »tieferen Gedankensinn des Wortes«.[31] Er verbindet sich mit *Mnemosyne*, dem Werk der Erinnerung des Seins, das sich geschichtlich vollbringt.

Dieser Sinn verbirgt sich hinter dem Fortgang vom ersten zum anderen Anfang, dem Doppelprozeß am logischen Ausgangspunkt der Lehre vom Sein, der noch nicht die Form der vermittelten Reflexion in das »Wesen« haben kann. Ihm die der Unmittelbarkeit zu geben, wie es die Setzung des einzigeinen Seins versucht, kann nicht gelingen. Es widerspricht dem Denkversuch, dem Gedanken des »Ist«, der das »Nicht« mitsetzt. *Diese* Setzung geschieht mittelbar, in der Bewegung des Sagens, dem »das Sein in Nichts und das Nichts in Sein – nicht übergeht –, sondern übergegangen ist«.[32] Der Übergang ist schon gewesen. Darauf deutet das sprachlich Mittelbare dieses Geschehens hin; und mit der Sprache die Mittelbarkeit des Gewesenen, das anfängliche Denken des *Seins* als des *Einen in Allem* auf dem Grunde sich verdoppelnder Bewußtseinsgestalten, in deren Licht das Gewesene im Gedanken anwesend bleibt.

Die Doppelung ist in der für Hegels Idee des Anfangs der Philosophie charakteristischen Verschränkung der phänomenologischen Bewußtseinsdialektik mit der logischen des reinen Seins angelegt, was hier nicht weiter erörtert werden

30 Wissenschaft der Logik. 1. Aufl. A.a.O., 46.

31 Die Unterscheidung trifft Hegel in den Vorlesungen zur Geschichte der Philosophie. Jub 18, 204.

32 Logik. 1. Buch. Jub 4, 88 f.

kann.[33] Wir suchen sie dort auf, wo sie zum ersten Mal unter dem Bild verschiedener Wege zum Wissen von Allem begegnet. Das geschieht bei Parmenides, dessen Lehrgedicht das Denken des Seins von den Meinungen der sterblichen Menschen unterscheidet. Hegel entnimmt ihm die Vorlage für den ersten Hauptsatz: *Nur das Sein ist und das Nichts ist gar nicht*. Er verdankt sich der Parmenideischen Beschreibung des Weges der Wahrheit: »ἡ μὲν ὅπως ἔστιν τε καὶ ὡς οὐκ ἔστι μὴ εἶναι,[34] was wörtlich bedeutet: »Der eine (Weg) besagt, daß es ist und nicht sein kann, daß es nicht ist«. Der Parmenideische Satz artikuliert in verbaler Sprechweise die Ursituation des Denkens als eines elenktisch widerlegenden Gesprächs, das sich über die Voraussetzungen des Ist- und Ist-Nicht-Sagens verständigt. Der Wahrheit entspricht nur das »Ist«, das Sein als das Eine in Allem, das »Alles zugleich«, nämlich das *Ganze* anzeigt und über die ihm zugehörigen Wegzeichen des Unteilbaren, Unveränderlichen, Kontinuierlichen usf. gedacht wird.

Es handelt sich um die Gabe für das Denken, die bei Parmenides der *Mythos* gibt, das Wort der ungenannten Göttin, das auf den Namen von *Mnemosyne* deutet. Wir erblicken darin die Vorgabe des schon Gesagten, das der *Logos* des sterblichen Menschen vor allem Aussagen hörend und unterscheidend in Gebrauch zu nehmen hat. Hegel übersieht das Phänomen des Hörens auf den *Mythos*, obwohl es das Zusammenspiel des Widerlegens mit dem Widerklingen im Aufzeigen der Zeichen des »Ist« unzweideutig bekundet. Das Denken, so gibt Hegel den Grundzug des Parmenideischen Seinsverständnisses treffend wieder, wird nicht gefunden »ohne das Seiende, in welchem es sich ausspricht (manifestiert, ἐν ᾧ πεφατισμένον ἐστίν)«. (Jub 17, 312; nach Fr. B 8, 34-35). Beide sind »dasselbe«. Aber bei dieser Bezeugung der Identität bleibt Hegel nicht stehen. Er läßt vielmehr das

33 Vgl. W. Purpus: Zur Dialektik des Bewußtseins nach Hegel. Berlin 1908.

34 Fr. B 2, 3-4. In Frage kommt ferner B 6, 1-2: ἔστι γὰρ εἶναι μηδὲν δ'οὐκ ἔστιν. Vgl. dazu A. Cavarero: L'interpretazione Hegeliana di Parmenide. Trento 1984, 66f.

Sein transzendentallogisch (im neuzeitlichen Sinne des sich selbständig hervorbringenden *Logos*) vom Denken bestimmt sein. Darin besteht ihm geradezu der »Hauptgedanke« des Parmenides: »Das Denken produziert sich, was produziert wird, ist ein Gedanke; Denken ist also mit seinem Sein identisch, denn es ist nichts außer dem Sein, dieser großen Affirmation«. (Jub. 17, 312) Daraus mag sich erklären, warum die Interpretation die Fülle der Zeichen des Seins nicht entfaltet, ja mehr noch: warum sie das unter den Wegzeichen Hervorragendste, das Eine, als das Einfach-Unbestimmte deutet und dadurch mit dem ebenso charakterisierten Nichts auf eine Ebene bringt.

Dem kommt die Übersetzung von Fr. B 2 entgegen. Indem sie die Parmenideischen Prädikate nominalisiert, verliert der Eingangssatz den durch das ὡς οὐκ ἔστι markierten Charakter eines gebietenden Ausspruchs, den die Göttin verkündet (»es kann nicht sein« im Sinne von »es ist nicht zulässig«). So nähern sich die geschiedenen Wege des Ist- und Ist-Nicht-Sagens an. Sie verweisen aufeinander, obwohl die Übersetzung des zweiten Weges ἡ δ' ὡς οὐκ ἔστιν τε καὶ ὡς χρεών ἐστι μὴ εἶναι (»Der andere, daß das Sein nicht ist, und daß notwendig das Nichtsein ...«) den Notwendigkeitscharakter des ersten unterstreicht.[35] Hegel verkennt jedoch die Eigenart der Begründung für die Unbegehbarkeit des zweiten Weges. Bei Parmenides fällt sie damit zusammen, daß das Nichtsein weder erkannt noch erreicht noch ausgesprochen werden kann, ein *Elenchos*, der den Ungedanken des »Nichts« vom Denken und Sagen des Seins ausschließt. Daran ist Hegel wenig gelegen. Gilt doch seine Aufmerksamkeit nicht dem logisch notwendigen Ausschluß des Widerspruchs, sondern dessen logischer Möglichkeit. Darum folgert Hegel genau das Gegenteil, wenn er anmerkt: »Das Nichts verkehrt sich in der Tat in etwas, indem es gedacht oder gesagt wird. Wir sagen etwas, denken etwas, indem wir das Nichts denken und sagen wollen«. (Jub 17, 310)

35 Das betont mit Recht E. Berti: Hegel und Parmenides. – In: Hegel und die antike Dialektik. Stuttgart 1990.

Hegel gelangt so zu dem Ergebnis, daß bei Parmenides »der Gegensatz von Sein und Nichtsein bestimmter, obgleich noch ohne Bewußtsein« auftritt.[36] Etwas entgegensetzen, ohne sich des Gegensatzes bewußt zu sein, das kann einerseits bedeuten: nicht zu wissen, was man sagt oder zu *meinen*, eine durch Hegels Einholung der phänomenologischen Dialektik der sinnlichen Gewißheit in die *Logik* motivierte Auffassung, die besagt: Parmenides entdeckt den Gegensatz der Gegensätze, ohne von seiner Entdeckung denkend Gebrauch zu machen; er beläßt das Ist-Sagen gleichsam auf der sinnlichen Stufe des »Anschauens«. Und damit fällt er in Hegels Sicht, unrechtmäßigerweise, wie mir scheint, auf den Standpunkt des Meinens der doppelköpfigen Sterblichen zurück, die sich von Gegensatzerfahrungen treiben lassen.[37] Sich des Gegensatzes nicht bewußt sein, das kann aber auch heißen: die Bestimmung des Seins nicht wirklich zu Ende gedacht, nämlich nicht »erinnert« zu haben, daß es sich vom Nichtsein her bestimmt. Und das, so glaube ich, ist die Grundannahme des Parmenides-Kapitels in den Vorlesungen zur Geschichte der Philosophie. Nachdem Hegel kurz die »Lehre der menschlichen Meinungen« wiedergegeben hat, geht er darauf ein, wie Parmenides den Zusammenhang von Empfinden und Denken erklärt: »So nimmt er also Empfinden und Denken als dasselbe; und läßt Gedächtnis und Vergessen aus diesem durch die Mischung entstehen. Wenn sie sich aber in der Mischung gleich kommen, ob dies das Denken sei oder nicht, und welcher Zustand dies sei, – das läßt er unbestimmt«.[38]

36 Das wird als Prämisse der Parmenides-Interpretation vorausgeschickt (vgl. Jub 17, 308).

37 Fr. B 6, 5-9. – Nach der Wissenschaft der Logik sind Sein und Nichts »nur im Meinen verschieden«, das seinerseits als subjektive Denkweise »nicht in diese Reihe der Darstellung gehört« (Jub 4, 101). Die Auswirkungen dieser Aporie auf Hegels Parmenides-Deutung untersucht der gleichnamige Aufsatz von G. Prauss, in: Kant-Studien. 57 (1966), 276 ff.

38 Fr. A 46 (= Theophr. de sensu 1 ff), nach Hegels Übersetzung in: Jub. 17, 316.

Als Mischungsverhältnis bestimmt bleibt das Denken in der Schwebe, obwohl es doch nichts anderes als das Sein denkt und in dieser Betätigung gerade ein Unterscheiden ist. Der Ausdruck für »Gedächtnis« ist nach Theophrast μνήμη, das Gegenwort zu λήθη, dem nächtigen Vergessen, das Parmenides' Gedicht im wahrscheinlichen Gegenüber zur göttlichen Lichtgestalt von Μνημοσύνη personifiziert.[39] Dieser Zusammenhang findet in der Parmenides-Vorlesung keine Erwähnung. Aber die Vorlesung über Heraklit kommt darauf zurück. Hegel bezieht sich auf ein Heraklit-Referat bei Sextus Empiricus (A 16), wonach sich im Schlaf die Wege des Empfindens verschließen, so daß sich das Denken von seiner Vereinigung mit allem absondert. Was sich erhält, ist allein der Prozeß des Ein- und Ausatmens, die Wurzel des Traums und des Vergessens: daß wir träumend nicht wissen, was uns umgibt. Wir träumen, weil wir nicht mit dem Ganzen verbunden sind, und »so getrennt verliert der Verstand die Kraft des Bewußtseins« (κωρισθείς τε ἀποβάλλει ἣν πρότερον εἶχε μνημονικὴν δύναμιν).[40] Die *Mneme*, bemerkt Hegel, und damit wird mit der Berichtigung des zuvor Übersetzten die Umschreibung des Wortes durch das neuzeitlich mißverständliche »Bewußtsein« gerechtfertigt, »ist nicht unser Gedächtnis«. Sie kann es nicht sein, weil sie von *Mnemosyne* her gedacht werden muß, der »Mutter der Musen«, die »überhaupt alles Vorstellen und Bewußtsein« umfaßt. (Jub 17, 366 Anm.)

39 Fr. A 37 (= Aet. 2, 7, 1 und Cicero: De nat. deor. 1 11, 28). Vgl. K. Reinhardt: Parmenides und die Geschichte der griechischen Philosophie. Frankfurt/M [3]1977. 17f und Hermes 69 (1934), 118.

40 Jub 17, 366. Hegel zitiert aus adv. Math. VII, § 129.

IV

Um im Gedankensinn von *Mnemosyne* das Ganze zu denken, kann es nicht genügen, das Sein als das Eine von allem abzutrennen, was es nicht ist, wie dies durch das Ausschließen widersprechender Prädikate auf dem nachparmenideischen Weg der Dialektik der sinnlichen Gewißheit (der Zeit und des Raumes, der Bewegung und Ruhe) bei Zenon geschieht. Damit erwacht zwar die Einsicht, daß wenn eine Bestimmung negiert wird, diese Negation selbst wieder eine Bestimmung ist und folglich in der absoluten Negation (der Bestimmung des Einen) beide negiert werden müssen. (Jub 17, 324) Das Sein, so stellt es Hegel im Blick auf Zenons »Ahnung« einer darüber hinausführenden Dialektik dar, ist in allem das »Gegenteil« zum Nichts, aber lediglich »subjektiv«, im widerlegenden Bewußtsein des Einzelnen. Die wahrhaft spekulative Dialektik setzt neben dem Widerlegen das Widerklingen, den Zusammenklang des Ganzen im je einzelnen Bewußtsein, voraus, das eben dadurch allgemein wird. Diese Voraussetzung macht Heraklit. Mit ihm kommt nach Hegel das »höhere Bewußtsein der Nichtigkeit des Seins« zum Durchbruch, das Moment der Negativität als Wendungspunkt des anfangenden Denkens, um den sich der Begriff der ganzen Philosophie dreht. (Jub 17, 325 u. 351). Wir stoßen hier auf die Urschicht der Hegelschen Dialektik, den tieferen Gedankensinn der Erinnerung, der die Notwendigkeit einer Wiederholung des ersten im anderen Anfang motiviert. Der dialektisch notwendige Fortgang von einer Gedankenbestimmung zur anderen gründet sich auf den Hauptsatz: *Das Sein ist so wenig wie das Nichtsein.* Hegel hält ihn für ein »tiefes Wort« von Heraklit, ohne dazu einen verläßlichen Text vorzulegen. Er scheint sich zuerst an die älteste Vorsokratiker-Edition der ›Poesis Philosophica‹ von Henricus Stephanus (1623) und später an die zeitgenössischen Rekonstruktionsversuche des verlorengegangenen Werkes von Heraklit durch Schleiermacher und Creuzer gehalten zu haben, dessen Titel teils mit ›Die Musen‹, teils mit dem konventionellen Buchtitel: ›Über die Natur‹ umschrieben wird. Und genau dazwischen bewegt sich Hegels Interpretation, wobei sich im einzelnen kaum feststellen läßt, was auf Creuzers Anregung zurückgeht und was spätere Zutat, ja, vielleicht sogar die Verdeckung einer ursprünglich von Creuzer auf Hölderlin zurückweisenden Einsicht sein mag.

Das »Wort« variiert einen naturphilosophischen Grundsatz, der nachweislich nicht von Heraklit, sondern aus der älteren Atomistik stammt: οὐδὲν μᾶλλον τὸ ὂν τοῦ μὴ ὄντος εἶναι, »das Sein ist nicht mehr als das Nichtsein«.[41] Und unter dem Eindruck von Schleiermachers Rekonstruktion eignet Heraklits Denken für Hegel »im Ganzen eine naturphilosophische Weise«, weshalb er es sogar, seiner Deutung entgegen, der »ionischen Schule« an die Seite stellt. Trotzdem deutet er es nicht von der Naturphilosophie des Enzyklopädie-Systems her, sondern auf dem Hintergrund der Einheit von spekulativer Logik und Phänomenologie, und das heißt: der Erscheinung des Logischen im Prozeß der *Zeit*. Davon ist der *logische Ausdruck* des Hauptsatzes prinzipiell unterschieden, ein Prinzipienunterschied, den auch die Zusätze »Alles fließt« und »Alles ist Werden« nicht angemessen wiedergeben. Hegel entnimmt ihn einer Paraphrase des IV. Buchs der Aristotelischen *Metaphysik*, die sich gegen die heraklitisierende Verletzung des Satzes vom Widerspruch richtet: ἀδύνατον γὰρ ὁντινοῦν ταὐτὸν ὑπολαμβάνειν εἶναι καί μὴ εἶναι, καθάπερ τινὲς οἴονται λέγειν Ἡράκλειτον, »es ist nämlich unmöglich, daß jemand annimmt, dasselbe sei und sei nicht, wie dies nach einigen Heraklit vertreten haben soll«.[42] Es handelt sich noch einmal um eine elenktische Gesprächssituation, die ohne Berufung auf den *Mythos* die Entscheidung des Parmenides zugunsten der Wahrheit des ersten Weges durch den *Logos* bekräftigt, der für jeden Beweisgang eben dieses Denknotwendige in Anspruch nimmt. Hegel gewinnt daraus die Vorlage für den Hauptsatz, indem er den Vordersatz wegläßt und im Sinne

41 Jub 17, 348. Vgl. Demokrit: B. 156.
42 Met. IV 3, 1005 b 23-24; 7, 1012a 25.

der logisch geläufigen Nominalisierung der Infinitivform des Verbum »sein« übersetzt: »Sein und Nichtsein sei dasselbe«. (Jub 17, 348).

Hegels »Übersetzung« deckt sich wenig mit der Heraklit-Überlieferung, die von solchen Formeln nichts weiß. An dem Unrecht der speziellen Berufung auf sie besteht kein Zweifel. Dennoch fragt sich, ob Hegel ungeachtet der unzulänglichen Textbasis Heraklit im Kontext der spekulativen Logik nicht besser verstanden hat als Aristoteles ihn versteht. Hatte doch Aristoteles den *Logos* auf das Sein von Seiendem zurückgeführt, das wesensmäßig nicht von anderen unterschieden, sondern mit sich identisch ist (nach der Formel vom ὄν ᾗ ὄν, die in dieser Affirmation das οὐχ ᾗ ἕτερον festhält). Und darauf hatte er dann nach der Logik des Aussagesatzes (dem λέγειν τὶ κατὰ τινός) alle wahrheitsfähigen Sätze begründet, bis hin zum Widerspruchssatz, jenem obersten Axiom, gegen dessen axiomatischen Wahrheitsanspruch sich Hegel im Namen von Heraklit wendet. So legt Hegel hinter der Heraklitischen Folie des Aristotelischen *Elenchos* ein Stück logischer Archäologie frei. Er gesteht Aristoteles zu, daß Heraklits Bestimmung des Werdens noch der Identität mit sich entbehrt: »Woraus denn sogleich sichtbar ist, daß er vorzüglich gegen Heraklit und Andere streitet, ›daß Sein und Nichtsein nicht dasselbe ist‹: oder den berühmten Satz des Widerspruchs begründet, ›daß ein Mensch nicht zugleich ein Schiff sei‹«.[43] Dagegen setzt sich Aristoteles ins Unrecht, dieses endlich bestimmte Gegensatzverhältnis zwischen einem für sich bestehenden Seienden (dem Menschen) und einem anderen ebenso bestimmten Seienden (dem Schiff) auf Heraklit zurückzuübertragen. »Es erhellt sogleich«, fügt Hegel hinzu, »daß Aristoteles nicht das reine Sein oder Nichtsein versteht, diese Abstraktion, die wesentlich nur Übergehen des Einen in das Andere ist; sondern unter dem, was ist, versteht er wesentlich die Sub-

43 Jub. 18, 320. Vgl. dazu E. Berti: Ist Hegels Kritik am Satz vom Widerspruch gegen Aristoteles gerichtet? – In: Philosophisches Jahrbuch. Jg. 88 (1981), 375 f, von dessen Beantwortung dieser Frage ich geringfügig abweiche.

stanz«. (Jub 18, 320) Aristoteles mißversteht den Sinn der Abstraktion: daß Sein und Nichts nicht wie Seiendes außerhalb des Denkens (als »Mensch« oder »Schiff«) verstanden werden dürften. Er vermag nicht mehr zu verstehen, warum zum Seinsverständnis ursprünglich das Nichtsein gehört, der unendliche Gegensatz als Grund der Heraklitischen Affirmation: daß die Wahrheit des Seins im Übergang selbst und als solchem besteht.

Gegenüber Aristoteles und der doxographischen Tradition ist Hegel im Recht, wenn er Heraklit ganz von Parmenides her versteht. Ja, er vermag sogar am Seinsgedanken, im Grundzug der Kontinuität des Ganzen, den Zug des Fließenden wiederzuerkennen,[44] was Hegels Verständnis des »Werdens« zusätzlich erhellt. Nur der vordergründigen Betrachtung sind Parmenides und Heraklit durch einen Abgrund geschieden. Im Gedankensinn von *Mnemosyne*, der Muse des Denkens, sind sie verbunden. Hegel behandelt sie denn auch als Zeitgenossen. (Jub 17, 344) Und wenn sie der Idee nach aufeinanderfolgen, so kann sich diese Anordnung eben damit rechtfertigen, daß sich die Erinnerung an das Sein im Schritt vom ersten zum anderen Anfang vertieft. Bei Heraklit klärt sich das »Trübe« und »Unbestimmte« des ersten Anfangs durch die Denkerfahrung auf, was es mit dem Sein für eine Bewandtnis hat. Das Denken erfährt, daß den Sterblichen das »Ist« nur zusammen mit dem »Nicht-Ist« gegeben ist. Dieser Zusammenhang verbirgt sich hinter dem logischen Mythos vom Sein, der die abendländische Logosphilosophie auf den Weg bringt. Heraklit verläßt ein für allemal den Standpunkt der sinnlichen Gewißheit, die das Endliche als »seiend« anspricht. Er verkörpert die »Vollendung des bisherigen Bewußtseins, – eine Vollendung der Idee zur Totalität, welche der Anfang der Philosophie ist,

44 Im Anschluß an Fr. B 8, 25: τῷ ξυνεχὲς πᾶν ἐστιν. ἐὸν γὰρ ἐόντι πελάζει. Hegel übersetzt: »Das All ist Zusammenhang; denn Seiendes fließt mit dem Seienden zusammen« (Jub. 17, 312), was dem transitiven Charakter von πελάζω (annähern, verbinden), einem epischen Komplement zu εἶναι, trotz schärferer Akzentsetzung entspricht.

oder das Wesen der Idee, das Unendliche ausspricht, was es ist«. (Jub 17, 348)

In Heraklits Prinzip, daß alles, was ist, zugleich nicht ist, spricht sich die Erfahrung des Übergangs aus, die *Transienz des Seins*, wie diese vielleicht tiefste Denkerfahrung des Seienden im Ganzen (der »Totalität«) genannt werden könnte. Sie mag uns einen Zug an Hegels Heraklit-Interpretation verdeutlichen, der sich in manchem mit dem deckt, was erst bei Heidegger zur Sprache kommt,[45] während ihn die Hegelsche Ausgestaltung des Heraklitischen *Logos* zur *Wissenschaft der Logik* verdeckt. Er spielt noch vor dem Schritt hinaus zur Sphäre der Wesensreflexion, die in der Richtung des Platonischen *Eidos* das Sein des Seienden zum Gegenstand metaphysischen Fragens erhebt und so das Sein nicht anders denken kann als vom Seienden her, in der Verdekkung des Spielraums der Transienz, den die Erfahrung der Zugehörigkeit des »Nichts« zum Sein einräumt. Wir umschreiben damit den logischen Ausdruck des Zusatzes: *Alles ist Werden*, das heißt: *Alles fließt*, der nicht besagt: *Das Werden ist*, sondern: *Das Werden ist und ist auch nicht*. Das »Ist« spricht transitiv, übergehend, nach dem Charakter des Zeitwortes »sein«. So hat es Heraklit ausgesprochen: »Das Sein ist nicht, so ist das Nichtsein: und das Nichtsein ist nicht, so ist das Sein; dies ist das Wahre der Identität beider«. (Jub 17, 349) Und so spricht er nach Hegel das Unendliche als solches oder dessen »Begriff« aus: »Das Unendliche, an und für sich Seiende ist die Einheit Entgegengesetzter, – und zwar des allgemein Entgegengesetzten, des reinen Gegensatzes, Sein und Nichtsein«. (Jub 17, 350f)

45 Vgl. M. Heidegger: Heraklit. Vorlesungen vom SS 1943 und 1944. – In: ders.: Gesamtausgabe. Bd. 55. Hrsg. von M. Frings. Frankfurt/M. 1979. 339ff, die den Zusammenhang des in Hegels Heraklit-Interpretation herausgestellten Grundzugs des Übergangs allerdings nicht ausdrücklich entfalten.

V

Das ist gewiß die Sprache von Hegels Heraklit, d. h. von Hegel selbst, der in Heraklits »Begriff« oder demjenigen, was er dafür hält, sein eigenes Begreifen ausgesprochen findet. Wir haben es mit einem eindrucksvollen Paradigma der hermeneutischen Verschmelzung für sich seiender Horizonte zu tun, wie sie nach dem Prinzip der Wirkungsgeschichte im Vollzug des Verstehens geschieht.[46] So mag es denn dahingestellt bleiben, ob Hegel durch Heraklit oder Heraklit selbst spricht, eine Alternative, die angesichts der Überlieferungslage ohnehin nicht eindeutig entschieden werden kann. Entscheiden läßt sich einzig die Frage, ob Hegel das dem Denken als anfängliches Wort Überlieferte als ein Vorgesprochenes anerkannt hat oder ob er nach dem Cartesianischen Gestus der Letztbegründung »von vorn anfängt«. Mit Heidegger gefragt: Wenn der Anfang weder etwas Unmittelbares noch etwas Vermitteltes sein kann, ist er dann seiner Natur nach »Resultat«, der Rückprall aus der Vollendung der dialektischen Bewegung des sich erfüllenden Seinsdenkens?

Heideggers Frage kehrt sich gegen die Hegelsche Deutung des »ersten Anfangs« der Metaphysik, der im Rückprall aus der Fülle die Leere des Seins ergibt, mit der dem »System der Wissenschaft« zufolge angefangen werden muß.[47] Sie betrifft nicht die Begründungsfolge nach der »Wissenschaft der Erfahrung des Bewußtseins«, das Phänomenologie-System, das auf die Erscheinung des Logischen zurückgeht. Das System der ursprünglich spekulativen Philosophie gründet die *Einheit* des »ersten« und »anderen Anfangs«, die Begründung des absoluten Wissens, das seine Absolutheit im authentischen Sinne »dialektisch«, nämlich in der *Anerkennung des Anderen im Anfang*, beweist.

In dieser Richtung nehmen wir die von Heidegger gestellte Frage am Schluß auf, ohne nach einer abschließenden Ant-

46 Vgl. H.-G. Gadamer: Wahrheit und Methode. Tübingen ^{4}1975. 289 f.

47 M. Heidegger: Identität und Differenz. Pfullingen 1957. 49.

wort auszublicken. Im Aufriß von Hegels Heraklit-Interpretation suchen wir lediglich nach jenem Denkmotiv des Anderen im Anfang der abendländischen Philosophie, das an ihrem Ende hinter dem Gedanken der ewigen Wiederkehr von Nietzsche das Seinsverständnis von Heidegger hervortreibt. Und dessen verborgenes Motiv liegt in der von Hegel als »wesentlich« anerkannten Erscheinung des Logischen in der *Zeit*.

Heraklit konnte nicht mehr ein Seiendes nach der Art des Thaletischen Wassers oder der Luft des Anaximenes als »Erstes« ansprechen, aus dem das Andere hervorgeht. Hatte er doch das Sein als dasselbe mit dem Nichtsein oder den unendlichen Begriff, den *Logos* als das absolute *Verhältnis* gedacht, das »durch das Sein des Ganzen hindurchgeht« (λόγος ὁ διὰ τῆς οὐσίας τοῦ παντὸς διήκων). (Vgl. Jub 17, 354 u. 363) Der *Logos* bindet nach Hegels Auslegung der ältesten Seinserfahrung der Griechen *Alles in Eins* (ἓν πάντα).[48] »Alles«, das meint hier: alles *Entgegengesetzte*, den Gegensatz der Gegensätze eingeschlossen; »Eins«, das meint: das einigende *Eine*, das selbst dem Gegensatz nicht enthoben ist. »Das Eine, von sich selbst unterschieden«, so versteht Hegel mit Hölderlin das absolut Durchgängige des Verhältnisses,[49] »eint sich mit sich selbst« (τὸ ἓν ... διαφερόμενον αὐτὸ αὐτῷ ξυμφέρεσθαι). Das Verhältnis auf diese Einheit hin durchdenken, das besagt, es als Maß des Seins in der Zeit weiterzudenken.

Im Anschluß an einen weitgehend unbeachteten Beleg bei Sextus Empiricus, wonach die Zeit für Heraklit der »erste Körper« gewesen sei,[50] unternimmt Hegel dazu einen be-

48 Jub. 17,351 (= Aristoteles: De mundo. c. 5, 396b 7ff).

49 Jub 17, 352f (= Plato: Symposion. 187a). Vgl. dazu Hölderlin: Hyperion. 2. Buch. Über den widersprüchlichen Gebrauch des auf Heraklit, Fr. B 51, zurückgehenden Zitats unterrichtet G. Wagner: Hölderlin und die Vorsokratiker. Phil. Diss. Würzburg 1937. Nachdruck Bamberg 1983. 43f.

50 Adv. Math. x; 231-232: τὸ ὂν καὶ τὸ ... πρῶτον σῶμα χρόνος ἐστίν. Vgl. W. Bröcker: Die Geschichte der Philosophie vor

merkenswerten Denkversuch, den wir erst heute zu würdigen beginnen. Seine Bedeutung liegt darin, daß er die Interpretation der *Zeit* mit guten Gründen der üblichen Zurückführung des Heraklitischen »Prinzips« auf das *Feuer* (die »physikalische Zeit«) voranstellt. Die Zeit, so läßt sich Hegels Gedankengang zusammenfassen, ist die erste Form (nicht: der »erste Körper« [πρῶτον σῶμα], wie Sextus referiert) des Werdens, ein Maß, wonach sich noch des Feuers Wandlungen bemessen. Sie ist wie das Eine: von sich selbst unterschieden und dennoch einig mit sich, das »Einfache, das aus absolut Entgegengesetzten harmonisch ist«. (Jub 17, 363) Die Harmonie ist die Fügung des Seins, die Hegel mit Heraklit und einem Grundwort des frühen Denkens in der Gemeinschaft mit Hölderlin das *Schicksal* (εἱμαρμένη) nennt: das Allgemeine, die Einheit im Gegensatz, die als harmonische dem Anschauen entzogen ist. (Jub 17, 355) Und so entzieht sich auch, trotz Hegels Festhalten an der Anschauungslehre von Kants transzendentaler Ästhetik, die Erfahrung der Zeit, die phänomenologisch das nie alternde Widerfahrnis des *Logos* in uns bezeugt. Wenn wir »ist« und »ist nicht« sagen, wird notwendig die Zeit mitgesagt. Denn so ist »Sein« da; in Hegels etwas umständlicher Diktion, hinter deren neuzeitlich verhärteter Begrifflichkeit die ursprünglich griechische Seinserfahrung aufscheint: »Wenn wir sagen sollten, wie das, was Heraklit als das Wesen erkannte, in dieser reinen Form, in der er es erkannt hat, sei existierend als für das Bewußtsein, so wäre nichts anderes als die Zeit zu nennen«. (Jub 17, 355)

Sokrates. Frankfurt/M. 1965. 43, der auf das Gewicht dieser (von Diels/Kranz und Kirk/Raven nicht aufgenommenen) Stelle hingewiesen hat.

Hören auf den »Gesamtklang der Welt«

Nietzsches Wiederentdeckung der akroamatischen Dimension des Logischen

Die philosophischen Probleme, notiert Nietzsche in ›Menschliches, Allzumenschliches‹ (1878), nehmen jetzt wieder fast in allen Dingen dieselbe Form der Frage an wie vor 2000 Jahren: wie etwas aus seinem Gegensatz entstehen kann – Vernünftiges aus Vernunftlosem, Empfindendes aus Totem, Logik aus Unlogik, Wahrheit aus Irrtümern.[1] Diese Bemerkung findet sich im 1. Hauptstück, das von den »ersten und letzten Dingen« handelt, dem Bedingten und Unbedingten, von »Vernunftbegriffen«, womit das metaphysische Philosophieren von Plato bis hin zu Hegel die Schwierigkeiten einer Entstehungsgeschichte des Einen aus dem Anderen übersprungen hat. In diesem Sprung besteht für Nietzsche geradezu die *Natur der Vernunft*, die in der Epoche der Metaphysik, trotz Kant und Hegel, ohne *Geschichte* ist. Warum? Weil sie dem metaphysischen Philosophieren als *aeterna veritas* vorschwebt, nach der Wesensdefinition des Menschen als *animal rationale:* dem »Lebewesen, das Vernunft hat«.

Es ist die Frage einer »Entstehungsgeschichte des Denkens«, wie sie Nietzsche in der mittleren Epoche seines Schaffens aufwirft, der »positivistischen«, wie sie gemeinhin genannt, aber damit vielleicht schon verzeichnet wird. Nietzsche selbst hat sie als Epoche des »historischen Philosophierens« im Gegensatz zum »metaphysischen« verstanden; eine Gegensätzlichkeit, die sein Werk von Anbeginn durchzieht und, bei aller Affinität zu Schopenhauers unhistorischer Willensmetaphysik, eben diese neue Fragerichtung auslöst. Und obwohl sie sich manchmal in naturalistischen »Genealogien« verfängt, gilt die Frage doch immer wieder der Am-

1 Sämtliche Werke. Kritische Studienausgabe, hrsg. von G. Colli/M. Montinari, Berlin/New York 1967 ff., Bd. 2, S. 23 (im folgenden CM).

bivalenz des Ur-sprungs der Vernunft: daß sich das logische Denken auf sensualistischer Grundlage entwickelt und im Glauben an die Wahrheit der Sinnes-Urteile entsteht, um sich dann im Absprung von der Sinnlichkeit zu verselbständigen; ein Sprung, den Nietzsche auf dem Hintergrund der »wundersamen Doppelnatur der Philosophie«[2] und der ontologischen Doppelung von »Sein« und »Werden« untersucht, dem Gegensatz aller Gegensätze, von dem sein Denkweg ausgeht und den er zu überwinden sucht, ohne den Vernunftbegriff je ganz preiszugeben. Im Gegenteil: Nietzsche erweitert und vertieft ihn um eine Dimension, die sich der Metaphysik im Gang ihrer Geschichte immer mehr entzogen hatte: die des *Nûs,* der sich an seinem Ursprung durch das Hören auf den *Logos* bestimmt.
Von dieser Ursprungsdimension soll im folgenden die Rede sein. Die Philosophie der Griechen fängt »hörend« an, das will sagen: im Medium des *Logos* als einem Sprachgefüge, das sich an den Phänomenen auslegt. Im Sichverstehen auf Worte als Lautzeichen und ihre Verbindung mit Bildern als Symbolen von Erscheinungen findet Nietzsche den Leitfaden zu einer Wiederentdeckung der ursprünglich philosophischen »Kunst des Hörens«, die sich mit dem »Wendepunkt« und »Wirbel« des logischen Vernunftoptimismus auf dem Weg von Sokrates über Plato bis hin zu Aristoteles in der »Universalität der Wissensgier« und der Ausspannung eines logischen Gedankennetzes über den gesamten Erdball verliert;[3] ein Können, das Nietzsche im Ausgang von seiner Entdeckung bei den philosophischen Zeitgenossen der griechischen Tragödie als »Vorausbedingung« für das Entstehen der eigenen Philosophie und ihres Weges zur *Neustiftung des Gedankens der tragischen Weisheit* an der Grenze der Wissenschaft betrachtet hat.
Ich umschreibe damit die Absicht des früh geplanten »Philosophen-Buches«, und das meint zugleich: den Umkreis des einzigen Buches, das Nietzsche neben der einzigartigen Za-

2 CM 7, S. 550.
3 Die Geburt der Tragödie, CM 1, S. 100.

rathustra-Dichtung, die den Gedanken mitteilt, geschrieben hat: der ›Geburt der Tragödie aus dem Geist der Musik‹ (1872). Das Stück über die »Philosophen des tragischen Zeitalters«, das Nietzsche im Zusammenhang mit seinen Baseler Vorlesungen über die »vorplatonischen Philosophen« im Winter 1869/70 konzipiert[4] und woran er bis zum Krisenjahr 1876 (dem Jahr der letzten Vorlesung über die vorplatonischen Philosophen) fortarbeitet, ist ein »Seitenstück« zur ›Geburt der Tragödie‹. Es läßt sich nur aus dem dort entwikkelten Gedanken der tragischen Weisheit in seiner Einheit mit der tragischen Kunst und ihrem Gegensatz zur Wissenschaft verstehen; genauer gesagt: auf dem Grunde der Unterscheidung zwischen einer *sprachlich symbolisierenden* und *logisch schematisierenden* Vernunft. Ihr entspricht die Entstehung des Denkens in »Begriffen« über Symbole, die (im buchstäblichen Sinne des griechischen *symbállein*) Erscheinungen mit Bildern, die Bilder mit gehörten Tönen und Lauten und beides mit den Wortbezeichnungen »zusammenwerfen«. Im Kern handelt es sich um eine Phänomenologie des Hörens, die von der Musikästhetik (»Die Musik ist eine Sprache, die der unendlichen Verdeutlichung fähig ist«)[5] zu einer Sprachphänomenologie hindrängt, die sich der Phänomene des Logischen (der Begriffsbildung, Begründung, Schematisierung) auf dem Hintergrund der ursprünglich akroamatischen Dimension des *Logos* annimmt, der zu hören und an der Fülle der Erscheinungen auszudeuten ist.

Wie sich das Denken in Begriffen in seiner anfänglich »künstlerischen« Betätigung zur Begründung der Wissenschaft bei den Griechen verhält, diese Frage hängt eng mit der Entzweiung der einheitlichen Menschennatur in den »in-

4 Die ersten Notizen entstammen dieser Zeit (CM 7, S. 42 f., 46, 56, 61, 66 u. ö.). Die Vorlesungen sind vielleicht erst im SS 1872 zustandegekommen und dann in den SS 1873 und 1876 wiederholt worden. Vgl. Nietzsches Werke Bd. 19, 3. Abt., Bd. III: Philologica, hrsg. von O. Crusius/W. Nestle, Leipzig 1913, S. 399 (Anhang).

5 CM 1, S. 46.

tuitiven« und »vernünftigen Menschen« zusammen, wie sie die Abhandlung über ›Wahrheit und Lüge im außermoralischen Sinne‹ (1872) beschreibt, die als Einleitung zum Philosophenbuch gedacht war und an ihrem Beginn Nietzsches radikale Skepsis gegenüber der »Vernunft« in der Philosophie bekennt.[6] Es ist das große Problem, das Nietzsche bis hin zur ›Götzen-Dämmerung‹ (1888) nicht mehr losläßt,[7] die verborgene Problematik am Grunde seiner Philosophie, die in der Konfrontation mit der vernunftoptimistischen »Weltanschauung des Hegelschen Zeitalters« durchbricht.[8] Ihr gehe ich in drei Schritten nach. In einem *ersten* Schritt vergleiche ich die Bestimmung der griechischen Denkerfahrung bei Nietzsche und Hegel (I). In einem *zweiten* Schritt untersuche ich die Genese der »Doppelnatur« des philosophischen Denkens im Umkreis der Schriften und Fragmente zur ›Geburt der Tragödie‹ (II). Und in einem *dritten* Schritt behandle ich einige Züge von Nietzsches ursprünglich »ästhetischer« Erfahrung des Denkens, die mir für seine Neubestimmung der »Vernunft« aus dem Hören auf die Sprache grundlegend erscheinen (III). Indem ich frage, welches Gewicht der »Philosophie im tragischen Zeitalter der Griechen« für unser Thema zukommt, möchte ich den ihr zugrundeliegenden Satz verständlich machen: »Meine Philosophie umgedrehter Platonismus: je weiter ab vom wahrhaft Seienden, um so reiner schöner besser ist es. Das Leben im Schein als Ziel.«[9]

I

Im Rückblick auf die ›Geburt der Tragödie‹ hat Nietzsche bekannt, daß diese Schrift an Wagner nicht so sehr den Geist von Schopenhauer und Kant, sondern den von Hegel atmet: »Sie ist politisch indifferent ..., sie riecht anstößig Hege-

6 CM 1, S. 875 und 889 f.
7 CM 6, S. 74 ff.
8 CM 7, S. 61.
9 Nachgelassene Fragmente, CM 7, S. 199.

lisch, sie ist nur in einigen Formeln mit dem Leichen-bitterparfum Schopenhauer's behaftet. Eine ›Idee‹ – der Gegensatz dionysisch und apollinisch – ins Metaphysische übersetzt, die Geschichte selbst als die Entwicklung dieser Idee; in der Tragödie der Gegensatz zur Einheit aufgehoben«.[10] Das politisch Differente, die durch die Erfahrung der Pariser Kommune gewonnene Erkenntnis über den »erschrecklichen Untergrund« der herrlichen Kunstwelt und des »Kampfes gegen die Kultur« inmitten der modernen Gesellschaft,[11] hatte Nietzsche gestrichen. Ebenso die sich in den Vorarbeiten für das Philosophenbuch abzeichnende Auseinandersetzung mit Schopenhauers Formeln, daß sich im Werden die »Vorstellungsnatur der Dinge« zeigt: »Es *gibt* nichts, es *ist* nichts, alles *wird,* d.h. ist Vorstellung.«[12] Statt dessen finden wir die Hegelisch inspirierte Deutung des dionysischen Urgrunds der Welt als Wille nach dem tragischen Mythos der ewigen und ursprünglichen Kunstgewalt, die überhaupt die individuelle Welt der Erscheinungen ins Leben ruft und in deren Mitte der apollinisch lustvolle Verklärungsschein der Kunst nötig wird, auf daß die Welt der Individuation *ihrer selbst bewußt werde und am Leben festhalte* – eine Vorform der großen Vernunft des Leibes, die allerdings mehr *versuchende* als *selbstbewußte Vernunft* ist. »Könnten wir uns«, heißt es am Schluß der ›Geburt der Tragödie‹, »eine Menschwerdung der Dissonanz denken – und was ist sonst der Mensch? – so würde diese Dissonanz, um leben zu können, eine herrliche Illusion brauchen, die ihr einen Schönheitsschleier über ihr eigenes Wesen decke«.[13] Die nachgelassenen Fragmente formulieren es ganz Hegelisch: »Wenn der Widerspruch das wahrhafte

10 Ecce Homo: Die Geburt der Tragödie, 1, CM 6, S. 310.

11 Nachgelassene Fragmente, CM 7, S. 343. Vgl. Brief an Gersdorff vom 21. Juni 1871, Sämtliche Briefe, Kritische Studienausgabe, hrsg. von G. Colli/M. Montinari, Berlin/New York 1975 ff., Bd. 3, S. 203 f.

12 CM 7, S. 216.

13 Die Geburt der Tragödie aus dem Geist der Musik, CM 1, S. 155.

Sein, die Lust der Schein ist, wenn das Werden zum Schein gehört – so heißt die Welt in ihrer Tiefe verstehen den Widerspruch verstehen. Dann sind wir das Sein – und müssen uns aus dem Schein erzeugen. Die tragische Erkenntnis als Mutter der Kunst.«[14]

So fragwürdig uns heute diese Anthropomorphisierung des Seinsproblems vorkommen muß, so tritt doch klar zutage, wieviel Nietzsches Denkansatz der Hegelschen Dialektik verdankt; auch wenn er manchmal meint, »wir Deutsche« könnten Hegelianer ohne Hegel sein, weil wir »dem Werden, der Entwicklung instinktiv einen tieferen Sinn und reicheren Wert zumessen als dem, was ›ist‹ – wir glauben kaum an die Berechtigung des Begriffs ›Sein‹ –; ebenfalls insofern wir unserer menschlichen Logik nicht geneigt sind einzuräumen, daß sie die Logik an sich, die einzige Art Logik sei«.[15] Eben dies hatte Hegels ›Wissenschaft der Logik‹ als die Entwicklung des Seinsbegriffs vorausgesetzt; in einer denkwürdigen Zweideutigkeit, die mit ihrer Bestimmung des griechischen Anfangs der Philosophie zusammenhängt. So mag es (ungeachtet der Unvergleichbarkeit im einzelnen) erlaubt sein, die beiden Ansätze aufeinander zu beziehen und zu fragen, wie sie das Verhältnis des Seins zum Werden an der Konstellation der Gestalten von Parmenides und Heraklit auslegen.

Bei Hegel bleibt die Antwort im Bannkreis des Platonismus. Danach bildet der Anfang der griechischen Philosophie die Vorstufe zur »logischen Idee«, die mit dem Parmenideischen Satz durchbricht: *Nur das Sein ist und das Nichts ist gar nicht.* Und zu diesem Satz gehört gemäß der »dialektischen« Grundansicht der Geschichte der Philosophie, wonach sich die einzelnen Denker polemisch aufeinander beziehen, widerlegen und so gegenseitig überholen, der Heraklitische Gegensatz: *Das Sein ist so wenig als das Nichts;* oder auch: *Alles fließt,* das heißt, *Alles ist Werden.*[16]

14 Nachgelassene Fragmente 1870/71, CM 7, S. 204.

15 Die Fröhliche Wissenschaft, 5. Buch, 357, CM 3, S. 599; vgl. Morgenröte, Vorrede 3, a.a.O., S. 15.

16 Vorlesungen über die Geschichte der Philosophie, Bd. 1, in:

Die Anwendung dieses reduktiven Verfahrens erinnert von ferne an Nietzsches Versuch, bei jedem Philosophen nur eine ganz geringe Zahl seiner Lehren zu erwähnen und so die Geschichte der Philosophie abzukürzen. Freilich nicht unter dem Gesichtspunkt der Widerlegung des einen durch das andere »System«, sondern des ewig Unwiderlegbaren seines jeweiligen Urhebers. Und das ist die einmal dagewesene *Stimme:* desjenigen, was von ihr noch immer nachklingt: »Ich erzähle die Geschichte jener Philosophen vereinfacht: ich will nur den Punkt aus jedem System herausheben, der ein Stück *Persönlichkeit* ist und zu jenem Unwiderleglichen, Undiskutierbaren gehört, das die Geschichte aufzubewahren hat: es ist ein Anfang, um jene Naturen durch Vergleichung wieder zu gewinnen und nachzuschaffen und die Polyphonie der griechischen Natur endlich einmal wieder erklingen zu lassen«.[17] Damit ist die Hegelsche Reihung von Satz und Gegensatz abgewiesen, jenes Aneinanderreihen nach »Lehrsätzen« und Prinzipien, wie es die Doxographie seit Aristoteles kennt. Gewiß: auch Hegel hebt nur einen Hauptpunkt aus jedem »System« heraus. Aber dieser Punkt bestimmt sich nach dem immer gleichen Verfahren, der Reduktion des überlieferten Denkgeschehens auf *thetische* Grundsätze und ihre Wechselbeziehung in der logischen Form von *Antithesen,* die nach Vereinigung zu epochalen *Synthesen* drängen, wodurch sich dann die Idee des Logischen, d. h. des Allgemeinen oder der Vernunft in der Geschichte, fortbestimmt: »Das erste Allgemeine ist das unmittelbare Allgemeine, d. i. das Sein. Der Inhalt, Gegenstand ist also der objektive Gedanke, der Gedanke, der ist. Der Gedanke ist ein eifriger

Sämtl. Werke, hrsg. von H. Glockner, Stuttgart 1959³, Bd. 17, S. 310 f. und 318 (fortan WG); Wissenschaft der Logik, Bd. 1, WG Bd. 4, S. 90.

17 Philosophie im tragischen Zeitalter der Griechen, CM 1, S. 801 f. Vgl. dazu den instruktiven Beitrag von T. Borsche, Nietzsches Erfindung der Vorsokratiker, in: J. Simon (Hrsg.), Nietzsche und die philosophische Tradition, Bd. 1, Würzburg 1985, S. 62-87.

Gott, der nur sich selbst als das Wesentliche ausspricht und nichts neben sich leiden kann.«[18]

Hegels Konzeption der Vernunft und ihrer Erscheinung in der Geschichte ist *monologisch*. Die Rede vom eifrigen Gott schließt die Rücksichtnahme auf den Mythos und die Kunst aus, und dies, obwohl Hegel die Stufe des »griechischen Bewußtseins« als »Stufe der Schönheit« bestimmt. Es ist zugleich die »Stufe der Abstraktion«, die erste Erscheinung des sinnlichen Scheinens der Idee, die den metaphysischen Grundzug des Schönen ausmacht. Und sie ist *dialektisch* im angegebenen Sinne der Bestimmung des Denkgeschehens in seinem geschichtlich notwendigen Verlauf: »Die ersten ganz abstrakten Bestimmungen sind bei Thales und den anderen Ioniern. Sie haben das Allgemeine in Form einer Naturbestimmung gefaßt: Wasser, Luft. Der Fortgang muß aber dann sein, daß diese bloß unmittelbare Naturbestimmung verlassen wird. Dieses treffen wir bei den Pythagoräern; sie sagen, die Zahl ist... das Wesen der Dinge... ein unsinnlich Sinnliches... Bei den Eleaten geschieht nun die gewaltsame, reine Losreißung des Gedankens von der sinnlichen Form und der Form der Zahl... Und von ihnen tut sich die dialektische Bewegung des Denkens auf, die das Bestimmte negiert, um zu zeigen, daß nicht das Viele wahrhaft sei, sondern nur das Eine. Heraklit spricht das Absolute als diesen Prozeß selbst aus... Bei Anaxagoras ist es dann der bewegende, sich selbst bestimmende Gedanke selbst, der als das Wesen erkannt wird; dies ist ein großer Fortschritt.«[19]

Diesen Fortschrittsgedanken brauche ich hier nicht weiter nachzuzeichnen. Die Reihenfolge ist eindeutig: Zuerst Parmenides und der Seinsbegriff und dann Heraklit mit dem Begriff des Werdens als erster Seinsbestimmung; denn um die Bestimmung des Seins, darum handelt es sich in der Phi-

18 Einleitung in die Geschichte der Philosophie, hrsg. von J. Hoffmeister, Hamburg 1959³, S. 240. Vgl. meine Studie: Hegel und das Problem des Anfangs der griechischen Philosophie. In: Antike und Abendland, Bd. 33 (1988).

19 Vorlesungen über die Geschichte der Philosophie 1, WG 17, S. 209.

losophie. »Dreiundzwanzig Jahrhunderte hat man gebraucht, um zu dem Bewußtsein in sich zu kommen, wie ... der Begriff ›Sein‹ zu fassen sei«, ruft Hegel am Ende der Berliner Einleitungsvorlesung in die Geschichte der Philosophie aus.[20] Und die letzte Ausgabe der ›Logik‹ (1831) gibt dafür die Begründung an: »Was das Erste in der Wissenschaft ist, hat sich müssen geschichtlich als das Erste zeigen.«[21] Hegel geht in seiner ›Enzyklopädie der philosophischen Wissenschaften‹ sogar so weit zu behaupten, daß die ›Logik‹ an sich nur *einen* Anfang kennt und dieser »derselbe« sei wie der »Anfang der eigentlichen Geschichte der Philosophie«.[22] In dieser Richtung sind auch die Berichte über die »Heroen der denkenden Vernunft« – Hegels Bezeichnung für die historisch auftretenden Denkergestalten – abgefaßt, deren jeder ein logisch notwendiges Prinzip repräsentiert.

In Abhebung davon unterscheidet die Urfassung der ›Logik‹, die im Anschluß an die ›Phänomenologie des Geistes‹ (1807) als zweiter Teil des »Systems der Wissenschaft der Erfahrung des Bewußtseins« konzipiert war, zwischen einem »ersten« und »anderen Anfang« der Philosophie. Sie schwankt nicht zwischen Parmenides und Heraklit, sondern entscheidet sich für das Wahre am anfänglichen Denkgeschehen, das sich ursprünglich an *Heraklit* zeigt. »Der Fortgang vom Ersten«, merkt Hegel zu der von ihm getroffenen Unterscheidung an, »ist in der Philosophie zugleich der Rückgang zu seiner Quelle, zu seinem wahrhaften Anfang. Somit beginnt im Hinausgehen über den Anfang zugleich ein neuer Anfang, und der erste zeigt sich damit nicht als der wahrhafte«.[23] Die »Vernunft« – so übersetzt Hegel gleichermaßen den Parmenideischen *Logos* des sterblichen Menschen, der die Lehre der Göttin über die Wege des Seins und

20 Einleitung in die Geschichte der Philosophie, a.a.O., S. 262.

21 Wissenschaft der Logik, 1. Buch, 1. Abschnitt, 1. Kap., Anm. 1, WG 4, S. 96.

22 System der Philosophie, 1. Teil, S. 86, WG 8, S. 206.

23 Wissenschaft der Logik, Faksimiledruck nach der Erstausgabe von 1812, hrsg. von W. Wieland, Göttingen 1966, S. 331.

Nichtseins bei sich erwägt, als auch den zu hörenden *Logos* des Heraklit[24] – tritt an ihrem Anfang nicht nur gedoppelt auf: als Sagen (λέγειν) und Vernehmen (νοεῖν) des Seins auf der einen, des Werdens auf der anderen Seite. Der »erste Anfang« geht vielmehr in den »anderen« zurück, der als dessen Quelle erscheint, d. h. als Ursprung des Flusses, dem Symbol für das Heraklitische Werden. Worin die Quelle besteht, erläutert Hegel nicht. Mit Hölderlin und dem jungen Hegel bin ich zu sagen geneigt: Es ist die *Zeit* als Einheit des harmonisch Entgegengesetzten, das ursprünglich spekulative Phänomen, das den Gegensatz in sich spiegelt und zurücknimmt, so daß zum Widerlegen gleichursprünglich das Widerklingen, zur Entzweiung des Einen die Vereinigung des Getrennten gehört. Hegel hat diese der spekulativgeschichtlichen Vernunftkonzeption der »Wissenschaft der Erfahrung des Bewußtseins« erwachsene Unterscheidung, die für das zweiteilige System der ›Phänomenologie des Geistes‹ (1807) als Vorstufe zur »Logik und Realphilosophie« gedacht war, auf dem Weg zum *Enzyklopädie*-System und dessen Begründung in der verselbständigten ›Wissenschaft der Logik‹ gestrichen und damit die Spur des anderen Anfangs der Vernunft verwischt.

Das ist der Punkt, über den Nietzsches ›Philosophie im tragischen Zeitalter der Griechen‹ hinausführt. Sie zeigt uns, wie die Quelle ans Licht kommt und zu jenem Strom anschwillt, »den wir als die griechische Philosophie kennen«.[25] Ohne die Unzulänglichkeiten zu verkennen, die das Fragment überall durchziehen, sei im Kontrast mit Hegel statt der Schwäche seine Stärke hervorgehoben. Und das stärkste Argument liegt in Nietzsches Eingeständnis, die ganze ältere Philosophie der Griechen erscheine wie ein kurioser »*Irrgartengang* der Vernunft«. In der Tat ähnelt der Gang der Hegelschen Periodisierung lediglich darin, daß er bei Thales beginnt und mit Anaxagoras endet. Nietzsche betrachtet die

24 Vorlesungen über die Geschichte der Philosophie 1, WG 17, S. 310 und 367.

25 Die Philosophie im tragischen Zeitalter der Griechen, CM 1, S. 805 f.

Geschichte der anfangenden Vernunft als einen »skeptischen Kreislauf« mit »viermaligem« Ansetzen: »*Erste Periode:* Das Werden erregt das θαυμάζειν. Ionische Philosophen. *Zweite Periode:* Das Problem des Werdens wird erkannt. Metaphysik. *Dritte Periode:* Die Teleologie, der Zweck des Werdens. *Vierte Periode:* Die Dialektik als das Sicherste. Ohne Erkenntnis keine Tüchtigkeit. Die Philosophie wird reformatorisch und imperativisch und aggressiv.«[26] *Diese* Periode, das geplante Sokrates-Kapitel hat Nietzsche ebenfalls gestrichen. Er streicht es nach der durch die ›Geburt der Tragödie‹ erlangten Einsicht, daß im platonischen Sokrates-Drama der logische Gedanke den tragischen überwächst und die Vernunft, die Anaxagoras noch einmal ästhetisch bindet, sich auf sich selbst stellt. Sie wird »tyrannisch«, während sie zuvor in der menschlichen Gestalt gewalttätiger Tyrannen auftritt, deren einer den anderen umwirft, indem er andere Gesetze gibt. Und »Gesetze geben«, das heißt, neue Lebensformen entdecken: die Entdeckung ungekannter, schöner Lebensmöglichkeiten.[27]

II

Ans Licht gelangt die Quelle der Philosophie freilich weder über die Gesetzgebung noch über den Mythos. Wie keine Pflanze dem Licht aus dem Weg geht, heißt es im 1. Band von ›Menschliches, Allzumenschliches‹, so suchen »jene Philosophen nur eine *hellere* Sonne, der Mythos war ihnen nicht rein, nicht leuchtend genug. Sie fanden dies Licht in ihrer Erkenntnis, in dem, was jeder von ihnen seine ›Wahrheit‹ nannte. Damals aber hatte die Erkenntnis noch einen größeren Glanz; sie war noch jung und wußte noch wenig von allen Schwierigkeiten und Gefahren ihrer Pfade; sie konnte damals noch hoffen, mit einem einzigen Sprung an

26 Nachgelassene Fragmente, CM 7, S. 387f.
27 Vgl. Menschliches, Allzumenschliches, Bd. 1, 261, CM 2, S. 217f.

den Mittelpunkt alles Seins zu kommen und von dort aus das Rätsel der Welt zu lösen«.[28] In den Entwürfen zum Philosophen-Buch werden die Akzente anders gesetzt: »Alles auf dem Hintergrund des Mythos aufzumalen. Dessen grenzenlose Unsicherheit und Wogen. Man sehnt sich nach Sicherem. Nur wohin der Strahl des Mythos fällt, da leuchtet das Leben der Griechen; sonst ist es düster. Nun berauben sich diese Philosophen des Mythos; also wie halten sie es in dieser Düsterkeit aus?«[29]

Die Antwort lautet: durch die Fortdichtung des Mythos in der Tragödie, den *tragischen Mythos,* der allerdings den griechischen Dichtern, geschweige denn den griechischen Philosophen, niemals in begrifflicher Deutlichkeit durchsichtig wird.[30] Sie verbünden sich mit der Wissenschaft, und das heißt für Nietzsche: mit den Mitteln der logisch schematisierenden Vernunft, die beobachtet, bezeichnet, kombiniert, um feste Resultate zu gewinnen. Wissenschaft, *bevor* sie Gewohnheit und Instinkt ist – dazu wird sie erst mit Sokrates –, entsteht unter vier Voraussetzungen:

»1. Wenn die Götter nicht gut gedacht werden. Großer Vorteil irgend etwas als fest zu erkennen
2. der Egoismus treibt den Einzelnen an, bei gewissen Beschäftigungen z. B. Schiffahrt seinen Nutzen zu suchen, durch Wissenschaft
3. etwas für vornehme Leute, die Muße haben. Neugierde
4. im wilden Hin und Her der Meinungen des Volks will der Einzelne ein festeres Fundament«[31]

Wäre dies der Ursprung der Philosophie, würde sie aus höchst trüber Quelle fließen; aus mythologischen Mißgriffen, dem menschlichen Egoismus, der Neugier, dem Sekuritätsbedürfnis. Es ist klar, daß sie sich daran nicht knüpft, daß sie anderen Quellen entspringen muß. Welche es sind, darauf verweisen drei Grundzüge, die »Wissenschaft« von

28 A.a.O., S. 214 f.
29 CM 8, S. 99.
30 Die Geburt der Tragödie, CM 1, S. 109.
31 CM 8, S. 97 f.

»Weisheit«, dem Trieb zum Wissen vom Seienden im Ganzen, unterscheiden. Die Weisheit besteht

»1. im unlogischen Verallgemeinern und zum Ziele Fliegen
2. in der Beziehung dieser Resultate auf das Leben
3. in der unbedingten Wichtigkeit, welche man seiner Seele beilegt. Eins ist Not«[32]

Der letztere Zug charakterisiert freilich schon den Sokratismus, die »Weisheit im Ernstnehmen der Seele«, während die älteren Philosophen sie in der Scheu vor sich selbst und im »Band des Mitleidens, an die große Überzeugung von der Seelenwanderung und der Einheit alles Lebendigen geknüpft«, erst entdecken.[33] Sie finden sie im anschaulichen Spiel der Welt, das den fließenden Bereich des Seelischen in Bildern wie dem vom Wandel des Wassers, der Luft oder des Feuers erschließt; und im tönenden Widerspiel der Kunst, jenem aus dem Geist der Musik geborenen Mythos von Dionysos als Grund der griechischen Tragödie, den die Heraklitische Erkenntnis der Wandlungen des Feuers und aller Elemente als Grundbestand der Welt in Gleichnissen ausspricht.

Wir sind damit bei Nietzsches Eigenstem, der Entdeckung des mythischen Doppelwesens von Apollo und Dionysos, das sich im Dionysosmythos ein weiteres Mal verdoppelt: im Gleichnis vom leidenden und sterbenden Gott und der Hoffnung auf Wiedergeburt, wie sie sich am schönsten im Demetermythos verbildlicht, dem Bild der in ewige Trauer versenkten Göttin, »welche zum ersten Mal wieder sich freut, als man ihr sagt, sie könne den Dionysos noch einmal gebären«.[34] Das ist, wenn ich recht sehe, eine der frühesten Quellen von Nietzsches Wiederkunftslehre, der wir hier nicht weiter nachgehen.[35] Statt der vermeintlich begrifflichen Deutlichkeit des Mythos (ein Widerspruch in ihm selbst) interessiert uns die Ausdeutung des Bildes, der

32 CM 8, S. 98.
33 Über das Pathos der Wahrheit, CM 1, S. 758.
34 Sokrates und die griechische Tragödie, CM 1, S. 620.
35 Vgl. M. Djurić, Die antiken Quellen der Wiederkunftslehre, in: Nietzsche-Studien Bd. 8 (1979), S. 1-16.

gleichnisartigen Anschauung der dionysischen Allgemeinheit des wiederkehrenden Lebens durch die Musik: die *Sprache der Töne,* die das *Bild* der sich freuenden Göttin in *höchster Bedeutsamkeit* erscheinen lassen. Und dahinter die Ausdeutung des »Begriffs« als eines künstlerischen Phänomens, die Nietzsche in diesem Zusammenhang vorgenommen hat.[36] Manches davon mag Phantasie, anderes Beleg der Schopenhauer-Lektüre und wieder anderes Erinnerung an Gesprächsmomente mit Wagner sein. Aber es gibt eine Fährte in Nietzsches Denkerfahrung, die von Hölderlin und dem jungen Hegel zurück bis hin zu Heidegger und darüber hinaus führt. Ihr möchte ich am Leitfaden der frühesten Fragmente aus dem Nachlaß nachspüren, der auf eine einheitliche Konzeption des tragischen Gedankens hindeutet.[37] Unsere musikalische Entwicklung, notiert Nietzsche Ende 1870/Anfang 1871 (nach einem Besuch bei Wagner), »ist das Hervorbrechen des dionysischen Triebs. Er zwingt allmählich die Welt: die Kunst zwingt er im musikalischen Drama, aber auch die Philosophie«.[38]

Es ist der Ansatz einer Phänomenologie der »Hör-Welt«, die Nietzsche in den Philosophen des tragischen Zeitalters wiederfindet. Der Genuß und die Kunst zu hören, die bei den Griechen über die epischen Rhapsoden und die Meliker bereits stark ausgebildet war,[39] verstärkt sich mit der Einführung des *Dialogs* in die Tragödie durch Aeschylus. Mit ihm tritt die *Handlung* in den Vordergrund, womit sich die Lieder des Chores in sprachliche Reflexion und Kommentierung des Geschehens verwandeln, was die Kunst des Hörens in Verbindung mit der Anschauung noch einmal steigert. Nicht die Handlung selbst und als solche, die *Tat,* sondern das *Pathos* ist der Gegenstand der Tragödie, wonach sich die Handlung bemißt: »Weil man das πάϑος hören, nicht das δρᾶν sehen wollte, beschränkte man sich, da man das δρᾶν

36 Die Geburt der Tragödie, CM 1, S. 107 f.

37 Nachgelassene Fragmente, CM 7, S. 60, 68 f., 75, 79 f., 126 (1869-70) u. p.

38 CM 7, S. 103.

39 CM 7, S. 57 f.

sehen *mußte,* um das πάθος hören zu können, auf das geringste Maß.«[40] So entsteht der neue Typus des dichterisch hörenden Menschen, auf den Nietzsches Vernunftkonzeption aufbaut: »Aeschylos als Gesamtkünstler: sein *Zuhörer* in seiner Werkstatt geschildert. Wir wollen den Griechen kennenlernen, den Aeschylos als seinen Zuhörer kannte. Diesmal benutzen wir seinen Philosophen, der in jener Zeit dachte.«[41] Die Benutzung soll belegen, welchen Ursprungs die Tragödie ist: »Die Geburt der Tragödie betrachtet von einer anderen Seite aus. Die Bestätigung aus der Philosophie ihrer Zeitgenossen.«[42] Die zwei Entwürfe, das Buch über die Tragödie und das Philosophen-Buch, bilden eine Konzeption und sollten ein Ganzes zur Darstellung bringen. Wie es noch die Notiz vom Sommer 1872 belegt: »Zuerst Aeschylos geschildert als Pentathlos, dann der Zuhörer, an den Philosophentypen.«[43]

Von ihnen tritt in der ›Geburt der Tragödie‹ neben Heraklit nur Anaxagoras mit dem *Nûs* auf, der als einziger Ordner und Walter des Alls gilt und damit das Ende des mythischen Doppelwesens der Tragödie einleitet. Nach der Unterscheidung der Schrift über ›Wahrheit und Lüge im außermoralischen Sinne‹ (1872)[44] ist Anaxagoras, der Zeitgenosse des Euripides, Repräsentant des »vernünftigen Menschen«, während Heraklit den »intuitiven« repräsentiert, der die dionysische Weisheit im Einklang mit dem tragischen Mythos in Gleichnissen auf der Grundlage des Stilmittels der Dissonanz ausspricht, worin wir hören und uns zugleich über das Hören hinaussehnen; wie in jenem wunderbaren Vergleich der weltbildenden Kraft des *Aion* mit einem Kind, das »spielend Steine hin und her setzt und Sandhaufen aufbaut und

40 Geschichte der griechischen Literatur (1874/75), Werke Bd. 18, S. 43.

41 CM 7, S. 529 f.

42 CM 7, S. 548.

43 Nachgelassene Fragmente, CM 7, S. 530. Vgl. auch Geschichte der griechischen Literatur, Bd. 18, S. 137.

44 Vgl. CM 1, S. 889.

wieder einwirft« (Fr. B 52: αἰὼν παῖς ἐστι παίζων, πεσσεύων. παιδὸς ἡ βασιλήη).[45]

Das Bild vom Sandhaufen findet sich bei Heraklit nicht, wohl aber die gleichnisartige Anschauung der dionysischen Weisheit, die der »Artisten-Metaphysik« der ›Geburt der Tragödie‹ zugrundeliegt: der Unschuld des »absoluten Werdens« als einem »Begriff«, den Nietzsche in den Vorlesungen über die vorplatonischen Philosophen mit dem der »Zeit« (χρόνος) gleichsetzt.[46] Darin artikuliert sich das tiefere Problem der »ästhetischen« Metaphysik, die wir hier nur am Rande streifen. Uns interessiert das in dieser »Ästhetik« verborgene Wunder der »Doppelnatur« der Philosophie oder, um unseren Vortragstitel zu erläutern, der *Akroamatik in der Logik:* der »Kunst des Hörens« inmitten jener »Kunst der eindeutigen Bezeichnung«, worin nach Nietzsche das Wesen des »Logischen« besteht. Daran können wir nicht vorbeigehen, zumal Nietzsche das Wort »akroamatisch« als Ausdruck für eine der »Quellen« des Wissens gelegentlich gebraucht[47] und jenes esoterische Doppelwesen mit seiner exoterischen Mythologie zusammenhängt: der Unterscheidung zwischen Apollo als dem Symbol des *Weltbestands* und Dionysos als dem Symbol der *Weltverwandlung.*[48] Die Symbolik betrifft den Wechsel vom Mythos zum Logos, die Ablösung des epischen und lyrischen durch das logische Sprechen und das Problem, das in diesem Kontext die »tragische« Erfahrung der Zeit aufwirft. Bei Nietzsche stellt es sich in der spezifischen Form des Verhältnisses von *Bild* und *Ton am Grunde der Sprache der Tragödie,* die wie das Leben selbst spricht und zu hören ist. Und so kommt es zur »Vernunft«: im Prozeß der Transformation der apollinischen Natur des Bildes auf der einen, der dionysischen des Tons

45 Die Geburt der Tragödie, CM 1, S. 153.

46 Die vorplatonischen Philosophen, Werke, Bd. 19, S. 139. Vgl. J. Stambaugh, Untersuchungen zum Problem der Zeit bei Nietzsche, Den Haag 1959, S. 27ff.

47 CM 7, S. 245.

48 CM 7, S. 240.

auf der anderen Seite in die »wundersame Doppelnatur der Philosophie«. Damit müssen wir uns auseinandersetzen, weil dieser »logische« Transformationsprozeß dem ontologischen Thema präludiert.[49] Es gibt uns Gelegenheit, den *Ort des Werdens* in Nietzsches eigenem Philosophieren und bei jenen Philosophen des tragischen Zeitalters zu bestimmen, die noch hoffen konnten, mit einem einzigen Sprung an den *Mittelpunkt alles Seins* zu kommen.

III

Das Logische hat in seiner anfänglichen Entdeckung die Erkenntnis des »unlogischen Zentrums« der Welt zum Ziel,[50] des *Einen,* das unfähig ist, sich selbst zu deuten. So erzeugt es aus sich den Schein der Welt, der als künstlerisches Phänomen da sein muß, damit zum *Einen, Seienden* nichts hinzukommt.[51] Das ist die Position des Parmenides in seinem Lehrgedicht: des *ersten* Teils, der vom *Sein,* und des *zweiten,* der vom *Schein* und den *Meinungen* der Sterblichen über das Eine am Grund der Welt handelt (Fr. B 1, 27-32; 6; 8, 50-61; 12, 3). Sie kann uns Nietzsches Hauptthese verdeutlichen, wonach die großen Denker des tragischen Zeitalters über keine anderen Phänomene nachdenken als diejenigen, welche die Kunst erfaßt.[52] Und das sind, griechisch und nicht neuzeitlich (in der metaphysischen Willenssprache von Schopenhauer und dem späten Schelling) gedacht, die dichterisch offenbaren Widerfahrnisse des Lebens; das Handeln als *Tun und Leiden in der Zeit.* Nietzsche spricht von einer »Metastase«, der »Umsetzung« aller sprachlichen, rhythmischen, stilistischen Kunstelemente der Dichtung ins Logische: »Wir finden in einer Metastase die epischen, lyrischen Elemente wieder, alle Requisiten der Tragödie.«[53] Dem *Epos*

49 CM 1, S. 845.
50 CM 7, S. 131.
51 CM 7, S. 202.
52 CM 7, S. 67.
53 CM 7, S. 529 und 547.

entstammt der Zug zur Anschaulichkeit; der *Lyrik* das Ich-Sagen und direkte Sichaussprechen, dem *Drama* der Ausgang von der Handlung als lebendem Bild des »absoluten« Werdens: »Die Welt und die Gewohnheit des Auges können hier nichts entscheiden: Was aber ist schließlich bei geistigerer Betrachtung nicht Handlung? Das sich kundgebende Gefühl, das sich klar werden: keine Handlung? Eines ist not: das Werden gegenüber dem Sein in der plastischen Kunst«.[54] Das aber meint: die Bewegtheit der »Zeit«, des »Wellenschlags« und Rhythmus, wonach jedes Wort zugleich »künstlerisch« als Zeitordnung perzipiert wird. Das Drama bezeugt, was von Anbeginn das wahre Kennzeichen des philosophischen Triebs ausmacht: die Verwunderung über das alltäglichste Phänomen des »Werdens«. Damit beginnt die Philosophie.

Sie beginnt in der Doppelung von Kunst und Erkenntnis, von Weisheit und Wissenschaft, die miteinander im Kampf sind. Er kennzeichnet den Urtypus des tragischen Philosophen, der sich am reinsten an den Eleaten, an Heraklit und Empedokles ausprägt: »Der tragische Philosoph die Natur in ihrer höchsten Kraft des Schaffens und des Erkennens und deshalb mit Schmerzen gebärend.«[55] Er gebiert, was Nietzsche das »künstlerische Phänomen der Begriffe« nennt: *Bilder* in *Tönen*, »diese apollinischen Spiegelungen des dionysischen Grundes«.[56] Die anfängliche Philosophie bleibt der *Kunst* nahe; sie ist nicht »die Negation des *andern* Lebens, sondern aus ihm als seltene Blüte *gewachsen;* sie spricht dessen Geheimnisse aus«.[57] Dies tat schon der Mythos, der die Natur in Griechen verwandelt und sich nun gefallen lassen muß, daß die Griechen den Wandlungen des Feuers in Wasser und Meer und Luft nachdenken. So sind auch die Begriffe »metonymisch«, durch Umwandlung von Namen, gewonnen. Hinter dem vernünftigen Denken und der logischen Macht der Abstraktion sieht Nietzsche überall die

54 Die vorplatonischen Philosophen, Bd. 19, S. 131.
55 CM 9, S. 124.
56 CM 7, S. 238.
57 CM 8, S. 103.

Macht der Übertragung, der Metaphern und Gleichnisse, am Werk. Das fängt mit Thales an. Von einer Vielheit der Dinge wird eine Eigenschaft wie die Qualität des Feuchten abstrahiert, die dann auf Alles übertragen wird: »Die ganze Welt ist feucht, *also ist Feuchtsein die ganze Welt.* ... Ein Prädikat ist verwechselt mit einer Summe von Prädikaten... Das *logische Denken*, wenig geübt bei den Ioniern, entwickelt sich ganz langsam. Die falschen Schlüsse werden wir aber richtiger als Metonymien d. h. rhetorisch poetisch fassen. Alle *rhetorischen Figuren* (d. h. das Wesen der Sprache) sind *logische Fehlschlüsse*. Damit fängt die Vernunft an!«[58]

Der Kampf der Weisheit mit der Wissenschaft ist vom ersten Schritt an zweideutig. Er findet im einzelnen Philosophen statt. Sein universaler Wissenstrieb »zwingt ihn zum schlechten Denken; das ungeheure Pathos der Wahrheit, am Weitblick seines Standpunktes erzeugt, zwingt ihn zur *Mitteilung* und diese wieder zur Logik. Auf der anderen Seite erzeugt sich eine *optimistische Metaphysik der Logik* – allmählich alles vergiftend und belügend. Die Logik, als Alleinherrscherin, führt zur Lüge: denn sie *ist* nicht die Alleinherrscherin. Das andre Wahrheitsgefühl stammt aus der *Liebe*... Das Aussprechen der *beseligenden Wahrheit* aus *Liebe:* bezieht sich auf Erkenntnisse des Einzelnen, die er nicht mitteilen muß, aber deren überquellende Beseligung ihn zwingt«.[59] Der Kampf wird doppelseitig geführt. Er muß so geführt werden, weil der Prozeß der Transformation der Bild- und Lautkunst in das künstlerische Phänomen des Begriffs die »Natur« des *Logos* und *Nûs* betrifft, die Doppelung der hörend-vernehmenden Vernunft, die vom Genius des tragischen Philosophen geschaffen wird.

Auf diesem Hintergrund konnte Nietzsche das Tiefste denken, was über den Ursprung der griechischen Philosophie gedacht worden ist und in seiner Tragweite durch das heutige Gerede vom »Logozentrismus« nicht eingeholt wird.

58 CM 7, S. 486. Vgl. S. 489.
59 CM 7, S. 453.

Ich unternehme es nicht mehr, den Hintergrund auszuleuchten, d. h. den Zusammenhang zu untersuchen, der zwischen dem symbolischen Doppelwesen des Mythos, der Doppelkunst der Tragödie und der »wundersamen Doppelnatur« der Philosophie besteht: daß sie auf der einen Seite agonistisch streitender *Logos* ist und auf der anderen liebendes Einvernehmen; daß sie das Logische auf sich selbst stellt und gerade dadurch das »unlogische Zentrum« der Welt herausstellt. Ich beschränke mich auf den Hauptpunkt. Und das ist Nietzsches These, daß diese Doppelheiten mitsamt dem Doppelphänomen von Bild- und Lautkunst in der Sprache uranfänglich vorgebildet sind.[60]

Die These ist ein Bestandteil der impliziten Sprachphänomenologie der ›Geburt der Tragödie‹ und der nachgelassenen Fragmente aus ihrem Umkreis, die sich im sprachlichen Ansatz der ›Philosophie im tragischen Zeitalter der Griechen‹ expliziert. Unter diesem Gesichtspunkt wird sie von mir behandelt. Aus Schopenhauers Lehre, daß die Musik eine im höchsten Grade allgemeine Sprache ist, die sich zur Allgemeinheit der Begriffe ungefähr verhält wie diese zu den einzelnen Dingen; daß wir sie unmittelbar verstehen, weil sie kein Abbild der Erscheinungen oder der vorgestellten Objekte des Willens ist, sondern diesen selbst abbildet und so aller bildlichen Kunst wie den Begriffen eine erhöhte Bedeutsamkeit zuspricht, schließt Nietzsche auf die Befähigung der Musik, den Mythos der Tragödie zu gebären. Das Wort tritt nicht zum Bild hinzu, in dessen Anschauen der Epiker versunken ist; es erwächst vielmehr der dionysischen Natur des Tons als der reinen Sprache des Willens, die sich nach Nietzsche – im Unterschied zu Schopenhauer – schon in der Visionswelt der Lyrik von Archilochus abwärts auftut, wo die Musik danach ringt, in apollinischen Bildern ihr Wesen kundzugeben. Darin besteht die apollinisch-dionysische Doppelkunst der Tragödie, die höchste, die uns von der ewigen Lust des Daseins zu überzeugen sucht; nur sollen wir diese Lust nicht in den Erscheinungen, sondern hinter

60 CM 7, S. 344 ff.

den Erscheinungen suchen; nach dem im Kern platonisch-parmenideischen Lehrsatz des umgedrehten Platonismus, daß die Welt nur als ästhetisches Phänomen gerechtfertigt ist. Nietzsche zeigt die Doppelheit an den Requisiten der Tragödie: am *Chor,* der eine dramatische Vision sieht, die sich ganz vor ihm ausbreitet; am *Dithyrambus* als dem verwandelten Chor, der nicht das Drama sieht, sondern es darstellt; und schließlich an dessen Brechung im Chor, der von seinen Visionen erzählt.

Gleichwohl läßt sich der Weltsymbolik der Musik nach der ›Geburt der Tragödie‹ mit der Sprache *auf keine Weise* erschöpfend beikommen. Das ist einer der vielen Widersprüche, die diese Schrift durchziehen. Die Musik symbolisiert eine Sphäre des Seins, der gegenüber jede Erscheinung nur Gleichnis ist. Und da die Sprache selbst nur Organ und Symbol der Erscheinungswelt ist, kann sie »nie und nirgends das tiefste Innere der Musik nach Außen kehren, sondern bleibt immer... nur in einer äußerlichen Berührung mit der Musik, während deren tiefster Sinn, durch alle lyrische Beredsamkeit, uns auch keinen Schritt näher gebracht werden kann«.[61] So sehr Nietzsche am Kern der Behauptung festhält, so hat er doch diese Metaphysik, welche die Lust der dionysischen Kunst »hinter den Erscheinungen« aufsucht, mit den Entwürfen zum Philosophenbuch preisgegeben. Und der Weg dieser Preisgabe führt, wie ich glaube, über eine durch die rhythmisch-metrischen Studien vertiefte Betrachtung der »in den Philosophen zerstreuten Requisiten zur Entstehung der Tragödie«. Sie *zusammen* »zeigen den *Hintergrund* des Griechischen, so wie das *Resultat* der Kunst«.[62] Der Hintergrund ist das Doppelwesen des *Lebens im Schein,* der keine Erscheinung, sondern Dasein ist, das sich »begibt« und »ereignet«: für den Zuschauer, der wie der Chor als Mitspieler im Drama des Lebens verstanden werden muß. Von ihm aus versteht Nietzsche den Dialog der Philosophen als einen Chor, der das Resultat der Kunst im

61 CM 1, S. 51f.

62 CM 7, S. 547. Griechische Rhythmik (1870-71), Werke, Bd. 18, S. 272ff.

Gedanken der höchsten Weisheit ausspricht: als *Verklärung des Scheins;* d. h. des Sichklarwerdens über das »absolute Werden«. Es ist die begriffliche Klarheit darüber, was »ist«, die dem Zuschauer des tragischen Spiels durch Lust und Schrecken momentan aufscheint; die tragische Lust an der »verklärten Welt« als Alternative zur Metaphysik der »scheinbaren« und »wahren Welt«, der Nietzsche im Ausgang von den Philosophen des tragischen Zeitalters zum Durchbruch verhilft.

Der »Begriff« aber ist am Anfang selbst ein künstlerisches Phänomen, das die metaphysische Gleichung der »Wahrheit« mit dem »Sein«, des »Werdens« mit dem »Schein« so wenig kennt wie die anfängliche Sprache der Philosophie, die aus der Kunst entsteht. Ich rühre damit an das Wunder ihrer Doppelnatur, dem ich mich abschließend unter dem angedeuteten Blickpunkt der (von Nietzsche selbst nur unvollständig ausgearbeiteten) Sprachphänomenologie zuwenden möchte. Sie sucht nach einer Brücke zwischen der Schau- und Hörwelt und findet sie in der rhythmisch wiederkehrenden Gestik des Sprechens. Was jedes gesprochene und gehörte Wort begleitet, sind typische *Gebärden:* wiederkehrende Handlungen, die uns die Sprache verstehen lassen. Sie sind ebenso »Symbole« wie das tönende Wort mit seinem je bestimmten Lautwert, ja, sie »entsprechen« dem »Zusammenwurf« des Entgegengesetzten ungleich genauer als bloße Worte, die für sich selbst gar nicht verstanden würden. Die innigste und häufigste Verschmelzung von einer Art Gebärdensymbolik und dem Ton, so heißt es in dem Fragment über ›Die dionysische Weltanschauung‹, »nennt man *Sprache.* Im Wort wird durch den Ton und seinen Fall, die Stärke und den Rhythmus seines Erklingens das Wesen des Dinges symbolisiert, durch die Mundgebärde die begleitende Vorstellung, das Bild, die Erscheinung des Wesens. Die Symbole können und müssen vielerlei sein; sie wachsen aber instinktiv und mit großer und weiser Gesetzmäßigkeit. Ein gemerktes Symbol ist ein *Begriff;* da bei dem Festhalten im Gedächtnis der Ton ganz verklingt, ist im Begriff nur das Symbol der begleitenden Vorstellung gewahrt. Was man bezeichnen und unterscheiden kann, das ›begreift‹ man«.[63] Der Begriff beruht auf dem Wort, das in seiner Lautgestalt *Klang* ist; ein ganz relativer freilich, weil sich sein »Wesen« oder der Bedeutungsgehalt je nach der Stellung im Satz ändert, so daß aus der höheren Einheit des Satzes und des durch ihn symbolisierten »Wesens« (eines »Gedankens«) das Einzelsymbol des Wortes fortwährend neu bestimmt wird.

Wir erörtern nicht, wie Nietzsche von hier aus zur Definition des »Gedankens« als einer »Kette von Begriffen« und schließlich zum »Motiv« kommt, als das der Gedanke (nach Schopenhauer) auf unseren Willen wirkt; wie wir auch Nietzsches Erklärung dieser »Wirkung« übergehen können, wonach der Gedanke immer schon gemerktes Symbol (also »Begriff«) für die Regung und Erscheinung des Willens ist, weil sie uns für die Bestimmung des Anfangs der abendländischen Philosophie verfehlt erscheint. Wir halten lediglich fest, daß der Ton selbst symbolisch fungiert; daß das gesprochen gehörte Wort in Verbindung mit der Symbolik des Bildes und der Gebärde unvergleichlich mächtiger und direkter wirkt. Darum entfaltet sich der Gedanke der höchsten Weisheit im Absprung von der dramatischen Dichtung, dem neuen Verständnis des »Tragischen« als der apollinischen Verdeutlichung des Dionysischen, die sich der Requisiten der Tragödie bedient. Und wenn Nietzsche dabei zunächst geglaubt haben mag, daß sich die ineinander verwobenen Empfindungen, die der dionysische Rausch zusammen erzeugt, durch die Handlung in eine Reihe von Bildern auseinanderlegen,[64] so hat er bald erkannt, daß ihre Auslegung durch den Chor auf eine andere Ebene verweist. Das Drama, notiert Nietzsche im Rückblick auf das Tragödien-Buch, »ist nicht... die Handlung, sondern, gemäß der dorischen Herkunft vom Wort ›Drama‹ auch dorisch-hieratisch zu verstehen: es ist das Begebnis, das ›Ereignis‹, die heilige Ge-

63 CM 1, S. 575 f.

64 Nachgelassene Fragmente, Ende 1870 bis April 1871, CM 7, S. 192.

schichte, die Gründungs-Legende, das ›Nachsinnen‹, die *Vergegenwärtigung* der Aufgabe des Hieratischen«.[65]
Die Selbstkorrektur des eigenen Ansatzes – denn darum handelt es sich – steht im Zusammenhang mit dem Durchbruch des hermeneutischen Phänomens in Nietzsches Spätwerk, der großen, im Licht des Wiederkunftsgedankens der *Zarathustra*-Dichtung geklärten, Intuition, wonach das »absolute Werden« als *Geschehen* am Grunde der Welt verstanden werden muß; ein universales Geschehen, das statt der metaphysischen Welt-Erklärung die *Welt-Auslegung* zum fundamentalphilosophischen Problem macht.[66] Leider hat sich diese wohl am weitesten reichende Selbstkorrektur, die als Entwicklung der keimhaften Ausdrucksformen von Nietzsches früher Begriffssymbolik, ja, als deren Vertiefung und Befestigung im Gedanken der tragischen Weisheit zu verstehen ist, auf die Bestimmung des Ursprungs der griechischen Denkerfahrung nicht weiter ausgewirkt. Sie hätte die verfehlte Entgegenstellung des »Seins« zum »Werden« überwinden können, an der Nietzsche von der fragmentarischen Niederschrift über die ›Philosophie im tragischen Zeitalter der Griechen‹ bis hin zur Forderung nach einer »schrittweisen Wiedergewinnung des antiken Bodens« in seiner Spätzeit festhält.[67] In diesem Punkt ist Heideggers Nietzsche-Kritik im Recht.[68] Es gilt aber zugleich, Nietzsches Ansatz im Licht seiner Selbstkorrektur gerecht zu werden, um das Gespräch mit Heidegger von Hegel und

65 Nachgelassene Fragmente, Frühjahr 1888, CM 13, S. 235. Vgl. schon die Andeutungen in der Vorlesung: Der Gottesdienst der Griechen (1875/76), Werke Bd. 19, S. 14.

66 CM 12, S. 19 ff.; 31 f.; 39, 94, 98 u. ö. Vgl. J. Figl, Nietzsche und die philosophische Hermeneutik des 20. Jahrhunderts, in: Nietzsche-Studien Bd. 10/11 (1981/82), S. 408 ff.

67 Nachgelassene Fragmente, August-September 1885, CM 11, S. 679 f.

68 Nietzsche, Bd. 1, Pfullingen 1961, S. 462 ff., 653 ff. Vgl. daneben V. Gerhardt, Die Metaphysik des Werdens. Über ein traditionelles Element in Nietzsches Lehre vom ›Willen zur Macht‹, in: Nietzsche und die philosophische Tradition, a.a.O., S. 19.

Nietzsche aus noch einmal neu zu beginnen. Dem dient der Grundriß des vorliegenden Versuchs, der durch Einzelstudien über die beiden Gegengestalten von Parmenides und Heraklit angefüllt werden muß. Er folgt der *einen* Spur, worauf uns Nietzsches Anknüpfung des »Werdens« an die Ursprungserfahrung des »Tragischen« hinweist. Ob der Intellekt ein Spiegel wäre, diese nach dem Aufbruch der Griechen zur *Theoria* immer wieder gestellte Frage konnte Nietzsche jedenfalls nur verneinen: »Die Begriffe sind mehr.«[69] Und mit ihnen das Denken in Begriffen: die »Logik« und »Dialektik«. Das gab es anfänglich nicht und konnte es in der uns vertrauten Konnotation dieser Ausdrücke nicht geben, die ja alle erst nachplatonischer Prägung sind. Was das griechische Denken vor dem Aufbruch zur *Theoria* gewesen ist, wissen wir nicht zuverlässig. Aber es könnte so aufgebrochen sein, wie es eines der nachgelassenen Fragmente zum Philosophenbuch beschreibt, das ins Manuskript über die ›Philosophie im tragischen Zeitalter der Griechen‹ Eingang gefunden hat: »Der Begriff des Philosophen und die Typen. – Was ist allen gemeinsam? ... Er ist beschaulich wie der bildende Künstler, mitempfindend wie der Religiöse, kausal wie der Mann der Wissenschaft: er sucht alle Töne der Welt in sich nachklingen zu lassen und diesen Gesamtklang aus sich heraus zu stellen in Begriffen.«[70]

69 CM 7, S. 239.
70 CM 7, S. 442. Vgl. CM 1, S. 817.

Zwischen Seins- und Wirkungsgeschichte

Gadamers Bestimmung der Sache des anfänglichen Denkens

Gadamers Stellung zum Anfang der Philosophie erwächst dem fragenden Gespräch mit Heidegger. Es ist ein *Mitfragen,* das eine Frage nicht eigentlich entspringen läßt. Dennoch hat es den Charakter des »Von-sich-aus«, sofern es »einschwenkt und einschwingt in eine bereits schwebende Frage«.[1] Gemeint ist die *Seinsfrage,* die seit Plato und Aristoteles im Unentschiedenen schwebt und von Heidegger erneut zur Entscheidung gestellt wird.

Der Anstoß zum Einschwenken geht auf die Einleitung zu der von Heidegger geplanten Aristoteles-Interpretation zurück, die Gadamer vom »Marburger« Neukantianismus auf den Weg der Phänomenologie gebracht hat.[2] Gadamer wird zum Zeugen von Heideggers anfänglichem Denken, das die Phänomenologie »ontologisch« zu fundieren sucht; nicht in der Begründungsrichtung der abendländischen Philosophie, die auf ihrem ersten (Parmenideischen) Weg der Frage nach dem Sein eine weltgeschichtlich epochale Antwort gegeben hatte, sondern in der Absicht, die Fragestellung der Ontologie phänomenologisch vorzubereiten. Eine Frage stellen, hat Gadamer im Rückblick bemerkt, das »klingt leicht so, wie eine Falle stellen, in die der andere mit seiner Antwort fällt, auf die er hereinfällt, wie sie ihm gestellt ist«.[3] Nicht so in der Exposition der »Seinsfrage«, die sich auf keine bestimmte Antwort hin »stellt«, weil darin gar nicht über etwas Bestimmtes hinausgefragt wird. Die Frage nach dem

1 Vgl. M. Heidegger, Der Anfang der abendländischen Philosophie (SS 1932), Man. S. 64.

2 Heideggers Theologische Jugendschrift, in: Dilthey Jahrbuch 6/1989, S. 303 ff.

3 Der Denker Martin Heidegger (1969), in: Gesammelte Werke Bd. 3, Tübingen 1987, S. 225 (= Werke).

Sein »stellen«, so erinnert sich Gadamer des Anlasses zum Einschwenken in die neue Fragerichtung, das heißt im Grunde: sich selbst »der Frage stellen, einer Frage, durch die ›Sein‹ überhaupt nur ist und ohne die ›Sein‹ ein leerer Wortdunst bliebe«.[4]

Gemäß dem Wesen des Fragens, das sich nichts aufreden und aufzwingen läßt, setzt eine solche Schwenkung voraus, daß »der Einschwenkende von sich aus die Schwingung mitbringt, kraft deren er dann selbst die Bewegung des Fragens mitmacht«. In Gadamers Fall ist es der mitgebrachte Anstoß der Platonischen Dialektik als einem »Wie des Sichverhaltens«, den der junge Heidegger an sich selbst erfahren hatte: im »Umvollzug der Seele aus dem nächtlichen Tag zum eigentlichen«, im »Weg hinauf zum Sein als solchem, was wir echte Philosophie nennen« (Politeia 521c).[5] In der von Gadamer zuerst gehörten Freiburger Vorlesung über ›Ontologie‹ (1923) klingt Heideggers anfänglich platonische Exposition der Seinsfrage nach – in Abhebung vom »Platonismus der Barbaren«, denen der »eigentliche Wurzelboden Platos fehlt«.[6] Aber im Vordergrund steht bereits die Orientierung an Aristoteles. So gerät der Natorp-Schüler Gadamer, der als neukantianisierender »Platoniker« erzogen war, in den von Heidegger geführten Prozeß der Auseinandersetzung mit Plato und Aristoteles auf der einen, mit Husserl und dem Marburger Lehrer Natorp auf der anderen Seite. Sich von jeder ausdrücklichen oder unausdrücklichen Orientierung an überzeitlichen »Problemen« des Menschseins und ihrer philosophiegeschichtlichen »Wiederkehr« distanzierend, nimmt er Stand in der »Faktizität« menschlichen Daseins, das, *was* und *wie* es ist, gerade und nur im »Diesen« seines *jeweiligen* »Da« ist.[7] In der Hinführung zum Nächsten, der

4 Der Denker Martin Heidegger (1969), a.a.O., S. 225.

5 Phänomenologische Interpretationen zu Aristoteles, hrsg. von W. Bröcker/K. Bröcker-Oltmanns, Gesamtausgabe (= GA) Bd. 61, Frankfurt/M. 1985, S. 49.

6 Ontologie (Hermeneutik der Faktizität), hrsg. von K. Bröcker-Oltmanns, GA Bd. 63, Frankfurt/M. 1988, S. 43.

7 Ontologie, a.a.O., S. 29.

eigensten Seinserfahrung, worin das »Da« unseres menschlichen Daseins mit seinem *Erscheinen in der Zeit,* der Erfahrung diesseitigen Sich-zeigens (und Wiederentziehens) von »Sein«, verknüpft ist, bringt sie Gadamer nahe, was fortan sein eigenes Denken trägt und die Richtung des Mitfragens der Seinsfrage bestimmt – »wie Philosophie überhaupt *da ist* und was ihre Geschichtlichkeit in der Weise des Daseins ausmacht«.[8] In dieser Erfahrung des »Da« ist für Gadamer das »Diesige« enthalten, die Frage nach dem »Diesseits« des Seins, die er aus der von Heidegger »wiederholten« Seinsfrage der Griechen heraushört. Und darin eingeschlossen ist die Frage nach dem Zusammenhang des *Seins mit dem Schein,* die ursprünglich griechische Erfahrung der Sache des Denkens, die, vor allem metaphysischen Überstieg in ein »Jenseits des Seins«, in der Platonischen Dialektik »da ist«. Der damit beginnenden Zwiesprache mit dem Lehrer sei im folgenden ein Stück weit nachgegangen. In einem ersten Schritt skizzieren wir die Ausgangslage der »Wiederholung« der Seinsfrage im Umkreis von ›Sein und Zeit‹ (I). Dann werden wir deren Wandlung auf dem Weg der »Kehre« untersuchen und den unterschiedlichen Standort der Seinsgeschichte im Verhältnis zu Gadamers Konzept der Wirkungsgeschichte zu bestimmen suchen (II). Und in einem dritten Schritt sei versucht, Gadamers Bestimmung der Sache des anfänglichen Denkens zu verdeutlichen (III).

I

Heideggers Rückgang zum Anfang der Philosophie hängt aufs engste mit seinem Abstand von Husserls Programm der Phänomenologie als strenger Wissenschaft zusammen. Im Kern handelt es sich um eine Auseinandersetzung mit der phänomenologischen Methode und dem Forschungsleitfa-

8 Vgl. Gadamers frühesten Aufsatz: Zur Systemidee in der Philosophie, in: Festschrift für Paul Natorp zum 70. Geburtstag, Berlin/Leipzig 1924, S. 56.

den der Intentionalität. Der Zugang zu den Phänomenen kann ein »Aspekt« des Sich-Zeigens sein, der traditionell so festgelegt ist, daß das Uneigentliche der methodischen Aufforderung »Zu den Sachen selbst!« gar nicht mehr erkannt, sondern für das Eigentliche gehalten wird. Was sich als »seiend« zeigt, braucht noch nicht die Sache selbst zu sein. So gilt es, über die »Anfangsstellung« hinaus zur verdeckungsfreien Sacherfassung zu kommen: »Die Tradition der philosophischen Fragen muß bis zu den Sachquellen zurückverfolgt werden. Die Tradition muß abgebaut werden... Abbau, das heißt hier: Rückgang zur griechischen Philosophie, zu *Aristoteles,* um zu sehen, wie ein bestimmtes Ursprüngliches in Abfall und Verdeckung kommt, und zu sehen, daß wir in diesem *Abfall* stehen.«[9] Der Verfall des Seinsverständnisses der traditionellen Ontologie ins Immersosein von Seiendem (der »Natur«) setzt allerdings schon früher ein. Er steht innerhalb der »ungeschmälerten Wirkungssphäre des Schicksals, das sich mit Parmenides für unsere Geistes- und Daseinsgeschichte... entschieden hat: τὸ γὰρ αὐτὸ νοεῖν ἐστίν τε καὶ εἶναι (Fr. B 3), dasselbe ist vernehmendes Vermeinen und Sein. ... Das im vernehmenden Vermeinen Vernommene ist nichts anderes als das eigentlich Daseiende; d.h. eigentliches Sein hat als angemessen erfassenden Zugang vernehmendes Vernehmen, ›Denken‹, theoretisches Erfassen, Wissenschaft, und ist im griechischen Sinne das ›immer schon da‹ als solches«. Ganz nebenbei merkt Heidegger an: »Intentionalität; kein Zufall, daß Husserl heute noch das Intentionale als das ›Noetische‹ charakterisiert.«[10]
Der Rückgang zur griechischen Philosophie hält sich an Aristoteles, aber nicht an die »Erste Philosophie« und ihre theoretische Stellung der Frage nach dem einen, immer gleichbleibenden Sein des Seienden. Daran hatte sich Husserl in Anknüpfung an die Cartesische Grundwissenschaft dieses Namens gehalten und dadurch den Weg zur Besinnung auf die ursprünglichen Gegebenheitsweisen der Phänomene ver-

9 Ontologie (Hermeneutik der Faktizität), S. 75 f.
10 Ebd., S. 92.

fehlt. Heideggers Interesse gilt dem Seienden, das sich *immer anders verhält:* der Bewegung in den Bereichen von *Physis* und *Ethos,* von *Praxis* und *Poiesis* und des zu ihnen gehörigen *Logos,* kurzum: *der dialektischen Logosphilosophie,* die Aristoteles zuweilen die »andere« oder »zweite Philosophie« nennt,[11] in Abhebung zur »ersten«, die sich am *Immersosein* orientiert.

Wir wissen durch Gadamers Zeugnis, wie es vor allem Aristoteles' Zurückweisung von Platos allgemeiner Idee des Guten, seine Berufung auf die analoge Rede von Sein und die Vertiefung in das Wesen der *Physis* waren, woran Heidegger über die Aristotelische Plato-Kritik hinaus den gemeinsamen Boden von Dialektik und »Ontologie« freilegte. Gadamer berichtet auch von der durch ihre interpretatorische Kraft höchst eindrücklichen Marburger Vorlesung über den ›Sophistes‹, der das Motto zu ›Sein und Zeit‹ entstammt.[12] Ja, er spricht geradezu davon, daß ihm diese Interpretationen zuerst als Beispiel jener hermeneutischen Horizontverschmelzung erschienen sind, die im Vollzug des Verstehens geschieht.

In der Tat hat Heidegger auf dem Weg zu ›Sein und Zeit‹ das Denkgeschehen zwischen Plato und Aristoteles als Einheit und in der Wiederholung ihres Fragens das unmittelbare »Wiederergreifen unserer wissenschaftlichen Philosophie« gesehen, d.h. der Phänomenologie und ihrer Grundlegung in der Intentionalität des Bewußtseins. Das phänomenologische Fragen führt jedoch nach Heidegger seinem innersten Zug nach selbst zur Frage nach dem Sein des intentionalen Bewußtseins. Und die neu zu stellende Grundfrage der Ontologie nach dem Sein als solchem ist nur zu gewinnen durch ein »Hineinfragen in den Anfang«, das sich bestimmt vom radikal ergriffenen Sinn des phänomenologischen Prinzips: »Seiendes als Seiendes selbst in seinem Sein sehen zu lassen.«[13]

11 Aristoteles, Met. XI 3, 1061b 5-10.

12 Plato (1976), in: Werke Bd. 3, S. 238 ff.

13 Prolegomena zur Geschichte des Zeitbegriffs (1925), GA Bd. 20, hrsg. von P. Jäger, Frankfurt/M. 1979, S. 186.

Es sind die Gesichtspunkte der *phänomenologischen* Exposition der Frage nach dem »Sinn vom Sein«, unter denen Heidegger in den Vorlesungen der Marburger Zeit den Platonischen ›Sophistes‹ (1924/25) und die ›Grundbegriffe der antiken Philosophie‹ (1926) auslegt. Und unverkennbar votiert Heidegger dabei für Aristoteles und die von ihm erreichte Höhe der ontologischen Problematik, zu der Plato nicht habe vordringen können, weil er das Seiende hinsichtlich seines Seins mit dem Sein der Natur zusammenbringt und durch ein Schaffen (des göttlichen Demiurgen) erklärt. Das Votum wirkt sich auf den methodischen Zugang zum anfänglich griechischen Denken aus. Indem Heidegger auf das historisch Übliche verzichtet, von den Vorsokratikern über Sokrates zu Plato fortzuschreiten, schlägt er in der *Sophistes*-Vorlesung den umgekehrten Weg ein: von Aristoteles zu Plato zurück, nach dem alten Grundsatz, beim Auslegen vom Hellen ins Dunkle zu gehen. Und die ›Grundbegriffe der antiken Philosophie‹ nehmen wie selbstverständlich an, daß der wissenschaftlich ideale Weg über eine Einführung in Aristoteles mit anschließendem Blick zurück und nach vorwärts zu führen hätte. Nur weil dies praktisch unmöglich ist, schlägt Heidegger einen »Mittelweg« ein, für den Aristoteles die »Anweisungen« geben soll.[14]
Gadamer schließt sich diesem Weg an, kehrt aber die Richtung in seiner Habilitationsschrift über ›Platos dialektische Ethik‹ (1931) noch einmal um. Alle wissenschaftliche Philosophie, sagt Gadamer in Übereinstimmung mit der Selbstauffassung des Marburger Heidegger, ist Aristotelismus, sofern sie Arbeit des Begriffs ist; und so ist die Philosophie Platos, wenn man sie philosophisch verstehen will, notwendig im Durchgang durch Aristoteles zu interpretieren. Tatsächlich sucht er dann jedoch die Linien von der Platonischen *Dialektik* zur Aristotelischen *Apodeiktik* auszuziehen: sie soll als historisches Zwischenspiel einer Entwicklung verstanden werden, die zu der die Dialektik

14 Interpretation platonischer Dialoge (Sophistes, Philebos), Man. p. 3; Grundbegriffe der antiken Philosophie, Man. p. 5.

und Dialogik überwindenden aristotelischen *Episteme* führt.[15]

Auf dem Weg zu diesem Ziel ist Gadamer so steckengeblieben wie Heidegger in seinem Versuch einer Wiederholung des ontologischen Fragens der platonisch-aristotelischen Philosophie. Das war in der *hermeneutischen* Exposition der Seinsfrage angelegt. Führt sie doch notwendig dahin, geschichtlich zu verstehen, warum die griechische Fragestellung eine bedingte, vorläufige ist und sogar sein mußte, weil diese den Sinn von Sein aus der Orientierung am Naturseienden gewinnt und so, beginnend bei Parmenides, das Phänomen der Welt überspringt.[16] Erst mit der Fragerichtung der »Kehre« nach dem »Wesen der Wahrheit« vollzieht sich der Schritt zurück hinter den Anfang der klassisch-griechischen Philosophie und ihren Aufbruch zur Ontologie. Statt als Eideshelfer des eigenen Fragens zu dienen, wird sie geschichtlich zur Gegeninstanz der *Metaphysik* erhoben, die immer nur nach dem *Seienden* fragt und in dieser Fragehaltung von Plato und Aristoteles abwärts bis hin zu Kant und Husserl verbleibt. Die Metaphysik bewegt sich im Kreis der *ontologischen Differenz* zwischen »Sein« und Seiendem, den Heidegger in der Richtung auf einen anfänglich aufleuchtenden Sinn von Wahrheit als »Unverborgenheit« (ἀλήϑεια) zu vermessen unternimmt.

Im Unterschied zu Gadamer, der dieses Licht seit der Habilitationsschrift noch in der Platonischen Idee des Guten gewahrt hatte, die über das Sein von Seiendem »hinausragt«,[17] betrachtet Heidegger Plato in Aristotelischer Perspektive. Ja, mehr noch: er zieht ihn mit Aristoteles zu *einer* Denkfigur zusammen, von der es sich in der Wiederaneignung ihres Fragens (der »Leitfrage« der Metaphysik nach dem Sein des Seienden) zu distanzieren gilt, wobei sich der Abstand zu Plato im Zug der »Kehre« vergrößert. Es kommt zur ent-

15 Vgl. schon Prolegomena zur Geschichte des Seinsbegriffs (1925), S. 187f.

16 Sein und Zeit, § 21, S. 100.

17 Politeia 509c. Vgl. Platos dialektische Ethik, Werke Bd. 5, Tübingen 1985, S. 68f.

schiedenen Abgrenzung von der Platonischen Dialektik, der sich die Wahrheit des Seins zugunsten der Richtigkeit des Aussagens im Blick auf das *Eidos* und dessen »Sehenlassen des Seienden in seinem Sein« entzieht. Und so konnte sich dann das Hineinfragen in den Anfang auf jene Dimension »hinter« der ontologischen Differenz richten, worin sich in der Frühzeit des griechischen Denkens das Unverborgene im Namen der *Aletheia* für einen Augenblick »gelichtet« zu haben schien.

Den »unangefangenen Anfang wieder anfangen«, den »ersten«, davon handelt Heidegger in (bisher noch unveröffentlichten) Vorlesungen über Anaximander und Parmenides aus dem Jahre 1932. Am Leitfaden der Frage nach dem Wesen der Wahrheit in dem von Heidegger herausgearbeiteten Doppelsinn von Anwesen und Sichverbergen rückt hier die Geschichtlichkeit des Fragens in den Vordergrund. Heidegger scheint noch die existentialanalytische Sprache von ›Sein und Zeit‹ zu sprechen, ist aber darüber weit hinaus. »Seitdem unser Menschsein als existentes auf dem Geschehnis des Anfangs gegründet ist«, heißt es in der *Anaximander*-Vorlesung, »seitdem ist jedes Fragen der Seinsfrage – wenn es wirkliches, sich verstehendes Fragen ist – ein Wiederfragen, in sich geschichtlich und somit historisch. Die historische Erkenntnis hat nicht nur den Sinn, das Gewesene zu behalten . . ., sondern vordem die Grundaufgabe, das Gewesene in die Höhe seiner jeweiligen Größe hochzuwerfen«.[18]

Hinter dieser Zuwendung zum »ersten« Anfang steht Heideggers gewandeltes Verständnis von Nietzsches Unterscheidung zwischen *monumentaler, antiquarischer* und *kritischer* Historie in der 2. Unzeitgemäßen Betrachtung (1874). In ›Sein und Zeit‹ wird sie in der Zeitlichkeit des Daseins verwurzelt, worin das Emporwerfen des Gewesenen als eine zu verwirklichende Möglichkeit menschlicher Existenz erscheint. Und sofern das Dasein seiner Geworfenheit überantwortet ist, liegt in der wiederholenden Aneignung des Großen zugleich die Möglichkeit verehrender Bewahrung

18 Der Anfang der abendländischen Philosophie, Man. S. 83.

durch die antiquarische Historie. Beide *zusammen* lösen das Dasein von seiner Verfallstendenz an das »Heutige« und ermöglichen so die eigentlich notwendige Kritik der Gegenwart.[19] Nach ›Sein und Zeit‹ verschiebt sich diese Einheit in die Richtung der »monumentalen« Historie, die im Zuge der ›Kehre‹ vom Dasein auf das Sein nicht mehr als eine Möglichkeit menschlicher Existenz, sondern als Geschichte des »Seyns selbst« in seinen hohen Augenblicken erscheint, die sich »geschicklich« in den Epochen der Metaphysik »zeitigen«.

Daß dieses Geschick im Blick auf Plato als ein Geschehen fortschreitender Seinsvergessenheit konzipiert wird, hängt mit Heideggers Orientierung an Nietzsches ›Philosophie im tragischen Zeitalter der Griechen‹ zusammen, genauer gesagt: mit seinem Antiplatonismus, der in das seinsgeschichtliche Konzept Eingang findet. Daraus mag sich Heideggers »Schritt zurück« von Plato und Aristoteles zu den vorplatonischen Philosophen erklären. Er erklärt uns auch, warum sich Heideggers *Plato*-Interpretation nun ein weiteres Mal verschattet; warum die »Idee« (der phänomenologischen Exposition der Seinsfrage und der in ihr enthaltenen Forderung entgegen, Seiendes in seinem Sein von ihm selbst her *sehen* zu lassen) als Anfang der Verdeckung eines ursprünglich erfahrenen Wesens der Wahrheit erscheint. So radikalisiert sich die Distanz zur Platonischen Dialektik, die Heidegger schon in den ›Grundbegriffen der antiken Philosophie‹ von der Idee des Guten hatte behaupten lassen, sie sei keine rein ontologische Bestimmung; mit der an Aristoteles' »erster Philosophie« ausgerichteten Maßgabe, daß, wenn »die Analyse des ὄν rein im Thema bleibt, der Schritt zu einem ἀγαθόν vermieden werden muß«.[20]

Wenn ich recht sehe, sind es diese zwei Punkte, die trotz mitvollzogener »Kehre« Gadamers Einspruch hervorgerufen haben: 1. Heideggers Monumentalisierung der Historie auf dem Höhenweg der Seinsgeschichte und 2. die Abwei-

19 Sein und Zeit, Tübingen 1957, S. 396f.
20 Der Anfang der abendländischen Philosophie, Man. S. 83 f.

sung eines ontologischen Sinnes für die Idee des Guten. Ich möchte kurz darlegen, wie sie in Gadamers Denken zusammenlaufen und zu einer von Heidegger abweichenden Bestimmung der Sache des anfänglichen Denkens führen, die uns Heutigen neue Fragen aufgibt und zum Weiterdenken nötigt.

Ich glaube, daß Gadamer mit seinem Beharren auf dem Gewicht der Platonischen Ideendialektik dem Zug der *hermeneutischen* Exposition der Seinsfrage entspricht, die Heidegger von jeder ausgesagten Antwort zu einer neuen Frage fortgezogen und ihm so den Vorrang des Fragens vor dem Aussagen vor Augen geführt hat. Es ist der Ursprung der Analyse des wirkungsgeschichtlichen Bewußtseins und Motiv zur ontologischen Wendung der Hermeneutik am Leitfaden der Sprache zugleich.[21] Was sich nicht sagen läßt, ist die Idee des Guten, das Ungesagte, das uns dem Fragen öffnet und so abgründiger Grund aller Sagbarkeit bleibt. Und darin gleicht es dem in der Wende zum »anderen Anfang« gedachten »Seyn«, das nach Heidegger »niemals endgültig und deshalb auch nie nur ›vorläufig‹ sagbar ist«.[22] Es »gibt« sich hörend zu verstehen, weil das Ungesagte erst das Gesagte ins Wort bringt, das uns erreichen kann.[23]

Der Zug zum Verstehen verweist auf den ontologischen Gehaltssinn der Idee des Guten und ihren Bezug zum Sinn für das Tunliche im »Hier« und »Jetzt«. Wenn Gadamer noch in der Marburger Nähe zu Heidegger hervorhebt, daß die Schau des Guten nicht Sache einer rein theoretischen Erkenntnis sei, daß in ihr das Sein der Welt und das Sein des Menschen einheitlich begriffen sind,[24] so hält er an Heideggers ursprünglicher Absicht fest, die ontologische Fragestellung so weit zu fassen, daß sie das Sein der *Physis* (die

21 Wahrheit und Methode, Tübingen 1975⁴, S. 384 ff.

22 Beiträge zur Philosophie, GA Bd. 65, hrsg. von F.-W. von Herrmann, Frankfurt/M. 1989, S. 460.

23 Philosophie in Selbstdarstellungen, Bd. III, Hamburg 1977, S. 93.

24 Vgl. die Rezension von J. Stenzel, Metaphysik des Altertums, Werke Bd. 5, S. 298.

»Welt«, worin »Natur« allererst erscheinen und sich zeigen kann) und des *Ethos* (den menschlichen »Aufenthalt« in der Welt) in sich einbegreift.

Nach Gadamers früher Plato-Deutung modifiziert sich die Seinsfrage in der Frage nach dem Guten, sofern sie »nichts anderes fragt als: was ein Seiendes zu sein hat, woraufhin es immer als dasselbe verstanden werden kann«.[25] Im Gegensatz zu Heidegger erkennt Gadamer dem Guten den Rang einer »universalontologischen Bestimmung« zu. Alles Sein von Seiendem bestimmt sich ontologisch einheitlich, gleichgültig, ob das so bestimmte Seiende sich zu diesem Sein selber bestimmt, »Dasein« in der Welt ist oder ein innerweltlich Seiendes, das sich, wie die Naturdinge oder die durch Kunst hergestellten Dinge, nicht selbst zu etwas zu bestimmen vermag. Das eigentliche Sein alles Seienden und seiner Verständlichkeit ist das Sein der Idee, zuoberst der Idee des Guten als »Hinblick eigentlichen Verstehens«.[26]

II

An dieser Auffassung der Sache des Platonischen Denkens hat Gadamer auf seinem langen Denkweg, unbeirrt durch die im Gefolge der Auseinandersetzung mit Nietzsche radikalisierte Plato-Kritik des Lehrers, festgehalten. Und durch Studien zu den vorplatonischen Philosophen hat er sie hermeneutisch zu bewähren gesucht. An dieser Stelle treffen die beiden Hauptpunkte des Einspruchs im wirkungsgeschichtlichen Bewußtsein zusammen, so daß es darauf ankommt, die Schnittlinien genauer zu bezeichnen.

Wenn sich Gadamer an Plato und dem Platonismus orientiert, dann ist es im Grunde auch hier eine beim frühen Heidegger vorgezeichnete Linie, die er auszieht. So scheint

25 Platos dialektische Ethik, Werke, Bd. 5, S. 10.

26 Platos dialektische Ethik, a.a.O., S. 56 f. Der Ansatz der Idee des Guten als Ursprungsort des Verstehens trifft sich in der Sache mit Heideggers Plato-Interpretation in: Vom Wesen des Grundes (1929), GA, 1. Abt. Bd. 9, S. 160.

selbst das Prinzip der Wirkungsgeschichte in dem von Heidegger hervorgehobenen Faktum der Auslegung im Verstehen vorweggenommen zu sein. Die Geschichte, heißt es in ›Sein und Zeit‹, ist »als sich-überliefernde je in einer ihr zugehörigen Ausgelegtheit, die selbst ihre eigene Geschichte hat, so daß die Historie zumeist erst durch die Überlieferungsgeschichte hindurch zum Dagewesenen selbst vordringt«.[27] Dieses (antiquarische) Moment hat Gadamer für die philosophische Hermeneutik festgehalten und gegen die Tendenz zur Monumentalisierung der historischen Erkenntnis im Konzept der *Seinsgeschichte* zur Geltung gebracht. Heidegger entfaltet die Frage: »Was ist Metaphysik« (1929), indem er auf das anfänglich erfahrene »Anwesen« der Wahrheit des Seins und dessen Entzug im eidetischen »Sehenlassen« des Seienden zurückgeht. Der Zug zur vollständigen Anwesenheit des Wahren vollendet sich in Hegels Anspruch einer *Wesensgeschichte,* worin der Platonismus noch einmal im Anspruch auf vollständige Selbstdurchsichtigkeit der *absoluten Idee* hervortritt. In Abhebung von der nachhegelianischen *Ideengeschichte,* die Nietzsches Plato-Kritik »geisteswissenschaftlich« neutralisiert, fragt Gadamer, was der Platonismus »wirkungsgeschichtlich«, d.h. für das dialogisch gezeitigte Fragen, bedeutet. Die Frage ist, ob das Wissen vom Guten mit der reinen Selbstdurchsichtigkeit der gewußten Idee zusammenfällt; ob die Platonische Idee des Guten darin aufgeht, das »Erscheinen alles Anwesenden in all seiner Sichtsamkeit zu ermöglichen«.[28]

Das ist nicht bloß eine Anfrage an Heidegger, sondern die Hauptfrage von Gadamers Denken, seines fragenden Gesprächs mit dem Lehrer und der von ihm »verhörten«, auf verborgene Seinserfahrungen hin abgehörten Überlieferung. Sie bildet den Ausgangspunkt des Weges zu ›Wahrheit und

27 Sein und Zeit, § 76, S. 395 f. Vgl. J. Grondin, Hermeneutische Wahrheit? Zum Wahrheitsbegriff Hans-Georg Gadamers, Meisenheim/Glan 1982, S. 83 (Monographie zur philosophischen Forschung Bd. 2, 15).

28 Heidegger, Platons Lehre von der Wahrheit, in: Wegmarken, Frankfurt/M. 1967, S. 133.

Methode‹ und den Leitfaden in dessen labyrinthisch verschlungenem Gang, der den Höhenweg der Seinsgeschichte durch den Tiefenweg der Wirkungsgeschichte umläuft. Nach dem Aufstieg zum Einen, dem Geschick des einzig nennbaren Seins, das sich von Anbeginn in die Vergessenheit zurückzieht, steigt er hinab ins Viele, in das geschichtlich gezeitigte Ganze des gesagten Seinssinnes, das doch niemals den Sinn des Ganzen der Geschichte (auch nicht in der Richtung eines »Geschicks« fortschreitender Seinsvergessenheit) erschöpfen kann.

So scheint es mir kein Zufall zu sein, daß Gadamer die Grundlinien der Wirkungsgeschichte zuerst in den Studien der 30er Jahre zu Plato und den vorplatonischen Philosophen von Parmenides über Heraklit bis hin zu Demokrit auszieht, dem er, im Unterschied zu Heidegger, der Ursprung und Geschichte der abendländischen Atomtheorie in der Darstellung der Epochen der Seinsgeschichte unberücksichtigt läßt, eine seiner glanzvollsten Studien widmet. Ihre Geburt aus dem eleatischen Seinsgedanken und die komplexe Wirkung in der Neuzeit, insbesondere der Mythos der Aufklärung, der die Gestalt Demokrits zum Ahnherrn der modernen Wissenschaft hochstilisiert hat, der von der Dunkelmännerei eines Plato und Aristoteles unterdrückt worden sei,[29] führte ihm die Aufgabe vor Augen, der hermeneutischen Phänomenologie die *historische Hermeneutik* zu integrieren. Sie verbietet es, die antike mit der neuzeitlichen Atomistik gleichzusetzen oder (was noch Heidegger in seinen Marburger Vorlesungen getan hatte) den Platonischen Singularbegriff der »Doxa« auf die Rede von *Doxai* bei den vorplatonischen Philosophen zurückzuprojizieren. Das historische Bewußtsein ist sich, wie es dazu in ›Wahrheit und Methode‹ heißt, »seiner eigenen Andersheit bewußt und hebt daher den Horizont der Überlieferung von dem eigenen Horizont ab«.[30] Die Notwendigkeit einer Abhebung verschiedener Horizonte, das zeigt sich an der wechselvollen

29 Vgl. Antike Atomtheorie (1935), in: Werke Bd. 5, a.a.O., S. 266f. Vom Anfang des Denkens, Werke Bd. 3, S. 381.

30 Wahrheit und Methode, a.a.O., S. 290.

Geschichte der Atomtheorie in Spätantike und früher Neuzeit, folgt eben daraus, daß unser Verhältnis zu den griechischen Anfängen seitdem eigentümlich gebrochen und umstritten bleibt. Gleichwohl setzt es einen die Folgewirkung der antiken und neuzeitlichen Physik umfassenden Horizont voraus, welchem auch die Atomistik zugehört.[31] Ihn gewinnt Gadamer in der Auseinandersetzung mit Parmenides, jener Gestalt, die am Eingang des Ursprungsgeschehens der griechischen Metaphysik steht, dessen Verlauf bis zu Aristoteles eine Folge von Verwandlungen des eleatischen Seinsgedankens darstellt.

Das ist das Thema der Studie ›Zur Vorgeschichte der Metaphysik‹ (1941, 1950), die sich uns Heutigen in ihrer durchgeführten Horizontverschmelzung und dem kontrollierten Vollzug solcher Verschmelzung im wirkungsgeschichtlichen Bewußtsein wie die vorweg geübte Praxis zur Theorie der philosophischen Hermeneutik liest. So ist es gewiß kein Zufall, daß der Begriff der »Wirkungsgeschichte« uns hier zuerst begegnet. Der umfassende Horizont des Verstehens ist die ursprünglich gefragte Frage des Parmenides nach dem Sein, die in keiner Antwort der Nachfolger ganz aufgeht, auch nicht in der des Aristoteles, wie Gadamer im Absprung von dem durch Heidegger eröffneten Verstehenshorizont nachweist. Im Blick auf die von Aristoteles selbst zugestandenen Schwierigkeiten seiner Parmenides-Deutung arbeitet Gadamer heraus, wie sich das archaische Denken des Parmenides dem Aristotelischen Entwicklungsschema – dem Heraustreten der eigenen Wahrheit von den vier Ursachen des Seienden – entzieht; daß mindestens Parmenides nicht auf die Weise der Physiologen das einzig-eine Sein im Sinne der *Hyle* denkt, sondern an das dem *Logos* nach Eine rührt, also das Ganze des metaphysischen Problems schon umgreift. Und dafür wird ihm Plato zum Zeugen, der dort, wo er der Seinsfrage am nächsten kommt, seine Dialogfiguren durch den alten Parmenides oder einen Fremden aus Elea belehren

31 Vgl. dazu meinen Beitrag: Zeit- und Naturerfahrung. Hegel und der Ursprung der abendländischen Anfangstheorie. In: Festschrift für G. Schmidt, Bonn 1990.

und Sokrates selbst am Ende vor der adligen Tiefe des Parmenides zurückweichen läßt. All das weist für Gadamer darauf hin, »daß Plato in der Wirkungsgeschichte der eleatischen Philosophie eine besondere Stelle einnimmt: über ihre Lehre hinaus ist er dennoch auf sie mit besonderem Nachdruck bezogen. Und sofern Aristoteles wiederum aus der ständigen Auseinandersetzung mit der platonischen Philosophie zu begreifen ist, stellt sich die Ursprungsgeschichte der Metaphysik als eine Geschichte des eleatischen Gedankens dar«.[32]

Es wäre verlockend, den Spuren des fragenden Gesprächs mit dem Marburger Heidegger und der allmählichen Lösung von ihm nachzugehen, die doch stets, anders als in der uns oft unverständlichen Polemik des Aristoteles mit seinem Lehrer Plato, in der zugewandten Haltung des Mitfragens verbleibt. Ich möchte mich statt dessen auf Gadamers unterschiedliches Verhältnis zum griechischen Anfang der Philosophie beschränken, wie es sich mir im Anschluß an das Prinzip der Wirkungsgeschichte darstellt.

Die Wirkungsgeschichte folgt nicht den Bahnen, die jedes überlieferte Werk durch sein geschichtliches Wirken hinter sich herzieht, das dann nachträglich zum Gegenstand historischer Erkenntnis erhoben werden kann. Sie überlagert vielmehr das darauf bezogene *historische Bewußtsein*, das Gadamer aus dem Kontext des Historismus von Schleiermacher über Droysen und Ranke bis hin zu Dilthey herauslöst. Wenn Gadamer vom »wirkungsgeschichtlichen Bewußtsein« spricht, das mehr »Sein« als »Bewußtsein« sei, so meint er die wirklich gezeitigten Seinsweisen, in denen wir des Geschehenen selbst inne werden, das im Vollzug des hörenden Verstehens seine Bahn zieht. Und die Beschreibung des Verstehensvollzugs deckt sich ganz mit den Phänomenen der *Erinnerung* und *Erwartung*, der Bereitung des Künftigen, die Heidegger für das Konzept der Geschichte der Erfahrung des Seins in der Zeit (des ursprünglich als »Seyn« geschriebenen Zeit-Worts) in Anspruch nimmt: »Wirklich,

32 Zur Vorgeschichte der Metaphysik, Werke Bd. 6, a.a.O., S. 12.

d. h. seiend, ist erst das Erinnerte und ist noch das Bereite. Erinnerung und Bereitung öffnen den Zeit-spiel-raum des Seyns, dem das Denken die Gegenwärtigkeit als bisherige erste und einzige Bestimmung abschwören muß.«[33] Diesen Schwur hat auch Gadamer im Mitgehen der »Kehre« getan. Der einzige (wenn auch gewichtige) Unterschied liegt darin, daß die von ihm beanspruchte phänomenologische Ausweisung dieser Phänomene im wirkungsgeschichtlichen Bewußtsein das archaisch verfremdete Zeit-Wort »Seyn« als *sprachliches Ausgelegtsein* bestimmt: »Sein, das verstanden werden kann, ist Sprache.«[34]

In der Auseinandersetzung mit dem Grundriß der Seinsgeschichte hat Gadamer darauf hingewiesen, daß Heidegger in der Bewegung der »Kehre« Ausdrücke wie »Geschichte« und »Geschichtlichkeit« vermeidet, um anzuzeigen, daß es hier nicht um selbstzuergreifende Möglichkeiten menschlichen Daseins oder gar des geschichtlichen Bewußtseins geht.[35] Und er hat hervorgehoben, wie in der Sicht des späten Heidegger die Metaphysik nicht so sehr mit dem Aufbruch der Frage nach dem Sein, sondern vielmehr mit der schicksalhaften Verdeckung der Seinsfrage anfängt. So wird sie als das Geschehen der »Seinsverlassenheit« gedeutet, die mit dem griechischen Denken einsetzt und über die neuzeitliche Philosophie bis in die vollendete Weltgesinnung und Gedankenhaltung des kalkulierenden und technischen Denkens der Moderne reicht, die Heidegger als Zeitalter vollständiger »Seinsvergessenheit« deutet. Damit mußte sich die Abfolge der seinsgeschichtlichen Epochen und die sie hervorrufenden Denkergestalten in eine feste Ordnung fügen und die Abgrenzung gegenüber Hegels umgekehrtem Versuch einer logischen Zuordnung des historischen Anfangs und Fortgangs von der antiken zur neueren Philosophie und ihrer notwendigen Vollendung im Hegelschen System dringlich werden.

Für Hegels ›Logik‹ steht fest, daß dasjenige, womit sie an-

33 Beiträge zur Philosophie, S. 257.

34 Wahrheit und Methode, Vorwort zur 2. Aufl., p. XXI und 450.

35 Hegel und Heidegger (1971), Werke, Bd. 3, S. 95.

fängt, der Gedanke des Seins, sich auch historisch als »Erstes« zeigen muß: im Seinsdenken des Parmenides. Während die neueste Philosophie die »entwickeltste, reichste, tiefste« ist, erscheint für Hegel die älteste als leer, arm und abstrakt – eine Konstruktion des Anfangs aus der Sicht des Endes, die ihn sagen läßt: »Den Anfang macht das, was an sich ist, das Unmittelbare, Abstrakte, Allgemeine, was noch nicht fortgeschritten ist.«[36] Und obwohl Heidegger gegen Hegel stets darauf bestand, daß er eine Notwendigkeit des Fortgangs von einem Gedankenschritt zum anderen niemals behauptet hätte, konnte es angesichts der konzipierten Geschichte fortschreitender Seinsvergessenheit nicht ausbleiben, daß »auch sein Entwurf etwas von dem logischen Zwangscharakter enthielt, dem die Hegelsche Konstruktion der Weltgeschichte des Gedankens verfallen war« – keine Konstruktion vom Ende her, wie Gadamer im Blick auf Hegel bemerkt, sondern »vom Anfang her, dem Anfang mit dem Seinsgeschick der Metaphysik. Aber Notwendigkeit war auch darin, wenn auch nur im Sinne des ἐξ ὑποθέσεως ἀναγκαῖον«.[37]

Die so gefaßte Notwendigkeit ist für Gadamer die Macht des Überkommenen, die dem Anfang des Denkens vorausliegt. Indem sie vom Ende her jede unmittelbare »Wiederholung« als unmöglich ausschließt, beschränkt sie das Denken auf das Mögliche, das ihm noch offen bleibt. Inhaltlich handelt es sich bei der hypothetischen Notwendigkeit um die Seinsweise der Geschichte, des Gewordenseins, das nicht einfach »umzustoßen« ist.[38] Es erscheint mir fraglich, ob diese Deutung dem Grundzug der »Not« der Seinsverlassenheit und ihrer Steigerung ins vollständige »Vergessen« gerecht wird, den Heidegger der Seinsgeschichte zuschreibt; und damit dem Ereignishaften des ersten Anfangs, der ihr den Zug zur

36 Vorlesungen über die Geschichte der Philosophie, Sämtl. Werke, hrsg. von H. Glockner, Stuttgart 1927ff., Bd. 17, S. 69.

37 Die Geschichte der Philosophie (1981), Werke Bd. 3, S. 300.

38 Vgl. Wahrheit und Methode, S. 194 (hier im Blick auf das »Handeln aus Freiheit« und dessen Verhältnis zum historisch Notwendigen formuliert).

»Ermöglichung« eines »anderen« Denkens verleiht, das den mehr peirastisch-erprobenden Charakter des »Sprunges« hinter die ontologische Differenz in die metaphysisch ungedachte Dimension des »Seyns« hat: »Daß das Sein ist und deshalb kein Seiendes wird, drückt sich am schärfsten darin aus: das Seyn ist Möglichkeit, das nie Vorhandene und doch immer Gewährende und Versagende in der Verweigerung durch die Ereignung.«[39]

Wie immer es sich damit verhalten mag: richtig ist, daß Heidegger schon im Umkreis von ›Sein und Zeit‹ den Entscheidungscharakter des mit Parmenides anfangenden Denkens als »Schicksal« auffaßt; eine Auffassung, die sich im Spätwerk zur Deutung des »Geschicks der Zwiefalt« zuspitzt, der entfalteten Differenz zwischen dem Sein als »Anwesen« der Wahrheit und dem Seienden, worin sie einzig zu »erscheinen« vermag. Das Geschick behält die Zwiefalt als solche und vollends ihre Entfaltung in den Epochen der Metaphysik im Verborgenen. Das »Seyn« verbirgt sich gemäß dem Aufruf von *Aletheia* (dem bei Parmenides beanspruchten Namen für die Unverborgenheit des Seins), das Nichts (μὴ ἐόν) nicht zu denken, so daß sich der Gedanke nach der Parmenideischen Wegweisung ganz auf das Anwesen von Seiendem in dessen zuhöchst anwesender Beständigkeit versteift. Und über *Aletheia* steht in Heideggers Auslegung *Moira,* der Parmenideische Ausdruck für das Geschick des metaphysischen Denkens, das sich im Schein einer vollständigen Anwesung des Wahren in der Selbstbeständigung des Seienden verfängt.

Gadamers frühe Parmenides-Studien sind ohne Kenntnis dieses Schrittes »hinter« die Differenz von Sein und Seiendem zurück und in der Richtung auf den Zusammenhang von *Aletheia* und *Moira* entstanden, der sich (mit einigen Einschränkungen) zuletzt auch von Aristoteles abstößt.[40] So konnten sie den Ansatz des jungen (Freiburger) Heidegger fortführen, nämlich im Zurückfragen in den Anfang den

39 Beiträge zur Philosophie, S. 475. Vgl. auch 56 ff., 87 ff., 112 ff., u. ö.

40 Vgl. Beiträge zur Philosophie, S. 333, 359.

»Anweisungen« von Plato zu folgen, dessen Begrifflichkeit noch nicht ontologisch verfestigt ist.[41] Das bedeutet konkret, den Gedanken der Notwendigkeit für das Konzept der Wirkungsgeschichte außer Kraft zu setzen. »Notwendig« ist lediglich, sich der Überlieferung in ihrer Vorurteilshaftigkeit bewußt zu werden, was die Rede vom »wirkungsgeschichtlichen Bewußtsein« legitimiert. Es gelangt weder zu einem absoluten Wissen noch zum Einblick ins »Geschick«. Es gibt, sagt Gadamer in ›Wahrheit und Methode‹ gegen Hegel (und stimmt darin mit Heidegger überein), »kein mögliches Bewußtsein, und wäre es noch so sehr ein unendliches, in dem die ›Sache‹, die überliefert wird, im Lichte der Ewigkeit erschiene. Jede Aneignung der Überlieferung« heißt es dann weiter, und das kann nur gegen Heidegger gesprochen sein, der dazu (mit dem Autor der ›Wissenschaft der Logik‹) die diametral entgegengesetzte Position einnimmt, »ist eine geschichtlich andere – was nicht heißt, daß eine jede nur eine getrübte Erfassung derselben wäre: eine jede ist vielmehr die Erfahrung einer ›Ansicht‹ der Sache selbst«.[42]

Vor diesem phänomenologischen Hintergrund, der zugleich der Anfangsgrund der Hegelschen ›Phänomenologie des Geistes‹ ist (die Gegenwart des »Absoluten« im sinnlichen Gewißsein des »Diesen« oder des »Meinens«), läßt sich Gadamers Stellung zum Anfang der Philosophie gegenüber dem von Heidegger genauer abheben. In der Hauptsache des Denkens ist sie sich von den frühen Studien über Parmenides und Demokrit bis hin zum Spätwerk gleichgeblieben. Und diese Sache ergibt sich aus der *summa res* der philosophischen Hermeneutik, dem von ihr herausgearbeiteten *Vorrang* der Vielfalt des *Sagens* und des sprachlichen Vollzugs des *Fragens* als einem *Erproben von Möglichkeiten der Wahrheit.*[43]

Davon hat sich Gadamer am Leitfaden des Prinzips der Wirkungsgeschichte Rechenschaft zu geben versucht, das über das Mitfragen der Seinsfrage ins Spiel kommt. Seitdem die

41 Plato und die Vorsokratiker, in: Werke Bd. 6, a.a.O., S. 66.

42 Wahrheit und Methode, S. 448.

43 Ebd., S. 349 f.

Frage der Griechen nach dem Sein durch Heidegger wiedererweckt worden ist, eignet ihr nicht mehr die »Bedeutung erster und daher archaisch-unbestimmter Schritte auf dem einen Weg zur Wahrheit«, sei diese durch Aristoteles oder Thomas, Kant oder Hegel repräsentiert. Sie birgt vielmehr eine »geschichtliche Entscheidung, die sich in der ursprünglichen Nähe zu anderen, ungedachten Möglichkeiten der Wahrheit vollzogen hat und an etwas zu erinnern vermag, das noch gedacht werden soll«.[44]
Es ist die Erinnerung an die vorlogisch-vorprädikativen Grunderfahrungen von εἶναι und ἀλήϑεια, den spekulativen, durch Heidegger freigelegten Zusammenhang zwischen dem Sein im ursprünglich zeitlichen Sinne des »Da« und der Wahrheit im ursprünglich gezeitigten Doppelsinn von Unverborgenheit und Verbergung, die Gadamers Denken anstößt. Hatte doch Heidegger schon in den Marburger Vorlesungen über ›Grundbegriffe der antiken Philosophie‹ (1926) darauf aufmerksam gemacht, daß unter den Zeichen des Seins unvermerkt die *Zeit* auftritt (es »ist« νῦν ὁμοῦ πᾶν, »jetzt zugleich ganz«), ja, daß die Parmenideischen Sätze über die Einheit des Abwesenden mit dem Anwesenden gänzlich unmöglich wären, wenn sein Blick nicht auf dem Phänomen der Zeit geruht hätte.[45] Während im Zuge von Heideggers Ausarbeitung der Seinsgeschichte als eines Geschehens fortschreitender »Beirrung« des Denkens durch das gegenwärtig Anwesende der zeitliche Aspekt im Sein des »Da« zugunsten der spekulativ enthaltenen Bergung des »Nichts« in das »Seyn« zurücktritt, hält ihn Gadamer fest. Was auf der gedanklichen Linie der Wirkungsgeschichte liegt, die ganz auf der Erfahrung des Seins der Zeit, der Zeitigung des Wahr-Seins (ὄν ὡς ἀληϑές) in dem vom Marburger Heidegger anvisierten Richtungssinn der Ontologie des »Daseins« (= *in* und *durch* »Leben« *Sein*)[46] beruht, und

44 Zur Vorgeschichte der Metaphysik, Werke Bd. 6, a.a.O., S. 10f.
45 Man. S. 34. Vgl. auch: Der Anfang der abendländischen Philosophie (1932): Parmenides, Man. S. 49.
46 Vgl. Der eine Weg Martin Heideggers (1986), in: Werke Bd. 3, S. 422.

von Gadamer über die Studien zum Anfang der griechischen Philosophie hinaus bis hin zu Hegel und Heidegger selbst ausgezogen wird.
Es handelt sich um die Wiederkehr der Sache des Spekulativen in der hermeneutischen Philosophie, die alle Metaphysik erst *ermöglichende* Seinserfahrung, die nach Gadamer im Rückgang auf das wirkungsgeschichtlich gezeitigte Verhältnis von Frage und Antwort zu denken ist. Da sich alle Anfänge im Dunkel verlieren, insonderheit diejenigen der griechischen Philosophie, die nur aus den Zeugnissen Späterer zu erschließen sind, kann ohne sie die ursprüngliche Erfahrung des Seins in der Zeit nicht zurückgewonnen werden. Darin liegt das Gewicht der Platonischen Dialektik, die sich darüber noch einmal unmittelbar ausspricht, während sie bei Aristoteles schon mit dem Begründungsanspruch der »ersten« Philosophie (am Leitfaden der Frage nach dem Seienden als solchen (ὄν ᾗ ὄν), das die Rücksicht auf »Anderes« wie Zeit und Bewegung ausschließt) schwindet. Gadamer verallgemeinert diese historisch und philologisch wohlfundierte Einsicht, indem er die frühgriechische Philosophie als den *einen* Anfang der metaphysischen Tradition begreift. Und gerade weil er in dieser Einheit gegenüber dem Eigenen der Moderne *das Andere des anfänglichen Denkens der Griechen gewahrt* und sich zur Aufgabe stellt, »in ihrem Anderssein gleichwohl zu ihnen zu stehen«,[47] enthält sich Gadamer der Unterscheidung eines »ersten« vom »anderen Anfang«, die das Konzept der Seinsgeschichte trägt. Noch der Schritt zurück hinter die Metaphysik, so macht Gadamer gegen Heidegger geltend, wird durch diese allein ermöglicht.[48] Es kann gar kein Sprung sein, der aus dem Vermittlungszusammenhang des metaphysischen Denkens herausführt, da Geschichte immer Kontinuität ist. Mit einem Wort: Heideggers Rückgang zum »Anfang« ist nicht selber Anfang. Er ist durch ein Ende vermittelt, von dem er sich abstößt: die Heraufkunft

47 Philosophie in Selbstdarstellungen, S. 70.

48 Vgl. Brief an Leo Strauss vom 5. 4. 1961, in: Unabhängige Zeitschrift für Philosophie II (1978), S. 10.

des Nihilismus, den Positivismus, das »Verenden der wahren Welt« der Metaphysik, die nach Nietzsche »zur Fabel wird«.[49]
Obwohl sich die Kritik der Hermeneutik mit der von Hegel am Gestus der Unmittelbarkeit des Denkens berührt, verfällt sie nicht dem Vermittlungsanspruch der metaphysischen Dialektik. Sie greift auf die Gesprächsdialektik von Plato zurück, und das heißt: auf die nach Hegels methodischem Selbstverständnis für die »Wissenschaft der Logik« auszublendende Instanz der *sprachlichen Mittelbarkeit* des dialektischen Denkens, das Wechselspiel von Frage und Antwort. Und damit gibt die Hermeneutik dem Problem des »Anfangs«, d. h. der »Lehre vom Sein« (der *Ontologie*), eine »tiefere Bedeutung«, als sie das Schrittgesetz von Hegels Logik anerkennen kann. Statt das Ärmste, Abstrakteste, Leerste zu sein, enthält der Anfang mehr als dasjenige, was sich zuletzt im Fortschreiten des Geistes zur vollendeten Freiheit des »Begriffs« zeigt. Gadamer spricht von einem »offenen Horizont« der Sprache, der später begrenzt und bestimmt wird. Und danach begreift er dann die Geschichte als »Verarmung der Freiheit des menschlichen Geistes«.[50] Die Möglichkeiten der Bestimmung, die der Anfang auf dem Grund des sprachlich Mittelbaren und des Beziehungsreichtums der ursprünglich dialektisch gebrauchten Worte hatte, sind im Ende verloren gegangen. Doch liegt gerade darin das Motiv für die Integrierung des historischen Bewußtseins in die Hermeneutik. Sich seiner Andersheit bewußt zu werden, das setzt das hörende Vernehmen des *Anderen im »ersten« Anfang* voraus, das noch Kraft und Lebendigkeit besitzt, die Sache des Denkens in einer Weise zu tragen, wie es die moderne Philosophie selbst auf Grund ihres großen Verhörs der Tradition im Namen der Autonomie der Vernunft nicht mehr zu tun vermag.

49 Hegel und Heidegger, Werke Bd. 3, S. 95.
50 Vom Anfang. Heraklit und Parmenides. Heidelberger Vorlesung SS 1977, zit. nach V. Songe-Möller, Zwiefältige Wahrheit und zeitliches Sein. Eine Interpretation des parmenideischen Gedichts, Würzburg 1980, S. 4.

III

Es wäre eine eigene Aufgabe zu zeigen, wie Gadamer auf diesem Hintergrund in seinen Interpretationen zu Heraklit und Parmenides den Anfang der Seinsgeschichte wirkungsgeschichtlich modifiziert. Ich muß mich mit einigen Andeutungen begnügen. An Heraklit, dem Entdecker des dialektischen Sprachspiels, fesselt ihn nicht so sehr der von Heidegger immer wieder ausgelegte Gedanke der *Physis* als dem ältesten Wort für das »Seyn«, das sich zu verbergen liebt (φύσις κρύπτεσθαι φιλεῖ). Nach dem wirkungsgeschichtlichen Prinzip ist zunächst der Überlieferungslage gerecht zu werden, die eine solche Auslegung der φύσις zwischen Anaximander und Parmenides nicht kennt. Bezeugt ist lediglich der alte Abgrund des Gedankens des Anfangs (das ἐκ μηδενὸς ἀρξάμενον φῦν),[51] der die Metaphysik bis hin zu Kant in die Verlegenheit ihres Begründenwollens hineintreibt. Gadamer umspielt den darin eingeschlossenen Urgedanken des Nichts und seinen Zusammenhang mit der Seinserfahrung des Todes durch die höchst kunstvolle Rekonstruktion eines (vermutlichen) Heraklit-Satzes aus Hippolytos über das Lebensverhältnis von Anfang- und Folge-Sein am Beispiel des Vaters, der dadurch, daß er den Sohn erzeugt, erst der wird, wer er ist: δικαίως πατὴρ προσηγόρευτο γεννηθεὶς ὑιὸς ἑαυτοῦ (»Mit Recht heißt einer Vater erst dann, wenn er es geworden ist (und nicht nur gilt, daß er der Erzeuger ist) Sohn seiner selbst«).[52] Indem Gadamer im Kontext Schichten der christlichen Überlieferung abträgt, die den Heraklit-Satz über die Einheit von Vater und Sohn als eine Art Vorstufe des Inkarnationsdogmas auffaßt, gewinnt er einen Text, der unverkennbar dem Tiefenweg der Wirkungsgeschichte selbst entspricht. Erst wenn sich die Überlieferung durch Auslegung des in ihr gesagten Wortes zuwächst, d.h. wie der Vater sich zum Sohn seiner selbst macht, kann sie das sein, was sie ist: die Kontinuität des

51 Retraktationen zum Lehrgedicht des Parmenides, in: Werke Bd. 6, a.a.O., S. 43.

52 Vom Anfang bei Heraklit, Werke Bd. 6, a.a.O., S. 236.

sprachlichen Geschehens von Zu- und Widerspruch, das im Verstehen seine Bahn zieht. Und der Richtungssinn des ausgelegten Geschehens zielt nicht auf die Verbergung in wachsender Seinsvergessenheit, sondern auf das Offenbarwerden des Verborgenen, den »Zuwachs an Sein«, der den Grundzug des Werkes der Kunst so gut wie das Am-Werke-Sein des Verstehens der Überlieferung ausmacht; ein Zug, für den in Gadamers Konzept des wirkungsgeschichtlichen Bewußtseins, ähnlich wie in Hegels Konzeption der ›Phänomenologie des Geistes‹ als »Wissenschaft der Erfahrung des Bewußtseins«, der Satz des Heraklit über den *Logos* der »Seele« einsteht, der sich selbst mehrt (ψυχῆς ἐστι λόγος ἑαυτὸν αὔξων).[53]

Vor diesem Hintergrund wird verständlich, warum Gadamers Parmenides-Studien nirgends *Moira* berühren, die in Heideggers Deutung den Mittelpunkt bildet, weil sie das Geschick des »Seyns« im Sinne der Verbergung symbolisiert. Gadamer sieht es genau umgekehrt: Über *Moira* steht *Aletheia*, deren Einweisung in die Lehre vom Sein und die Scheingedanken der Sterblichen in den beiden Teilen des Parmenideischen Gedichts er immer wieder nachgegangen ist, zuletzt in einer tiefsinnigen Ausdeutung unter dem bezeichnenden Titel: »Parmenides oder das Diesseits des Seins«.[54] Neben dem kritisch mitfragenden Gespräch mit Heidegger impliziert sie ein Stück Selbstkritik, sofern Gadamer sich fragt, ob wir dem anfänglichen Denken und damit auch uns selbst gerecht werden, wenn wir es ganz im Licht von Unterscheidungen jener Wirkungsgeschichte sehen, die mit Plato und Aristoteles beginnt; ob wir es nicht vielmehr »im Licht von Möglichkeiten sehen müssen, die nicht zur Wirkung gekommen sind«.[55]

Welche es sind, legt Gadamer über die von ihm seit langem vertretene These dar,[56] daß zu den Wegzeichen (σήματα) des

53 Heraklit, B 115.

54 La Parola di Passato. Vol. XLIII (1988), S. 143-176.

55 Parmenides oder das Diesseits des Seins, in: La Parola di Passato, a.a.O., S. 156.

56 Kurt Riezlers Parmenidesdeutung (1936), Werke Bd. 6, S. 36f.;

Seins das *Vernehmen* im Sinne der *Noesis* gehört, das buchstäblich ein »Wahrnehmen« impliziert und insofern sich nicht streng vom Bereich der *Aisthesis* abscheidet: was der Metaphysik als bloßer Sinnenschein erschienen ist. Dagegen arbeitet Gadamer heraus, daß es hier einen gemeinsamen Begriff der *Aisthesis* noch gar nicht gibt, obwohl Parmenides das Zeugnis des Sehens, des Hörens, der »Zunge« (γλῶσσα) verwirft und gegen den *Logos* abhebt (Fr. B 7, 4). Es kann ihn nicht geben, weil die Zunge nicht die »schmeckende«, sondern die »sprechende« ist; und weil das Sehen und Hören über ein gewandeltes Sprachverhalten mit dem »logischen« Sagen und Vernehmen der Wahrheit »zusammengehört«. Eben dadurch bleibt Parmenides der Sache des Denkens näher, als die metaphysische Tradition annehmen konnte.
Der Wandel des Sprachverhaltens hängt mit dem für den Anfang der griechischen Philosophie vorauszusetzenden Gebrauch der Schrift zusammen.[57] Er ermöglicht es, daß sich die als wahr vermeinte Sache von der sprechenden Zunge ablöst und so vom Sagen ins Vernehmen übergeht. Darin sehen wir eines der Hauptmotive für jenes auffällig formelhafte Zueinander von λέγειν τε καὶ νοεῖν, das uns im Lehrgedicht des Parmenides begegnet. Und sicherlich ist es auch hier der Schriftgebrauch, der den Weg zur Wahrheit des Seins an formelhafte Zeichen anbindet, die sich von dem zu »nichts« führenden Fluß des epischen Nennens abheben. Er kann nicht wirklich vernommen werden, weil das bloße Nennen von Sein und Nichtsein, von Ortswechsel und vergehender Farbe jedes Wort auf sich selbst isoliert und darin den Ungedanken des Nichts, das »Weg-« und »Abwesende«, hervorruft. Dagegen ist der Gang entlang an den »vielen Zeichen des Seins« – daß es nicht geworden (ἀγένητον) und unzerstörbar sei (ἀνώλεθρόν), aus einem Gefüge (οὐλομελές), unerschütterlich (ἀτρεμές) und nicht zu voll-

Zur Vorgeschichte der Metaphysik (1940), a.a.O., S. 24f.; Nachwort zu Riezlers Deutung (1971), a.a.O., S. 56.

57 Vgl. meine Studie: Über das Grundwort des Anaximander, in: Archiv für Geschichte der Philosophie Bd. 69 (1987), S. 2ff., unten S. 404ff.

enden (ἀτέλεστον) – wie ein Übergehen vom »Zusammenlesen« (die durch Heidegger zur Geltung gebrachte Grundbedeutung von λέγειν) des Vielen zum Vernehmen des Einen, des einzig im νοεῖν anwesenden Seins.

Ob damit das *Noein* selbst zum Zeichen wird, scheint mir fraglich, zumal die Stelle, auf die sich Gadamer beruft (B 8, 35-36), mehr einer Zusammenfassung des Vorhergehenden als seiner Fortsetzung ähnelt. Statt am Weg zu stehen, muß es im fortschreitenden Zusammenlesen der Zeichen des Seins gefunden werden, »in dem« (ἐν ᾧ) es sich ausspricht. Das epische Sprechen in »Namen« hält gleichsam an und gelangt über den Gebrauch der mit-zusagenden Zeichen dazu, in allem logisch Gesprochenen das Eine zu vernehmen. Gadamer betont den unbestimmt temporalen Sinn des ἐν ᾧ, der im Griechischen ganz gewöhnlich ist und bei uns etwa dem »während« und »indem« entspricht. Damit kommt heraus, was Gadamer als die Grundintention des jungen Heidegger aufging, – daß »Sein« den Gedanken des »Da« meint. Während *Noein* ist, ist *Sein da:* »Insofern sind Noein und Sein dasselbe. Daß Sein da ist, das ist es, worauf es bei allen diesen Wegzeichen ankommt.«[58]

Im Fortziehen jener Linie des jungen Heidegger gelingt Gadamer der Nachweis der Einheit des Parmenideischen Lehrgedichts. In Heideggers später Deutung des ἐόν als Ursprungsort der Entbergung der Zwiefalt, worin sich die Sterblichen an das von ihnen benannte Anwesende ohne Rücksicht auf das Anwesen halten, fällt sie auseinander.[59] Heidegger verkennt, daß das Setzen von Namen für die gegensätzlich erfahrenen Gestalten von Tag und Nacht, von Licht und Dunkel, im 2. Teil des Gedichts etwas anderes ist als das epische Sprechen, worin der Ungedanke des Nichts gedankenlos mitgesagt wird. Der *Diàkosmos* des Parmenides schließt ihn aus. Er stellt bereits die durch den Gebrauch der Schrift gegliederte, vom geordneten Wechsel der Gegensätze erfüllte und ihren Aufbau genau bezeichnende Welt der Er-

58 Parmenides oder das Diesseits des Seins, a.a.O., S. 158 und 166.
59 Moira. Vorträge und Aufsätze, Pfullingen 1978^4, S. 245 f.

scheinungen dar, die mehr als bloßer Sinnenschein sind. Die Begegnung von Licht und Nacht, so drückt es Gadamer aus, »ist kein Irren zwischen Sein und Nichts, sondern ist das Erscheinen von Sein, wie der Augenschein es zeigt, den man nicht verleugnen kann. Das Sein ist das Da, und Da heißt die Erscheinung der Erscheinung«.[60] Was nicht besagt, daß es in den »Ansichten« der Sterblichen erscheint! Daß etwas »da« ist, bleibt vielmehr die einzige Erscheinung des Seins. Nur »für uns« differenziert sie sich in die wechselhaften Gestalten von Licht und Dunkel, Tag und Nacht. Deren Namen können der unzertrennten Selbigkeit von *Sein* und *Noein* nicht genügen, sofern sie als »gesetzte« Zeichen für bloße »Ansichten«, Aspekte des Seins, gebraucht werden.

In *dieser* Selbigkeit erblickt Gadamer den Ort der Zwiefalt, die keine des ἐόν selbst (oder einer nominal verstandenen Selbigkeit)[61] ist, auch wenn jener vor Parmenides unbekannte Singularausdruck »Sein« als Anwesenheit des Anwesenden (und Abwesenden) hervortreten läßt. Gadamer glaubt, in diesem Punkt noch einmal Heidegger zu folgen. Er folgt aber, wie mir scheint, dem eigenen Ansatz der Wirkungsgeschichte des eleatischen Gedankens, die über die Vorgeschichte der Metaphysik hinaus in ihre Nachgeschichte bis hin zu Heidegger reicht. Die Zwiefalt ist keine des Seins von Seiendem, des Anwesens von Anwesendem, sondern der »Einfalt« von *Sein* und *Noein,* worin am Ende der Gedanke des »Da« aufscheint. Darin ist die ontologische Anerkennung des Augenscheins als Sein des Vielen angelegt, worüber auch die Göttin Wahres verkündet, nämlich so, daß alles Viele τὸ ἐόν ist: »Seiendes«. Und als das unbestimmt »währende« Seiende ist es nicht »ein Seiendes«, das getrennt für sich besteht wie die metaphysische »Seiendheit« (οὐσία) im Sinne der Substanz, sondern »als das Seiende das ›Wesende‹ (wie uns unsere Sprache zuflüstert). Es kennt kein Nie und kein Nirgends«.[62]

Hier hat Gadamer das Tiefste ausgesprochen, was er auf dem

60 La Parola di Passato, a.a.O., S. 167.

61 Moira, a.a.O., S. 233.

62 La Parola di Passato, a.a.O., S. 175.

Weg der Wirkungsgeschichte zur eleatischen Urweisheit der *Aletheia* des *Seins und Erscheinens* gedacht hat. Darin weiß er den Lehrer Heidegger einbezogen. Und mit ihm, im Gestus der großen Versöhnung, die Lehrer des Lehrers, jene Gründer der abendländischen Metaphysik, denen sich Heidegger auf dem Höhenweg der Seinsgeschichte zu entziehen suchte. Das Jenseits des Seins, das Plato als ›das Gute‹ proklamiert und aus dem sich in der neuplatonischen Aufnahme Platos der Begriff der Transzendenz entwickelt hatte, bedeutet nach der Einsicht des späten Gadamer, die ihn von früh an auf den Weg des Denkens leitete, »in Wahrheit« das *Diesseits des Seins,* das Plato *und* Aristoteles gedacht haben.

Logik und Akroamatik

Vom zweifachen Anfang der Philosophie

Philosophie ist Vernehmenlassen der Seinsgründe, von allem, was ist. Ein »Grund« heißt eigentlich das *Unterste von etwas:* was zuerst von einer Sache vorliegen muß, damit alles übrige sein kann. So sprechen schon Mythos und Dichtung von Handlungen, die ein Geschehen veranlassen. Das erzählte Geschehen bringt die Gründe zur Sprache. Die Wissenschaft führt sie auf Sätze zurück, die sich aneinanderfügen, auf Begründungen, welche die Sache satzmäßig begrenzen. Sie fängt mit Sätzen über das Unterste von etwas an, mit *Grundsätzen,* auf denen sie gründet, ohne den Grund zu vernehmen. Ihn vernehmen zu lassen, das wird die Aufgabe der Philosophie.

Daß es sich so verhält, daß Begründungen von ihrem Grund abhängig und zugleich geschieden sind, mit dieser Einsicht beginnt die griechische Philosophie. Sie fängt nicht nur gleichzeitig mit den frühesten Grundsätzen der Wissenschaft an, sondern damit, worauf sich diese Sätze gründen, dem Untersten von etwas, der *arche.* Nach Aristoteles ist es das Grund-Wort derer, die zuerst philosophieren,[1] von Thales über Heraklit und Parmenides bis hin zu Platon und ihm selbst, der das Vernehmenlassen von Gründen abschließend untersucht. Das Wort ist keine Prägung der Philosophie, sondern lange vor ihr im Gebrauch. Wir finden es im homerischen Epos, wo *arche* das *Erste von etwas* meint, den *Anfangspunkt* einer Handlung oder den *Beginn* eines Geschehens.[2] Beide Bedeutungen, die des »Ersten« und die des »Untersten«, konnten in der sich ausbildenden Sprache vom Grund leicht ineinander übergehen, da das Unterste von etwas in der Regel auch sein Erstes ist: womit eine Sache anhebt. Darin hat aber die Sache ihr Bestehen. Denn das Anhebende ist nichts Vorübergehendes, das verlassen wird.

1 Met. I. 3, 983b 1-4.

2 Homer, Od. 1, 188; 2, 254; 21, 4; Il. 21, 4.

Als das Unterste von etwas bezeichnet es gerade dasjenige, was die Sache trägt und wodurch sie bleibt, was sie ist. Erst *dieses* Unterste, das *Tragende* und *Bleibende*, heißt uns ein »Grund«.

Das kann vielerlei sein. Wir sprechen vom Grund eines Gefäßes, dem Becher oder Krug, vom Grund des Schiffes, das auf dem Wasser fährt, dem Fluß oder Meer, und beiden eignet wiederum ein Grund. Ja, die Erde selbst oder der Himmel haben ihn, in der Weise, wie wir gewöhnlich sprechen und auch die Griechen gesprochen haben: nach den Gewohnheiten des Umgangs mit den umgebenden *Dingen,*[3] wo wir tief eingelebt ein »Oben« und »Unten« und dann das Unterste von beiden unterscheiden, das alles trägt, so wie das Wasser das Schiff oder, nach der griechischen Sage, der Riese Atlas den Himmel trägt. Und dennoch ist es ein weiter Weg, der von diesen alltäglich-mythischen und dichterischen Sprechweisen von Gründen der Dinge zum Nicht-Gewöhnlichen, zum Vernehmenlassen des Seins als Grund und damit zum Anfang der Philosophie führt.

Es ist, genaugenommen, ein Absprung von der Sprachgewohnheit, der eine andere Art zu hören mit sich bringt. Nach doxographischer Überlieferung soll Anaximander der erste gewesen sein, der das Grund-Wort gebraucht.[4] Auf unerhörte, unverständliche Weise hat aber schon Thales gesprochen. Er hat den Absprung vollzogen, weil er bereits die Sache kennt, den Grund und das Denken in Begründungen, die Wissenschaft. Worüber Thales spricht, ist weder der Schiffsgrund noch der Grund des Meeres, auf dem es fährt. Es ist das Wasser, das er als Grund auszeichnet (B 2). Thales bricht mit dem gewöhnlichen Ansprechen und Besprechen der Dinge. Er sieht vom Gewohnten ab, wenn er es zum *Untersten von allem* erhebt, der Erde eingeschlossen, von der er, gegen den Mythos, behauptet, sie werde vom Wasser getragen wie ein Schiff, und infolge der Beweglichkeit des

3 Ich verwende dieses Wort in Anlehnung an vormetaphysische Grundbedeutungen, die M. Heidegger herausgearbeitet hat. Vgl. Das Ding, in: Vorträge und Aufsätze, Pfullingen 1978⁴, S. 157 ff.

4 Simpl. Phys. 24, 13; Hipp. Ref. 1, 6, 1-7.

Wassers schwanke sie dann, wenn die Leute sagen, sie erbebe (A 15).

Sätze wie: *Das Unterste von allem ist Wasser* sind deutlich unterschieden von Sätzen wie: *Das Unterste von Erdbeben ist die Beweglichkeit des Wassers.* Der zweite Satz nimmt vorkommende Beschaffenheiten als Grund an für das Auftreten von Naturphänomenen. Er spricht, in der Tat, *über* den Grund von Einzelnem, in einem Satz, der ungeachtet seines uns absonderlich erscheinenden physikalischen Inhalts als Grundsatz einer Wissenschaft verstanden werden kann. Der Satz über das Unterste von allem spricht das Seiende selbst an: alle Dinge oder das Seiende im Ganzen. Er spricht, so gesehen, gar nicht *über* das Unterste, sondern *aus ihm heraus.* Das ereignet sich seit Thales immer wieder, und zwar so, daß dabei das Unterste immer anders angesprochen wird, als Erstes (πρῶτον) oder Einfachstes (στοιχεῖον), als Abstammendes (ῥιζώματον) oder Veranlassendes (αἴτιον) von allem.[5] Indem das geschieht, erwächst ihm eine Sprache. Es entsteht die Grund-Sprache und mit ihr das Begründungsgefüge in Wissenschaft und Philosophie.

Um diesen Vorgang in seiner Tragweite zu erfassen, empfiehlt es sich, noch einmal genauer zuzusehen, was bei Thales geschehen ist. Der Satz über den Grund von Erdbeben steht so, wie er uns überliefert ist,[6] einigermaßen isoliert da,

5 Damit sind nur die wichtigsten Worte erwähnt, die anfänglich mit *arche* konkurrieren. Die Vieldeutigkeit des Sprachgebrauchs erklärt sich auch daraus, daß hier verschiedene Überlieferungen einander überlagern. So werden spätere Begriffsprägungen (z. B. das Wort für das Einfachste von etwas, στοιχεῖον, das so nachweislich erst Platon gebraucht) in der Doxographie auf die Anfänge zurückprojiziert. Ein Musterbeispiel bietet *»arche«.* In Kranz' Index zu Diels' Fragmenten der Vorsokratiker ist das Wort zumeist durch die sogenannten A-Fragmente belegt, die auf doxographische Quellen zurückgehen. Nach der Primärüberlieferung der B-Fragmente tritt es zuerst bei Anaximander auf. Vgl. Diels, Fragmente, Kap. 12, Anaximander, A 9 (= Simpl. phys. 24, 13, nach der Vorlage von Theophrast, Phys. Opin. fr. 2 D 476).

6 Seine Erwähnung erfolgt erst bei Seneca, Nat. Quaest. III 14. Die Vorlage ist Aristoteles, Met. I 3, 983b 18-23.

und angesichts der spärlichen Quellenlage gibt es für ihn auch keine bezeugte Ableitung. Dennoch gründet sich das, was er behauptet, ersichtlich auf den Satz über den Grund von allem: *alles ist Wasser.* Beide Sätze sprechen etwas als grundlegend an. Das so Angesprochene meint immer etwas im allgemeinen, ein Allgemeines. Der Unterschied liegt darin, daß der Satz über den Grund von allem keine bestimmte Beschaffenheit als Grund voraus-setzt. Indem er das tut, bricht er mit der Sprachgewohnheit, die Gründe nur als Beschaffenheiten von etwas kennt: den Schiffs- und Meeresgrund oder auch die Beweglichkeit des Wassers, die Thales als Grund der Phänomene des Erdbebens dient.

Der Satz über den Grund von allem ist in höherem Grade allgemein. Er ist ein *Allsatz,* der alle möglichen Beschaffenheiten zum Einzugsbereich hat. Sätze dieses Typs sind uns noch in anderem Zusammenhang überliefert, als Sätze über die Möglichkeit von Wissenschaft, der ersten, die wir kennen, in der sich das Begründungsdenken profiliert: der Geometrie. Im Euklid-Kommentar des Proklos werden sie teils unter der Rubrik: *Definitionen* (ὅροι), teils unter dem Titel: *Propositionen* (θεωρήματα) erwähnt: *Der Kreis wird durch den Durchmesser halbiert – Die Scheitelwinkel sich schneidender Geraden sind gleich – Die Basiswinkel im gleichschenkligen Dreieck sind gleich.*[7] Sätze des Thaletischen Typs beziehen sich auf alle möglichen Figuren mit dem Namen »Kreis«, »Gerade«, »Dreieck«. Sie verallgemeinern eigentlich nicht, sondern beanspruchen, noch *vor* jeder vergleichenden Hinsicht auf Einzelnes, *immer, überall* und *von allem* zu gelten. Sie erheben Anspruch auf Allgemeingültigkeit oder *Universalität.*

Dieser Anspruch, der Universalitätsanspruch von Sätzen, die gewissermaßen den Bereich möglichen Wissens und damit zugleich Einzelbereiche von Wissenschaften abstecken, bricht sich in der anfänglichen Sprache vom Grund Bahn. Auf dem langen Weg, der von Thales hin zu Parmenides und

7 Procli Diadochi in primum Euclidis elementorum librum commentarii, ed. G. Friedlein (1873) 157, 10-13; 299, 1-5; 250, 20-251, 2.

weiter zu Platon und Aristoteles führt, werden sie, nachdem ihr Spruchcharakter zunehmend verlorengeht, kurz λόγοι genannt. *Logos* ist unterschieden von *epos,* dem ausgesprochenen Wort.[8] Es leitet sich her von aus-sagen, dem λέγειν, eigentlich das *Sammeln* und *Zusammenlesen,* die Weisen, wie sich im Sprechen aus dem Grund die Worte (ἔπεα) aneinanderfügen, das *Gefüge.* Wir könnten auch sagen: *die Entsprechung,* wenn wir daran denken, daß die Worte dem Grund entsprechen, daß sie mit ihm verbunden und zugleich durch ihn vom gewöhnlichen Sprechen abgetrennt sind. Dieses Verbinden und Trennen von Worten, der Wechsel von Zusammenhalten und Auseinanderhalten mit dem Grund, betätigt sich nicht nur *sprechend,* in der Aussage, sondern *hörend,* im Vernehmen dessen, was heraus-gesagt ist, der Entsprechung unter den Worten. Es ist das gleiche Geschehen, das lediglich auf verschiedener Ebene spielt: die Sprache vom Grund (ἀρχή), worin der *logos* durchbricht. Denn was vernommen wird, das ist jedesmal das Unterste von allem, die *arche.* Es ist, so gesehen, nicht etwas bloß *Logisches* im Sinne des Aussagens, sondern ein *Akroamatisches,* ein Zu-Hörendes, das ursprünglich zum Begründungsgefüge gehört.

Das *akroamatische Phänomen,* wie wir dieses Zu-Hörende nennen wollen, ist unabtrennbar von der *Entsprechung,* dem *logos,* der an das *epos* gebunden und doch zugleich von ihm unterschieden ist. Er ist daran gebunden, weil der Grund *angesprochen* werden muß. Das geschieht in Einzelworten, die niemals ganz entsprechen können. Daher die vielen »Namen«, von *arche* über *aition* bis hin zu *stoicheion,* die schon als solche, in ihrer Vielnamigkeit, den Unterschied benennen. Der *logos* unterscheidet sich selbst vom *epos,* weil er vernommen werden muß: *über* das Wort, das der eine dem anderen zu hören gibt; und erst hier, auf der Ebene des Akroamatischen, bricht der Unterschied auf. Denn der *logos* ist Eines, ein Ganzes, das zum Anhören bestimmt ist und

8 Gegenüber der mißverständlichen Entgegensetzung von *logos* und *mythos* hebt diesen Gesichtspunkt richtig hervor E. Hoffmann. Die Sprache und die archaische Logik (1925) 1 ff.

sich erst als Zu-Hörendes vollständig bestimmt – als reiner *Gedanke*, wenn es erlaubt ist, das einheitliche Ganze des *logos* so zu umschreiben.

Die Sache selbst, das akroamatische Phänomen und seine Gleichursprünglichkeit mit dem Begründungsproblem, ist klar und in ihrem Gewicht gar nicht zu unterschätzen.[9] Wir werden ihr freilich nur dann gerecht, wenn wir uns dazu entschließen, die anfängliche Sprache vom Grund nicht länger am Maßstab der um Jahrhunderte späteren Logik zu messen, sondern sie von ihren eigenen Voraussetzungen her zu befragen. Und diese liegen in der Gleichursprünglichkeit des Akroamatischen mit dem Logischen, in dem geschichtlichen Faktum, daß Philosophie als *Gespräch* auf den Weg kommt. Obwohl die dürftige Überlieferung hier überall im Stich läßt, finden wir diesen Punkt gelegentlich notiert. Die früheste Erwähnung betrifft Anaximander, von dem es heißt, er sei ein Zuhörer (ἀκροατής) des Thales gewesen.[10] Tatsächlich spricht er ganz anders aus dem Grund, nämlich so, daß er zuerst das Wort *arche* einführt und dieses aus dem Bereich des Seienden gänzlich heraussetzt. Der Grund von allem, behauptet Anaximander, ist das Unbegrenzte (ἀρχήν τε τῶν ὄντων τὸ ἄπειρον).[11]

Wie schon der Name sagt, ist das *A-peiron* nichts Dingliches. Es ist unvergleichbar mit dem Wasser oder der Luft oder einem anderen der vier Elemente, die als Seinsgrund angesprochen werden. Alle Dinge sind ja begrenzt, sie entstehen und vergehen, so daß der Grund von allem nicht in den Einzugsbereich von Dingen fallen kann. Er liegt darüber

9 Diesen Zusammenhang hat die philosophische Hermeneutik von H.-G. Gadamer freigelegt, deren Ansatz hier aufgenommen wird. Vgl. insbesondere: Platos dialektische Ethik. Phänomenologische Interpretationen zum Philebos (1931) Kap. 1, § 1-3, sowie die in der 2. Auflage (1968) enthaltenen Studien zur Dialogform der Dialektik. Der Vergleich mit der Aristotelischen Logik ist weitergeführt worden in: Die Idee des Guten zwischen Platon und Aristoteles (1978).

10 Hipol. Ref. I 6, 1-7 (Diels, Anaximander A 11).

11 Anaximander 12, A 9.

hinaus, im Unbegrenzten, das der Satz des Anaximander über das Wort *A-peiron* zu Gehör bringt: akroamatisch, denn das von ihm getragene Begründungsgefüge ist nichts rein Logisches. Er be-gründet den Satz über das Entstehen und Vergehen von Dingen, die *in der Zeit* und als solche begrenzt sind: »Woraus die Dinge ihr Entstehen haben, dahin müssen sie auch wieder vergehen gemäß der Notwendigkeit. Denn sie geben einander Gerechtigkeit (δίκην διδόναι) und Buße (τίσιν) gemäß der Ordnung der Zeit.« (12 B 1) Das Begründungsgefüge macht von Worten Gebrauch, die dem gewöhnlichen Sprechen angehören. Vom Seienden im Ganzen wird etwas ausgesagt, was üblicherweise nur von Personen gesagt würde: daß sie Unrecht getan haben und dafür zu bestrafen sind. Sie werden gleichsam personifiziert. Auf der anderen Seite ist die Art, wie sie einander »Buße zahlen«, völlig verschieden von derjenigen, in der dies unter Menschen und (menschenartigen) Göttern üblich ist. Denn ihr »Unrecht« besteht ja darin, »begrenzt« geworden zu sein und so gegeneinander aufzutreten. Dafür müssen sie ins Unbegrenzte zurückkehren und damit nicht nur etwas, was sie »haben«, sondern sich selbst preisgeben.

Was *diken didonai* meint, liegt also auf einer Ebene, die sich der Anschaulichkeit gänzlich entzieht. Wie sich Gerechtigkeit wiederherstellt, das ist ein rein Gedachtes, das sich nur über das Wort zu Gehör bringt. Denn die Rückkehr ins Unbegrenzte vollzieht sich »immer wieder«, so wie das Unbegrenzte »immer«, d. h. ohne Anfang und Ende ist. Im Satz des Anaximander erhält die *dike* einen vom Gewohnten unterschiedenen Hintersinn, der ganz anders hören läßt, indem er gleichsam durch das Ohr hindurch- und tiefer in uns eindringt. Daß dem Seienden in der Zeit Gerechtigkeit geschieht, dieser Satz wird jedenfalls nur dann verständlich, wenn wir den Grund mit-hören, das Unbegrenzte als Grund-Wort, das Sprechen und Hören *zugleich* entgrenzt, indem es sie über die Sprachgewohnheit hinausdrängt in eine andere Weise von Entsprechung. Sie ist es, die wir in der anfänglichen Sprache vom Grund vernehmen, bei Anaximander und in der nachfolgenden Philosophie.

Auch die Späteren entgrenzen so, logisch wie akroamatisch, wenn sie ein je anderes Grund-Wort aussprechen, gleichgültig, ob dies nun, wie bei Empedokles, die vier Elemente Wasser, Feuer, Luft, Erde oder, wie bei Demokrit und Pythagoras, das Atom und die Zahl sind. Im immer anders ausgesprochenen Grund kommt immer wieder das Gleiche zu Gehör: die *archē*, der Grund von allem und das alles Umfassende, das sich der Verfügung durch das Wort immer wieder entzieht. Seine Vielnamigkeit mußte als Schwäche des Wortes (ἔπος) erscheinen – das Motiv dafür, weshalb einerseits die Sprache als Grund des Gefüges frühzeitig mitthematisiert, andererseits zur Zahl Zuflucht genommen wird. Zugleich war diese Schwäche der Anstoß dafür, das entsprechende Wort zu finden. Entsprochen werden konnte dem Grund jedenfalls nur unter zwei Bedingungen: 1) daß der akroamatischen Ebene, dem Hören und Verstehen des Wortes, Genüge geschieht und 2) daß das Wort, statt bloß Bestandteil der Sprachgewohnheit zu sein, die in der Art von Personennamen Einzeldinge und ihre Beschaffenheiten benennt, ein dem Sein entsprechendes *Grund-Wort* ist.

Diese beiden Bedingungen sind es, die wir im folgenden zu beachten haben. Sie ziehen dem Begründen seine Grenzen. Die zweite Bedingung mußte vorhanden sein, damit es, über die ersten stammelnden Versuche hinaus, überhaupt in Gang kommen konnte. Sie wird dadurch erfüllt, daß als Grund-Wort statt der Benennung von Seiendem der *logos* selbst auftritt. In seiner Genese von Xenophanes über Heraklit und Parmenides bis hin zu Sokrates und den Sophisten enthüllt er, was in Anaximanders Gedanken von »Gerechtigkeit geben« (δίκην διδόναι) noch verborgen liegt: Das »Gründe-Geben« (λόγον διδόναι) und damit beides, das Begründenkönnen der Wissenschaft und dessen Begrenzung durch Philosophie.

Die Wende zum *logos* setzt den Bruch mit dem gewöhnlichen Sprechen, dem *legein*, voraus. Es läßt sich kurz so charakterisieren, daß es Dinge wie Personen und danach den Grund von allem, das Seiende im ganzen, anspricht. Er wird gleichsam überhört, d. h. nicht als Anderes zu dem vernommen, was Dinge, Personen und ihre Beschaffenheiten sind. Mit diesem Argument hat zuerst Xenophanes die Sprachgewohnheit kritisiert. Sie ist dem Eigenen verhaftet: was Dinge und Personen für uns sind und was wir jeweils darüber meinen (δοκεῖν), während der *logos* zunächst ein Gemeinsames (ξυνόν) meint.[12] Von hier aus hat Xenophanes die Vielnamigkeit als Schwäche der mythischen Götterrede konstatiert. Er hebt hervor, daß sie ganz unvermeidlich ist, solange sich der Mensch vom gewöhnlichen Sprechen und darin vom Augenschein einnehmen läßt. Göttliches ist anders, nämlich ein »einziger Gott, unter Göttern und Menschen der Größte, weder an Aussehen den Sterblichen ähnlich noch an Vernehmen« (B 23). Seine Andersheit besteht darin, daß er das Ganze vernimmt und so *Vernunft* (νοῦς) hat. Sie ist der Grund von allem. Xenophanes' Gott betätigt sie nur so, daß er *zugleich ganz schauend* und *ganz hörend* ist (B 24). Das von ihm genommene Ganze aber – und das ist der entscheidende Schritt über die Sprachgewohnheit hinaus, der nun das philosophische Sprechen und darin die Sprache zum Problem macht – bleibt unsagbar. Es ist ein reiner Gedanke (νόημα), weil kein Sterblicher je das Ganze vernimmt: »Nie gab es den Mann und nie wird es ihn geben, der sich klar (σαφές) wäre über die Götter und Dinge. Denn spräche er auch einmal zufällig aufs Beste, so wüßte er es doch selbst nicht. Denn Meinen (δόκος) nur ist allen gewährt.« (B 34) Der *nūs,* so hat Anaxagoras später gefolgert, ist selbst das Ganze allein selbst für sich (μόνος αὐτὸς ἐπ' ἑωυτοῦ ἐστιν) mit keinem Dinge vermischt. Dennoch gilt er als das feinste und reinste von allen Dingen, ein Unbegrenztes (ἄπειρον) und Machthabendes (αὐτοκρατές), das, ohne zu hören oder zu schauen, das Ganze gleichsam sprachfrei vernimmt (B 12).

Was mit dem (vergeblichen) Ansprechen des Grundes als *nus* aufbricht, ist ein Problem, das die Philosophie wie ein Schatten begleiten wird. Wir wollen es das *esoterische Pro-*

12 Dieselbe Abgrenzung findet sich bei Heraklit (22, B 114) und Parmenides (28, B 3).

blem des Verhältnisses von Vernunft und Sprache nennen. Es ist esoterisch, weil es sich nur nach innen hin, für die Philosophengemeinschaft, und dort zumeist unausdrücklich stellt. Warum das so ist, wird uns noch ausführlich beschäftigen. An dieser Stelle mag der Hinweis darauf genügen, daß der *nūs,* der bei Xenophanes zwischen dem Schauen und Hören die Mitte hält,[13] im Fortgang des Sprechens aus dem Grund ganz vom Schauen her gedeutet wird. Er verliert den Bezug zu dem, was sich zu hören gibt, zum *Akroamatischen* – ein Vorgang, der dann auch den *logos* erfaßt und das Logische in die Richtung des *Apodiktischen,* des streng wissenschaftlichen Begründens, abdrängen wird. So weit sind wir noch nicht. Wir befinden uns am Ausgangspunkt der Scheidung von Vernunft und Sprache, wo sich das esoterische Problem eben erst artikuliert.

Wie offen die Wege anfänglich sind, mag die Flucht in die Zahl zeigen, womit Pythagoras und seine Schule das sich abzeichnende Problem zu lösen suchen. Was die Zahl vielleicht am auffälligsten vom Wort unterscheidet, ist ihr *Zeichencharakter.* Sie geht buchstäblich darin auf, gezeichnet zu sein, was beim Wort so nicht der Fall ist. Sein Bezug zum Hören kann allenfalls unterbrochen werden, schreibend und lesend. Aber er bricht niemals ganz ab, weil der Sinn des Wortes, seine Bedeutung, sich erst im *Gehörtwerden* erfüllt. Es entzieht sich der Veranschaulichung, im Unterschied zur Zahl, deren Sinn sich vollständig ins Sichtbare bringt. In diese Richtung weist der Satz der Pythagoreer: *Alles ist Zahl,* der das neuzeitliche Programm einer *mathesis universalis* vorwegzunehmen scheint. Tatsächlich erhebt er einen Universalitätsanspruch, der von der Geometrie und Arithmetik über die Musik bis hin zur Ethik reicht. Die Gerechtigkeit selbst, die *dike,* hat in der Zahl ihren Grund, und auf sie gründen sich Ehe, Vertrag, Austausch und alles übrige, die Beziehungen zum Lebendigen mit eingeschlossen. Er nimmt sich wie der Grundsatz eines rein quantitativ verstandenen

13 Ähnlich noch in dem Diktum von Epicharm: νοῦς ὁρῆι καὶ νοῦς ἀκούει (23, B 12).

Begründungsgefüges aus, das zur gleichen Zeit auch die griechische Atomistik aufbaut. So ist es gewiß kein Zufall, daß beide Schulen auf die mathematische Naturwissenschaft der Neuzeit einwirken. Ihre Nähe hat schon Aristoteles bemerkt, wenn er schreibt, daß Demokrit und Leukipp in gewisser Weise alles zur Zahl machen und aus der Zahl begründen. Obwohl sie es nicht genauso ausdrücken, meint Aristoteles, so wollen sie dies doch eigentlich sagen.[14]

Das ist, in einem Punkt, höchst zweifelhaft. Zumindest für die älteren Pythagoreer bleibt nämlich die Zahl auch etwas Qualitatives. Sie drückt *Gefüge* oder *Entsprechungen, logoi,* und darin etwas Akroamatisches aus. Denn die *logoi,* Verhältnisse unter den Zahlen wie die den Dingen eigenen Zahlverhältnisse, werden nach ursprünglich Pythagoreischer Auffassung gehört, paradigmatisch in der Musik, wo den *logoi* die Intervalle auf der Tonskala entsprechen. Dem atomistischen Begründungsgefüge, das sich auf das Gegensatzpaar des »Leeren« und »Vollen« stützt, fehlt dieser Aspekt vollständig. Es stellt sich sozusagen ganz in die Sichtbarkeit des Logischen hinaus, in Bilder von Atomen, die nichts mehr zu hören geben. Wie sollte das Leere oder sein Gegenteil auch gehört werden können? Auf der anderen Seite kann es auf Sprache nicht verzichten. Das beginnt mit dem *Grund-Wort Atom,* das etwas Unteilbares meint, das Erste und Unterste von allem, was Teilbarkeit zuläßt. Worin sich ein Atom vom anderen unterscheidet, das ist einzig seine Gestalt, Lage und Anordnung. Um die Unterschiede zu veranschaulichen, greifen die Atomisten auf Buchstaben des Alphabets zurück, auf Zeichen also, die jeweils anders gestaltet, gelagert und angeordnet, aber sonst gleich sind, so wie sich das A vom N nur durch die Gestalt, das AN vom NA durch die Anordnung, das Z vom N durch die Lage unterscheiden.[15] Der Vergleich mit den Schriftzeichen nivelliert,

14 De Caelo, III 4, 303a 4.

15 Vgl. Aristoteles, Metaph. I 4, 985b 4ff. Ebenso fragwürdig ist der Hinweis auf die Gleichheit von Buchstaben, aus denen je eine Mischung von Tragödie der Komödie hervorgehen (De gen. et corr. I, 1, 315b 6).

was den *logos* auszeichnet: die Ebene des Akroamatischen, auf die alles Begründen am Ende zurückkommt. Auch die Atomistik kann sie nicht hintergehen. Denn dem »Atom« entspricht ja keine Anschauung, da das Anschauliche immer Teile hat. Das Unteilbare markiert dessen Grenze. Es bleibt ein Gedanke, der sich nur über das Wort darlegen läßt.

Die Berufung auf die Ebene des Akroamatischen mag in der Pythagoreischen Schule einen tieferen Sinn gehabt haben, als uns an seiner Bezeugung in der musikalischen Intervallehre und Kosmologie (im Hinhören auf die das All durchziehende Sphärenharmonie) erkennbar wird. Sie mag auch früh von denen bestritten gewesen sein, die den Grund-Satz: *Alles ist Zahl* mathematisch-quantitativ verstanden und darüber den akroamatisch-qualitativen Grundzug des Pythagoreischen *logos* vernachlässigten. Der Primat des Hörens konnte dann leicht ins Mystische verkehrt oder als haltlose Spekulation verdächtigt werden – einer der möglichen Anlässe des Schulstreits zwischen Mathematikern und Akusmatikern um das Pythagoreische Erbe.[16] Dem Gründer selbst scheint der *logos* beides in einem gewesen zu sein. Anders müßte uns die von ihm gelehrte Einheit von Arithmetik, Harmonik und Ethik unverständlich erscheinen. Darin besteht aber gerade die Art von Wissen, die Pythagoras gesucht hat, die Pythagoreische *Philosophia,* von der die Überlieferung berichtet. Ihr Kern ist der ethisch gewendete Harmoniegedanke, der sich im Grundwort *philia,* im Gedanken der Befreundung und Einigkeit von allem, was lebt, artikuliert. Pythagoras hat ihn offenbar nicht nur auf die Zahl, sondern auch auf den Mythos von der Seelenwanderung gestützt.[17] Der Mythos aber ist Sprache, die zu hören ist. In diesem sehr speziellen Fall ist es die Stimme der befreundeten Seele, die potentiell aus jedem Lebewesen herausspricht. Die Pythagoreische Schule hat daraus den Grundsatz des Mitleids abge-

16 Vgl. K. v. Fritz, Mathematiker und Akusmatiker bei den alten Pythagoreern, Sitz. Ber. Bayer. Akad. Wiss., Phil.-Hist. Kl. (1960), Heft 11; W. Burkert, Weisheit und Wissenschaft, Studien zu Pythagoras, Philolaos und Platon (1962) II 4-6, 150ff.

17 Dieser Zusammenhang ist gut bezeugt bei Xenophanes 11, B 7.

leitet – ein rein ethischer Gedanke, der als solcher ein Zu-Hörendes ist.
Das eigentlich Zu-Hörende ist dasjenige, was dem Denken in Begründungen, der Mathematik, Musik, Astronomie, die mit den Pythagoreern als einzelne Wissenschaften in Gang kommen, *Klarheit* und darin Grund gibt. Dieses grundgebende, dem Hin-Hören auf den *logos* erwachsende, Wissen heißt im anfänglichen Sprechen aus dem Grund σοφία, das genaue Bescheidwissen in einer Sache. Sie wird vollständig gewußt, wenn der σοφός, wie Xenophanes gesagt hatte, ganz schauend, ganz vernehmend, ganz hörend ist. Wir übersetzen das Wort gewöhnlich mit »Weisheit«, ohne dabei den Anklang an das σαφές, das »Leuchtende«, »Helle«, »Offenkundige«, zu beachten. Das Zu-Hörende steht σαφές, d. h. klar vor uns, nämlich so, daß wir uns nun über den Grund von allem im klaren sind. Im philosophischen Gespräch, das auf Klarheit dringt, behält das Hören zunächst den Primat.
Er wird bei Heraklit noch einmal bekräftigt. Wer philosophiert, muß in der rechten Weise hören können, in Einheit mit dem Schauen (ὄψις) und Lernen (μάθησις).[18] Das Zu-Hörende sind nicht die immer anders gesprochenen Worte der Vorgänger; es ist *das* Grund-Wort, der *logos* selbst, der die vermißte Klarheit bringt. »Keiner von allen«, notiert Heraklit, »deren Worte ich gehört habe, sieht ein, daß das *sophon* etwas von allem Abgesondertes ist« (B 108). Um zu dieser Einsicht zu gelangen, σαφές, müssen die nach Klarheit Strebenden (φιλοσόφους) vieler Dinge kundig sein (B 35). Aber Klarheit, *sophia,* besteht nicht in Vielwisserei, sondern im Vernehmen desjenigen, was alles und jedes durchzieht, des *logos.* Er ist, wie wir vorgreifend gesagt haben, *Gefüge* und *Entsprechung,* das wahrhaft Unbegrenzte, dem kein Spruch je genügt. Denn der Spruch ist immer auch Wort, *epos,* das sich nie ganz entgrenzen läßt, sprechend oder hörend. Es meint immer ein Begrenztes, z. B. Streit, der in Harmonie, Krieg, der in Frieden, Leben, das in Tod, Som-

18 Heraklit, 22 B 55.

mer, der in Winter übergeht.[19] Der Übergang, das Tragende und Bleibende, ist nur im *logos* zu erfassen, der die vielen Worte, die Einzeldinge und ihre Eigenschaften benennen, zusammen- und auseinanderhält. Dazu muß sich der Satz, die bloße Fügung von Worten, gewissermaßen los- und auf den Gegen-Satz einlassen. Der Grund von allem fügt sich nicht in einen Grund-Satz; er gibt sich nur zu hören, akroamatisch, und zwar über den *Gegensatz*, das in sich widersprüchlich Gesagte. Heraklit sieht darin keinen Mangel, sondern umgekehrt den Vorzug der philosophischen Rede gegenüber der Sprachgewohnheit. Wer den Gegensatz vernimmt und in die Rede aufnimmt, der gelangt nach Heraklit zur höchsten Stufe des Wissens, zur Klarheit darüber, wie dem *logos* entsprochen werden muß: »Habt ihr nicht mich«, so lautet der Spruch des Heraklit, »sondern den *logos* gehört, besteht die Klarheit darin, entsprechend zu sagen, daß Alles Eins ist.«[20]

Dem Sprechen aus dem Grunde geht vorher das Hören. Das Zu-Hörende ist nicht die philosophische Rede, wie sie sich nach außen hin kundgibt, in der Verlautbarung und Stimme eines Philosophen wie Anaximander oder Heraklit. Dann würde das Hören der Rede *nachfolgen* – ein rein akustisches Phänomen, das mit dem uns hier interessierenden Problem des Akroamatischen nichts zu tun hat. Heraklit schließt es denn auch mit der den Spruch einleitenden Verneinung (»Habt ihr nicht mich gehört...«) ausdrücklich aus. Das akroamatische Phänomen läuft umgekehrt der Rede *vorher*, vorausgesetzt, daß diese Rede philosophisch, und das heißt nach unserem Vorverständnis: auf das »Eine« in »Allem« gerichtet ist. Wer so spricht, muß zuvor gehört haben, nicht auf den Spruch des Heraklit, sondern auf den *logos*, der in sich wider-sprüchlich oder wie später, bei Platon und Aristoteles, gesagt werden wird, »dialektisch« ist.

Das akroamatische Phänomen erwächst also dem Zuvor-Ge-

19 Vgl. Heraklit, 22, B 62, 67, 76, 80.

20 Heraklit, 22 B, 50. Dem Fragment hat M. Heidegger eine seiner tiefsinnigsten Auslegungsversuche gewidmet. Vgl. Heraklit, hg. von M. S. Frings (1979) 241 ff. (= Gesamtausgabe, II, Bd. 54).

hört-Haben des *Grund*-Widerspruchs. Es ist, um noch einmal an unsere Fragestellung zu erinnern, ein Problem des Logischen, das zum Begründungsgefüge gehört. Das ἀκούειν, das Zuvor-gehört-haben des in sich widersprüchlichen *logos,* führt hin zur höchsten Wissensstufe der *sophia,* die dem Sein entspricht. Denn darum handelt es sich auch hier wieder, um die Entsprechung, die sich auf diesen beiden Ebenen einspielt, akroamatisch und logisch, wobei die Ebene des Logischen nachfolgend ist. Sie folgt dem Zu-Hörenden, weil darin das σοφόν besteht: im ὁμολογεῖν. Der Ausdruck meint eigentlich: dasselbe sagen, was ein anderer sagt, ihm zustimmen. Heraklit bleibt dabei offensichtlich auf dem Boden des gewöhnlichen Gesprächs, im Hin und Her der Rede und Gegenrede – was die Griechen ἡ διάλεκτος nennen. Um jemand zuzustimmen, muß er zuvor gehört werden, das versteht sich von selbst. Aber ebenso selbstverständlich ist es, ihm die Zustimmung zu verweigern, wenn er sich widerspricht. Das Gespräch bricht dann gewöhnlich mit der Gegenrede ab. Nicht so im *homologein* des Heraklit! Denn das Zu-Hörende ist ja der Widerspruch am Grunde eines jeden Begründungsgefüges: daß kein Wort dem Sein *vollständig* entspricht. Dem muß das *homologein* entsprechen, *akroamatisch,* und indem es das zu tun versucht, *logisch,* verläßt es notwendig den Boden des gewöhnlichen Gesprächs. Es spricht dialektisch, wenn es vom *logos* sagt, er sei das alles zusammenfügende Eine: ἕν πάντα εἶναι [...].
Wie immer der Spruch des Heraklit ausgedeutet werden mag, – in ihm bricht sich der Gedanke Bahn, daß das Begründungsgefüge nicht einheitlich ist, daß von »Grund« und »Begründung« *in vielfältiger Weise gesprochen werden muß.* Er kommt akroamatisch ins Spiel, über das Wort ἕν, die Eins, das Eine, die Einheit, und über das Wort πάντα, alle Dinge, das Viele, die Allheit. Beides sind Grund-Worte, die sich widersprechen und als Widerspruch aus dem *logos* herauszuhören sind. Sie weisen in die Richtung der Platonischen *Dialektik,* die solche Widersprüche untersucht: im *logon didonai,* das die *logoi* auf die Ebene des Logischen (des *eidos*) versetzen wird. Der Weg zur Dialektik verläuft aber

nicht direkt von Heraklit zu Plato, sondern über Parmenides, der noch einmal einheitlich aus dem Grund spricht. Das kann nicht anders sein, weil hier die Göttin spricht. Sie beruft sich auf die »Wahrheit« (ἀλήθεια), die das Sein als Grund von allem enthüllt, ἀληθές, in der Steigerung des σαφές zum vollständig Klaren. Der Spruch heißt *mythos;* er faßt beides in eines zusammen, begründende Rede, *logos,* und Wort, *epos,* das zu hören ist.[21] Das Zu-Hörende ist die *Wahrheit,* sie selbst und *der Weg,* der über »Zeichen des Seins« zu ihr führt. Aber die Göttin spricht auch über den Abweg, die *doxa* oder das Meinen, die Bahn des gewöhnlichen Sprechens, das vom *epos* eingenommen bleibt, etwa wenn gesagt wird, daß Seiendes *sein wird* oder *gewesen ist.* Die Sprachgewohnheit setzt dann immer voraus, daß etwas *ist* und *nicht ist* – das Heraklitische Ansprechen des Werdens, das sich notwendig widersprüchlicher Worte bedient. Der Weg der Wahrheit führt darüber hinaus. Wie bei Xenophanes bahnt ihn das Vernehmen des Ganzen, die Vernunft (νοῦς), aber so, daß sie sich vom Schauen und Hören löst. Sie stützen die Gewohnheit (ἔθος), die sich in der »Zunge« (γλῶσσα) – dem Gesamtbereich des Sprechens – festsetzt. Von diesem Weg, so redet die Göttin den nach Klarheit Strebenden an, »halte Du das Vernehmbare fern und laß Dich nicht durch die vieles erfahrende Gewohnheit darauf zwingen, nur Deinen Blick, den ziellosen, Dein Gehör, das brausende, Deine Zunge zu gebrauchen; laß allein den *logos* die Entscheidung fällen in der vielumstrittenen Frage, die ich Dir vorlege. So bleibt Dir noch Mut zu einem Weg...« (B 1, 35-40)

Es ist der Scheideweg von Vernunft und Sprache, dem der *logos* folgt, indem er sich vom *epos* trennt. Mit Heraklit geht auch Parmenides davon aus, daß es ein bloßer Name (ὄνομα) ist, der Dinge und Eigenschaften widersprüchlich benennt (B 8). Würde der *logos* darauf hören, auf das sich Widersprechende, müßte er das Wort verfehlen, das als sol-

21 Parmenides 28, B 4, 19. Zur mythologischen Einkleidung des Ganzen vgl. K. Reinhardt, Parmenides und die Geschichte der griechischen Philosophie (1916, ²1959) 67f.

ches dem Grund entspricht. Parmenides nennt es das »Seiend« (ἐόν), ein schon bei Heraklit und den Früheren anklingendes Grund-Wort, das er folgerichtig mit dem Gefüge selbst, dem *logos,* gleichsetzt: »Dies ist nötig zu sagen und zu vernehmen: Sein gibt es. Es ist, aber Nicht-Seiendes nicht (χρὴ τὸ λέγειν τε νοεῖν τ' ἐὸν ἔμμεναι · ἔστι γὰρ εἶναι, μηδὲν δ' οὐκ ἔστιν).[22] Wenn Nicht-Seiendes gesagt wird, im *epos,* so bleibt dieses Sagen grundlos. Es verliert sich in der Vieldeutigkeit der Worte. Vom *logos* ansprechen, eindeutig, und vernehmen läßt sich nur »Sein«. Daran schließt sich der Ausspruch, daß Vernehmen und Sein dasselbe sind: ... τὸ γὰρ αὐτὸ νοεῖν ἐστίν τε καὶ εἶναι.[23]

Im Zuge der Verselbständigung des Logischen, die er mit einleitet, ist der Spruch des Parmenides bald so aufgefaßt worden, als sage er etwas entweder über das »Denken« oder das »Sein« oder auch – die der Neuzeit selbstverständlichste Deutung – etwas über die *Beziehung* zwischen Denken und Sein aus. Er wird als Grund-Satz verstanden und damit gründlich mißverstanden, gleichgültig, ob man ihn nun als Vorgestalt eines logischen Axioms, des Satzes der Identität, oder ontologisch interpretiert. Die Mißverständnisse sind groß und können hier nicht im einzelnen erörtert werden.[24] Ein Axiom des Denkens in dem von Aristoteles aus dem

22 Parmenides, 28, B 6, 21-22. Vgl. 28, B 8, 87-88; 17. – Über den Zusammenhang von Parmenides' Grund-Wort mit der *arche* vgl. A. Szabó, Zum Verständnis der Eleaten, in: Acta Antiqua Academiae Scientiarum Hungaricae, Tom 11, Fasc. 3-4 (Budapest 1954) 252 ff.

23 Parmenides 28 B 5.

24 Vgl. dazu M. Heidegger, Einführung in die Metaphysik (1958) 88 ff.; Identität und Differenz, Pfullingen 1957. In der von Heidegger gebahnten Richtung bin ich diesen Fragen weiter nachgegangen in Untersuchungen zur logischen Eigenart von Grundsätzen und Begründungsgefügen in der Philosophie, die relativ zu bestimmten Typen von Wissenschaft (der antiken *episteme,* der mittelalterlichen *doctrina,* der neuzeitlichen *scientia*) sind. Eine erste Skizze enthält der Vortrag: Die Universalität der europäischen Wissenschaft und der Primat der Philosophie (Neapel 1982).

Sprachgebrauch der Mathematik übernommenen Sinne ist der Spruch nicht, auch wenn die an Parmenides anschließenden Begründungsgefüge der Zenonischen Dialektik alle auf ein solches hinauszulaufen scheinen.[25] Man würde ihn besser ein *Akroam* nennen, vorausgesetzt, wir verstehen darunter, was mit dieser Bezeichnung gemeint ist: daß philosophische »Sätze« unvermeidlich auf das Heraus-Hören dessen, was sie »begründen«, angewiesen bleiben. Sie sind akroamatisch gefügt. Die Notwendigkeit, das Denkbare als seiend zu behaupten und vom Nicht-Seienden wegzudenken, dieser vermeintlich rein logische Gedanke des Parmenides läßt sich immer nur indirekt, nämlich über das Wort, »begründen«. Es ist das Grund-Wort, das der Spruch zu hören gibt, die Selbigkeit des Seins, das in allem eins ist.

Dem Grund wird am philosophischen Anfang nicht satzmäßig, sondern *im Wort* entsprochen. Vielleicht dürfen wir mit der gebotenen Vorsicht sagen: dem *Begriffswort gemäß*, wenn wir wiederum darunter verstehen, was nach dem zweifachen Anfang der Philosophie so verstanden werden muß: daß das Grund-Wort, der *logos*, das eigentlich Zu-Hörende ist. Es wird vernommen: im νοεῖν, das ebenso akroamatisch gefügt erscheint. Das Akroam »begründet« ja nichts, weder das Seiende aus dem Vernehmen noch das Vernehmen aus dem Seienden. Es schreibt auch nichts vor, etwa daß sich das eine nach dem anderen »richte«, wobei die »Wahrheit« dann darin bestünde, daß sich die Vernunft an das Seiende »angleicht«. Von einer wie immer ausgelegten »Wahrheitstheo-

25 Am nächsten kommt dem Zenon (fr. 1) mit einem Satz, der den festzuhaltenden *logos* auf die Selbigkeit des ausgesprochenen *epos* zurückbezieht: »Es ist doch offenbar dasselbe, dies einmal zu sagen oder es immer zu behaupten« (ὅμοιον δὴ τοῦτο ἅπαξ τε εἰπεῖν καὶ ἀεὶ λέγειν). In der Übersetzung folge ich H.-G. Gadamer, Zur Vorgeschichte der Metaphysik, in: Anteile. Martin Heidegger zum 60. Geburtstag (1950) 59. Die Wiedergaben in Diels' Fragmenten der Vorsokratiker (»Das gleiche gilt also ein für alle Mal«) und bei Capelle, Die Vorsokratiker (»Eben dieser Satz läßt sich immer wiederholen«) verdecken nahezu vollständig die gemeinte Sache.

rie« sind wir hier weit entfernt. Der Spruch des Parmenides sagt nur, daß sie »dasselbe« sind, ein *Gefüge*, und dieses sagt er ein weiteres Mal vom Vernehmen (noein) und dem, was vernommen wird (noema), dem Seienden: »ταὐτὸν δ'ἐστὶ νοεῖν τε καὶ οὕνεκεν ἔστι νόημα. οὐ γὰρ ἄνευ τοῦ ἐόντος, ἐν ᾧι πεφατισμένον ἐστιν, εὑρήσεις τὸ νοεῖν« (B 8, 34-36). Sein eigentümlicher Charakter tritt an dieser Stelle deutlicher hervor als an dem kurzen Fragment, das sich traditionell mit dem Namen des Parmenides verbindet. Der Satz spricht aus dem Grund heraus, logisch wie akroamatisch, und indem er das tut, wird das Gefüge vernommen. Vernehmbar wird einzig das Sein. Nach dem Spruch des Parmenides ist es die Fügung (μοῖρα), die sich als die stärkste erweist, stärker als die Sprache der Sterblichen: das *epos*, von dem sich der *logos* nun losreißt. Könnte er das je vollständig, wäre das akroamatische Phänomen ein Schein, der Schall der Worte, die akustisch an das Ohr dringen. Daß es das nicht ist, wird bei Parmenides, entgegen seiner Absicht, bezeugt. Die Vernunft hört aus der Sprache heraus, was sie vernimmt – die Anzeichen (σήματα) des Seins, in denen sich das Logische auf sich selbst stellt. Dem Grund kann es nur so entsprechen, daß es ihn als ungeworden (ἀγένητον) und unverderblich (ἀνώλεθρον), ganz (οὖλον) und einzigartig (μουνογενές), unbeweglich (ἀτρεμές) und unendlich (ἀτέλεστον) anspricht.[26] Das Sein, so lautet die logisch vollständige Entsprechung, ist *Eines*, und zwar in doppelter Hinsicht, einmal im Sinne der Einheit, die keinerlei Vielheit *in* sich hat, und zum anderen im Sinne der Einzigkeit, die keinerlei Vielheit *außer* sich hat. Dieses Eine ist das Grund-Wort, das der Spruch des Parmenides zu Gehör bringt.

Daß dem die Sprache widerspricht, liegt auf der Hand. Parmenides hat es selbst gesehen, ohne die Folgerungen zu ziehen, die später die Platonische Kritik am eleatischen *logismos* des Einen gezogen hat. Die Sprache ist Gespräch, sie nimmt anders als das auf sich gestellte Vernehmen, mit Worten wie »gewesen« und »wird sein«, »Werden« und »Vergehen«,

26 Parm. Fr. B 3; 8, 3, 6, 8, 22, 25-26, 38.

»Bewegung« und »Veränderung«, die alle die Vielheit umschreiben (B 8, 38-41). Parmenides erblickt darin lediglich eine Beirrung des Vernehmens. Indem er so Vernunft und Sprache auseinanderreißt, wird die Ebene des Akroamatischen vom Logischen gleichsam überspielt. Der auf sich gestellte *logos* sucht anderswo Anhalt, und er findet ihn im *anschauenden* Vernehmen, das die Vernunft ganz einnimmt.

Darauf beziehen sich von Anbeginn die Bilder, mit denen Parmenides die Beschreibung der Auffahrt zur Göttin begleitet: das *Haus der Nacht,* der Sitz der Sterblichen, der verlassen wird, das von der großen Richterin *dike* bewachte *Tor* mit den verschlossenen *Flügeltüren,* hinter dem sich das *Haus des Tages* auftut, das den Sterblichen Einblick verschafft in das von ihr beherrschte Reich der Wahrheit, die *Sonne,* deren Licht den Grund von allem enthüllt, das Seiende, so wie es ist: einzig und einfach, und schließlich die *Kugelgestalt,* die zuletzt den Gedanken der Selbstbegrenzung des *legein* und *noein* auf das Seiende, die Ausschließung des doxisch-sprachlich vermeinten Nicht-Seienden, passend symbolisiert. Seiendes ist überall Eines und als solches ein Ganzes: »Aber da das Seiende eine letzte Grenze hat, so ist es nach allen Seiten hin vollendet, gleich der Masse einer wohlgerundeten Kugel, von der Mitte nach allen Seiten hin gleich. Denn es darf weder hier noch dort irgendwie größer oder kleiner sein. Denn es gibt ja nichts, was es hindern könnte, sich zusammenzufügen, noch gibt es ein Seiendes, das hier mehr, dort weniger wäre als Seiendes.«[27]

Im Gedanken des Ganzen ist die Bindung des *logos* an das gesprochene und gehörte Wort vollständig gelöst. Der *logos* wird jedoch nicht eigentlich selbständig. Er bindet sich an das Anschauen, ohne den anfänglichen Sprachbezug verlieren zu können. Denn die Bilderwelt der Sonne und des Lichts, in dessen Glanz die dem Menschen mögliche Klarheit, die *sophia,* erstrahlt, sie wird noch immer durch das zu hörende Wort evoziert. Aber das Hören, die Ebene des

27 Parm. Fr. B 1, 7-28; B 8, 43-49.

Akroamatischen, tritt hinter dem zurück, was sich ins Bild zusammenzieht, der Anschauung. In der Berufung auf sie entfernt sich die Vernunft von der Sprache. Sie wird darangehen, das Logische auf sich selbst zu begründen.

Das Grundwort des Anaximander

Nach dem Zeugnis der spätantiken Doxographie gilt Anaximander als ältester Bücherschreiber der Philosophie. Er habe, so heißt es bei Themistios, als erster Grieche gewagt, eine Prosaschrift über die Natur zu veröffentlichen (λόγον ἐξενεγκεῖν περὶ φύσεως συγγεγραμμένον).[1] Die Nachricht verdankt sich Diogenes Laertius, dem Kompilator der griechischen Philosophiegeschichte. Er beruft sich auf Apollodoros, den hellenistischen Grammatiker, der das »Buch« noch in Händen gehabt hätte. Diogenes sagt weder Näheres von der Buchform noch zum Titel. Er teilt lediglich mit, Anaximander habe seine Lehren in Hauptzügen dargestellt. Und diese Nachricht vermischt sich mit einer Anekdote, die ganz ungewöhnlich ist: Durch seine Singversuche, wird erzählt, habe Anaximander das Gelächter der Kinder erregt. Er aber habe auf die Kunde davon gesagt: »Ich muß also besser singen wegen der Kinder«.[2]

Würde dies von Thales oder einem der anderen ältesten »Weisen« berichtet, könnten wir das Anekdotische leicht als erfundenes Beiwerk zu biographischen Quellen abtun, die dem spätantiken Doxographen allzu spärlich fließen. Von Anaximander erzählt – und daß es nicht Erfindung, sondern Erzählung, Legende ist, wird ja eigens notiert –, gewinnt es an Gewicht. Das hat es indirekt schon bei Diogenes Laertius. Denn Diogenes rückt Thales an die Seite der mündlichen Spruchtradition der σοφία, der legendären »sieben Weisen«, um davon die zwei Ausgangspunkte der eigentlichen Philosophie abzuheben, den einen, *ionischen,* bei Anaximander, den anderen, *italischen,* bei Pythagoras.[3] Darin

1 W. Kranz/H. Diels, Die Fragmente der Vorsokratiker, 12. Anaximandros, Bd. 1, Dublin/Zürich 1966[12], Fr. A 7.

2 Fr. A 1 (= Diog. Laert. II 1).

3 Diog. Laert. I 13; 122 (wo etwas irreführend Thales als Begründer der ionischen Philosophie genannt wird; vgl. auch die Inkonsequenz I 23).

unterscheidet sich dieses älteste doxographische Kompendium der Philosophiegeschichte von der Nachfolge, die es gefunden hat. Es setzt dort ein, wo die schriftliche Überlieferung und mit ihr das Neue beginnt, die Spannung zwischen mündlicher Rede und Schrift. In beiden Traditionen stoßen sie aufeinander, ein Geschehen am Grunde der Sprache in ihrem hohen und niederen Gebrauch, das über die Sprachgeschichte weit hinausgreift und in noch unausgelotete Tiefen des Anfangs der Philosophie bei den Griechen hineinreicht.

I

Der Bericht über den Bücherschreiber Anaximander und die eingemischte Erzählung vom Sänger rührt an einen epochalen Vorgang, an den Übergang des Griechentums aus dem Zeitalter der Mündlichkeit zum Gebrauch der Schrift; nicht zu geschäftlichen, politischen, gesetzgeberischen Zwecken (dazu wird sie lange vorher gebraucht), sondern zum »Schreiben« als einem *Mittel der Wissenstradierung.* Sie schreibt sich gleichsam aus, ein Ereignis, das sich in vielfacher Hinsicht mit dem Namen des Anaximander verbunden haben muß. Es verbindet sich mit seiner Geschichte, mit der Stellung als Schüler und »Hörer« des Thales in Milet, der eine Sonnenuhr errichtet, Horoskope zur Zeitberechnung hergestellt und eine Erd- und Himmelskarte gezeichnet hat,[4] – alles Anstöße zur Wissenserweiterung auf dem Boden der ionischen ἱστορία, die den Buchstaben in Gebrauch nehmen, das unentbehrliche Mittel der Bezeichnung, Sammlung, Berechnung. Und es verbindet sich mit der Anaximander-Legende, mit der Erzählung vom verhinderten Sänger, der zugleich, nach einem nun freilich ganz dunklen Überlieferungsstrang, am geschichtlichen Ursprung der Schrift interessiert gewesen sein soll.[5]

Das ist zweifelhaft genug. Die Legende mag sich daran ge-

4 Vgl. die Zeugnisse in Fr. A 1-5.

5 Fr. C (= Schol. Dionys. Thrac, p. 183, 1 Hilg.). Vgl. dazu die im allgemeinen wenig beachtete Rekonstruktion von W. A. Heidel,

halten haben, daß Milet, der Stiftungsort der ältesten philosophischen Gesprächsgemeinschaft, das phönikische Alphabet nach der Übernahme im 8./7. Jahrhundert umgestaltet hat, gestaltet zu jenen klaren, fast geometrischen Buchstabenformen, die für die Ausbreitung der Schrift in Griechenland maßgeblich geworden sind. Ob Anaximander daran noch beteiligt war, wissen wir nicht. Wir können nur vermuten, daß Erzählung wie Legende einen geschichtlichen Kern haben, daß sie von ferne anspielen auf den Wechsel vom ἀοιδός, der Gestalt des epischen Sängers, zum schreibenden σοφός, von der Herrschaft der mündlichen Rede zum Aufkommen des Buchstabens als Schrift- und Zahlzeichen. Sie rühren an den Ursprung der ἱστορία und μάθησις, an das Betreten eines neuen Wissensbodens im Absprung des ersten Bücherschreibers und Kartographen von der epischen Quelle des Wissens von allem, der *Verlautbarung durch die Stimme der Musen.* Das musisch verlautete Wissen bricht sich in der Schrift, ein Ereignis von unabsehbarer Tragweite, das der Geschichtsschreiber der griechischen Philosophie wenigstens am Rande notiert. Mit der mantisch-musischen Weissagung verglichen, kann sich das Wissen des schriftkundigen *Weisen* nicht anders als bescheiden ausnehmen. Und verlacht zu werden, das muß es sich gefallen lassen, solange der Leser Kind, wenn er das Lesen nicht gewohnt ist. Anaximanders Reaktion auf das Gelächter deutet nicht musisches Unvermögen, sondern den Entschluß an, das musisch inspirierte Wissen zu übertreffen. Die Stimme soll nicht bloß empfangen, sie soll gehört werden. Hinter dem anekdotischen Beiwerk verbirgt sich ein Stück logischer Archäologie, ja, die ἀρχή des λόγος selbst, die Urstiftung eines neuen Wissens vom Ganzen in der Verwandlung der überlieferten Einheit des Singens mit dem Sagen durch das Schreiben und Lesen, womit eine andere, die gleichsam »lautlose« Art des Hörens, einhergeht.

Es ist ein Ereignis, das in den Anfang fällt, das nicht zufällig

Anaximander's Book the Earliest Known Geographical Treatise, in: Proceedings of the American Academy, 1921, Nr. 7, S. 255 ff.

mit dem Aufbruch der σοφία zur Erfahrungskunde und »Wissenschaft« zusammenfällt. Was es markiert, ist der Ausgang des Griechentums aus dem Zustand der Mündlichkeit, der Schritt im Wechsel vom »poetischen« zum logischen Sprechen, der getan werden mußte, damit die gestiftete Gesprächsgemeinschaft geschichtlich Boden fassen konnte. Ohne diesen Ausgang wüßte uns die Überlieferung nichts zu berichten. Darum ist er ein *Urereignis*, das mit der Urstiftung erst eine Folge anderer Ereignisse, den Zusammenhang einer Geschichte, möglich macht.

Aus dem Zustand der Mündlichkeit herauszugehen, dazu kann der Mut, sich der Schrift frei zu bedienen, nicht genügen. Dazu bedarf es der Fähigkeit des Lesens, eines Lesers und Lesepublikums, für welches geschrieben wird. Das gab es zu Beginn nicht und konnte es auch für Anaximander nicht geben. Das Buch, dessen Existenz weder Platon noch Aristoteles erwähnen, kann nicht weit verbreitet gewesen sein. Ja, die Frage ist, ob es sich schon um dergleichen gehandelt habe, – um »die erste bereits in Prosa abgefaßte Darlegung wissenschaftlicher Lehren, welche die griechische Literatur besaß und, ach, nur allzufrüh verlor«.[6] Wahrscheinlicher ist ein eigener Typus von Schriftlichkeit, der von der Prosasprache und Buchform noch weit entfernt gewesen sein muß. So wenig der Titel: ›Über die Natur‹ (περὶ φύσεως) auf Anaximander oder irgendeinen seiner Nachfolger zutrifft,[7] so wenig wird sich der Stil mit dem gedeckt haben, was die Standards einer späteren Zeit von einer Lehrschrift fordern. Er wird der mündlichen Rede nahegeblieben sein, der lakonischen Kürze des Ausspruchs (ῥῆμα), wie sie

6 So Th. Gomperz, Griechische Denker, Bd. 1, Leipzig 1911³, S. 41. – Die Problematik der Buchform behandelt auch die lehrreiche Untersuchung von Eric A. Havelock, Pre-Literacy in The Pre-Socratics, University of London, Institute of Classical Studies, Bulletin No. 13, London 1966, S. 44 f., der infolge eines radikalen Verständnisses von »oral tradition« Anaximander allerdings ganz ausschließt.

7 Vgl. E. Schmalzriedt, Peri Physeos. Zur Frühgeschichte der Buchtitel, München 1970.

Plato an den ältesten Schriften beklagt: Sie »fließen« wie die »Lehren«, die sie enthalten, ohne bei einem Satz (λόγος) und einer Frage anzuhalten.[8] So mag das »Buch« gar nicht zum Lesen, sondern, in Anknüpfung an die Gewohnheiten der epischen Tradition, zum Anhören und Gebrauch in der mündlichen Lehrpraxis geschrieben worden sein. Diogenes Laertius kommt hier dem Sachverhalt wohl am nächsten, wenn er sich mit der Feststellung begnügt: ... τῶν δὲ ἀρεσκόντων αὐτῷι πεποίηται κεφαλαιώδη τὴν ἔκθεσιν ...[9] Das ist gewiß spätantik verkleidet und verfremdet. Die Angabe bekundet weniger, was Diogenes weiß, als was doxographisch angenommen und geglaubt wird, seinen Glauben an geschriebene »Lehrmeinungen«, den eine haltlos gewordene Spätkultur in den Anfang zurückprojiziert.

Der Glaube gerät ins Wanken, wenn wir das Kleid auftrennen, d. h. die Worte wörtlicher nehmen, als dies gewöhnlich zu geschehen pflegt. Der doxographische Ausdruck für »Lehre«, τὰ ἀρέσκοντα, läßt sich weder bei Theophrast noch bei seinen Vorgängern Plato und Aristoteles belegen. Ja, am Beginn der Doxographie scheint zwischen dem mündlich tradierten Wissen und der neugestifteten Schriftlichkeit kein Schnitt gemacht worden zu sein. Die Grenzen erscheinen durchlässig, weil man zunächst gar nicht nach »Lehrsätzen« sucht, sondern aus der einheitlich verstandenen Überlieferung das »Größte und Verwandte« (μέγιστα καὶ ὁμόφυλα) zusammenzustellen versucht.[10] Das spielt auf das Höchste und Wichtigste einer Sache an: was von solchem Rang ist, daß es alles übrige um Haupteslänge (κεφαλή) überragt. Es ist die *Hauptsache,* die in der ἔκθεσις in Rede steht. Und in diesem Wort klingt noch bei Aristoteles das Herausheben des Einen aus dem Vielen an.[11] Es deutet auf einen Bereich, der über den der *Thesen* im Sinne satzmäßiger Definitionen hinaus- und auf die gesprächsweise Erör-

8 Theaetet, 179e-180d; Sophistes, 242c-243b; Protagoras, 342e-343b.

9 Fr. A 1 (= Diog. II 1-2), unter Berufung auf Apollodor.

10 Vgl. Hippias von Elis, 86, Fr. B 6.

11 Met. I 9, 992b 10; VII, 6, 1031b 20; XIV, 1090a 15.

terung von *Hauptsätzen* zurückweist, welche die »Alten«, über ihre Tragweite und Begründung im Unklaren, angenommen und vertreten haben. Die »These« ist dabei nicht mehr als *Antwort* auf das vorausgehende Fragen; erst im späteren Schulbetrieb der Platonischen Akademie, mit der Verzweigung des philosophischen Gesprächs in einzelwissenschaftliche »Disziplinen«, wird sie definitorisch festgeschrieben und kanonisiert, um schließlich in der Aristotelischen Schultradition als thetisch behauptender Grundsatz einer »Lehre« verstanden zu werden.

II

Eine solche »These« tritt uns bei Diogenes Laertius entgegen. Anaximander, so lautet sein Auszug aus der »Lehre«, habe behauptet, der Grund und das Element sei das Unbegrenzte (ἀρχὴν καὶ στοιχεῖον τὸ ἄπειρον), das er nicht als Luft oder Wasser oder etwas Ähnliches bestimmt habe. Diogenes spricht nur von *Teilen im Verhältnis zum Ganzen;* denn der von ihm mitgeteilte *Hauptsatz* lautet, daß sich nach Anaximander die Teile verwandelten, das Ganze aber unwandelbar sei: καὶ τὰ μὲν μέρη μεταβάλλειν, τὸ δὲ πᾶν ἀμετάβλητον εἶναι.[12] Das scheint sich inhaltlich mit dem zu decken, was wir über Aristoteles und seinen Schüler Theophrast von Anaximanders »Lehre« wissen. Dennoch ist es davon begrifflich unterschieden. Diogenes berichtet nichts von der Aussonderung (ἔκκρισις) der »Gegensätze«, die im Zusammenhang mit den peripatetischen Zeugnissen über das

12 Fr. A 1. Diels hat es für ein oberflächliches Exzerpt aus Theophrast (Phys. Opin. fr. 2 D 476) gehalten, was der unterschiedlichen Begriffssprache nicht gerecht wird. (Vgl. Die Fragmente der Vorsokratiker, Bd. 2, Berlin 1907, S. 653.) Als Quelle käme Hippias von Elis (Ende 5. Jh.) in Betracht, den Diogenes für Thales (I 24) zitiert. Vgl. B. Snell, Die Nachrichten über die Lehren des Thales und die Anfänge der griechischen Philosophie- und Literaturgeschichte, in: Gesammelte Schriften, Göttingen 1966, S. 219ff.

ἄπειρον eine so große Rolle spielen; er weiß nichts von einer Kosmogonie, sondern lediglich vom gleichbleibenden Verhältnis sich wandelnder Teile (der großen Weltmassen »Luft«, »Wasser« usf.) zu einem unwandelbaren Ganzen. Daß das ἄπειρον Grund und Element des »Seienden« sei, aller Dinge, die »sind«, wird nicht gesagt.
Genau darin besteht aber der sachliche und formale Gehalt jener θέσις, die sich, von dem Aristotelesschüler Theophrast in seiner Geschichte der voraristotelischen »Lehrmeinungen der Physiker« niedergeschrieben, mit dem Namen des Anaximander verbindet. Simplikios hat sie dem später verlorenen Theophrast-Auszug entnommen: »'A. ... ἀρχὴν ... εἴρηκε τῶν ὄντων τὸ ἄπειρον ...« Nach der Übersetzung von Kranz, der das Wort στοιχεῖον in Diels' Ausgabe der ›Fragmente der Vorsokratiker‹ gestrichen hat: »Anfang und Ursprung der seienden Dinge ist das Apeiron (das grenzenlos-Unbestimmbare).«[13] Und Simplikios scheint sie – nach der kosmogonischen Umdeutung des ἄπειρον zu einer grenzenlos-unbestimmbaren Natur (φύσιν ἄπειρον) zu schließen, woraus erst alle Himmel und darin enthaltenen Weltzustände entstehen – als eine Art von Begründung jener Sätze verstanden zu haben, die er (nach der Vorlage des Theophrast?) für »poetisch« hält und in indirekter Rede anführt: »ἐξ ὧν δὲ ἡ γένεσίς ἐστι τοῖς οὖσι, καὶ τὴν φθορὰν εἰς ταῦτα γίνεσθαι κατὰ τὸ χρεών. διδόναι γὰρ αὐτὰ δίκην καὶ τίσιν ἀλλήλοις τῆς ἀδικίας κατὰ τὴν τοῦ χρόνου τάξιν.« Mit Kranz übersetzt: »Woraus aber das Werden ist den seienden Dingen, in das hinein geschieht auch ihr Vergehen nach der Schuldigkeit; denn sie zahlen einander gerechte Strafe und Buße für ihre Ungerechtigkeit nach der Zeit Anordnung.« (B 1)
Kranz hat beides, den Grundsatz wie den sogenannten »Spruch« des Anaximander, aneinandergefügt, weil ihm die Wörtlichkeit außer Zweifel steht. Dafür läßt sich, was den »Spruch« angeht, manches anführen, zumal dann, wenn man ihn so liest, wie er gelesen zu werden fordert: als ein ge-

13 Fr. B 1.

schichtliches Dokument des Übergangs von der mündlichen Tradition des Epos zur Schrift, des Wandels im Sprachverhalten und Sprachgebrauch des 6. Jahrhunderts.[14] Der Grundsatz hält demgegenüber der philologischen Kritik nicht stand. Es ist ein Satz, der nicht poetisch spricht, der den Gesprächszusammenhang, dem er entwächst, nicht mitteilt. Sinngemäß mag er am Eingang des Buches plaziert gewesen sein. In der überlieferten Form aber nimmt er sich wie ein peripatetischer Grundsatz aus, der andere Sätze begründet. Und peripatetisch ist auch sein Inhalt, der Bezug des ἄπειρον auf die »seienden Dinge« in der Doppelung von »ἀρχή« und στοιχεῖον. Verstünde man den letzteren Ausdruck in der schulmäßig festgelegten Bedeutung von »Grundstoff« und »Element«, so würde der mitgeteilte Sachgehalt widersprüchlich. Er wäre unverträglich mit Simplikios' Bemerkung, das ἄπειρον erschöpfe sich in keinem der vier »Elemente« (στοιχεῖα), es sei etwas anderes neben und außer Wasser, Erde, Luft und Feuer. Es bleibt dann nichts weiter übrig, als das Wort zu streichen, zumal Simplikios kurz vor der zitierten Stelle erwähnt, daß es erst Platon in die »Physik« eingeführt habe.[15] Wir fragen, ob der Widerspruch nicht anders zu lösen ist, ob es einen Weg gibt, dem mißverständlich überlieferten Satz den ursprünglichen Sinn eines Hauptsatzes abzugewinnen, jener »These«, die sich als Antwort auf eine Frage verstehen läßt.

Die Mißverständnisse, die sich im Anschluß an die Doppelung von ἀρχή und στοιχεῖον herausgebildet haben, sind groß. Und sie werden noch größer, weil auch das Grundwort des Satzes nicht authentisch überliefert ist. Das mag befremdlich erscheinen, wenn man bedenkt, daß seine Substantivierung die ontologische Deutung befestigen mußte, »das« ἄπειρον sei »unendlicher, vor allen besonderen Dingen vorhandener Stoff«.[16] Tatsächlich kommt es so in der

14 Das versucht meine Studie: Vom epischen zum logischen Sprechen. Der Spruch des Anaximander, in: Jahrbuch der Athener Akademie der Wissenschaften, Athen 1989.

15 Vgl. Phys. 7, 12 f.

16 Sie beherrscht die problemgeschichtliche Auffassung der grie-

direkten Überlieferung (bis hin zu Melissos) nicht vor. Im artikellosen und prädikativen Gebrauch bezeugt es eine Ausdrucksweise, die vom »Grund« offenbar ganz anders redet, als die um Jahrhunderte spätere Überlieferung festhält. Ähnliches trifft auf das Wort für »Dinge« zu, τὰ ὄντα, die Sache der Aristotelischen Ontologie. Das anfangende Denken redet von τὰ ἐόντα, in der Zweisilbigkeit des »archaischen« Ausdrucks für »seiend«, ἐόν. Er trägt der Mündlichkeit Rechnung, dem Umstand, daß dieses unscheinbare, aber am häufigsten gebrauchte Wort am schwersten zu behalten ist, daß es durch Silbenvermehrung akustisch eingeprägt werden muß. Wenn es sich gelegentlich zur Einsilbigkeit zusammenzieht, dann mit dem charakteristischen Zusatz: πάντα τὰ ὄντα, alles Seiende, das Ganze dessen, was ist.[17] Das braucht keine Gesamtheit von »Dingen« zu sein, die getrennt für sich bestehen. Denn der Spruch, der einiges vom »poetischen« Hintergrund des Anaximandrischen Denkens mitteilt, redet nicht genetivisch von einer ἀρχὴ τῶν ὄντων, sondern in der Dativform, wie sie dem Epos für die Benennung der Geburt von allen (γένεσις πάντεσσι) vertraut ist. Er verwandelt die epische Ursprungsformel, indem er davon spricht, daß allen *Geburt ist* (γένεσίς ἐστι) und gleichursprünglich *Verderb wird* (φθορὰν γίνεσθαι), die zweifache Grenze, worin es erscheint. Und das kann im Spruchzusammenhang nur »Dinge« wie Licht und Dunkel, Wärme und Kälte meinen, die nicht getrennt für sich, sondern *einander entgegen* »sind«. Sie kommen *gegeneinander* zum Vorschein, das heißt so, daß sich daran die Zweiheit des

chischen Philosophiegeschichte und ist in oben zitierter Fassung bei dem Hegelianer E. Zeller standardisiert worden. Vgl. Die Philosophie der Griechen, Bd. 1, Tübingen 1856², S. 158.

17 Heraklit Fr. B 7; Empedokles, Fr. B 29. Auf das Gewicht des Zusatzes macht mit Recht aufmerksam E. Heitsch, Gegenwart und Evidenz bei Parmenides, Wiesbaden 1970, S. 318 (= Abh. der Akad. Wiss. u. Lit., Geistes- und Sozial-Wiss. Klasse Nr. 4). Dagegen nimmt W. Jäger, Die Theologie der frühen griechischen Denker, Stuttgart 1953, S. 226, Anm. 2, τὰ ὄντα als mögliche Bezeichnung für »alles, was existiert« an.

Begrenzenden *und* die Entgrenzung zeigt, das Hervorgehen aus und der Rückgang in einen Ursprung, der notwendig unbegrenzt sein und als solcher *gedacht* werden muß. Der Satz am Eingang des »Buches« mag deshalb wie folgt gelautet haben: 'A.... ἀρχὴν... φησί τοῖς ἐοῦσι ἄπειρον.[18] Mit der Konjektur des mißverständlich Überlieferten ist für das Verständnis des Grundworts noch nicht viel gewonnen. Und ebensowenig sind damit schon die Mißverständnisse ausgeräumt, die seiner Deutung im Wege stehen. Sie hängen von der erwähnten Doppelung der doxographischen Prinzipienlehre ab, die Theophrast der Aristotelischen Sicht des Anfangs entnimmt, – daß die Philosophie als »Physiologie«, mit einer hyletischen Auslegung der φύσις als Grundstoff, beginnt. Woraus alles Seiende ist, woraus es als Erstes hervorgeht und worin es zuletzt wieder verschwindet, so schreibt Aristoteles im Blick auf die zuerst »Philosophierenden«, das nennen die meisten von ihnen στοιχεῖον und ἀρχή.[19] Es ist (trotz Simplikios) nicht ausgemacht, welcher von beiden Ausdrücken der frühere sei, und dies um so weniger, als der aus Theophrast geschöpfte Zusatz zu dem oben emendierten Satz, Anaximander habe »als erster diesen Namen des Anfangs und Ursprungs eingeführt« (πρῶτος τοῦτο τοὔνομα κομίσας τῆς ἀρχῆς),[20] bis heute strittig ist. So wie ihn Simplikios zitiert, bleibt unklar, ob Theophrast sagen wollte, Anaximander sei der Erfinder des Wortes ἀρχή

18 Auf die Fraglichkeit des substantivischen Gebrauchs von τὸ ἄπειρον verweist auch W. Burkert, Iranisches bei Anaximander, in: Rheinisches Museum für Philologie N. F., Bd. 106 (1963), S. 172, Anm. 100, der die Formulierung: ἀρχὴ πάντων ἄπειρον erwägt.

19 Met. I 3, 983b 8-11. Vgl. Met. I 8, 989b 30; III 1, 995b 27; 998a 22; XI 1, 1059b 23; XII 4, 2070a 34 u. ö.

20 Fr. A 9 (= Kontext von B 1); A 11 (= Hippolytus, Ref. I 6, 1-2). Auf die Zweideutigkeit des Zusatzes hat schon J. Burnet, Early Greek Philosophy, London 1930[4], S. 54, Anm. 2, hingewiesen. Zum Auslegungsstreit vgl. G. S. Kirk, Some Problems in Anaximander, in: D. J. Furley/R. E. Allen (Eds.), Studies in Presocratic Philosophy, Vol. I, London/New York 1970, S. 323 ff.

gewesen oder er habe dafür den Ausdruck τὸ ἄπειρον gebraucht. Die Frage, was hier des genaueren gemeint sei, klärt sich auf, wenn wir uns zur Umkehr des Satzes entschließen: zu der Annahme, daß die ἀρχή = ἄπειρον ist. Anaximander kann beide Ausdrücke nur im Einklang mit der Sache des anfänglichen Denkens, dem Wissen vom Geschehen am Grunde der Erde gebraucht haben. Was ist das für ein Wissen? Ist es die ἱστορία oder die μάθησις? Oder keines von beiden, sondern die γεωγραφία? Und wenn das so ist (wofür einiges spricht),[21] wie verhält sich dann dieses auf der Grundlage der Schrift entwickelte Wissen von allem zur Weisheit, dem urgestifteten *Wissen vom Ganzen?*

III

Um diese Frage zu entscheiden, blicken wir kurz auf Anaximanders Kosmogonie. Es soll hier nichts Unvergleichbares miteinander verglichen,[22] sondern der Blick auf den geschichtlichen Hintergrund geöffnet werden, den die Überlieferung nicht mitteilt. Und das ist, wie angedeutet, die Krise des in der *Tradition der Mündlichkeit enthaltenen Wissens von allem*, der apollinischen Religion und der ihr eigenen Theophanie, der ungeteilt (ἀμέριστος) erscheinenden Götter, unter deren Herrschaft dieses »Alles« verteilt ist. Dieser Krise begegnet die Kommunikationspraxis der Mysterienreligion, die Ausdehnung orphischer Kultgenossenschaften und des damit verbreiteten Dionysoskults einerseits, die Aufnahme von Anstößen einer dionysischen Theophanie mit dem Grundzug der Verwandlung des Göttlichen und seiner Annäherung an die Erfahrung des sterblichen Menschen andererseits.
Unter den zerstreuten Fragmenten, die über die Theophrast-Doxographie erhalten geblieben und infolge des sie beherr-

21 Vgl. W. A. Heidel, Anaximander's Book, a.a.O., S. 250ff.

22 Damit ist es nach der Destruktion des problemgeschichtlichen Schemas der aristotelisch beeinflußten Doxographie vorbei. Vgl. U. Hölscher, Anfängliches Fragen. Studien zur frühen griechischen Philosophie, Göttingen 1968, S. 9ff.

schenden Interesses an der Vorgeschichte der Aristotelischen Naturphilosophie überwiegend der Frage nach der Scheidung der Gegensätze (des Kalten und Warmen) gewidmet sind, fallen einige aus dem gewohnten Rahmen heraus. Es handelt sich um einen Bericht über Anaximanders Kosmogonie (A 10), mit dem ein zweiter über Anaximanders Anthropogonie (A 30) gedanklich eng zusammenrückt. Ihre Sprache ist mindestens so »poetisch« wie die des von Theophrast zitierten Ausspruchs; und sie bedient sich ebenso der Bilder und Gleichnisse, was auf einen tieferen Zusammenhang hindeutet. Nicht auf den einer einheitlichen Evolution des Kosmos, wie das die moderne Wissenschaftsgeschichtsschreibung nahelegt.[23] Denn das Gleichnis erzählt nicht von der Entstehung des »Kosmos«, sondern des Himmels im Gegenüber zur Erde, deren Bestehen es voraussetzt. Und nicht von der Entwicklung der Lebewesen ist die Rede, sondern von der des Menschen aus einem ihm nächstverwandten und doch ganz entgegengesetzten Tierleib.

Die Kosmogonie behandelt das Werden und die Verteilung des Ganzen, aber im Spiegel von Lebensvorgängen wie Erzeugung, Wachstum und Tod: Das aus dem »Ewigen« (ἀίδιον, eine doxographische Umschreibung für ἄπειρον) Zeugende des Warmen und Kalten habe sich der γένεσις dieser unserer Weltordnung gemäß abgeteilt in die Bereiche der Erde und des Himmels (der Dinge, die »oben« sind, τὰ μετέωρα). Der Himmel wachse hervor aus einem Feuerball, der die Erde und das Urfeuchte (A 27) um sie herum umhüllt »wie einen Baum die Rinde« (A 10). Mit dem Zerreißen der Hülle teilt sie sich in Feuerringe, aus denen sich dann Sonne, Mond und Sterne bilden (A 11). Das Gleichnis spiegelt sich im Bericht über die γένεσις des Menschen aus dem Feuchten: Er wachse als Doppelwesen, anfänglich wie ein Fisch, der im Wasser lebt, mit einer Haut (= φλοιός), die ihn, wiederum, schützend umhüllt; nachdem sie mit dem Austrocknen des Feuchten platzt, steige daraus der Mensch

23 Vgl. zuletzt J. Barnes, The Presocratic Philosophers, Vol. 1: Thales to Zeno, London/Henley/Boston 1979, S. 20.

hervor, das Landtier, dessen »Element« nun die Luft ist, die er ein- und ausatmet. Und dazu ein drittes Gleichnis, das nicht weniger poetisch ist. Wenn jedes Gestirn eine Lufthülle umgibt, entsteht die Frage, wie das Licht sichtbar wird. Anaximander beantwortet sie damit, daß die Bewegung der Luft das Feuer »wie durch röhrenartige Öffnungen« herausblase.[24] Das ist keineswegs eine künstlich herbeigeholte Metapher aus dem Bereich der Werkwelt,[25] sondern ein Vergleich, der ganz dem Zuge eines Gesamtentwurfs folgt. Der Name für »Rohr« ist αὐλός. Verbunden mit dem anschaulichen Bild vom Ausatmen (ἐκπνοή) kann damit auch der Aulos, das Instrument der Musik, gemeint sein. Die zusammengepreßte Luft, das ist der Kern des kühnen Gedankens, wird als Licht gleichsam ausgeblasen.

Die Bilder und Gleichnisse sind ungewöhnlich genug. Auffällig erscheint zunächst der Gleichklang von Benennungen, die Benutzung gleichlautender Namen für ganz Verschiedenartiges, das eine spätere Zeit wohl kaum aufeinander beziehen würde. Und ebenso auffallend ist, wie das Pendel des Gedankens stets nach Gegenseiten ausschwingt. Unvergleichbares gleicht sich einander an: Belebtes und Unbelebtes (was jedenfalls uns Heutigen so erscheint); das Nahe, ja Nächste, das sich das Leben auf Erden ist, und das Entfernteste, die Himmelskörper, das Leuchten des Feuers und der

24 Der Vergleich tritt doppelt auf, so daß er als authentisch angenommen werden darf. Vgl. Fr. A 11 (= Hippolytos, Haer. I 6, 3-5) mit Fr. A 21 (= Aetios II 20, 1).

25 H. Fränkel denkt mit H. Diels an das »Mundstück eines Blasebalgs« (Dichtung und Philosophie des frühen Griechentums, München 1976³, S. 302). Das dem entsprechende Wort heißt archaisch »Gluthauch«. Es steht bei Heraklit (Fr. B 31) für den Wechselbezug der Teile des Ganzen (den λόγος), der »kosmologisch« als Feuer (= πῦρ) bestimmt wird. Daß die spätantiken Erklärer (Aurelius Achilleus) des Anaximander den Musikvergleich für das Naheliegendste halten, belegt der Hinweis in Fr. A 21 (Poseidonios-Exzerpt) auf die dem Aulos verwandte Salpinx, nach Homer (Il. XVIII, 219) das Instrument mit »lauter Stimme« (ἀριζήλη φωνή). In diesem Zusammenhang verdient das umstrittene Fr. A 29 erneut Beachtung.

Flötenton; das Lebewesen ohne Stimme und der Mensch, dem sie zur Gabe der Sprache wird. Die Gleichnisse sind, so verstanden, reine Entsprechung: *Analogie* in der Doppelsinnigkeit des anfänglichen λόγος, dem sich das Bild in der Anspielung der Namen verwandelt. Er sagt, was Lebendiges »umgibt«, – die »Haut«, die »Baumrinde«, die »Fruchtschale«, das »Eigewebe«. All dieses meint das archaische φλοιός, ein Wort, das lautlich in verschiedener Gestalt (φλόος, φλοῦς für »Rinde«, daneben φλέως, »Schilf«, »Röhricht«) vorkommt. Eine der Lautgestalten – die etymologischen Zusammenhänge sind noch immer ungeklärt – ist Φλοῖος, ein Name für Dionysos, den Gott der nicht-apollinischen Theophanie, das mythische Symbol des sich wandelnden Lebens. Es ist sein Beiname,[26] unter dem er angerufen wird: in zahlreichen Varianten, die ebenso für den Kult von Demeter, der Schutzgöttin der Erde, bezeugt sind.[27] Und darauf deutet auch das Bild vom αὐλός, der Vergleich der Ausstrahlung des Lichtes mit dem Auspressen von Luft durch die Löcher in einem Blasrohr, das als Ton gehört wird. Der Aulos ist das Instrument des Dithyrambos, des Flötenspiels im Dionysoskult.[28]

In diesen Bildern und Gleichnissen finden wir angedeutet, was die überlieferten Fragmente zur Kosmogonie und Anthropogonie mit der Nachricht von Anaximander dem Kartenschreiber und legendarischen Sänger zusammenfügt: die Spur eines einheitlichen Entwurfs der anfänglichen σοφία. Davon ist authentisch nur der Anfang bekannt, der zitierte Spruch des Anaximander, den Theophrast als poetisch ansieht. Wenn wir den Spruch wörtlich nehmen, dürfen wir daraus schließen, daß das Anaximandrische »Buch« das Geschehen am Grunde der Erde und ihrer Bewohner behandelt haben muß, – was dem Menschen begegnet.

26 H. Frick, Griechisches Etymologisches Wörterbuch, Bd. II, S. 1029. – Soviel ich sehe, ist diese Deutung bislang nur von W. Schultz, Altjonische Mystik, 1. Hälfte, Wien/Leipzig 1907, S. 348, in Betracht gezogen worden.

27 Pausanias, Perieg. II, 1, 5; 12, 6.

28 Herodot, II, 48. Vgl. auch Sophokles, Antigone, 1146-47.

Das ist alles und jedes, τὰ πάντα, von der Verteilung von Land und Meer, der Erdregionen und der Völkerschaften angefangen bis hin zum Wechsel der Jahreszeiten, von Sommer und Winter, Hitze und Kälte, Trockenheit und Nässe, Geburt, Wachstum und Tod, den elementaren Phänomenen des Erdgeschehens. Sie sind der Anlaß für Nachforschung und Erkundigung der γεωγραφία, die den Grundzug der anfänglichen σοφία bildet. Sie beruht auf dem *Buchstaben*, dem großen Mittel der Bezeichnung, Sammlung, Erinnerung; und sie stützt sich auf die *Zeichnung*, den Typus der Erdkarte, die den Mittelpunkt des Buches von Anaximander gebildet haben mag. Genaueres wissen wir darüber nicht. Wir wissen allerdings, daß die Anaximandrische Erdkunde eigentümlich ambivalent ist, daß sie sich einerseits von der Bilderwelt des Mythos löst und andererseits daran gebunden bleibt. So bindet sich die milesische Kartographie, wenn sie die Darstellung der erkundeten Erdteile Asien und Europa mit ὠκεανός abschließt,[29] dem Ringstrom, der in sich zurückfließt – ein Symbol für dasjenige, was nicht begegnet und darum nicht erforscht und erkundet werden kann. Er symbolisiert, was das Begegnende *umgibt*, das *Umgebende*, wie wir kurz sagen könnten. Für Anaximander ist das nicht mehr *Okeanos*, der Ahnherr der apollinischen Götterwelt, auf den Thales zurückgegriffen hatte. Und ebensowenig ist es *Uranos*, der älteste der Götter. Die Spuren der Rede vom Göttlichen führen vielmehr auf *Dionysos* zurück, den jüngsten Gott, dessen Erscheinen dem Geschehen am Grunde der Erde entspricht. Er steht für das Umgebende, die Hülle, die einhüllt und zugleich verhüllt, die sich nur dadurch enthüllt, daß sie gleich einer Haut zerreißt. Von diesem Geschehen am Grunde von allem, das sich den Mitteln der ἱστορία, der Sichtbarmachung durch Schrift und Zeichnung entzieht, muß Anaximander ganz unmythisch gesagt haben, daß es ἄπειρον sei – ohne Anfang und Ende.

29 Nach Herodot, IV, 36, der wohl die thaletisch beeinflußte Erdkarte des Hekataios vor Augen hat. Über Anaximanders Kartographie vgl. Fr. A 6.

IV

Es ist das Grundwort der anfänglichen Gesprächsgemeinschaft, hinter dem sich der Umriß eines neuen Wissens vom Ganzen abzeichnet, das den gewandelten Mythos noch einmal verwandelt. Anaximander hat es nicht geprägt. Er scheint das adjektivisch schon dem Epos vertraute Wort der Sprache der dionysischen Theophanie, einer andersartigen Erfahrung des Göttlichen, entnommen zu haben, wie sie ähnlich auch bei Heraklit durchbricht. In unserem Zusammenhang ist von besonderem Interesse, daß es noch Aristoteles in seinem Bericht über den Anfang des philosophischen Gesprächs am Phänomen des Sprachlauts charakterisiert.[30] Die φωνή ist ἄπειϱον, nämlich unsichtbar im Verhältnis zur Sichtbarkeit des γϱάμμα, zu dem apollinisch begrenzten Buchstaben, den der Laut übersteigt. Er dient als Beispiel eines ἄπειϱον, weil ihm infolge seiner φύσις bestimmt ist, nicht in Grenzen zu erscheinen. Ähnlich verhält es sich mit χϱόνος, dem Phänomen der Zeit. Es zeigt sich in der Seinsweise des Tages oder eines Wettkampfes, die »immer wieder« sind, ohne daß dabei die Zeit »ausgeht«.[31] Und so wenig die Zeit in der Wiederkehr des Gezeitigten anhält, so wenig erschöpfte sich die Zeugung des Lebendigen in der Zeugungskette der Generationen, – ein Anklang an die wohl dunkelsten Züge in den Fragmenten über Anaximanders Kosmogonie, die von der Unaufhörlichkeit der Lebendiges (und Totes) erzeugenden Bewegung des »Ewigen« (τοῦ ἀιδίου) – eine spätere Lesart des ursprünglich prädikativ verstandenen ἄπειϱον – berichten.[32]

Das Dunkel lichtet sich, wenn wir diese Aussagen zusam-

30 Phys. III, 4, 204a 3-6; 5, 204a 14-17. Das Beispiel der φωνή wird auf Plato, Philebos, 17b, zurückzuführen sein.

31 Phys. III 6, 206a 21-25. Ich beziehe mich hier auf die erhellenden Bemerkungen von H.-G. Gadamer, Wahrheit und Methode. Grundzüge einer philosophischen Hermeneutik, Tübingen 1975⁵, S. 117f.

32 Fr. A 9-10. Vgl. dazu U. Hölscher, Anfängliches Fragen, a.a.O., S. 20f.

men mit den (wenigen) Äußerungen über Zeit und Bewegung als Bestandteil des Gesamtentwurfs der Anaximandrischen σοφία verstehen, als Ausdeutung des Geschehens am Grund der Erde, die geeignet sein könnte, uns einem angemesseneren Verständnis der Sache der milesischen Gesprächsgemeinschaft näherzubringen. Dazu empfiehlt es sich, dem Ausgangspunkt in der hymnisch prädizierenden Sakralsprache nachzudenken, dem Ton feierlicher Erhabenheit, den noch Aristoteles aus der Rede vom ἄπειρον heraushört.[33] Sie setzt nichts thetisch-behauptend hin, keinen Grundsatz, dem dann der »Gegensatz« wie ein Schatten folgt; sie prädiziert vom Grund, daß er ἄπειρον sei: in Prädikationen, die sich mit der gewandelten Erfahrung des Göttlichen decken. Aber sie wiederholen nicht, was schon das Epos von der apollinischen Theophanie sagt, – daß der Gott im Gegenüber zum Menschen unsterblich (ἀθάνατον) und unverderblich (ἀνώλεθρον) ist. Sie verwandeln das epische Sagen, indem sie über das Grundwort den Widerspruch hervorrufen. Es nennt einen »Anfang«, der keiner ist, den rein »logischen« Gedanken von der Anfangslosigkeit des Anfangs, einer ἀρχή, die ἄπειρον ist. Der Wider-spruch hat zunächst noch gar nicht die Gestalt von Sätzen. Er ist, um es so auszudrücken, Einspruch, der sich in der Namensnennung gegen die mythische Anmaßung richtet, das Ganze vom Anfang her (ἐξ ἀρχῆς) zu wissen. Und er scheint sich bei Anaximander gegen Thales zu richten. Denn er widerspricht dem ältesten λόγος, daß das Wasser die Erde umfaßt, daß alles vom Wasser erfüllt sei, – Behauptungen, die noch unverkennbar die »Fußspuren der Götter« an sich tragen,[34] die Spuren der Herrschaft (im Sinne von κράτος) am Grunde der Erde.

So scheint es mir kein Zufall zu sein, daß das Gespräch zwischen Thales und Anaximander gerade an diesem Punkt

33 Phys. III 6, 207a 18-21.

34 Das ist das schöne Bild, das W. Dilthey zur Charakterisierung des Anfangs gebraucht. Vgl. Einleitung in die Geisteswissenschaften, Gesammelte Schriften, Bd. I, Stuttgart/Göttingen 1966[6], S. 147.

beginnt. Es dreht sich um die Frage, was am Grunde der Erde geschieht. Wenn ἄπειρον das hymnisch prädizierende Beiwort für den Grund ist, muß dieses Geschehen als zutiefst an-archisch erfahren worden sein. Eine ἀρχή, die ἄπειρον ist, erschöpft sich nicht mit dessen Anfang. Und ebensowenig kann sie »Herrschaft« im Sinne der apollinischen Theophanie sein. Denn diese schließt alles Anfängliche von sich aus. Indem sie es an die äußersten Grenzen der Erde verlegt, erkennt sie an, daß es sich der Beherrschung entzieht. Erst auf Dionysos trifft zu, was von keinem der apollinischen Götter gilt, – daß seine Herrschaft an-archisch ist, nicht κράτος, sondern ἀρχή = ἄπειρον, ohne Anfang und Ende.

Damit mag die Bevorzugung der Erde im Gesamtentwurf der Anaximandrischen σοφία zusammenhängen. Ihr eignet nicht die »archaische« Stellung des festgegründeten Sitzes der Unsterblichen, eines Weltteils unter anderen, der nach oben wie unten seine Grenzen (πείρατα) hat und dennoch »grenzenlos« (ἄπειρον) erscheint;[35] sie hat die »archäologische« eines Zentrums in der Peripherie. Es ist der Wohnort der Sterblichen, der Gesprächsgemeinschaft der σοφοί, die im Denken der ἀρχή das Ganze in Anspruch nimmt.

Die Grundstellung der Erde ist uns schon in der Kosmogonie des Anaximander aufgefallen. Sie »wird« nicht, sondern ist schon »da«, das Da-sein einer Mitte, die anderes »umgibt«, die Luft und das Feuer, die ebenso »umgebend« sind: gleichsam übereinander geschichtet, ohne daß eine dieser Schichten die »stärkste« wäre. Was umgibt, »herrscht« nicht. Darin stößt sich Anaximander von dem ab, was Thales gesagt hat. Daß die Erde vom Wasser getragen werde wie ein Stück Holz, dieses Bild scheint ihm besagt zu haben, sie werde von anderem beherrscht. Ἀρχή ist »Herrschaft«, und zwar die des Teils über andere Teile, κράτος im mythischen Sinne der Stärke, die alles weniger Starke einnimmt und überwältigt.

Es erscheint deshalb nicht ganz abwegig, wenn die Doxogra-

35 Vgl. Homer, Il. xv, 185-195 mit Hesiod, Theog. 116, 186, 518.

phie Anaximander zum Urheber des Ausdrucks ἀρχή macht. Da ihn das Epos und wohl auch Thales kennen, kann das nur meinen: in der neuen Bedeutung, die ihm nun zukommt, die sich von der traditionell-mündlichen Konnotation mit κράτος grundsätzlich unterscheidet. Die ἀρχή ist nicht mehr »zuerst«, sondern »zuunterst«, ein Tiefes, das sich der Anschauung gänzlich entzieht, dem sich kein sichtbares »Unten« gibt wie noch bei Thales das Wasser, auf dem die Erde ruht. Die Erde, sagt Anaximander, und darin werden wir die Spur des anhebenden Gesprächs gewahr, des ersten Einspruchs gegen den Thaletischen Satz, wird von keinem beherrscht (ὑπὸ μηδενὸς κρατουμένη); sie beharrt in ihrer Lage wegen des gleichen Abstands von allen Gestirnen.[36] Mit anderen Worten: sie bleibt in der Mitte, weil die ἀρχή = ἄπειρον ist: nicht auf die Sichtbarkeit eines »Unten« festgelegt, sondern ein Unsichtbares, das alles und jedes gleichmäßig umgibt.

In welche Richtung uns die aufgewiesene Bedeutung des Grundworts weist, wird durch Xenophanes nahegelegt, für den die Erde oben (ἄνω) eine »Grenze« hat, während sie nach unten (τὸ κάτω) ἄπειρον[37] ist. Nach oben wird die Grenze dort sichtbar, wo sich Himmel und Erde treffen, leibhaft da, wo die Füße gehen, während nach unten hin nichts dergleichen zu sehen ist. Das Unterste hat keine »Grenzen«; es ist das Unsichtbare, kein Weltteil unter anderem, sondern Hades und Tartaros, der Herrschaftsbereich des Todes und nächtiger Naturgewalt. Ihn sucht das Epos im Bild zu bannen: Homer in der Anschauung von äußersten Grenzen (πείρατα) der Erde, des Sitzes von *Okeanos*

36 Fr. A 11 (= Hippol. Haer. 1 6, 3-5). Vgl. dazu J. Vernant, Les origines de la pensée grecque (1962), dt. Frankfurt/M. 1982, S. 81 ff. sowie neuerdings A. Capizzi, La Repubblica Cosmica. Appunti per una storia non Peripatetica della nascita della Filosofia in Grecia, Rom 1982, S. 286-311. Capizzis politischer Deutung des Gegensatzes κράτος-ἀρχή (Thales als Repräsentant der meerfahrenden Kaufleute, Anaximander als solcher der Landbesitzer) vermag ich nicht zu folgen.

37 Fr. B 28.

und *Thetys*,[38] Hesiod in der Vision vom hohlen Klaffen (χάσμα), dem Spalt, der das χάος auftut, die große Leere, die zuallererst entsteht.[39] Eben darum kann sie nicht das Unterste sein. Denn sie läßt noch immer (räumlich) sehen, während sich das Unterste über das Grundwort ἄπειρον einzig hörend zu verstehen gibt. Es meint nichts Räumliches, ein Unterschied, der verkannt wird, wenn man es mit Hesiods Visionen zu vergleichen sucht. Die orphische Kultgemeinschaft scheint ihn zum Anlaß genommen zu haben, das Wort ἄπειρον mit dem χάος zu assoziieren.[40] Davon ist in der Gesprächsgemeinschaft der σοφοί keine Rede. Anaximander erzählt nirgends, was »zuerst« wird, etwa die Leere; er teilt auch nicht den Schrecken des Vergehens mit: daß er kein Ende findet, die Totenklage des Mythos, die in der Orphik ertönt. Der σοφός sagt nicht, das χάος sei ἄπειρον; er gebraucht die Form des impersonalen Satzes: ἄπειρόν ἐστιν, »es gibt Unbegrenztes«, »es«, nämlich es selbst, dasjenige, welches alles und jedes umgibt, das Ganze. Der »Satz« – wenn es denn einer ist – spricht das Einfache aus, das schwer zu fassen ist, weil es sich auf keine Anschauung stützen kann. Es stützt sich einzig darauf, was das Wort hörend zu verstehen gibt: ein Ganzes, das nichts ausschließt, das weder mit einem »gewesen« beginnen kann noch mit dem »ist« oder »wird sein« endet, sondern »ganz und gar ist«.[41]

38 Il. XVI, 200-204; 246; 301-311. Vgl. auch VIII, 478.

39 Theog. 116-128; 720-725; 736-741; 814. Vgl. dagegen O. Gigon, Der Ursprung der griechischen Philosophie, Basel 1968², S. 60 f., der Anaximander von Hesiod her versteht; ähnlich C. J. Classen, Anaximander, in: Hermes, Bd. 90 (1962), S. 161 ff.

40 Fr. 4, B 72; 4, B 9 (zitiert nach der Ausgabe von G. Colli, La Sapienza Greca, Vol. I, Milano 1977).

41 Ich beziehe mich hier auf das Argument des Melissos (Fr. B 2), ein authentisches Zeugnis der Rede vom ἄπειρον, das uns für Anaximander fehlt. Obwohl Melissos in der Nachfolge des Parmenides bereits die räumliche Ausdehnung als ἄπειρον (in Gestalt einer Kugel) zu beweisen sucht (Fr. B 3), hält er an der Wahrheit des Zweifachen im Anfang fest. Vgl. dazu den treffenden Vergleich bei W. Jäger, Die Theologie der frühen griechischen Denker, a.a.O., S. 39 f.

Das Vorläufige unserer Annäherung an ein angemessenes Verständnis der Sache des anfangenden Denkens läßt sich durch einen Blick auf das Epos weiter verdeutlichen. Wie Charles H. Kahn bemerkt hat, bilden bei Homer und Hesiod πεῖρας, das Wort für »Grenze«, und das adjektivische ἄπειρον keinen Gegensatz. Sie charakterisieren abwechselnd Land und Meer, die Schauplätze des epischen Geschehens, die beide ihre πείρατα haben,[42] Begrenzungen, die niemand, ein Gott ausgenommen, erreichen kann. Und eben darin sind sie ἄπειρον,[43] »unermeßlich« und »unüberschaubar«. Das erscheint nur dann befremdlich, wenn ἄπειρον substantivisch aufgefaßt und als Negation von πεῖραρ, »Grenze«, verstanden wird. Dazu besteht grammatisch kein Anlaß, weil sich das *a-privativum* auf den Verbalstamm περ- bezieht, der in πείρω, περαίνω die vorwärtsgerichtete Bewegung auf einen Punkt anzeigt, an dem sie endet.[44] »Ἄπειρον« meint demnach, was nicht von einer Seite zur anderen passierbar, was undurchdringlich oder unüberschreitbar ist, eine Bedeutung, die offensichtlich aus der Praxis der Seefahrt erwächst. Episches Sinnbild ist das Schiff, das seine Route zur nächsten Küste nimmt, die πέραν, »gegenüber« oder »jenseits« (des Meeres) liegt; ebenso das Schiffstau, dessen Enden, πείρατα, sich verknoten müssen, damit das Schiff vor Anker »hält«. Das wird in der epischen Dichtung auf Phänomene wie Streit und Krieg übertragen. Sie sind Geschehnisse, die irgendwann anfangen und enden, sei es mit Niederlage oder Sieg, jenen äußersten Enden, die wie Halterungen von Seilen sind, welche die Götter ausgespannt haben.[45]

42 Il. VIII, 478; 200-204; Od. IV, 563; Theog. 518, 738 u. ö.

43 Il. VII, 446; XX, 58; Od. I, 98, XVIII, 418; Theog. 109, 187, 678.

44 Vgl. dazu Charles H. Kahn, Anaximander and the Origins of Greek Cosmology, New York 1960, S. 231 ff. Wenn Kahn zuletzt wieder vermutet, Anaximander habe τό ἄπειρον im Gegensatz zu πέρας definiert (S. 233, Anm.), so erklärt sich diese Unstimmigkeit aus seinem substantivischen Verständnis des Wortes.

45 Vgl. Il. VII, 101-102 mit XIII, 358-360.

Solcher Bilder hat sich das Grundwort des Anaximander entledigt. Es meint nicht, was die fragwürdige Überlieferung des Satzes und eine ebenso fragwürdige Übersetzung nahelegt, das grenzenlos-Unbestimmbare. Die doppelt umschreibende Übersetzung ist »richtiger« als die gewöhnliche mit »das Grenzenlose« oder »das Unendliche«. Dennoch sagt sie noch weniger als jene allzu gewohnten Übersetzungen. Wenn ἄπειρον das Wort für den Grund ist, das Unterste, und wenn dieses Unterste nicht »unten«, sondern in der Mitte des Geschehens liegt, am Grunde der Erde, dann meint es nicht »das Grenzenlose«, die ἀρχή, die keine Grenzen hat. Es kann nur meinen, daß die Grenzen nicht begegnen, so wie das Schiff niemals auf seinen Horizont trifft. Grenzen begegnen nicht, sie *umgeben*, und zwar jeden Punkt, der ausfahrend erreicht wird, bis hin zum Ende der Fahrt. Die ἀρχή, die ἄπειρον ist, »inmitten« des Geschehens, umgibt das Ganze dessen, was »ist«. Sie *schließt nichts von sich aus.* In diesem Sinne nennen wir sie *umgebend,* eine Umschreibung, die dem mythischen Symbol entspricht: worauf der Beiname des Dionysos anspielt.

Nachweise

Grund und Abgrund der Subjektivität. Nachcartesianische Meditationen. In: U. Fülleborn/M. Engel (Hrsg.), Das neuzeitliche Ich in der Literatur des 18. und 20. Jahrhunderts. Zur Dialektik der Moderne, München 1988, S. 29-53. Eine kürzere Fassung ist unter dem Titel: ›*Principium* oder *Pronunciatum?* Descartes' Ego-sum-Argument und der Anfang der ersten Philosophie‹ in den Kant-Studien, Jg. 79 (1988), S. 1-16, erschienen.

Sprechen und Hören. Humboldt und Hegel oder das ursprünglich dialektische Grundverhältnis. Vortrag an der Humboldt-Universität Berlin (1985). In: Zeitschrift für Philosophische Forschung (1986), S. 337-351.

Die Urstiftung der hermeneutischen Phänomenologie. Heideggers Auseinandersetzung mit Husserl. Vortrag auf den Husserl-Kongressen in Bochum (1988) und Wuppertal (1989). Kurzfassung in: G. Müller/Thomas M. Seebohm (Hrsg.), Perspektiven transzendentaler Reflexion. Festschrift Gerhard Funke zum 75. Geburtstag, Bonn 1989, S. 79-98.

Hermeneutik und Gesprächsdialektik. Gadamers Auseinandersetzung mit Heidegger. Unter dem Titel: Zwischen Plato und Aristoteles. Heideggers doppelte Exposition der Seinsfrage und der Ansatz von Gadamers hermeneutischer Gesprächsdialektik. In: Allgemeine Zeitschrift für Philosophie, Jg. 11 (1986), S. 1-28.

Seinsverständnis und Sinn für das Tunliche. Der hermeneutische Weg zur praktischen Philosophie. In: Festschrift für Wilhelm Hennis zum 65. Geburtstag, Stuttgart 1988, S. 280-302.

Die akroamatische Dimension der Hermeneutik. In: A. Gethmann-Siefert (Hrsg.), Philosophie und Poesie. Otto Pöggeler zum 60. Geburtstag, Stuttgart-Bad Cannstatt 1988, S. 107-119.

Ästhetik und Hermeneutik der Natur. Zur Stellung des Naturschönen bei Dilthey und dem jungen Lukács. Vortrag an der Budapester Akademie der Wissenschaften, November 1988. Ungedruckt.

Naturhermeneutik und Ethik im Denken Heideggers. Vortrag auf dem von der Alexander von Humboldt-Stiftung veranstalteten Symposion »Zur fachlichen Aktualität Heideggers«, Bonn, April 1989. Ungedruckt.

Wie ist eine Ethik der Natur möglich? Heidegger und die Notwendigkeit des »anderen Anfangs« der Philosophie. Vortrag zur Gründung der Thüringischen Gesellschaft für Philosophie in Jena, Februar 1990. Ungedruckt.

Erster und anderer Anfang. Hegel und das Problem des Ursprungs der griechischen Philosophie. Vortrag auf dem Hegel-Symposion in Poitiers (1986). In: H. Chr. Lucas/G. Planty-Boujour (Hrsg.), Logik und Geschichte in Hegels System, Stuttgart/Bad Cannstatt 1989, S. 173-197.

Hören auf den »Gesamtklang der Welt«. Nietzsches Wiederentdekkung der akroamatischen Dimension des Logischen. Vortrag auf dem Nietzsche-Symposion, Dubrovnik 1988. In: Nietzsche-Studien, Bd. 18, 1989.

Zwischen Seins- und Wirkungsgeschichte. Gadamers Bestimmung der Sache des anfänglichen Denkens. Vortrag auf der Gadamer-Konferenz im Internationalen Wissenschaftsforum Heidelberg, Juli 1989. Ungedruckt.

Logik und Akroamatik. Vom zweifachen Anfang der Philosophie. In: Philosophisches Jahrbuch, 91. Jg. (1984), S. 225-237.

Das Grundwort des Anaximander. In: Archiv für Geschichte der Philosophie, Bd. 69 (1987), Heft 1, S. 1-17.

Personenregister

(Im Personenregister inbegriffen sind die aus den Namen abgeleiteten Begriffe. So wurde z. B. sowohl cartesisch als auch cartesianisch unter Descartes subsumiert. Ein »a« hinter der Seitenzahl verweist auf die der entsprechenden Seite zugehörige Fußnote.)

Sachregister